消費は誘惑する 遊廓・白米・変化朝顔

一八、一九世紀日本の消費の歴史社会学

貞包英之

青土社

消費は誘惑する　遊廓・白米・変化朝顔　目次

はじめに――一八、一九世紀の消費の歴史社会学

第一章　遊廓はなぜ興隆したのか？

第二章 白米はなぜ好まれたのか？

第三章　変化朝顔はなぜ産まれたのか？

消費は誘惑する　遊廓・白米・変化朝顔　一八、一九世紀日本の消費の歴史社会学

はじめに
一八、一九世紀の消費の歴史社会学

1　朝顔の流行

文化年間（一八〇四〜一八年）後半以降、朝顔を買い栽培するブームが、江戸や大坂といった大都市を席巻する。武士や上層町人から下層民まで、多数の人々が競って朝顔を愛で、また変わり咲きの花をつくることに熱中していったのである。

流行の全盛期は、たしかにあまり続かなかった。たとえば斎藤月岑の『東都歳事記』（天保九（一八三八）年）では、「多くは異様のものにして、愛玩するに足らず。されば四五年の間にして、文政の始より絶しも宜《むべ》なり。[*1]」とそのブームが数年で終わったことが記録されている。しかし一方で流行は嘉永・安政期（一八四八〜六〇年）、さらに明治中・後期と間歇的に再燃していく。そうして朝顔の流行は、盛衰をくりかえしながらも一九世紀都市の生活を貫く大きな流行になったのである。

もちろんそれまでも朝顔が、まったく知られてこなかったわけではない。平安期以来、朝顔は詩歌の主題としてしばしば詠われ、[*2]また下剤として効く薬草としても有名だった。たとえば『農業全書』（元禄一〇（一六九七）年）では、朝顔は「草之類」ではなく「薬種類」に分類され、「薬屋に賣りて利なき物にあらず」、「屋敷廻りに餘地あらばうゆべし[*3]」と、薬草として栽培することが勧められている。

けれども意図的に育て鑑賞する対象としては、朝顔はあくまでマイナーな草花に留まった。最初期の朝顔への関心を記録する『朝顔明鑑鈔』（一七二三（享保八）年）でも、「庭園にこれを種《うヱ》ればあしたに日を見て早く蔫《（シボ）》める花なれば／見るますくなく眎《ナカメ》にたらずとて／あまねく人の植ることなし」[*4]と、朝顔をわざわざ育てることは一般的にはいまだ珍しいこととされている。田舎ではとくにそうだった。たとえば信州の柏原村育ちの小林一茶は、文化・文政の朝顔の流行に際して、「蕣もはやり花かよ世にあれば」（文政元（一八一八）年）[*5]と詠んでいる。一茶にしてみれば、村で路傍に普通に花咲く朝顔が、都市でもてはやされることは不思議というしかなかったのである。

　しかし一方で一八世紀なかば以降、都市では徐々に朝顔が多くの人びとの関心を集め始めていくことも事実である。たとえば天明後期（一七九五～九八年）の作成とされる浮世絵には、寝覚めに朝顔を眺める女性たちの姿が描かれている（図0―1）。それは、都市を代表する新風俗として朝顔がその時期もてはやされつつあったことをよく示す。さらに街をうろつき庶民たちに朝顔を安価に売る「朝顔売り」も一九世紀初めには、浮世絵や歌舞伎でしばしばとりあげられている（図0―2）。それらの者から手軽に買い楽しめる草花として、朝顔は都市の日常生活に浸透していったのである。

　ではなぜ朝顔の流行はこうして都市でさかんになったのだろうか。それを押し進めた要因として、まずは家を中心とした富裕化が重要になる。そもそも流行となった植物は、朝顔が初めてではなかった。寛永のツバキや元禄のツツジ、元禄・宝永・享保のカエデなど、一七世紀以降、庭木を中心に植物はすでに大きなブームになっていた。近世初期以降、武士や町人などが都市にあらたに定住を始めたことがその前提になる。とくに新開地として新興の家が集まった江戸では、一七世紀以降、植物を買い揃え庭を華麗に飾ることがブームとなる。大名屋敷で将軍の御成に備えたことを頂点として、武家にしろ町人にしろ、家に主家筋や親族、得意先の者を招く社交活動が活発化していくなかで、ツバキやツツジなどの庭木を植え、庭を飾ることが体裁を整えるために求められていくのである。[*6]

こうした家の社交の要請が小身の武士や町人にまで及ぶことで、小規模の園芸植物に対する関心も増大する。庶民生活の安定が、安価でまた育てやすいとくに鉢植えの園芸植物を買い育てることをブームにまで押し上げていくのである。たとえば守屋毅によれば、元禄期には、庶民でも座敷などを備えた一定の水準の住戸を構えることが普通となり、家に客を招き遊ぶこともしばしばみられるようになったという。*7 そうして「快適」になった家やそのなかの座敷を飾るために障子、提灯、行灯などの建具や家具に並び、園芸植物も多数置かれていく。鉢植えへとミニチュア化された植物を軒先や部屋に飾り、家の内外を社交や休息にふさわしい空間にしつらえることがブームになっていくのである。

こうした鉢植えの植物のブームの頂点に、朝顔の流行は位置した。手軽に買え、育てることのできる一年草として、朝顔はその日暮らしの下層民にまで愛好されていったのである。住居や路地を飾っただけではなく、趣味や教養の良さを表現する社交の道具としても朝顔は買われていった。たとえば『絵本江戸風俗往来』（明治三八（一九〇五）年）には、当時のことを振りかえり、「町方の寸地」でつくられた朝顔が「鉢に仕立て」毎朝売られ、それが「細竹の花入れに種々の花を挿《さ》して」さかんに贈られたことが記録されているのである。*8

この意味で朝顔の流行は、商品経済の膨張によって家の富裕化が、都市の隅々にまで行き渡ったことと深く関係していたといえよう。下層民にまで一定の生活の余裕が産まれ、また社交の必要性が拡大するなかで、日常生活を飾る奢侈的商品として朝顔は人気を呼んだのである。

ただし朝顔の人気は、ただたんに家の富裕化を土台にしていただけではない。興味深いことに、朝顔に対する熱狂には、逆に家の経済的、または美的な支配に挑戦し、組み替えていくベクトルも含まれていた。本書がこれから詳しくみていくように、そもそも近世の社会秩序は、家という血縁的単位によって厳しく枠づけられていた。武家が家を単位にして主従の関係をむすんだだけではなく、町人や農民も家を母体として商売や労働に勤しむというように、家は経済的、政治的に近世の生活をつよく支配した。だからこそ美的、または身体性の水準でも家の影響力は大きく、たとえば家具や建具、高額な衣服など生活にうるおいをもたらす奢侈な物品のほとんどが、家のために購買され、それゆえ家の好みをつよく反映していたのである。

　それは園芸植物でも同じである。格式ある家の庭や座敷を飾り、また装飾として絵画や工芸品に描かれた植物はおもに菊や桜などの伝統的な花木にかぎられ、その傍らで多くの植物が、家から特別の評価を受けることなく取り残される。[*9]

図 0-1　鳥居清長「風流一二時辰」：太田記念美術館編『江戸園芸花尽し』二〇〇九年、太田記念美術館、七三頁。

図 0-2　歌川国安二代目「坂東三津五郎のあきかほうり花がつみの三五郎」：太田記念美術館編『江戸園芸花尽し』二〇〇九年、太田記念美術館、六二頁。

　しかし朝顔は家が支配するこうした美的、または感覚の秩序に挑戦したことで重要になる。それまで家の秩序のなかではあまり重要視されてこなかった路傍の草花が、突然もてはやされたからだけではない。さらに朝顔が、家の伝統的な秩序や美意識をはみだす感覚的快楽の場をつくりだしていったことが注目される。そもそも奈良朝の末に中国から移入された際には、朝顔は淡青色一色だったといわれている。以後、長い時間をかけ安土桃山時代に白、元禄には紺や赤の朝顔が出現した後に、一八世紀から一九世紀初頭にかけて朝顔の色やかたちは急速に増加する。桔梗咲、牡丹咲、獅子咲、柳葉、もみじ葉、獅子葉など花や葉を著しく変化させた朝顔が短期間のうちに次々と姿を現していくのである。[*10]

重要になるのは、まずこうした変化朝顔の流行が、園芸市場の拡大を母体として成長したことである。素人のみならず専門業者を巻き込む園芸市場の成長を前提に、人びとは好みの朝顔を選び、買い、育て、またはみずからあらたな変化をつくりだしていった。さらにそれが家を離れたネットワークのなかで楽しまれていくことも大切になる。後に詳しくみるように、変化朝顔は身分や階層を横断した好事家の集まりや、図譜や図鑑といった当時の出版文化のなかで高く評価されていくのである。

以上のように朝顔は、（a）家の富裕化を前提としてその快適性の向上や社交に仕えるだけではなく、（b）家の審美的秩序に抵抗し、その外部に独自の快楽の領域がひろがることを人びとに教える植物として愛好される。一年草としての朝顔は、これまでに記録されることのなかった奇怪な花や葉、茎を次々と実現していくのであり、だからこそ朝顔は、既成の家の秩序から距離を取り、思い思いの感覚表現を実現していくための格好の媒体になった。その意味で朝顔づくりは、手近な商品や手持ちの材料によって自分だけの私的な感覚世界を実現する、いわば一種の「器用仕事」（bricolage）[*11]としてあったといえる。

朝顔が、家の生活から距離を置く人びとに愛好されていくのも、それゆえである。たとえば天保年間に久留米藩から江戸に赴任した武士の様子を伝えるといわれる図では、居室から一人朝顔を眺める男の姿が描かれている（図0―3）。[*12] そうして一人暮らしの無聊を慰めたことを代表に、朝顔は隠居や単身者、または二男三男など家に居場所をもたない人びとにしばしば受け入れられる。高価ではないことで家の目を盗み買うことができ、にもかかわらず家の枠を離れた快楽をもたらす朝顔は、家のなかで所在のない人びとや、そもそも満足な家がもてない下層民の大切な生活の随伴者になったのである。

図0-3　久留米藩江戸勤番長屋絵巻：東京都江戸東京博物館編『花開く　江戸の園芸』江戸東京博物館、二〇一三年、七九頁。

2　消費の技術

こうした朝顔の流行の事例は、消費について方法論的に考えていくための貴重な手がかりをあたえてくれる。

消費とは何か。これまで消費は、幾ばくかの金を支払い財を手に入れる、等価であることを基本とした「交換」を暗黙の前提として考えられることが多かった。貨幣を手放し、それに釣り合った何かしら有用なモノやサービス、情報を手に入れる。そうした「交換」を消費と同一視する見方が、日常生活でも理論的にも当然のものとして受け入れられてきたのである。

その代表が、カール・マルクスの議論である。マルクスは、商品購売を貨幣を用いて等価な対象を手に入れる「交換」として設定した。だからこそ「生産は直接に消費であり、消費は直接に生産である」[13]ともみなされる。マルクスによれば、「生産」とは原料や工場等の施設・機械（＝不変資本）とともに、労働力商品（＝可変資本）を買い使うことを意味しており、だとすれば商品を等価に買い使う「消費」とのあいだに論理的なちがいはない。何かを産みだすようにみえる生産的消費と、そうではない消費は異なるとみることもできる。しかしその区別は突き詰めれば結果論にすぎないともいえる。何かしら有用なもの（＝使用価値）を産むための「交換」とそれを手に入れ使うための「交換」という意味では、生産と消費はあくまで転倒しつつ共通しているのである。

こうしたマルクスの見方をベースとして、二〇世紀後半には、さらにその社会的意義を拡張した見方も付け加わる。たとえばジャン・ボードリヤールは、消費をモノが自然にもつとされる有用な機能（＝使用価値）だけではなく、社会的に割りあてられた記号的意味を目的とした実践として再定義した。微細なちがいに応じて、商品には最新の／伝統的な、きらびやかな／落ち着いたといった異なる記号的意味が割り振られる。そうした記号的意味を自由に使い生活を飾ることこそ、現代社会ではおもな消費の目的になっているというのである。[14]

ボードリヤールはこうして「交換」の対象を、モノの有用な機能から社会的な意味にまで拡張することで、現代の「消費社会」をかなり整合的に説明することに成功した。現代社会では、たしかに使用価値を基準とすれば「余分」にみえる消費が、いっそうにぎやかに続けられているようにみえる。それは産業機構が、多様なバリエーションをもつ家や車、衣装や化粧品などの商品を次々と送りだしているからであり、そうして割り当てられた異なる記号的意味を終わりなく消費しつつ、暮らしを意味づけていくことが、現代生活ではとくに大きな役割を担っているというのである。

とはいえこうした見方には、限界も残る。そもそもボードリヤールは、消費によって貨幣を手放しそれに見合った記号的意味を手に入れるというが、実はそれも等価な「交換」を前提としているという意味では、マルクス主義的な見方を大きく外れるものではない。有用なモノの機能の代わりに、記号的な社会的な意味が獲得されるとみなされるという意味で、ボードリヤールの見方は「交換」の概念をより現代的なものにバージョンアップしたものに留まるのである。

その上で大きくみれば、こうして「交換」を基準として消費を捉える見方が、現代社会をしばしば変化の可能性が乏しく、それゆえ閉塞した場のように立ち現せてしまうことが問題になる。わたしたちは良くも悪くも、等価な「交換」によって維持される社会の合理的な完成形としての「消費社会」を生きているとみなされるのであり、そうした前提のもとではこの「消費社会」がそれ自体として変わる可能性は真剣には考慮されない。[*15] とくに現在では、この「消費社会」のシステムがグローバルに拡大し、世界を均質化しているとみなされている。そのせいで「消費社会」の拘束力はより逃れがたいものであるかのように信じられてしまうのである。

結果として見失われてしまうのが、「消費社会」の固有の歴史である。消費を「交換」としてみるかぎり、「消費社会」はたしかにそれをより合理化かつ大規模に展開することで完成された「歴史の終わり」のように現れる。その代りに、他でありえた歴史的可能性や、他でありうる未来の可能性は消されてしまうのであり、そのため現代の「消費社会」に不満があったとしても、ただ商品購買をくりかえし、さらなる「消費社会」の発展に仕えるしか道がないようにわたしたちはしばしば説得されてしまう。

けれどもこうした見方は、消費を「交換」として形式化することによって信憑される幻影にすぎないのではないか。消費を「交換」と信じるからこそ、「消費社会」の変化の可能性はとるに足らないものとして捨象されてしまうのだが、だからこそそうして捨てられた現実の断片を救いだし、現在の社会が抱えるより多様な可能性に目を向けることがむしろ大切になる。

そのためには、まず「消費社会」を厳しく縛っているようにみえる「交換」としての消費の一貫性や合理性、さらにはその非歴史性を疑ってかからなければならない。実際、そうした試みが、これまでおこなわれてこなかったわけではない。たとえばG・バタイユは、「交換」からはみだす「消尽（consumation）」という消費の機能を強調した。バタイユによれば、人はしばしば無駄遣いにみえるかたちで無用なモノを買い、または有用なモノをあえて無意味に使うという。[*16] それは未開社会以来の祭りや儀礼の場合によく観察されるが、しかしそれだけではない。たとえば現代ではメディア・イベントといったかたちで膨大な濫費がくりかえされるとともに、金融市場ではギャンブルと見紛うばかりの膨大な投機が続けられ、それがしばしば経済の運行の核心的な部分を握っているのである。

こうして「消尽」は、得られるモノがないという意味で、「交換」の合理性と鋭く対立するが、ただしそれは、「交換」とまったく無関係に実行されるわけでもない。たとえばバタイユは、金を節約し、等価性ばかりにこだわる小心な人びとを嘲笑い、自己の優位を確認するために「消尽」は実行されるという。いわば既存の社会を縛る秩序や道徳に対する「挑戦」として「消尽」はおこなわれるのだが、その意味では「消尽」は「交換」と表面的には対立するようにみえて、本質的にはそうとはいえない。「消尽」は、より皮肉にみれば、「交換」を円滑に動かすためのガス抜きとして働いているのであり、実際、現代のギャンブルがそうである。日常に労働の領域において不利な「交換」を強いられている人びとが、幻想的にであれそれに挑戦するために、パチンコや競馬にハマるという姿がしばしば目撃されているのである。

「交換」を相互的に補完するという限界をもつこうした「消尽」とは別に、しかし本書は消費がさらに固有の機能を含んでいることに、むしろ注目していきたい。消費は有用な物資やサービス、情報、または記号的意味を手に入れる機会として働くが、ただし重要なことは、それらを獲得するだけならば、暴力や盗みといった手段でも不可能ではないことである。しかしそうした反社会的な手段とは異なり、消費はたんに対象を手に入れるだけではなく、その対象を自由に選択し、さらにそうして選択された対象を好きに弄ぶことを合法的に許すという特徴をもっている。金を支払うかぎりで人びとは対象を恣意的に選び取り、自分の欲望を言い訳なく追及することができる。そうした自分勝手で、場合によっては残酷な実践が、貨幣を媒介として合法的に認められていることこそ、消費の大きな特徴といえるのではないか。

実際、朝顔の流行がそうだった。満足な家をもつことができない人びとも、朝顔を買うことで、誰にも言い訳することなく、みずからの趣味を追求し、その小さな対象を自由に選び、繁殖させ、廃棄することができた。朝顔を弄ぶこうした身勝手で、またある場合には残酷な快楽が、家を支配するいわば社会的な快楽の代わりになったのである。

そしてそれは朝顔の場合にかぎられない。こうした私的な選択と支配の可能性は、より一般的にも、消費の本質的な魅力として人びとをしばしば掴んでいる。たとえばときにわたしたちは「交換」の合理性を超えて、他人からみれば、狂気とみまちがうばかりに消費にのめり込む。支払った金に釣り合う有益なモノを得ることだけでは満足せず、それを越え、モノや他者を限界なく弄ぶことにしばしば没頭するのであり、それを等価なモノを手に入れる「交換」の論理からだけではうまく説明することはできない。とはいえ「消尽」のように「交換」の合理性を否定することが、つねに第一の目的になっているわけではない。モノや記号的意味を獲得する「交換」、またさらにはそれらに対する挑戦としての「消尽」にむしろ先行し、慎重に戦略を練り、対象を選択し、支配していくことから最大限の快楽を引きだす実践が、しばしば消費の魅力としてより普遍的にわたしたちを誘惑しているのである。

「交換」や「消尽」の一歩手前で、わたしたちにこうして自由な快楽の探求を促す消費の特徴を、本書ではミシェル・フーコーの言葉を借り、「自己技術」としての消費と呼んでおきたい。かつてフーコーは、自分を生の責任者として実現する「技術」の歴史的な重要性を強調した。外部から人びとを主体化する権力に対抗し、「自分に行為の規則を定めるだけでなく、自分自身を変容し個別の存在として自分を変えようとする」「自己にかんする技術（techniques de soi）」[*17]が、みずからの幸福や自由に深く配慮する主体を育ててきたというのである。

フーコーは言及していないが、近代社会では自由な自己を実現する技術として、消費はますます大きな意味を担っている。[*18]商品経済の発達に応じ、人びとはどこからか金を手に入れ、家や車や耐久消費財などを買い、それぞれ好ましい生活を実現していくことがいっそう求められている。そのエゴイズムが道徳的に非難されることもあるが、近代以降の社会において、快楽や幸福を誰にも邪魔されず実現し、また私的な感受性や倫理を満たすほとんど唯一の手段に消費はなってきたのである。

自分の欲望や趣味を追求するこうした「自己技術」として消費をみる見方は、「消費社会」を「交換」によって支配された安定したシステムとみなすこれまでの通念に風穴を開ける。大切なことは、この「自己技術」としての消費が、集団の暮らしにかかわるそれ自身、独特の歴史を背負うことである。商品購買が一定の質量でくりかえされるためには、生産の拡大や流通網の整備といった経済的、政治的条件が当然必要となる。しかしそれだけではなく、消費がその核心部分において、先行する多くの人びとによってくりかえされてきた私的な選択を貴重な条件として実現されていることを見逃せない。見知らぬ「他者」たちの試行錯誤の歴史が、わたしたちが現在、「消費社会」のなかでいかなる対象を、どれだけ、何を犠牲として消費するのかを定める戦略の重要な前提になっているのであり、さらにはそれを支える感受性や身体性をつくりだす隠れた奥行きにもなっている。

消費の歴史社会学は、集団的な人びとの生活を変える消費のこうした「自己技術」としての歴史的あり方を具体的にあきらかにする。消費はこれまで既存の倫理や社会の規則を超えた私的な欲望をますます追求することを促すことによって、集団的な知や身体性、イメージのあり方を変えてきたのであり、それを前提として、消費とは何かを具体的に問うとともに今わたしたちが生きている「消費社会」の変革の可能性を探ることを、ここでの歴史社会学的探求は目指すのである。

3　家の消費と私的な消費

本書はこうして「消費社会」の現在について考えるために、それが抱える歴史を具体的に探求していく。そのための分析のフィールドとして選ばれるのが、一八、一九世紀の日本である。

なぜその時代が選ばれるかといえば、まず消費がその時代に日本史上初めて、日常生活のなかに一般的に組み入れられたからである。中世末以降、貨幣経済はゆっくりと、しかし歩みを止めることなく拡大した。海外からの渡来銭に依存し、しばしば銭貨不足――いわゆる「銭荒」――に悩まされた中世とは異なり、鉱山の増産や幕府による貨幣の自鋳の後押しを受け、近世社会には貨幣経済がいわば不可逆的に浸透したのであり、それを土台として、商品を日常的に購買する暮らしが庶民にまで拡がった。

もちろんそれ以前に、商品購買がまったくみられなかったわけではない。京の冷泉町に扇屋や筆屋や薬屋が集まっていたことを一例として、すでに一六世紀末には定期市を超える規模で専門的な商人が、都市で活発に活動していたことが確認されている。[*19] しかしそれを踏まえてなお、近世社会に貨幣を用いた暮らしが質・量的に規模を拡大していったことの意義が注目される。荻生徂徠が「畢竟ハ箸一本ニテモ銭ヲ出シテ買調へ[*20]」る生活が一般化したと指摘するように、大店や各種商店、遊廓や劇場など日常的な消費を促す施設の林立に並行しつつ、一七世紀末には貨幣をどこからか獲得し消費活動をおこなうことが、大小の武士や町人、さらには村人にまでますます不可欠な営みとなっていくのである。

集団的な暮らしの根拠としてこうして商品購買が初めて組み込まれたことに注目し、本書はその前近代の社会をおもな分析の対象として取りあげる。一定のモノを選択的に買えるだけの金銭的な余裕をあたえられた武士や町人、さらに村人は、いかなる欲望や倫理に目覚め、それがどう集団的な暮らしを変えていったのだろうか。「消費とは何か」を具体的、また社会学的に知るために、ひとつにこうした発生論的な問いが有効になるが、それを分析するためには通常、「近代」と呼ばれる一九世紀なかば以降の社会をフィールドとするだけでは足りない。消費が初めて社会に浸透したいわゆる前期近代（early modern period）――ここでは一七世紀後半を含む広い意味での一八、一九世紀――の分析に取り組むことがむしろ大切になるのである。

とはいえもちろん一方で、その時代における消費の展開を過大視してはならない。安価かつ大量の商品が充分に生産されなかったという産業的な限界に加え、幕藩的な身分階層構造が消費の展開を厳しく縛ったことも事実だからである。たとえば幕府はしばしば禁令をだし、身分の敷居を越える奢侈な消費を制限した。また分を越えた商品購買は村や町共同体によってしばしば自発的に取り締まられたのであり、結果として、消費を後押しする規範や倫理の展開も公式にはあくまで不十分なものに留まったのである。

それを充分認めつつも、しかし他方で幕藩的な制度の目を盗み、消費があらたな生き方やライフスタイルを産みだす契機として働いたことも見逃せない。商品購買は、たんに個人の生活を豊かにすることを通して、経済発展や社会秩序の安定を促しただけではない。消費はそれまでにないモノやサービスに向き合わせ、あらたな欲望や倫理を目覚めさせることで、異なる主体として人びとが生きることを求める「自己技術」として、近世社会の暮らしを大きく変えていくのである。

なかでも重要になるのが、一七世紀後半以降、消費が社会で日常化していくことに深くかかわり、「家」という主体が成長していくことである。大多数の人びとが他家に従属し暮らしていた前時代までとは異なり、庶民までが自分の家をもつことがその時代に一般化されていった。家とは、それ自体、継続されることが目指される独自の信仰、または農耕や商取引、政治の単位としてあるといえよう。大小の武家、通常の町人や村人でもそうした家をみずからもち、それを母体として働き、食べ、次世代を育てることが普通となる時代が始まっていくのである。

この家の成り立ちの根拠として、これまでは時代を越えた信仰や、権力の後押しが強調されることが多かった。たとえば民俗学は、家を起源のたどりがたい古層的な先祖崇拝の信仰によって裏打ちされたものとしばしば捉えてきた。また歴史学は、家を村や町を支配する幕藩機構にむすびついた単位として一般的には規定する。しかし本書は、家が商品経済の不可逆的な発展に深く関係して成立していくことをとくに重視していく。都市でも村でも食料や衣料、日常品や肥料や農機具を買う実践や、宴会、行楽、贈答、祭りなどで奢侈な消費をくりかえしていくことで、他家に従属せず、しかし同時に奉公人や居候など一定の縁者を養う暮らしが、初めて大衆的な規模で実現されるのである。

もちろん家はたんに消費を推し進めたわけではない。家は今ここですべての貨幣を支払いにまわすのではなく、それを後世の子孫に守り伝えていくことを求めていく。そのために重要になるのが、たとえば節制という逆説的な消費の技術である。近世の家訓や教養書では、倹約して金を貯めることが頻繁に説かれていくが、ただし節制によって、消費はむやみに禁圧されたわけではない。家の存続のため以外に浪費をおこなうことが厳しく制限される一方で、交際や祭りのために吝嗇にならず気前良く支払うことが求められる。節制はそうして消費の運用規則を定めることで、村のなかでの家の成り立ちを支え、それゆえ家の永続を実現する技術として重宝されるのである。

＊

以上のように商品市場がひらかれ消費が活発化していくことをひとつの土台として、近世社会には「家」が都市や村に林立していく。商品購買に依存するとともにそれを制限するというアンビバレントなかたちをとりながら、近世の家は消費と深くかかわるのだが、本書はこの家を中心的な分析の対象に据えることで、一八、一九世紀において消費の拡大が人びとの生き方や欲望や倫理にいかにねじれた変化を及ぼし、また社会を複雑に変えていったのかをあきらかにしたい。

そのために大事になるのが、家と消費との関係をまず構造的に把握することである。その見取り図をここでは簡略に示すと同時に、それを踏まえ、本書がたどる論の道筋を前もって提示しておこう。

一七世紀以降、武士や町人、また農民にしろ、それまで主家や血族に深く依存していた人びとが、相対的に自立した独自の家を営み始める。とはいえこの家も、端的に他家から切り離されていたわけではなかった。むしろ逆に近世の家は複数の「交通」を他家と積み重ねながら生きられていく。ここで「交通」という言葉は、貨幣を媒介とした「交換」や儀礼的な「贈与」などを含み込む、より多様な交流を示すものとして使われる。[*21] 他家とそうしたさまざまな交通を積み重ねていくことで、小規模化されるとともに庇護する主家をもたない近世の家は、初めてまがりなりにも維持されていくことができたのである。

たとえば家は、①跡継ぎを得て、また地域で力を伸ばすために、他家との婚姻関係を活発化していく。それまでの「親方取婚」や「婿入婚」と呼ばれる婚姻形態では、誰と結婚するかは、主家の命令や、同輩的な力関係によって左右されていた。それに対し、近世社会で家は婚姻を進め、認定する役割を次第に独占していく。みずからの手で婚姻を主導し跡継ぎを確保することが、家が生きていくための最低限必要な戦略になったのである。

娘を媒介としたこうした「性的交通」だけではない。小規模化した家にとって、生活を続けるために自給だけでは充分ではなく、物資を外部から手に入れることがますます緊急の課題になる。そのために、②他家との「物資・労働的交通」をみずからコントロールしていくことが重要になる。それはもっとも一般的には、他家と労働を融通し合っていくことで実現される。村ではたがいに協力し農耕をおこない、また町では他家に奉公することで、家は食料や貨幣を入手し、日常的な営みを続けていくのである。

最後に家は独立した営みを続けるために、あらたな情報や規範や信仰を積極的に摂取していくことを迫られる。新時代の到来に対応し農法や商売技術についての知識を蓄えることが必要とされたことに加え、幕府の教説や村の信仰を受け入れることが、家が秩序のなかで生きていくために不可欠の条件になった。そうして近世の家は「情報・信仰的」な「交通」に力を入れていくのである。

以上のように、近世の小規模化した家はその維持のために、最低限、三重の回路で外部にひかれている必要があった（図0―4参照）。こうした交通の回路は、もちろんそれまでの家によっても部分的に利用されてきたものである。ただし一七世紀以降の特徴になるのは、こうしたネットワークを維持・調整する手段として、商品購買がますます大きな役割をはたしていくことである。他家との活発な交通は、反面では家の自立を損なうしがらみとなる。だからこそ近世の家は、外部との多様な交通関係を次第に商品購買に置き換えていくことで、他家による干渉に抵抗していったのである。

具体的にみれば、第一章で確認されるように、まず家は、①他家との婚姻関係を補う商品交換を一六世紀末以降、発達させていった。近世の家は婚姻を積極的に押し進めていくが、問題はその結果として貧しさのために婚姻を自由におこなえない家や、逆に家によって婚姻を止められた男たちが、一方で増加していったことである。

それを補う装置となったのが、遊廓である。たとえば遊廓は、娘を引き受け代わりに身代金を渡すことで、貧困な家をしばしば助けた。他家と婚姻関係を正式にむすべず村で孤立した貧困な家にとっ

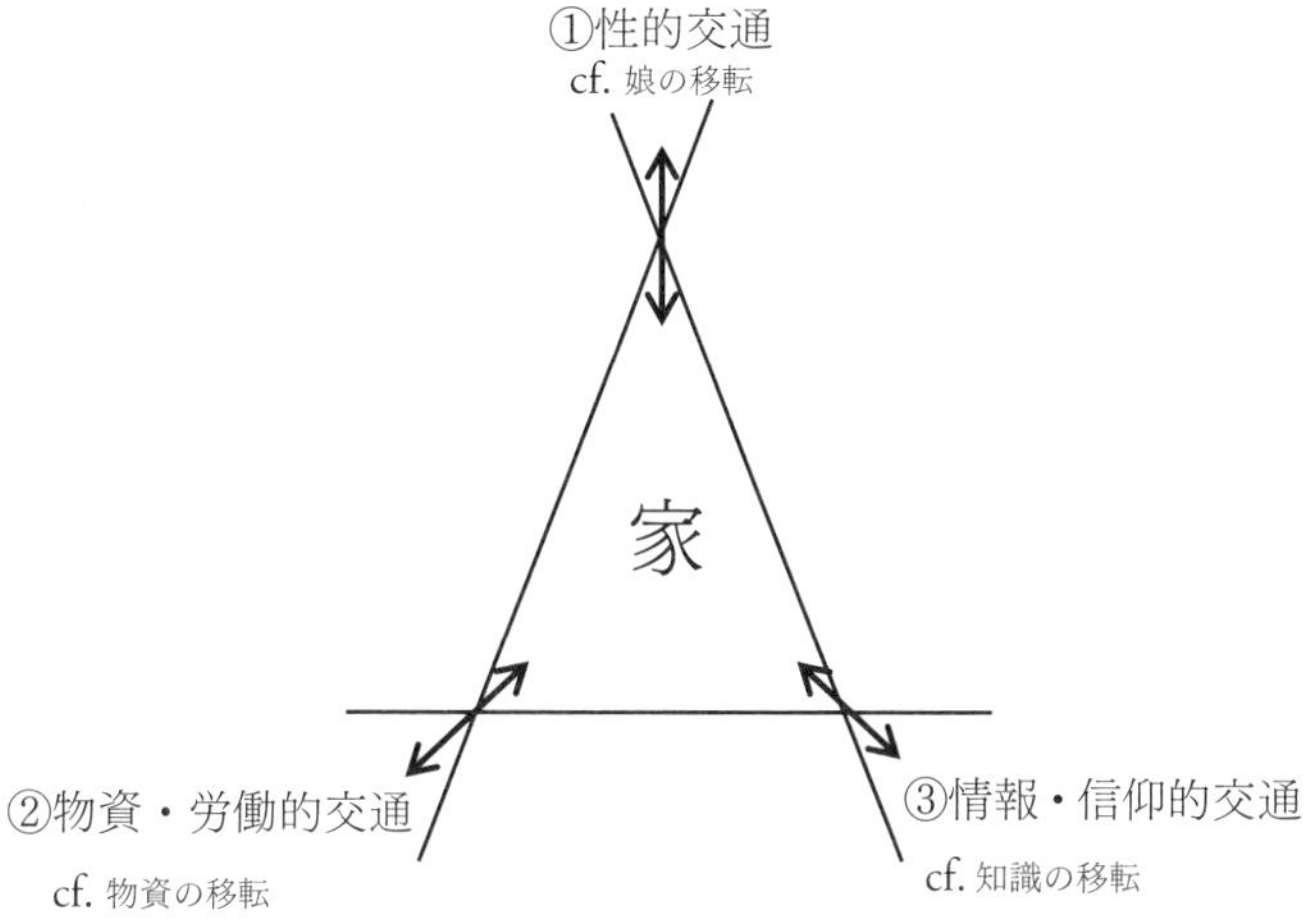

図0-4　家をめぐる交通の類型

て、遊廓への娘の売却は、他家との婚姻交換の代わりとして重宝されていくのである。

他方、②物資・労働的交通にかんしては、家が主従関係や村の集団的な労働機構から次第に距離を取り、消費の主体として生計を自立させていくことが大切になる。このことは第二章で確認されるが、それを促す最大の条件になったのが、米の生産と流通の拡大である。たしかに米は、幕藩秩序に農民や武士を縛り付ける物質的、また象徴的な軛《くびき》になる。しかしその一方で米の生産の拡大は、家が自立して営みを続けることを後押しする追い風にもなった。とくに一八世紀の「米価安」と呼ばれる米の安価化を前提として、都市では武家や町人が主家に生活を丸抱えにならなくとも暮らすことが容易になるのであり、さらに村でも小商いや賃労働をしつつ、米を買い手に入れる生活が珍しいものではなくなった。

最後に、③家の規範や信仰を保つ情報・信仰的交通の回路でも、商品化が家の自立を後押ししたことは同じである。一七世紀なかば以降の出版業の興隆を踏まえ、家が備えるべき知識や心構えを教える重宝記や百科辞書的書物が活発に流通していく。その一例として第三章では、家の致富を具体的に可能にする技術を説く農書の流行が分析される。そうして市場に流通する情報は、教えを請うために他家に従うことから家を解放していくのであり、たとえば農書の流通は、米価安の状況下において、家が村の秩序から離れ、独力で多様な商品作物の栽培に乗りだすことを後押ししていくのである。

以上のように、①性的交通、②物資・労働的交通、③情報・信仰的交通のいずれの局面においても、家が商品の消費に深くかかわりつつ、自立をつよめていったことが確認される。都市と村を横断し多様な商品の市場が展開されることを前提に、近世の家は他家との交通を商品交換によってますます置き換えていくことによって、その分だけ他家の意向を気にとめず生きていけるようになったのである。

ただし問題になるのは、こうした消費の拡大が、家の安定性を増す方向だけには働かなかったことである。消費の活性化は、それ自身への関心を高めることで、際限なく人びとを魅了するさまざまな消費の「遊び」を発達させる。それが家の統制にかならずしも従わない性的関係や身体性、イメージの享楽へと誘惑することで、結果として家に対する逸脱や反抗をそそのかしてしまうのである（図0―5）。

そのことはまず第一章で、遊廓における消費の展開を分析することによって、確認される。先にも指摘したように、遊廓は一方では擬似的な家の安らぎを提供することで人気を集めた。しかしそれに留まらず、遊廓は、しばしば家の経済力を超える放蕩さえ客に促す。たとえば仮名草子や浮世草子の世界では、家を潰すことさえためらわずに遊び続けた男たちが、英雄化して語られている。それをひとつの理想として、遊廓でしばしば男たちは家の指図をはみだす奢侈な「遊び」に耽っていく。

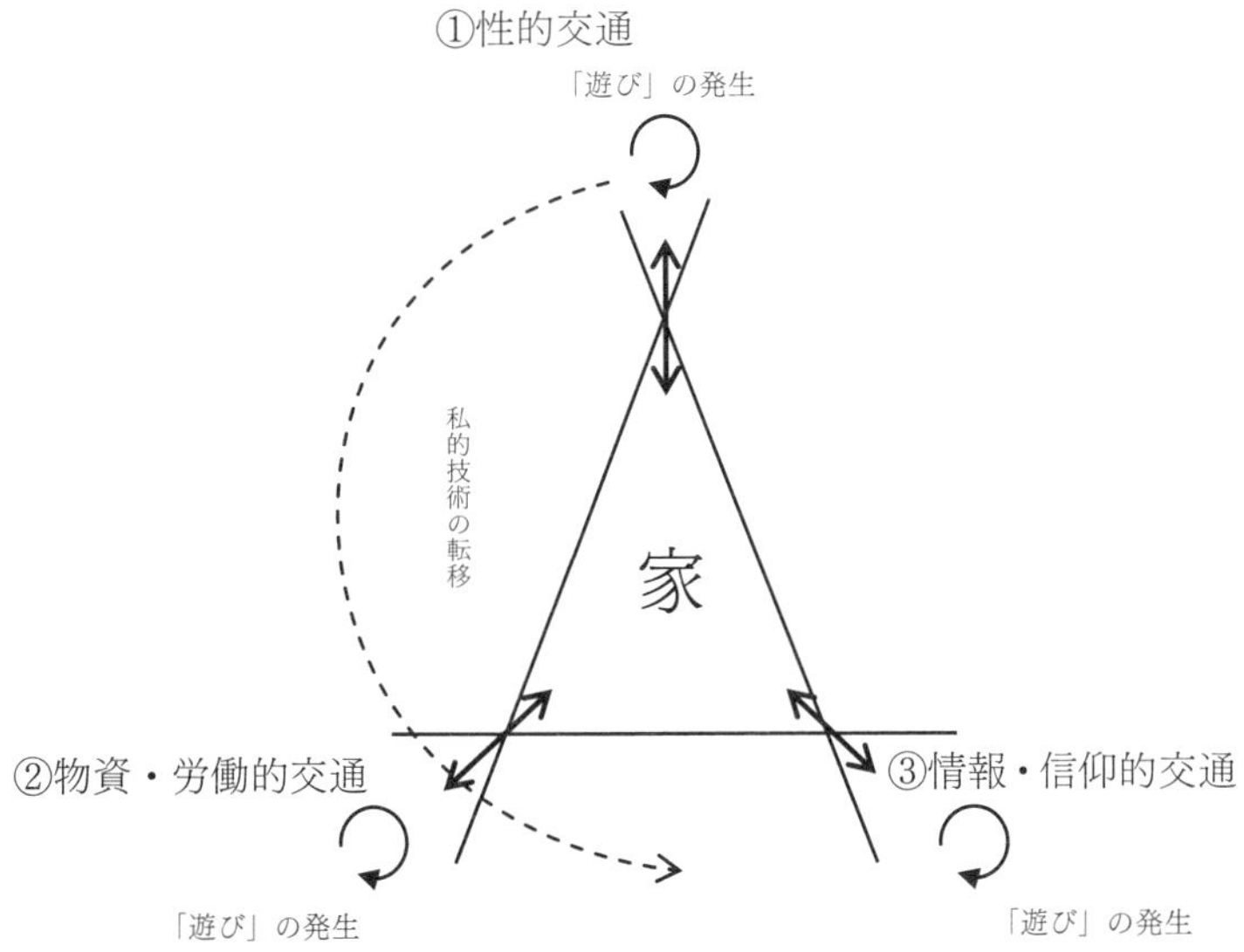

図0-5　私的な消費技術の展開

とはいえもちろんすべての者がそれを享受できたわけではない。遊廓で遊べた者は、当然性差や階層によってかぎられていたためだが、その代わりに家の制約をはみだす遊びは、規模を縮小しつつも、むしろ遊廓の外で活発化する。たとえば一七世紀末には、遊廓での美食の経験を有力な原動力として、屋台や料理屋で洗練された酒や菓子、調味料、そして料理を消費することが次第に活発化していった。そうした流れは、酒食を自由な「遊び」として解放することで、それを楽しむあらたな身体性を都市に育てていくことになる。

そうした現象が、第二章では分析されるが、しかし消費の拡大は、ただ直線的に拡がったわけではない。最大の問題は、消費活動が活発化されるなかでも、それに充分に参加できない下層民が大量に残されたことである。しかしその下層民にも形式的には参加が許される特殊な消費の領域が一八世紀なかば以降、③の情報・信仰的な交通にかかわりひらかれていく。

それを代表するのが園芸植物の流行である。それまで無視されてきた路傍の草花に微細なちがいをみいだすとともに、変化した草花を育て、繁殖させ、売買し、鑑賞するブームがくりかえされる。先にみた一九世紀初めの朝顔の流行を代表に、それらの草花は安価、または無償で手に入れられることで、下層民にまで流行の裾野をひろげていった。そうした流行を産んだのが、家々を横断する情報流通の拡大である。本草学を母体として、対象の視覚的イメージを丁寧につくりだし、それを楽しむ知が発達をみせる。それが既存の家々の階層的敷居を乗り越え拡散していくことによって、珍奇な草花を対象とした擬似的な消費の「遊び」を都市の下層民にまで誘惑していくのである。

以上のように一七世紀末から一九世紀初めにかけて、都市では私的な欲望を実現する「自己技術」としての消費が、家の制約を逃れますます拡大されていく。遊廓でまず発達した私的な消費は、一八世紀初めにはその外部にまで拡がり、食にかかわるブームというかたちで人びとの身体性や感覚を変えていったのである。性的交通から物資・労働的交通へ消費の技術の転移がこうして空間的に拡がりをみせるのに対し、情報・信仰的場への消費の技術の浸透は、より階層的かつ逆説的なかたちをとった。一般的に消費の興隆は、社会を豊かにするだけではない。同時にそれから相対的に排除される人びとを産みだすことで、社会不安を大きくするのだが、しかし近世都市にはそれを補う流行もみられた。園芸植物や小動物という安価、または無償で入手可能な夢のような対象がブームになることで、下層民的人びとの消費からの疎外を償っていくのである（図0—6参照）。

本書は以上のようにして、多様な商品が都市を中心に溢れることを前提に、（a）家が他家から自立した生活の単位として確立されると同時に、（b）消費のさらなる発展と転移によってその家の秩

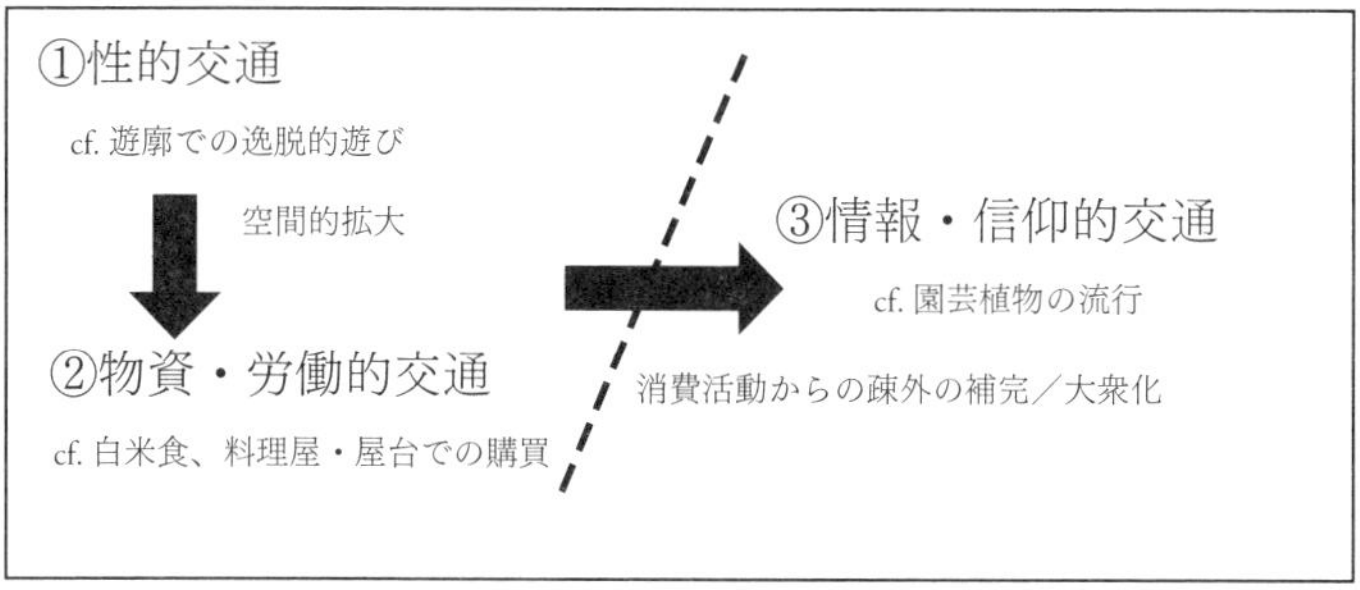

図0-6　私的な消費技術の移転

序が相対化されていく過程を分析する。家による貨幣を媒介とした「交換」と「消尽」の拡大は、その裏側で皮肉にも私的快楽に仕える「自己技術」としての消費をいっそう活発化した。家に外部で積み重ねられた消費は、一時的な性の関係や、食物の微細な差異、さらに多様なモノのイメージを享受することを、多くの人びとに誘惑していくのであり、その誘惑の深度をあきらかにすることで、本書は消費がそれにかかわり暮らす人びとの欲望や身体性を変えるいかなる力をもっているのかを歴史的に探るのである。

そうした探求のひとつのきっかけになっているのは、近年、戦後秩序の克服や地域創生という掛け声のもと、消費がしばしば後押しする私的な欲望や倫理を貶め、その代わりに、それを制限する地域的な共同性や、国家的な道徳を強調する動きがひろがっていることである。その結果として「消費社会」は乗り越えるべきシステムとしてしばしば単純にみなされる。「消費社会」から学ぶべきことはなく、むしろ「評価経済」や「地域内の相互扶助」といったかたちでそれを越える社会を構想することが大切とされるのである。

しかしそう信じることは根拠が少ないだけではなく、危険を伴う。一方で、「交換」を効率的に実現するシステムとしての「消費社会」の安定が信憑されるなかで、「消費社会」を安易に越えようとする思想は、たんなる逃避か、それを暴力的に越えるという夢想を招くことにしばしば終わってしまうためである。

　そうではなく、この「消費社会」そのものに内蔵された、システムの同一性を動かす消費の可能性を真摯に問い詰めていくことがむしろ大切になる。無数の他者たちによってくりかえされた消費は、しばしば過度の耽溺によって暮らしを破滅させる者を産みだしつつも、だからこそ逆に人びとの身体性や倫理にあらたな可能性をひらいてきた。たとえば江戸期に興隆した遊廓は、他者を弄び支配することが性的快楽につながることを教え、また園芸植物の流行はわたしたちが通常見過ごす日常世界に豊穣な差異が潜んでいることをあきらかにしてきたのである。

　それは卑近で、またある意味では反道徳的な例であるが、しかしそうした過去の消費の積み重ねが、人びとがあらたな対象や快楽に向き合うことを促すことで、人が生き死ににおいて潜り抜ける経験の可能性を拡張してきたという事実まで否定してはならない。本書は一八、一九世紀の消費の歴史社会学的探求をおこなうことによって、現在の欲望や倫理や知を支えるこうした消費の歴史的な厚みをあきらかにする。通常は触れられないが、無数の「他者」たちの快楽や欲望にかかわる私的かつ切実な逡巡の積み重ねから現在の「消費社会」も可能性を汲みあげているのであり、それを目にみえるかたちにしていくことで、「消費社会」というシステムに閉じがたい、それゆえ探究やまた生きるに値する場として、もう一度現代社会をあきらかにすることを本書は目指すのである。

第一章

遊廓はなぜ興隆したのか？

1　貨幣経済の成長

1　江戸の天

正徳二年（一七一二年）、第六代将軍徳川家宣が病没した際、江戸殿中に「金銀の花」が降り注いだという。[*1] 室鳩巣の書簡を集めた『兼山秘策』（正徳元～享保一六（一七一一～三一）年）に記載されている話である。鳩巣は師ともいうべき新井白石から伝え聞いたと考えられる。白石は当時、殿中に詰めており、また彼自身、後に『折たく柴の記』（享保一六（一七三一）年）で家宣の死後の一〇月一七日から二〇日にかけて「金色の光」ある「天花《てんげ》」が降るのを目撃したと記している。[*2]

とはいえ降下したものを、それだけで一般化することはできない。その日、降った降下物を別のものと眺めた記録が、むしろ複数残されているためである。たとえば近衛基熙の日記の正徳二（一七一二）年一一月一日の項には、江戸で「しやり」がふったという伝聞が記載されている。[*3] また尾張藩の畳奉行朝日文左衛門の日記にも江戸で「舎利」が降ったこと、さらに自身がそれを手にとったことが載せられている。[*4] 当時、舎利を貴人の貴さを保証する対象とみなす信仰が存在していた。田中貴子によれば中世には、舎利には大きな信仰がよせられ、とくに院政期には院の王権を象徴するものとして三種の神器に匹敵する地位さえあたえられた。[*5] こうした歴史的信仰を前提として、第六代将軍家宣という貴人の死に対し、この時、舎利の降下も幻想されたと考えられるのである。

ただし一方では一八世紀初めには、「舎利」への信仰が、すでに弱まりつつあったことも事実である。享保六（一七二一）年には、江戸のある女が尻から舎利をだしたことが噂になっていたように、[6]舎利は神聖なものという以上に、より日常生活に接近した対象として受けとられるようになっていた。実際、この日の降下物にも、即物的な意味をみる者がいた。たとえば先の朝日文左衛門が伝えるところによれば、正徳二（一七一二）年の冬、「すめばしやりにごればじやりのおしやりかな」[7]という狂歌が流布されたという。富士や浅間山の噴火に伴い、元禄、宝永、正徳の時期には降下物をしばしば降らせる奇異な天候が目立った。[8]それを踏まえ「舎利（しゃり）」を「砂利（じゃり）」と疑う人びとが当時から一定程度いたことを、この狂歌の流布は教えてくれるのである。

以上の意味で白石や鳩巣のまなざしを、一般的なものとみることはできない。多くの人びとは、降下物をむしろ「舎利」、または「砂利」と眺めたのであり、彼らはそれに逆らい、あえて降下物を「金銀の花」または「金色の光」ある「天花」と主張していたというべきである。

ではなぜそうした視覚が主張されたのだろうか。結論をいえば、それは白石や鳩巣がその当時、度重なる改鋳という政治過程に巻き込まれていたことと深く関係している。家宣の前代の将軍徳川綱吉は、元禄八（一六九五）年、勘定奉行の荻原重秀に命じ金銀の純度を大幅に落とす改鋳を実行した。以降、正徳元年まで金では二度、銀では四度、純度が落とされることで、金貨では最高五二・五％まで、銀では二五・六％まで金銀の含有量が減らされたのである（表1―1参照）。[9]

それを真っ向から批判したのが、白石だった。白石は改鋳の過程で減らされた金銀貨の純度を、慶長水準のものに戻すことを激しく主張した。たとえば白石は、「某年も衰へ細うでには候とも、人ひとりばかりさし殺しすて候はん事、さのみ力に及ぶまじき」[10]と荻原重秀を殺してまでも、金銀を元に戻すことを家宣に訴える。この主張が受け入れられるかたちで、金銀の純度を良化する改鋳も実行される。まず家宣の死の直前、正徳二（一七一二）年九月に荻原重秀が罷免された。続けて幼少の第七代将軍家継の治世下、正徳四（一七一四）年に改鋳が実行されることによって、金銀の純度は再び元の水準に戻されたのである。

こうした政治闘争のなかに、白石の「金銀の花」という知覚も位置づく。そもそも金銀の純度の改正を正当化する根拠になったのは、第六代将軍徳川家宣が残したとされる遺言である。家宣は、残した四つの遺書のひとつで「金銀の品をもとのことくに」[*11]と金銀貨の品位を戻すことを命じていたのであり、それを踏まえて金銀純度を回復させる再度の改鋳も実行される。しかし実は当時より、この遺言が家宣から発されたものであるかどうかは疑われていた。それは他の遺書のように老中や諸有司に、「東照宮の　神恩を忘れず」、「鍋松（家継（引用者注））事大切に心をつく」[*12]すといった一般的な内容ではなく、改鋳という政争にかかわる特殊な内容をもっていたことに加え、形式的にみても、他の遺書のように一人称でではなく、家宜の「御本意」[*13]を三人称の視点から書くという形式を取っていた。[*14]それらに対する疑いのせいもあり、遺書が公表された後、白石家の門に「金銀御遺言所」という札が貼られたというように、むしろ遺言は白石を出所とするものと噂されていったのである。[*15]

こうして疑念にさらされる家宣の改鋳を命じる遺書を飾るものとして、「金銀の花」の降下は主張される。金銀の改鋳への意志はいまでは出所としての家宣を失い、真偽を疑われるものになっている。それを補い、その知覚は、その意志が「天」と深くかかわるものであるかのように偽装する。この意味では「金銀の花」という知覚は、改鋳の意志の不確かさを補ういわば「神話」として機能したということができる。ロラン・バルトは社会的な偶然の出来事を自然の必然的な事象として表現する言説

	金（うち小判中の金の量目）	銀（銀の品位）
慶長六（一六〇一）年	慶長金（四匁一厘）	慶長銀（八〇分）
元禄八（一六九五）年	元禄金（二匁七分四厘）	元禄銀（六四分）
宝永三（一七〇六）年		宝永銀（五〇分）
宝永七（一七一〇）年	幹字金（二匁一分一厘）	永字銀（四〇分）／三ツ宝銀（三二分）
正徳元（一七一一）年		四ツ宝銀（二〇分）
正徳四（一七一四）年	武蔵判（四匁一厘）・享保金（四匁一分四厘）	享保銀（八〇分）
元文元（一七三六）年	元文金（二匁三分）	文字銀（四六分）
文政元（一八一八）年	文政金（一匁九分七厘）	

表1-1　改鋳年表：三井高維校注『新稿両替年代記關——資料編　巻一』岩波書店、一九三三年、七八〇〜七九〇頁より作成。

の形態を「神話」と呼ぶ。[*16] それと同様に「金銀の花」が降ったという主張は、今や家宣の死によって疑われるようになっていた改鋳の意志を、天を出所とする自然史的な出来事と関係づけることで、動かしがたい事実のように装わせていたのである。

2　改鋳への意志

ただしそれでも問題は残る。ではなぜ白石や鳩巣は、そうして疑わしい視覚を主張してまで、金銀の純度を戻すことに執着したのだろうか。白石自身は、それを改鋳が「天地の災」[*17]をひき起こしたためと説明する。この災いは、おもに自然的、政治的問題を意味しており、実際、元禄八（一六九五）年の改鋳以後、宝永四（一七〇七）年の富士山の噴火にもとづく大地震や冷夏にもとづく飢饉の発生など変事がくりかえされていた。それ以上に大きな危機となったのが、神祖の血統の断絶である。白石によれば、宝永五（一七〇八）年の第五代将軍綱吉の跡継ぎを残さない死を含め、ここ百年のうちに「天下の大統《たいとう》の断《たえ》たまひし事」が「すでに二たび」[*18]起こっており、改鋳が問題となるこの時期、のちの後継、家継は生まれてさえいなかった。こうした幕府の同一性を揺るがす危機が、改鋳によって引き起こされたと白石は主張していたのである。

しかしもちろんこの白石の主張を、そのまま受け入れることはできない。貨幣の継続性と、幕府の継続性の並行関係を無前提には納得しがたいためだが、それは当時からみてもそうだった。実際、白石は詭弁を用いる者として警戒されていたのであり、たとえば後の時代、吉宗は白石の任官を危惧したが、それは室鳩巣によれば、白石に「文飾の多きもの」という風評がたてられていたためだったのである。[*19]

しかし他方で、そうした「文飾」を行使しなければならなかった白石の危機感の中身が何だったのかについては、より具体的に考えてみる必要がある。白石は貨幣にかかわる現在の状況を、幕府を中心とした秩序を覆し、その命運を左右するものとみたのであり、だからこそ「金銀の花」という「文飾」を利用してまで、金銀の純度をもとに戻すことを訴えていく。しかしそうした見方は、白石にかぎられたものではなかった。その時代、幕府の統制力をはみだす貨幣が増加していくことにかかわり混乱状況が産まれていたのであり、それを統制するために、白石のみならず、為政者たちはさまざまな試みを積み重ねていく。そうした企図のひとつに、あくまで「金銀の花」という主張も含まれていたのである。

為政者にこうした危機感を産んだ根底的な原因となるのは、大きくみれば一七世紀後半以降の金銀の枯渇である。そもそも中世末における発掘・精錬法の発達は、金銀銅の採掘量を増加させ、日本を世界でも有数の金銀銅の産出国へと押し上げた。[*20]その結果、鉱山を直轄する大名や幕府はこれまでにない力を手に入れたのだが、しかし一七世紀後半より逆に金銀は不足していく。それが物価騰貴を招くことで、今度は幕府の財政を悪化させるのである。

金銀枯渇を招いたのは、①国内鉱山の減産に加え、[*21] ②輸入の増加によって金銀銅の海外への大量の流出が続いたことである。白石自身が宝永六（一七〇九）年に上書しその対策を求めたように、高級生糸や布、薬種の輸入の増大により膨大な金銀が海外に流出し続けていたのであり、それを取り締まるために幕府も正徳五（一七一五）年に正徳新例を制定するなど、貿易の制限に力を注いでいく。[*22]

しかし金銀不足は、それだけでは解決されなかった。金銀の枯渇は、③国内経済の発展によって貨幣需要が増大していくことをさらに根底的な原因としていたためである。実際、後により詳しく確認していくように、一七世紀後半以降には、貨幣に依存した生活が巨大な成長を遂げる。それが呉服や薬種を代表とする輸入品を増大させることで、金銀の国外流出を招いたことに加え、より直接的には国内の貨幣需要を増大させることによって、社会に通用する金銀を相対的に不足させるのである。

こうして貨幣経済の拡大とそれゆえの金銀の稀少化が、物価高騰を引き起こし、それが幕府や諸藩の財政困難を招くことになった。もちろんそれに対して、何ら対策が講じられなかったわけではない。貨幣需要の膨張に対して、たとえば諸藩は独自の紙幣としての藩札を発行することで対応する。寛永七（一六三〇）年の福山藩を嚆矢として、藩札を発行した藩は一八世紀はじめまでに四六藩にのぼった。[*23] 多くは領国内に流通がかぎられていたとはいえ、比較的自由に発行できる貨幣としてあった藩札は、藩の財政を補い、領内の貨幣需要の増大に部分的に対応したのである。

加えて民間では大坂を中心に、地域間を横断する「為替手形」、特定地域で通用する「預り手形」や「振手形」などの商業手形の流通が活発になる。[*24] 承応三（一六五四）年には米を担保とした米切手が「一日の内に十人の手に渡」るといった盛行をみせたといわれるように、[*25] 商業手形は一六世紀なかば以降、都市における貨幣の不足を少なくとも局所的に補ったのである。

最後に非合法とはいえ、個人による貨幣の私鋳もみられた。幕府の目を盗み貨幣を私鋳する者がいたのであり、たとえば元禄の改鋳によって良貨が退蔵された際にも、旧来の貨幣を削り改鋳差益を獲得しようとする者が現れたことが記録されている。*26

このように一七世紀における金銀に対する需要の増大は、幕府以外の雑多な貨幣供給者を産んでいく。それによって金銀の不足は一定程度解消されたが、しかし結果としてそれが従来の貨幣秩序の混乱を招いたことが問題になる。貨幣の需要の増大は、対処する複数の主体を乱立させることで、幕府の貨幣鋳造権を揺さぶったためである。

それらに対抗し金銀流通を正常化する試みとして、幕府による改鋳も考えてみなければならない。大切になるのは、徳川幕府が貨幣をみずから鋳造し、流通させることを、正統性の重要なバックボーンとしていたことである。一〇世紀の乾元大宝を最後として、醍醐天皇の貨幣発行計画を除けば、自国鋳造は停止され、宋や明から移入された渡来銭がおもに貨幣として用いられていく。しかし一六世紀の金銀銅の産出増加を背景に、貨幣をみずから発行し通用させる権力がようやく出現する。*27 織田政権は撰銭によって通用する貨幣を統制しようとしたのであり、さらに豊臣政権は金銀の発行をさかんにすることによって事実上の貨幣通用権を握る。そうした政権を引き継ぎ、徳川幕府も慶長六（一六〇一）年にその後の基準となる慶長金銀をつくり、寛永三（一六二六）年には寛永通宝の鋳造を開始する。それによって従来の渡来銭の通用を現実的に停止するとともに、東アジア的な貨幣流通からの独立をようやく実現することができたのである。*28

こうした貨幣の鋳造権の独占が、一七世紀における貨幣経済を拡張させる土台にもなった。そもそも貨幣が貨幣であるためには、一定の時空を超えた他の誰かによって受け取られると一般的に信憑される必要がある。そのことは、中世期の貨幣の困難な流通状況から、逆にたしかめられる。その時代、渡来銭に加え、切符や割符《さいふ》を中心とした信用貨幣の発展がみられたことも事実だが、それらの貨幣（類似物）の流通にはあくまで限界が伴った。渡来銭にかんしては、一六世紀後半には、品質の悪い銭貨が良貨を駆逐するいわゆる「銭荒」現象が目立ち、一四、一五世紀に地域を超えた流通をみせた割符も、一六世紀には信用を失い姿を消す。[*29] 戦乱に陥った明からの銅銭の供給の減少といった影響も無視できないが、構造的には、貨幣の価値を最終的に保証する払い手、また受け手としての主体が、中世社会に不足していたことがより大きな問題になる。貨幣の価値を裏打ちする一貫した主体を欠くことで、中世貨幣は非人称的な取引を困難としたのであり、だからこそ政治経済的な混乱に陥るとしばしばすぐに流通は停止されたのである。

それに対して一七世紀には、貨幣の価値を観念的にも、実態としても保証する巨大な主体が現れる。徳川幕府は、金銀貨や銭貨を独占的に鋳造するとともに、それを用い受け取る全国規模の主体として貨幣流通の底を固めたのである。それが貨幣を日常生活にまで浸透させる土台になった。貨幣価値を一定の時間を超え保証する幕府の存在感を前提に、一七世紀には貨幣の非人称的かつ安定した流通が実現されるのである。

以上のような貨幣を統制する幕府の役割を強化し、または回復する試みとして、一七世紀末から一八世紀初めにかけてくりかえされた改鋳を考えてみなければならない。一七世紀末、貨幣需要が高まり、そのなかで貨幣やその類似物を発行する多様な主体が現れる。そうした状況を整序し、貨幣価値を再び幕府の統制のもとで安定させることが、金銀の含有量を増やすにしろ、回復させるにしろ改鋳の重要な目的になったのである。

たとえば荻原重秀が主導した元禄の改鋳は、従来、①改鋳差益(=「出目」)の獲得や、②金銀比価を操作し大坂商人の力を削ぐといった目的から理解されてきた。[*30] しかしその改鋳は、貨幣の私鋳の取り締まりや、領国的な銀の私鋳(元禄九(一六九六)年)や藩札の発行の禁止(宝永四(一七〇五)年[*31])と並行しておこなわれたのであり、その意味で、③民間や藩の貨幣発行の試みの牽制し幕府の鋳造権を強化することも目的として含んでいたことを見逃せない。たとえば荻原重秀は、貨幣は国家が価値を定めるものであり、だからこそ「瓦礫」によってもそれに代えることができる(「幣は国家が造る所、瓦礫をもってこれに代えるといえども、まさに行うべし」)と主張したと伝えられる。[*32] 実際に重秀がそういったかの真偽は別としても、元禄の改鋳は、幕府主導のもとなかば強引にあらたな貨幣の秩序をつくりだすものと、同時代には少なくとも理解されていたのである。

白石が主導した正徳の改鋳も、ある意味ではこの元禄の改鋳の試みを引き継ぐ。たしかに重秀とは反対に、白石が元禄の改鋳を否定し、金銀の位を慶長水準に戻すことをつよく主張したことも事実である。しかし表面的な意図はどうあれ、幕府の鋳造権を維持するという企ての深層の水準では、それは元禄の改鋳の試みを反復する部分をもっていた。白石は、神祖家康の定めた三貨の基準を「我國萬代の後迄に至るべき[*33]」祖法であると主張していたが、それを回復し、再び貨幣の価値制定権を司る主体になることを厳しく幕府に求めたのである。

この意味で重秀や白石の改鋳の企てを、時代の政治的な状況や置かれた立場のちがいから、ただ対立するものとみてはならない。両者は貨幣需要が増大する社会のなかで、動揺する幕府の貨幣の鋳造権を補完する企てとして共通するのであり、つまり両者は、それぞれの信じる方策に従いつつ、もう一度、幕府が貨幣価値維持においてはたしてきた役割を回復する試みとしてあったといえる。

もちろんそうした試みは、かならずしも成功したとはいえない。まずそもそも金銀の枯渇が、根本的にその実現を制約したからである。貨幣の数量を増すにしろ、その純度を高めるにしろ、余分な金銀をもたない幕府ができる手段はかなりかぎられていた。だからこそ新井白石は、「二十年」後には金銀の算出が増加すると主張し、それに期待を寄せている。そのあいだは兌換券としての「鈔」を発行することで、貨幣を代替させようとしたのだが[34]、しかしそうした未来が現実に訪れるとは誰も信じてくれなかった。だからこそ貨幣の純度の回復という無謀な試みへと白石は、無策のままに追い込まれてしまうのである。

加えて社会的には容易に幕府の指図に従わない生活空間が拡がっていたことが、改鋳の失敗を招く。幕府の定める価値としてではなく、人びとによってその価値が判断される独自の媒体として貨幣がますます流通していくなかで、幕府が貨幣価値を独断で操作することはいっそうむずかしくなったのである。実際、元禄の改鋳の際にも、金銀の引換を円滑にするために一％の増歩がプレミアとして付けられたが、それが宝永五（一七〇八）年には三％、宝永六（一七〇九）年には五％にまで引き上げられる[35]。さらに正徳四（一七一四）年の改鋳では、初めから旧貨幣と新貨幣を二対一の割合で使用することが認められていたのであり、そうして人びとが望むままに「悪貨」の通用を許可したという意味では、この改鋳は白石の意図に逆らうそもそも失敗策だったとも評価されているのである[36]。

ただしだからといってくりかえされた改鋳の試みを、すべて失敗とみなすことはできない。一七世紀末、金銀の枯渇が現実化した困難な状況のなかでも、幕府は貨幣統制をおこなう当事者であることを放棄せず、あらたな貨幣を鋳造してまで、貨幣の安定した通用を約束していった。その成果として、貨幣価値の相対的な安定がまがりなりにも実現される。元文の改鋳（一七三六年）以降、次に改鋳がおこなわれる文政元（一八一八）年に至るまで、およそ八〇年間、後にみるように米を除く諸物価の高値というかたちを取りながらも、物価は安定していく。それを支えたのが、幕府が試行錯誤をしつつつくりだした低品位の貨幣である。それは社会に膨れあがった貨幣需要を満たしつつ、その後の経済の活発化を後押ししていくことに成功するのである。

この意味で一七世紀末ごろにくりかえされた改鋳の試みを、幕府によるいわば新種の貨幣を創造する試みとしてみることができる。金銀の枯渇という状況に直面した幕府は、金銀素材に直接の価値がないことをいわば力づくで受け入れさせていくのであり、その結果として、貨幣の需要の爆発に対応していくことができた。重要になるのは、それによって前時代に活発化した南北アメリカからアジアにまで至るグローバルな価値システムからさえ浮遊する貨幣価値の空間がつくりだされたことである。金銀に依存しないことで、外部と切り離された一種模像的な貨幣空間が改鋳の試行錯誤のなかで構築されていくのであり、それを踏まえてこれからみていくような消費と深くむすびついた暮らしがまがりになりも維持されていくことになる。[*37]

白石が「金銀の花」という知覚を含む、華麗な「文飾」を重ねてまで改鋳に情熱を傾けた理由も、以上からようやく理解される。金銀の枯渇と貨幣需要の増大という時代状況に対応した貨幣をつくりだすことが、その時代、幕府の存続にさえかかわる課題として為政者たちに浮上する。一七世紀に幕府が創始した権力空間を保つために、金銀素材から距離をもつあらたな貨幣を制定することを含め、多様な対応が求められていくのであり、それを白石や重秀は政治的命をかけて追求した。その意味では「金銀の花」といった「文飾」はそうしてつくりだされた貨幣とある意味ではパラレルな関係にあったといえる。その時代、為政者たちは金銀の枯渇を補う「虚構」としての貨幣をつくりだすことに努力していくが、それを支えたのがひとつには金銀の豊穣を現実であるかのようにみせる「金銀の花」の降下といった神話的な「文飾」だったのである。

2　家と貨幣

1　家の形成

こうして一七世紀はじめの幕府による鋳造権の確立と、一七世紀末以降の改鋳というあらたな貨幣創造の試みを踏まえ、貨幣の浸透が進み、それがその時代の経済的、政治的構造を変える。たとえば一七世紀には水田稲作が拡大する傍らで、商品作物の生産や酒や木綿の製造も進むのであり、それらを都市へと運ぶ流通機構も整備される。諸藩や村から送りだされる大量の米を安定して移送することをおもな目的として、一七世紀には諸街道や東廻り航路や西廻り航路を代表とする海路も整えられ、それが地域を全国市場へと緊密にむすびつけていったのである。

その結果、商品流通が拡大するともに、貨幣が全国に浸透していく状況を、たとえば井原西鶴の『本朝二十不孝』(貞享四(一六八七)年)の「旅行《りやかう》の暮《く》れの僧《そう》にて候」という説話はよくあきらかにしている。その説話では、「小判《こばん》といふ物みしりけるも不思議《ふしぎ》なり」*38 といわれる熊野の田舎に小判を持ち込んだために旅僧が、いたいけない女児に殺される。もちろんそれをそのまま実際の事件とみることはできない。しかし説話は、①地方にまで貨幣を必要とする生活が拡がり、②その貨幣が「銀《かね》が敵《かたき》となる浮世《うきよ》」[39]といわれるように殺人の原因とされることが田舎でも珍しくないとみられる状況が産まれていたことをよく教えてくれるのである。

こうして貨幣経済の日常への浸透は、商品経済の拡大やそれに応じた経済的な機構をつくりだし、人びとの生活を変えていった。そのなかでも後世にもっとも大きい影響をあたえたのが、「家」を中心としたあらたな暮らしの定着である。親族や同族団に従属するのではなく、みずからの家をもちそれを意識して暮らす生活が、一七世紀後半には庶民にまで一般化されていく。この家の発展のひとつの条件として、貨幣流通の拡大が欠かせない役割をはたしたのである。

もちろんそれまで家がまったく営まれていなかったわけではない。たとえばすでに一〇世紀以降の王朝国家体制のなかで、特定官職の世襲化が進むことが確認されている。それが「家業」として引き継がれていくことで、貴族層における家の形成が進む。[40]さらに一一世紀中頃から一四世紀にかけては農民層でも、夫婦を中心として経営される家の出現がみられるといわれている。[41]

けれども一方では、家は政治、経済的、または社会生活のヘゲモニーを独占的に握るまでの発達を遂げたわけではなかった。なお自分の家をもたず、他人の家に従属するか、あるいは端的に家の外で生きることを宿命づけられた多くの人びとが暮らしていたのであり、たとえば黒田俊雄は、中世社会では、「「いえ」を欠く生活条件に生きた多数・多様な人々」が、貴賤の差なく存在していたと分析する。[42]他家に従属する従者や家をもたない漂泊者などが中世には大量に滞留し、それが寺社に代表されるように、政治的、経済的または軍事的に強力な勢力を形成していたというのである。

こうした状況を具体的によく示すのが、御伽草子や説経節といった当時流行した文芸である。[43]たとえば説経節の『かるかや』では、桜の花が散る季節に出奔した親と、その親を求めさまよう子どもの苦難が描かれる。彼らは対面を果たすが、親子の名乗りはあくまで来世における仏の加護に委ねられる。[*44]この『かるかや』を一例に、説経節や御伽草紙には満足な家をもたず生きる人びとがしばしば描かれる。それらの人びとは、最終的に神仏や政治的支配者の加護を得て家を築くこともあるが、それらの結末は逆にその時代、そうした僥倖がなければ、社会の下層にいた人びとが自分の家をもつことがむずかしかったことを照らしだすのである。

それに対して中世末には、代々財産や特定の職業を継承しつつ安定した生活を営む家が増大し、村や幕藩体制の秩序を担うまでに成長した。その状況を、たとえば石塔墓の急増がよくあきらかにする。竹田聴洲によれば、一六世紀末から一七世紀なかばにかけて、畿内とその周辺では石塔墓とそれを中心とした寺の形成が進んだ。[*45]木でつくられた木塔婆がすぐに朽ち果てるあくまで一時的なものだったのに対して、石塔墓は、後世まで残ることが期待されつくられる。この意味で石塔墓の増大は、代々祖先を祀ることをつよく願う家が、地域に根づき定住していくことを表現していたと考えられるのである。

ではなぜその時代に、世代を越え、一定の地に営まれる家が数を増していったのだろうか。その条件として、まずしばしば挙げられるのが、農業生産力の飛躍的な増大である。一六世紀から一七世紀にかけて農業構造の転換と生産力の急上昇が進んだことが、近年あきらかにされている。[*46]それ以前、農民は山間部で移転をくりかえす畑作や散在する棚田での稲作に従事することが、一般的だったといわれる。しかし一六世紀以降には、①中世の寒冷な気候からの回復、②農具や農法の改良、③土木工事を組織し河川を管理する広域的な権力の発生などが相乗効果を産むことで、河川近くの低湿地や沖積地での稲作が急拡大される。その結果、一〇世紀前半には一〇〇万町歩余に留まっていた水田は、慶長三（一五九八）年には約二〇〇万町歩、近世中期の享保年間（一七一六〜三五年）頃には三〇〇万町歩水準にまで増大したのである。[*47]

「大開発」とも呼ばれるこうした農業生産の拡大を受け、他家に依存しない小規模な家が多数つくられ始める。まず主家や親の家を離れ、あらたな家を築く二男三男や奉公人の動きがさかんになった。その結果、新村や枝村もつくられていくのであり、実際、正保二（一六四五）年から元禄一〇（一六九七）年の約五〇年間に、既存の村の総数の一五％に近い七五〇〇余りの村があらたにひらかれたことが記録されている。[*48]

さらに新規に家が創出されただけではない。平野部での水田稲作の展開は、既存の家の暮らしを根底から変える。坂田聡によれば、そもそも中世期には灌漑設備の不整備や充分な肥料の不足のせいで農耕地は頻繁に移動し、それに応じて集落も移転や離散をくりかえしていた。[*49] それに対して水田稲作の拡大は、焼畑農業的に移動を続けるのではなく、灌漑の整備や土壌の改良を積み重ねた狭い土地に、世代に渡り定着することを当然の選択としていった。その結果として、土地や近隣の人びとと、世代を越えてむすびついた暮らしも普通のものになる。たしかに一七世紀には、いまだ領主たちの招来に応え、好条件を求め他の土地に移動する者も目立った。[*50] しかしそれを最後の大規模な移動として、田や水路に投下された労働力、また近隣との関係を放棄することが、合理的でなくなる時代が訪れようとしていたのである。

こうして農業生産力の増加は、村におけるあらたな家の創造と、さらには元からあった家の定住化を引き起こす。ただし家の形成は、農業の活性化を追い風としただけではない。より根底的には、その時代の貨幣の流通こそ、家にまがりにも他家に依存しない自立を後押しした土台になった。地域差はあったとはいえ、そもそも村に定着し農業を営むためにも一定の貨幣使用が必要になったのであり、たとえば小規模化された家は鰯等の肥料や農耕具を買うことで、相対的に狭い土地に定着して農耕を続けられるようになった。さらに臨時の労働力を雇うためにも貨幣が重要とされたのであり、実際、深谷克己によれば、貨幣を用いた雇用は、近世初期の村で既に一定程度浸透しており、「しだいに雇人・奉公人の給金が上昇し、また人手調達が困難」[*51]になることさえみられたという。この貨幣を得るために、綿や煙草などの商品作物の作付けも進められた。[*52]自給的な暮らしが残ったことも事実だが、ただしそれは、ますます部分的なものを出なくなる。第二章でより具体的に確認するように、たとえばそもそも米も自給のための作物や貢納のためにつくられただけではなく、換金に便利な作物として重宝された面を見逃せないのである。

こうした村での暮らしに加えて、街で貨幣が求められたことはいうまでもない。まず幕藩体制下で都市に暮らす家は、村から都市に流れ込む米を中心とした農作物に依存して生活を送るが、その米を買うために町人には貨幣が当然必要になった。それ対して武士はその米を家禄としてあたえられることで一見、貨幣を必要としていなかったようにみえるかもしれない。しかし野菜や薪、灯り用の油を買うなど最低限の生活を都市で送るために貨幣が必要とされたことに加え、儀礼的な社交を重ね、贈答や接待をくりかえしていくためにも貨幣が求められる。徳川の時代の武士は、太平のなかでその武威を示すために、相応の暮らしを外面だけでも維持していかなければならなかったのであり、[*53]だからこそ米を売るなどして相応の貨幣をもつことが大切になったのである。

以上の意味で一七世紀における家形成を後押しした要素として、農業生産の拡大だけではなく、貨幣流通の拡大の影響を見逃せない。たしかに公式には、近世の家は、主家や上位の家、または公の秩序に対し忠義や礼儀を保つことで生き延びていくとされる。ただし村でも都市でも他家にみくびられず、家の体面を維持して暮らしていくために、貨幣がいっそう求められたことは同じである。武家にしろ、商家にしろ、農家にしろ、貨幣を支払うことで、まがりなりにも主家や親族に従属せず、しかし自身は一定の奉公人や居候を抱えつつ、維持されることができたのである。*54

そのために、町人や農民は機会を捉えより多く稼ぐことが要請されたのであり、さらには武士も積極的に稼ぐわけにはいかなかったとしても、かぎられた収入のなかで破綻なく家を経営することが不可欠になった。その状況をよく示すのが、貨幣を稼ぎ蓄えることを勧める教説の流行である。初めて本格的に貨幣経済に巻き込まれた家にその心がけを教える教説が、一七世紀には流行をみせていくのである。

その一例となるのが、「慶安の御触書」としてよく知られている文書である。山本英二によれば、それは通説のように、慶安二（一六四九）年に幕府からだされた触書だったのではなく、一七世紀後半に甲州から信州にかけて流行した教諭的文書を原型としていた。*55 その上でその書が興味深いのは、金を蓄えることへの肯定的な評価が目立つことである。たとえば触書は、百姓が農耕に勤しむだけではなく、「少ハ商意も之有」*56 ことが説かれ、商売に勤しみ貨幣を稼ぐことを勧める。ひとつにはそれが安定した農業経営を保証したからだが、それだけではない。祭りや贈答等を通して村で地位を維持するためには貨幣が必要とされたのであり、だからこそ覚書でも、「米金の沢山ニ持候へハ」、新設の「夫婦懸むかひ」の家でも村の「上座」*57 に座ることができると主張されているのである。

この意味で「覚書」の流布は、①食料や農耕のための道具を「交換」的に手に入れるためだけではなく、②祭りや贈答などの「消尽」的消費によって他家に対抗し自分の地位を保つために、できるだけ多くの貨幣が村でも必要とされる状況が産まれていたことを浮かびあがらせる。たしかに山本英二も指摘しているように、奉公人をもつ家が当たり前とされ、商売以上に農耕に勤しむことが前提とされているなど、そこで想定されている家といわゆる近代の小家族との距離はなお大きい[*58]。ただし逆にみれば、だからこそ触書は、地域に根をはる家でさえ、貨幣獲得に熱心にならざるをえなかった世知辛い現実をよく照らしだしているのである。

こうした農村向けの教えに対し、都市向けの教説としては、『長者教』という仮名草子が有名である。『長者教』は、古活字本で寛永四（一六二七）年に出版されて以来一八世紀なかばまでかたちや構成、文言を変えつつ幾度もだされていった。ここでも村向けの「覚書」と同じく、貨幣を稼ぎ貯めることが勧められるが、さらに他家との関係を犠牲にしてまでも、それを追求することが『長者教』では強調されていることが注目される。たとえばそれは「たのもしたてつかまつり、ひとにほめらるへき事[*59]」をせず、また「諸會合、ちやうし（停止、引用者注）して[*60]」一心に金稼ぐことを主張する。他人への援助や地域の人びとの会合が、町で必要とされなかったわけではない[*61]。しかし一方でそのつながりは、確実なものとみなされていなかった。貨幣を失うならば家同士のつながりや主従関係も結局は頼りにならなかったのであり、だからこそ『長者教』は、「銀をハしう（主、引用者注）とおもへ[*62]」と、近隣の家や血縁的上位者ではなく、擬似的にではあれ、貨幣を主人として仕えることが大切であると強調するのである。

こうして『長者教』の流行からは、血縁や地縁の代わりに貨幣を頼りに暮らす町の家の孤独な姿が浮かびあがる。多くの家が武士であれば主家を、商家でも主家筋の家をもっていたのだが、しかし同じように都市の不安定な生活を生きるそうした家を、最終的にあてにすることはむずかしかった。だからこそ『長者教』は、貨幣を「主」として敬うことを主張するのであり、またそうした処世術が、リアルなものとしてみられたからこそ、『長者教』は根強い人気を保ったのである。

加えて外在的には、その出版を後押しした出版機構の成長も大切になる。今田洋三によれば、寛永期（一六二四～四五年）に京都を中心に始まった営利的な出版活動は、寛文期（一六六一～一六七三年）には大坂を嚆矢としたより大衆向けの出版へと拡張され、結果として書籍を購買、または貸本屋で借りることが、村の知識層にまで浸透する。*63 それを前提として、仏典や古典、好色本に加え、一七世紀末以降、『家内重宝記』（元禄二（一六八九）年）に始まる重宝記シリーズや、貝原益軒が書いた『和俗童子訓』（宝永七（一七一〇）年）や『家道訓』（正徳二（一七一二）年）、『養生訓』（正徳三（一七一三年））、益軒の名を借り流布された一連の『女大学』もの、西川如見の『町人嚢』（享保四（一七一九）年）など、大衆的な道徳書の流行が発生する。それらは家が生活の基本的な単位となった社会のなかで、身につけておくべき教養や規範を教えることで人気を集めたのである。

『長者教』もそのひとつだが、なかでもその書は、そのメディア的形態が説かれる内容をつよく特色づけていたことで特徴的である。人や家伝えではなく、商品市場を媒介に情報が行き来するメディア空間が興隆していくことを前提に、『長者教』は主家や本家に頼るのではなく、それ以上に貨幣を大切にすべきことを説くのである。

2 節制の主体

ここまでみてきたように貨幣経済の成長を土台として、商品化された日常物資や肥料や農機具、さらには書籍を買うなどして、家はまがりなりにも自立した暮らしを営み始めた。しかしそれだけではなく、商品購買が、家特有の欲望や倫理の形成にも大きく仕えたことが大切になる。それがよく確認されるのが、逆説的にも家がその構成員に商品購買を厳しく戒めた局面においてである。家は構成員に貨幣の使用をなるべく切り詰め、貯蓄に励むことを説くのであり、そうしたいわばマイナスの消費としての節制が、家の成長を左右する技術的条件とされたのである。

それを如実に示すのが、家の家訓や店則である。[*64] 近世の家は永続を期待される集団として、後の世代に向け多くの家訓、店則を残していくが、無駄遣いをせず、節制をすることがそこでは大抵の場合、つよく主張されている。そのひとつ、鴻池家の家訓（「幸元子孫制詞条目」（慶長一九（一六一四）年））では、「酒宴遊興に長じ家業に怠り、猥りに金銭を費し候儀、先祖之積徳、父母之厚恩を知らざるが故也。若し異見をもちひず候はゞ、其身一銭を与へず、赤裸にして家を放ち出すべき事」[*65] と、倹約が子孫に戒められる。家長であれ、親から受け継いだ金を自由に使えなかったことは当然として、自分で稼いだ金も、「父母之遺体を以てもふけし金銭なれば、同じく父母之遺物」[*66] として、勝手に使うことが禁じられていた。また慶安五（一六五二）年に亡くなった住友家の家祖政友も、節約を要請し、「何たるものにも一やとのやどもかし申まし又あみかさにてもあづかるまじ」と念押ししている。[*67]『長者教』とも似て、社交以上に貨幣を大切とすべきという教えが、他人との貸し借りを一切避けるべきという厳しい命令として、ここではより具体的に説かれているのである。

守るべき財産をもつ富家として、鴻池家や住友家が子孫に「交換」や「消尽」を制限していったことは、ある意味、当然かもしれない。ただし節制を主張したのは、富を抱えた大商人だけではなかった。一七世紀後半から一八世紀初め、河内国で農商的営みを続けた河内屋可正は、その日記で博奕や博労、大酒や傾城買いを慎むことをくりかえし説いている。[*68] 浪費によって田畠を手放すはめになった近隣の家々を数え上げ、だからこそ倹約に励まなければならないと、河内屋可正は子孫につよく訴えかけているのである。

それらを例として、大商人だけではなく、小さな家にも倹約と節制が求められたのは、ひとつに時代の経済の構造的変容を原因としていた。戦乱が終結するなかで、武士が家禄を増加させる道が狭められたことに並行して、商家のかかわる利権構造も固定化される。時代が経つにつれて鴻池家や住友家のように貨幣をあらたに稼ぎ、豪商にのし上がる道はいっそう狭いものになったのである。

それに応じて今ある財産を守ることがより大切になっていく。そのことは、三井三代目の当主高房が残した『町人考見録』(享保一一～一八〔一七二六～三三〕年)によく示されている。そこでは、「凡《およそ》京師の名ある町人、二代三代にて家をつぶし、あとかたなく成行《なりゆく》事、眼前《ガンゼン》に知る所也[*69]」と、これまで致富しながら潰れた家の歴史が、数多く書き留められている。とくに元禄期に経済成長が頂点を迎えた後、一攫千金の道はますます閉ざされ、守成の道さえ厳しくなったのであり、だからこそ、いまある貨幣を守り伝えていくことが、大小の町人の家にとってはいっそう肝要とされたのである。

しかし家に節制が要求されたのは、時代とともに進んだ経済的停滞を原因としただけではない。近世に産まれた家は、代々継承されることを前提とした特殊な集団として営まれる。そうした集団が継続されていく根拠として、節制はそもそも核心的な役割をはたしたのである。

実際、家を代々受け継がれることを基本とした単位とみることについては、これまでも多くの議論が積み重ねられている。たとえば社会学では、有賀喜左衛門は家を財産や生活手段を守り伝える非親族をも含んだ集団と規定したのに対して、喜多野清が家を夫婦結合を前提に再生産される組織とみたことで論争が起こる[*70]。しかし「財産」や「核家族的関係」など異なる要素が核心として取りあげられているとはいえ、両者のいずれもが、家を数世代にわたる「長い存続」[*71]や「永続」[*72]を前提とした集団とみなしていたことは同じである。財産や血統的関係を、世代を超えて再生産する仕組みとして、家は捉えられているのである。

こうした両者の見方につよい影響をあたえたのが、柳田國男である。柳田は家を日本社会を構成する根本的な単位として家を想定したのであり、たとえば民俗学者に転身する以前に著した『時代と農政』（明治四三（一九一〇）年）のなかで柳田は、地方社会を構成する単位として家を重視していた。「永住の地を大都会に移」せば「十中八九迄」家はなくなるだろうが、この家を消滅させることを、柳田は受け入れられない。それは「ドミシード即ち家を殺すこと」として、いまだ「生まれぬ子孫」を殺す「他殺」さえ意味しているというのである。[*73]

ではなぜ家が重要になるのか。その段階では柳田もそれをはっきりと理解していたようにはみえないが、だからこそ柳田は以後、証拠を積み重ねつつ、それを具体的にあきらかにしていく。たとえば後の『先祖の話』（昭和二一（一九四六）年）で柳田は、家の先祖を死ぬと近所の山に留まり、他の祖霊と融合しながら、家の成長を見守る近しい存在として描きだしている。[*74]先祖から見守られているからだけではなく、死後も先祖となり死後の弔いが続くことを信じ、家の構成員は安らかに死に、また幸福に生きることができた。だからこそ政治的、経済的単位としてだけではなく、信仰や倫理の単位としても家は、日本社会において他に代えがたい役割を担ってきたと柳田は説くのである。

こうした柳田の見方は興味深いが、しかし他方で、家の永続を歴史を超えて確認される普遍的な事実とみなすことはむずかしい。最大の問題は、これまでみてきたように少なくとも大衆的なものとしての家が、近世の貨幣流通の拡大のなかで初めて産まれ、また維持されてきたことである。いわば社会的に稀少な財としてあった家が、貨幣流通の拡大や農耕技術の進展に伴いその時期、多くの人びとに解放される。柳田の家に対する見方はそうした近世の達成を無視して、過去を遡及的に振り返るものでしかないといえる。

ただし柳田の見方のすべてが棄却されるわけではない。大切なことは、家の永続が幻影としてであれ、貨幣を根拠にたしかに近世社会で信じられていくことである。実態としては、家はもちろん長期間続いたものではなく、近世社会でもしばしば短期に潰れていく。鈴木榮太郎は過去帳をさかのぼり、近世の村で家は永続が望まれながらも、通常四、五代で、それも貧家から絶家することが普通だったと確認している。[*75] しかしだからこそ貨幣は将来の家の存続を保証する欠かせない媒体になる。ひとつに貨幣が家の存続を物理的に支えたからであり、たとえば日常の食料や農機具、肥料を購買するためだけではなく、祭礼や婚礼で用い、村の付き合いを維持していくために貨幣は必要とされた。それができない家は、不作時の援助を得られないだけではなく、そもそも婚姻や養子縁組をおこなう相手を得られなかったことで、乳児死亡率の高い近世社会では、遅かれ早かれ絶家せざるをえなかったのである。

それゆえ家は貨幣をできるだけ稼ぐことを目指すのだが、しかしこの場合に問題になったのが、貨幣の入手先がいまだかぎられていたことである。自由な働き先の少ない近世初期には、村で貨幣を手にすることがむずかしかったことに加え、武士であれば主家、町民であれば雇い主や顧客にときには文字通り命がけで従属することが、貨幣の安定的な入手のためにしばしば必要とされた。だからこそ節約が家にとって重要な戦略になる。貨幣を無駄に使わないことは、家の経済生活を豊かにしただけではなく、他家への余計なしがらみを断つという意味で、とくに武家や商家にとっては欠かせない原則になったのである。

こうして節制によって貯められた貨幣は家の存続を物理的、または社会的に助けたが、さらに想像力の水準においても、貨幣は家の永続という信憑を育てる大きな要素になった。大切なことは、貨幣が時間を超えた価値をもつ（と想定される）ことで、家がどこまでも継続されていくことを想像する支えになったことである。地域に根づいたいまだ長い歴史ももたず、また地縁や血縁に頼ることがむずかしい家にとって、貨幣は未来における家の存続を保証する他に代えがたい守り神になる。実際、先にみたように徳川幕府は、金銀の価値の永続性をまがりなりにも保証する主体となったのであり、この徳川幕府の守護を前提に、無駄な貨幣を使わずできるだけ節約していくことで、家はそれだけ自分の「永続」を信じようとしていくのである。

こうして節制は、家の財産を増やすためだけではなく、家の永続を信じる想像力やまた信仰を育てる技術として、家に受け入れられていく。貨幣を貯めれば貯めるだけ、家はその存続を信じることができたのであり、その結果として「永続」という信仰も育つ。そうして節制は家の永続という信仰を育てていくことで、その構成員の幸福を保証する特別の役割をはたしたのである。

節制と家とのこうした深いかかわりをよく示すのが、石門心学の流行である。石田梅岩によって創始された石門心学は、一八世紀初め以後、人気を拡大し、最盛期には町人を中心に総計三万人を超えるまでに信者を膨らませる。[*76] 石門心学が人気を集めたのは、ひとつにそれが町人たちを中心におこなわれる日常の家業を肯定することで、家の営みを社会的に正当化していったからである。儒学や仏教とは異なり、石門心学は、商売に勤しむことを肯定的に評価することで、おもに町人たちに受け入れられた。

しかしそれだけではなく、節制を他に代えがたい実践として説得したことが、石門心学の魅力の大きな部分を占めた。たしかに石田梅岩が妻を娶らなかったことが端的に示すように、石門心学はかならずしも家の成長を絶対的な目的とはしなかった。それ以上に梅岩は、「倹約ノ至極ト云ハ天下ノ為ニモ道ノ為メニモ我身ノ為メニモアラズ。為メト云ニ意アラバ実ニアラズ。何モカモ打忘レテ法ヲ能ク守ルヲ倹約ト思ヘリ」というように、節約を自己目的的な実践として提示する。*77 しかしだからこそかえってそれは、家を生き始めた当時の町人や武士、農民に受け入れられた。たとえば『長者教』は、貨幣を「主」として仕えることを人びとに厳しく求めていった。そうした大衆的な教説を体系化しつつ、石門心学は節制を至上命題として人びとに説得することで、結果として家の安定を保証する大切な技術論を構成していくのである。

3 布の誘惑

こうして節約は、一七世紀以降、多くの人びとに生きられ始めた家を支えるいわば逆説的な消費の技術として受け入れられる。貨幣を受け取り、それを節約した分だけ人びとは家の永続を夢みることができたのであり、こうした「信仰」が金銀の枯渇を招く一因にもなった。一七世紀における家の林立は、貨幣を吸収する社会的な穴を無数にひらいていく。大名から庶民まで社会的に散らばる、子孫のために貨幣を稼ぎ貯めることを大切な使命とした家を受け取り手として、貨幣流通も活発化していったのである。

しかし家はもちろん貨幣をひたすら蓄積していっただけではない。節制は、家の社交のため、または暮らしの快適性を増すために適切に貨幣を使用することも同時に求める。たとえば一七世紀末に医者、本草学者として活躍した貝原益軒は、家の理想を説いた『家道訓』のなかで、「家をたもつ道は倹約を行なふにあり」として「私欲」に従い消費に走ることを厳しく非難している。しかしその一方で益軒も一定の消費をおこなうことを許容した。親類縁者や客を招き、饗応したり、家の一定程度造作を整えることをおこなわなかった場合、家は「吝嗇《りんしょく》」と非難されたのであり、節制の技術は大きくみれば、それを避けるために消費を適切におこない家の地位を保つことを含んでいたのである。[*78]

だからこそ家をターゲットとした商品市場も一七世紀なかば以降、発達していった。たとえば江戸では寛延一八（一六四二）年の火事以後、元木場、猿江、木場へと移動しつつ、紀伊國屋文左衛門や奈良茂に代表される巨大な材木商が成長する。[*79]その原因になったのは、都市の拡大に伴う道路や橋の建設、また火事による更新を前提とした土木工事の増加に加え、さらには都市における新興の家々の成長である。一七世紀後半には三階建ての蔵や瓦葺を特徴とした住居の建設が進み、[*80]家の内部では障子、提灯、行灯などの建具や家具の充実がみられた。[*81]商品として流通する木材をふんだんに使用する生活が一般化されたのであり、それを実現することが「吝嗇」と非難されないために、新興の家に必要とされたのである。

家と市場とのこうしたつよいむすびつきを示す代表的な事例になるのが、三井越後屋を中心とした呉服業の発展である。延宝元（一六七三）年、三井高利が江戸本町一丁目に江戸本店を開店して以降、三井越後屋は短期間のうちに急成長を遂げる。天和三（一六八三）年には同業者による迫害を受けて江戸駿河町に移転を迫られるが、それ以降も三井越後屋は順調な発展を続ける。両替店や木綿店などの多角経営を続けつつ、三井越後屋は、享保一八（一七三三）年時点で七三四人の奉公人を雇う全国規模の商家にまで登り詰めたのである。[*82]

ではなぜ三井越後屋は、そうして急成長できたのだろうか。それを推し進める中心的な力になったのが、新興の家々の林立である。とくに江戸で数を増していく新興の家を第一の顧客として惹きつけることで、三井越後屋は急速な致富をはたした。そもそも設立当初から、三井越後屋は有利な状況に置かれていたわけではない。寛永年間（一六二四〜四四）年のはじめに江戸に呉服店をひらいた兄三井俊次と比べても、[*83]三井高利による開店は五〇年近く遅れ、それが経営のネックとなった。当時、呉服店は屋敷を尋ねて商品を納める「屋敷売」を販売の主流としていたが、公式には屋敷売りをする得意先を「一軒」もみつけられないまま、三井高利は店を始めなければならなかったのである。[*84]

しかしそれがかえって、店の急成長の土台になった。得意先をまだもたない新興の家を顧客として発掘することで、むしろ三井越後屋は発展していく。たとえば三井越後屋は、江戸両替店の隣に貞享四（一六八七）年に木綿店をひらくなど、絹布を買えない大衆的な人びとを早くから積極的に客に取り込んでいったのである。[*85]

それに加えて、新規顧客の獲得により大きな役割をはたしたのが、「前売」というよく知られた販売手法の発達である。掛け値なしで店先で商品を売るこの前売は従来、①素早い資本の回収を可能としたことや、[*86]②それまで庇下でおこなわれていた零細な小売り（「聖商＝振売」）を直接店舗内に取り込んだことでおもに評価されてきた。[*87]しかしそれだけではなく、③前売がそれまで呉服屋を訪れがたかった人びとにまで商品購買を解放したことが大切になる。そもそも呉服屋のおもな業務には、それまで商品を直接その使用者へと売る小売りは含まれてこなかった。その代わりに、屋敷に商品を持参する「屋敷売」に加え、同業者同士で商品を融通しあう「町売」、街で商品を売る「振り売り」へ商品を供給する「聖商」という形態で商品を売ることが当然とされていたのである。[*88]呉服（やそれをつくる布）のように高価な商品は、「色品多ク地合高下紛敷物にてそらね多ク」[*89]といわれるように、真贋を見分けることが困難だったのであり、だからこそ専門的な知識をもつ中間業者や奉公人を介して、実際の使用者に商品が渡ることが普通とされたのである。

それに対して三井越後屋は、専門知識がない素人にまで、呉服の自由な購買を解放する。そもそも節期払いの信用取引を原則としていたそれまでの商店では、一見の者が買うことはむずかしかった。だが三井越後屋は商品を現金掛け値なしで売ることで、それまで取引のない飛び込みの客にも買い物を解放する。さらに多数の専門の店員を配置するいわゆる「座売り」の展開が、素人にも呉服や布を買うことを容易にした。井原西鶴によれば、三井越後屋は「一人一色」とそれぞれの商品に精通する手代を四〇人ばかり揃えていたという。[*90]これまで呉服を小売してきた専門的販売業者、または逆に個別の家に召し抱えられていた専門家を、三井越後屋はいわば内部に囲い込むのであり、それによって衣装に詳しい奉公人を持たない「遠国の田舎もの女童に盲人」[*91]が買い物をすることさえ歓迎されたのである。

こうした改革の結果、「朝より昼時分迄も時により買人衆待買調被参候」[*92]といった状況までみられたと記録されている。ただしそれは誇張でもあり、高級品としての呉服を衝動的に買える者がその時代にかぎられていたことも事実である。実際、長期的にみると、三井越後屋でもその後、前売の比率は低下していく。江戸本店では収入の内の前売比率は元文元年（一七三六）年には六割程度、安永二（一七七四）年には四割程度にまで落ち込んでいる。[*93]それは、三井越後屋を模倣する競争相手が増えたことも一因と考えられるが、それ以上により構造的には、飛び込みで買うような客がいまだ都市にかぎられていたことが克服しがたい限界となったのである。

それでも三井越後屋がまがりなりにも人気を集めたことには、たんに不特定の客以上に、その時代に増加した新興の家々を客として取り込んでいったことが大きかったと考えられる。みてきたように、一七世紀後半には武士や大商人だけではなく、都市の商工業者にいたるまで家をもつことが一般化される。[*94]この家は政治的、経済的、道徳的に村や町を支配する基礎的単位として成長していくが、とはいえこの家はすぐに消費主体になったわけではない。馴染みの取引先をもたず、商品取引に習熟した奉公人ももたない新興の家は、そもそも市場に近づくことさえむずかしかったのである。

それに対して三井越後屋は、それらの家が消費者として自分で行動することを助ける。①多数の販売員を揃えることで商品知識をもたない者にも消費を解放し、さらに②現金掛け値なしで購買を容易にすることによって、新興の家も安心して購買できる環境を三井越後屋は整えていったのである。

つまり三井越後屋は、手軽に布や衣服を買える仕組みをつくることで、新興の家を消費者として育て、顧客に組み込んでいった。前売りのおもなターゲットになったのも、結局はこの家だったのだが、それに加え、さらに商品の手触りといった異なる具体的な水準においても、三井越後屋が新興の家の欲望を吸い上げ成長していったことが重要になる。この場合に大きかったのは、一七世紀後半に染色技術の革新がみられ、あらたな染の技法が開発されたことである。憲法染めや加賀染め、防染糊を用いる友禅染、さらには蘇芳（あるいは茜）を使って紅花の色をつくりだす甚三絹《じんざもみ》など、多様な色彩とそれを用いた精密な柄や表現を容易につくりだす染色技法が次々と産まれる。[*95]たしかに前時代には、「織り」や「刺繍」、金や銀の箔を摺る「摺箔」によって、全面に図柄を施した慶長小袖と呼ばれる絢爛な小袖がすでにつくられていた（図1―1）。そうした小袖はしかし重くかさばりことで、着る機会が限定されていたのに対して、あらたに編み出された染の技法は、多色でありながらしなやかで軽い小袖を実現する。それによって日常で着ることもできるより簡素な衣服――それは寛文小袖といったあらたなタイプの小袖に結実する――が製造されていくのである（図1―2）。

重ねて染の発達が、華麗な小袖の値を下げたことも大切になる。もともと多くの材料を用い、制作に手間がかかる高価な縫いや刺繍の小袖は、高価な商品としてしばしば取り締まりの対象になった。

図1-1　慶長小袖の例（染分綸子地松皮菱取模様小袖）：長崎巖『小袖からきものへ：日本の美術　NO. 435』至文堂、二〇〇二年、四頁。

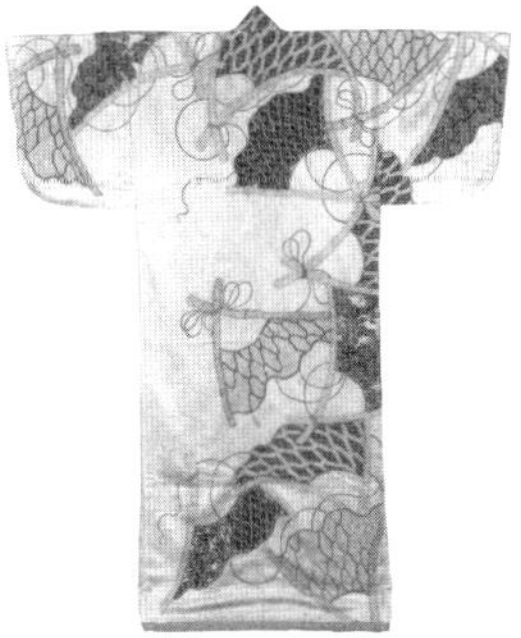

図1-2　寛文小袖の例（白綸子地叉手網模様小袖）：長崎巖『小袖：日本の伝統の装い、その華やかな歴史をたどる』ピエ・ブックス、二〇〇六年、五〇頁。

たとえば天和三（一六八三）年には贅沢の禁止の一環として、「金紗」や「縫」、また「惣鹿子」などの使用が禁止されている。[96] それに対して材料も安く一定の複製的作業も可能だった染の布は相対的に安価に収まる。[97] だからこそ奢侈禁止の規制を免れ、逆にその隙間を縫って普及が進んでいったのである。

重要になるのは、こうした技術革新によって、小袖が新興の家々が財や才覚を誇示する手段へと変わったことである。安価であるにもかかわらず華麗な染の小袖は、一七世紀にあらたに現れた家が旧来の支配者層に挑戦し、または新興の家がたがいに格付けをしていくための格好の武器になった。

実際、その時代には、新興の家の娘や妻たちによって華麗な衣服が身につける「衣装較べ」がくりかえされていく。[98] たとえば戸田茂睡は一七世紀後半に、町方の

「女房娘《にょうぼうむすめ》」が「花見《はなみ》」にでかけるために「手を込め結構《けっこう》に、風流《ふうりゅう》なる物数寄《ものずき》に好みたる」[*99]小袖を仕立てることがしばしばみられたと記録している。華麗な衣服がその家の財や才覚を示す大切な試金石になったのであり、そのはてに競争は既存の「華麗さ」の定義を塗り替えるメタ的な傾向さえ帯びる。たとえば京の銀座年寄中村内蔵助の妻は、尾形光琳の力を借り、侍女に華麗な衣服を着せた上で、自分は「黒羽二重白無垢」というシンプルな服装で現れることで、客の度肝を抜いたと伝えられている。[*100]

そうして過剰化していく競争を追い風に、多彩な染の布を新興の家々に売ることによって、三井越後屋は急速に巨大化を遂げる。染色技術の革新は、西陣の勃興を代表例として当時の工芸の中心としての京で進められた。その京に本店を置くとともに、貸付によって織屋や染屋を支配することで、三井越後屋はあらたな商品の製造と流通を寡占することに成功し、それによって成長を加速させていくのである。

以上、まとめるならば、三井越後屋は、（a）前売を中心としたあらたな販売技法を展開しただけではなく、（b）京でつくられ始めた多彩な染の布を売ることに尽力していくことによって、新興の家のニーズに応えていった。近世初期に急造された都市としての江戸には、購買力はもつが、いまだ店と長く付き合わずそれゆえ信用のない家が大量に集まっていた。その家を顧客の中心に据えつつ、京から取り寄せた染の布を前売りで売ることで、三井越後屋は致富をはたしていくのである。

さらにそれをバックアップする経営形態の革新もみられた。（c）両替店営業など余剰資金を活用した効率的運営に加え、（d）後に「大元方」として制度化される三井本家へ資本を集中する仕組みの確立、さらには、（e）専門知識を高度に身につけた総計千人規模にも及ぶ多くの人材を集めたことが、複数都市に渡る三井越後屋の経営を可能にする。

それらの策はそれぞれ重要になるが、大きくみれば、同時代における新興の家の林立をいずれも前提としていたことが注目される。その中心に置かれていたのが、三井越後屋の大掛かりな奉公人の雇用システムである。三井越後屋は、年少の時分に京で奉公人を一括採用する独自の雇用制度をつくっていく。中井信彦によれば、そうした長期間に渡る育成を可能にしたのは、自分の家をもつという奉公人の動機の成長だった。[*101] 奉公人は支配・組頭以上に昇進すれば、暖簾分けをして別店化した系列店を自分で経営できたのであり、さらにそうでなくとも一定期間働けば、退店の際に自分の店を準備するための相応の元手金をもらうことができた。[*102] それを目標に多くの奉公人は、生家から離れた長期の奉公に耐えていく。辛い道だったとしても、三井越後屋のような大店に長期間奉公することは、町人や農家の二男三男が自分の家をつくるためのしばしば最短の道になったからである。

そうしてつくられた家が、その後は三井越後屋の経営を背後からサポートする。中野卓によれば、同一の暖簾をもち資金や仕入れや販売を共同する「商家同族団」と呼びうる組織が一七世紀に成長する。[*103] 擬似的なものであれ同族的むすびつきを特定の地域を超えて拡大することで、商家は商品の仕入や販売や広告、また信用の獲得を有利にしたのである。三井越後屋こそ、その代表になる。たとえば大坂の三井越後屋の周囲には、越後屋の屋号をもつ糸店、鼈甲店、紙店、紅白粉店、塗道具店が集まっていたといわれる。[*104] かつての奉公人たちは、近隣、また地方に、場合によっては邪魔をせぬように他業を営むゆるやかな家連合を構成し、それによって仕入れと販売を容易にし、また信用を高めることで、三井越後屋の繁栄を裏側から支えていったのである。

以上、販売面だけではなく、その経営形態においても庶民にまで及ぶ家形成の風潮を追い風として、三井越後屋は発展していった。みずから家をつくりたいと望む奉公人を育てることで、三井越後屋は他業種にも渡る大規模経営を実現していくのである。ただし三井越後屋は、こうした「商家同族団」の連合のなかにただ留まったわけでもない。興味深いのは、宝永七（一七一〇）年に、三井本家が「大元方」という組織を形成し、それによって経営に携わらず、むしろ資本を店に貸し付け回収するという営業へのかかわりを既定路線としていくことである。*105 それによって本家は、家業を止め、貨幣に依存しそれを子孫に伝えるいわば純粋なシステム的単位へとむしろ変貌していく。

そうした三井本家の姿を、その時代の家の極端な理想として考えてみる必要がある。貨幣に頼ることで、家は同族や奉公人に依存することなく、ついに安定して生活できるようになるのであり、もっとも成功した家として三井家はそれを純粋に体現した。実際、三井高利の長男で、三井家の初代当主になった三井高平によって享保七（一七二二）年に定められた家法「宗竺遺書」は、不況で経営が立ちいかなくなった場合には、惣領一家だけを京に残し、他の者はすみやかに伊勢へと退くべきと説いている。*106 つまり三井本家が最終的な頼りにしたのは、わずらわしい奉公人たちとの同族団的きずなでも、家業としての呉服業における客とのむすびつきでもなかった。資本と先祖以来の封建領主との庇護さえあれば、家の再興もはたせると三井高平は考えていたのであり、こうした三井家の態度は、家業や奉公人に頼らず、できるだけ貨幣を蓄え、それを子孫に残すことで自立するという、近世の家の極端な理想をよく照らしだすのである。

3　遊廓と遊び

1　嫁入婚という根拠

一七世紀後半にはこうして貨幣流通の拡がりを前提に家の林立がみられ、それがあらたな商品の市場とむすびつく。

ただし商品市場の発達は、家の形成を後押ししただけではない。逆に市場は一方では家の衰退さえ導く。家では経験できない異質な楽しみがあることを市場は誘惑するからであり、それによって家に従い節制を続けることが、ひとつの生き方にすぎないことをしばしば暴露していくのである。

家の営みを助けるとともにその秩序を攪乱するこうした市場の両義的な働きをよく示すのが、これからみていく遊廓である。*107 遊廓は社交の場としてまず家に重宝された。満足な室内空間を準備できず、饗応のための教養も持たない新興の家にとって、遊廓は格好の社交の場になった。しかしそれだけではなく、遊廓が男たちに家の枠を超えた浪費をときに促したことが注目される。結論を先取りすれば、遊廓は、家の円滑な運営に仕えるとともに、しばしば危険な消費の魅力を教えることで、近世の男たちにとって厄介な、しかしだからこそ魅惑的な市場にもなったのである。

以下ではこうした遊廓のあり方を具体的に分析していくが、そのためにまず注目したいのが、遊廓が他の場に先駆け、いち早く商品販売の場として興隆していくことである。すでに触れた呉服業や材木業が典型だが、同業の店を集めた町を基礎的単位として、一七世紀なかば以降、都市には多くの商業地がにぎわいを増していく。*108 遊廓は、ある意味ではこうした同業者町の先駆けになった。慶長一四（一六〇九）年、江戸を訪れたスペイン人ロドリコが「市街は、皆門を有し、人と職とに依りて區劃*109」

していたと観察している。そうした閉鎖性をさらにつよめ、「廓」によって客と「商品」の出入りを制限する遊女屋たちの同業者町として、遊廓はつくられたのである。

興味深いのは、ただしこの遊廓が、他の同業者町と較べてもいち早く多くの客を集めたことである。天正一七（一五八九）年にひらかれた京都二条柳町廓、元和四、五（一六一八、一九）年にそれぞれ江戸と大坂に設置された元吉原や瓢箪町を始めとして、一六世紀終わりから一七世紀初めにかけて多くの遊廓がひらかれ、人気を集める（表1―2）。三都だけではなく、播磨国室小野町や長門国下関稲荷町など、鉱山や港町を中心に一七世紀なかばには二五カ所以上の遊廓がすでに全国で活発に営業していた。[*110]「いま少しはずれれば浅草川に面するのに、あえて河原を選[*111]」ばずつくられた元吉原でも、「夜となく晝となく橋の音とゞろき往還絶ず[*112]」といった賑わいがみられたといわれるように、それらの遊廓はいち早く人やモノ、さらには情報を吸引することで他の街に先駆け興隆し、都市の成長を牽引していったのである。

ではなぜ遊廓は、近世初期に急速に発達したのだろうか。もちろん遊女を売る場が、それまでなかったわけではない。売買春の歴史は古く、少数の集団をつくり放浪する遊女や、宿や津や都市の「辻子」に客をとる遊女も散在していた。[*113]しかし一六世紀末には、儀礼のあり方や客の種類、さらには遊女を管理する制度や空間のあり方において、それ以前の売買春の場とは大きく異なる遊廓という特殊な市場が発達していく。

そのちがいを端的によく示すのが、その規模である。江戸の新吉原は、一八世紀なかばまでは二〇〇〇人台、以降、幕末に至るまではさらに四〇〇〇人から最盛期には七〇〇〇人を超える遊女を集めていた。[*114]この新吉原を代表に、遊廓は多数の遊女を取り揃え、客に一時のあいだ貸しあたえるそ

	吉原	新町（瓢箪町）	島原（二条柳町、六条柳町）
設立	元和四（一六一八）年[1]	瓢箪町、元和五（一六一九）年[2]	二条柳町、天正一七（一五八九）年[5]
移転	新吉原、明暦三（一六五七）年[1]	新町、寛永六（一六二九）年[2]	六条柳町、慶長七（一六〇二）年[5] 島原、寛永一七（一六四〇）年[5]
囲郭化の開始	元和四（一六一八）年[1]	寛永一三〜一七（一六三六〜四〇）年[3]	寛永一七（一六四〇）年[5]
遊女町売りの禁止	寛永一八（一六四一）年[1]	寛永一七（一六四〇）年[4]	寛永一九（一六四二）年[6]
夜店の許可	明暦三（一六五七）年[1]	延宝四（一六七六）年[2]※	享保一〇（一七二五）年[5]

表 1-2 「遊廓の成立」：出典は、１）石崎芳男『よしわら：『洞房語園異本』をめぐって』早稲田出版、二〇〇三年、2）新修大阪市史編纂委員会編集『新修　大阪市史　第三巻』大阪市一九八九年、3）守屋毅『「かぶき」の時代：近世初期風俗画の世界』角川書店、一九七六年、4）大阪市參事會編『大坂市史　第三』大阪市參事會、一九一一年、５）内藤昌『角屋の研究』中央公論社、一九八三年、６）京都町触研究会編『京都町触集成 別巻二』岩波書店、一九八九年による。

れまでにない巨大な市場として成長していくのである。

こうして遊廓が巨大化した原因として、通常は都市を支配する近世的領主権力の意向が強調される。権力は売買春の場を敵視し、またそれを管理するために、元吉原や新吉原、京の島原のように堀や塀によって入退出口を仕切られた「廓」としての遊廓を建設してきたと、これまで幾度も指摘されてきた。実際、遊廓の成長の背景として、都市を空間的に統御するまでに増大した領主の権力の関与がしばしばみられる。秀吉によって建造された二条柳町（天正一七（一五八九）年）が、徳川幕府によって六条柳町（六条柳町、慶長七（一六〇二）年）へと移され、さらに後には京の島原（寛永一七（一六四〇）年））へと所変えされたように、[*115]領主権力が既存の大小の遊里を整理し、遊女を一定の区画に囲い込むことで、一六世紀後半以降、遊廓は巨大化してきたのである。

その意味では近世遊廓の発達は、権力が都市を土木的に管理するまでの力を発達させたことをよく表現する。ただし一方ではこうした権力の働きを大きく見積もりすぎてはならない。そもそも自然発生的に産みだされた遊廓も多く、隔離も厳密に維持されていたとはいいがたいためである。北地祐幸と十代田朗によれば、明治まで持続的に存在していた全国二三箇所の遊廓・遊里のうち、廓構造は九箇所で確認されるにすぎない。*116さらに初期の風呂屋やその後の岡場所の繁栄が示すとおり、遊廓の外部でも一定の私娼的売春婦の活動が続けられたのであり、それを権力が本気で取り締まった形跡もみいだしがたい。こうした意味で江戸の吉原が、売買春を独占的に管理する機関として幕府に建造を公許されたという主張も、割り引いて考える必要がある。実際、近年それが一八世紀に吉原の名主らによってつくりだされた後付け的な神話の面がつよいことが、しばしば主張されているのである。*117

近世遊廓の建設を、幕藩的なマクロな権力の意図に還元することには、こうして多くの問題を伴う。むしろ遊廓をつくる力としては、遊女を集め販売するより複雑かつミクロな権力の成長に対してこそ注意を払う必要がある。

そもそもそれまで遊女は同性の長者を擬制的であれ血縁的な長として、それが率いる小規模な集団内で産まれ育ち死ぬことが普通とされていた。*118遊女の産む子は基本的には遊女とされたのであり、その他の者も養子縁組され、氏族的な集団の構成員となった上で、遊女とされることが一般的だったのである。

こうして近世以前の遊女が生まれによって定まる終身的な「身分」として少なくとも擬制されていたのに対して、近世の遊女はそれとは異なる社会的生活を送る。一六世紀終わりには女衒を使って外部から素人の娘を集め、技芸を身につけさせるとともに、一時のあいだ遊女として働かせることが一般化し始める。一言でいえば、遊女の「身分」から「職業」への転換がみられたのだが、それを可能にしたのが、堕胎や避妊によって既存の遊女が子どもを産む権利を剥奪し、その代わりに金の力で外から娘を集めるいわば「開放的」なシステムである。こうした大掛かりなシステムの維持にはコストがかかったが、それを補う利点も大きかった。それによって遊女屋は一〇年を年季とする若い遊女を大量に揃え、入れ替え、使い捨てられるようになったためである。*119

結果、遊廓は多くの客を集める魅力的な市場になったが、では遊廓のこうした開放的なシステムは、いかにしてつくられたのだろうか。それを支えたのは、第一に遊女屋の男性「亭主」へのミクロな権力の集中である。同性の長者によって率いられた以前の遊女集団に対して、室町期には男性亭主の存在がすでに記録上に確認される。*120 みずからは身を売らないこの男性亭主は、それまで以上に遊女を一方的かつ強力に支配するができた。具体的には男性亭主は、「遣り手」や「若い者」などを指揮し、ときには体罰や監禁などの暴力をふるい、遊女にいうことを聞かせたのであり、こうした権力の確立によって、もとは素人にすぎない多数の遊女を同時に管理し、場合によっては売春を強制させることができるようになったのである。

ただし遊女は、ただ暴力的に管理されただけではない。第二に、遊女屋が家長を中心とした家を擬制し、その「娘」として遊女を保護し育成していたことが大切になる。遊女屋の亭主と妻が「父」、「母」、先輩となる遊女が「姉」と呼ばれていたことが示すように、遊女屋は、家父長を中心とした擬制的な家として成立する。そうして家を模範としたソフトな支配によって、暴力によってはしばしば対処しがたい効率的な管理も可能になったのである。

遊女を暴力的にのみならず、家を擬制しつつソフトに管理するこの遊女屋をいわば中間的な単位として、遊廓はそれまでにない規模にまで巨大化していく。しかしそれでも問題は残る。ではそもそもいかにして遊女屋は、外部から数多くの遊女を集めていくことができたのだろうか。

それを考える上で見逃せないのが、遊廓の外部で娘を身売りする大量の家の出現である。遊女は廓外の売女屋からの購買や私娼の暴力的略取（＝「けいどう」）によって補充されることもあったが、その場合も大もとでは、娘が外部の農家や町家を出自としていたことに変わりはない。この家から娘を仕入れることで遊廓は巨大化したのみならず、家を擬制とするソフトな支配も実現する。

そもそも近代の労働者のように、娘は報酬を目的として意志的に奉公していたわけではない。娘の実家がこの娘の所有権を貸しだすかたちで、遊女奉公は実行された。たとえば牧英正によれば、遊女の身売りの請状では、①冒頭「我等娘誰」とはじまり、②連署人の筆頭に親が記載されることが基本とされている。[*121] そうした契約によって娘を所有する権利が家から遊廓へと公式に譲り渡されることで、遊女屋も娘を保護する家を、制度的にも実態としても装えるようになったのである。

以上、遊廓の巨大化の背景として、①亭主を擬制的な家長とする遊女屋の成長と、②その遊女屋に娘を売る外部の家の増大という、二重の意味での家への依存が重要になる。たんに集娼化を進めたマクロな権力の働きのみならず、家を単位として厚みを増していく社会的な状況を踏まえ、大量の遊女を集め売る近世遊廓が初めて確立されたのである。

けれどもそれだけでは、なぜ遊女屋に娘を売る家が、近世初期に数多く現れたのかという根本の理由はあきらかではない。それには、まず貨幣経済の成長が重要になる。前節でみたように、一七世紀には幕府による貨幣鋳造や商品生産の発展によって貨幣経済が拡大し、それを踏まえ村や町で多くの家が自立していく。しかし一方では村では貨幣を稼ぐ手段はあくまでかぎられていた。商品作物を栽培し、またはみずから小商いを営む以外には、たとえば外働きをしたとしても、労働の対価が食住で相殺される口減らし的な「質奉公」が、一七世紀にはいまだ一般的だったといわれている。*[122] そのなかで遊廓への身売りは、身代金として家がまとまった金を手に入れる貴重な「交換」の機会になったのであり、だからこそ身売りは、他に稼ぐ手段をもたない貧困な家々にしばしばさかんに利用されたのである。*[123]

とはいえ経済的理由だけが、家による娘の身売りを押し進めたわけではない。それが巨大な集団現象としてくりかえされたことには、身売りをそもそも可能にする社会構造や規範の確立が大切になる。勧められるわけではないとしても、少なくとも黙認されていたからこそあれほど大規模な身売りが続けられたのであり、そうして身売りを正当化する社会的な条件について、だとすれば考えなければならないのである。

その重要な条件になったのが、一六世紀から一七世紀にかけての家がかかわる「交通」の拡大である。みてきたように家は、市場に展開される多様な商品を買うことによって、親族や同族団からまがりなりにも自立する。しかしだからといって、家同士の贈与や共同の祭りがすぐに廃れたわけではない。逆に庇護する主家を失った代償として、近世の家は日々の贈答やユイといった労働の共同、村ぐるみの祝いや祭りなど、さまざまな「交通」を積み重ねていくことを迫られた。たとえば中村吉治によれば、近世の村は領主による扶助や共同の互助から切り離されることで機能分化をつよめていくが、それによって家同士の水平的な関係がそれまで以上に緊密になっていく。*[124] 日々の交際関係や労働を通し、山や河川を共同管理する政治的、経済的まとまりがつくられるのであり、それに依存し、小規模化した家でも生きていけるようになったのである。

以上のような他家との付き合いのなかでも、とくに大きな意味をもったのが、婚姻である。そもそもそれ以前、子どもの親は一般的には婚姻に深く関与できなかったといわれている。有賀喜左衛門によれば、日本における婚姻は、①親方に従属する男女の内婚としての「親方取婚」、②婿が嫁の家を訪れる「婿入婚」、③嫁が婚家に移動するかたちで実行される「嫁入婚」の三つに大別される。*125 このうちより古層的とされる「親方取婚」や「婿入婚」では、子の親の意向は二次的にしか尊重されなかった。「親方取婚」では親方の定める意向に従い、「婿入婚」では村落の若者仲間の集団的決定を踏まえ婚姻は実行されるためである（表1—3）。

それに対しあらたに普及した嫁入婚では、婚姻を左右する主体として、子の親、すなわち家が初めて特権的な力を認められる。嫁入婚では、家は婚姻先を探し娘を他家へと送る、または他家から嫁を受け入れる当事者として少なくとも公式には初めて受け入れられた。それに応じ婚姻の意味も変わる。夜這いや密通など、家の目を盗む習俗的な性的交通が完全にみられなくなったわけではない。*126 しかしそれを後追いしつつも、家がそうした交通を事実として公式化し、公認する位置を占めていくことが大切になる。性的交通を公式の「交換」へと変換するいわば社会的な装置として、家は大きな役割を担い始めるのである。

嫁入婚が近世期に急速な拡がりをみせたのも、それゆえである。嫁入婚では、性的交通は貴重な社会的資源として、村内の家同士の付き合いを拡大し、また深めるものとして利用される。だからこそ村で嫁入り婚は急速に一般化された。たとえば宮下美智子によれば、河内国古市郡駒ヶ谷村では、元禄七（一六九四）年からの約五〇年間におこなわれた婚姻のうち、嫁入婚は全体の八七・九%と他を

婚姻形態	親方取婚	婿入婚	嫁入婚
婚姻の拡がり	村内婚		村外婚
婚姻の承認者	親方	若者仲間	家（家父長）
婚姻の主要な目的	親方による庇護	村内秩序の維持	交換の形成

表 1-3　「婚姻形態の特徴」：有賀喜左衛門「本篇　日本婚姻史論」『有賀喜左衛門著作集Ⅵ』未來社、一九六八年を参照し、作成した。

圧倒していたという。*[127] さらに村内だけではなく、村外の家同士の付き合いのためにも嫁入婚は重宝された。家は通常、村の秩序のなかに埋めこまれ独自の行動を制限されているが、嫁入婚は村外の家とかかわる機会をつくりだすことによって、村の規制を超える力を家にあたえたのである。*[128]

遊廓への身売りも、以上のような嫁入婚の一般化を習俗的な土台としてくりかえされる。まず遊廓への「身売り」は、その形式において娘の「嫁入り」と類似する。嫁入婚において娘が家の指図に従い他家に縁付けられる代わりに、身売りでは同じく家によって娘が遊女屋に譲り渡される。この意味で構造的にみれば、遊廓への「身売り」は、家の指図によっておこなわれる「嫁入り」の機能的等価物になったといえる。

ただし両者には、大きなちがいもあった。そもそも嫁入婚が他家との末永い交際を目的とした贈与的取り引きとして実行されるのに対し、貨幣を介在させた「交換」として、身売りでは遊女屋と家の関係は逆に後腐れなく断ち切られるためである。

しかしだからこそ遊廓への身売りは、下層民にとって婚姻の貴重な代わりにもなった。問題は遊廓へ娘を売る家に、貧困や被差別的タブーに苦しむ家が数多くみられたことである。*[129] 嫁入婚が確立されることで縁組が家にとって大切な交際の機会となるからこそ、貧困や被差別的タブーに苦しむ家は縁組の選択肢からしばしば排除されることになった。その代わりにそれらの家になかば強制されたのが、遊廓への娘の身売りである。婚姻市場のなかで有効な資産とならない家の娘を何とか金に換えるために、遊廓は貧家や被差別の家にとって貴重な取り引き相手になったのである。

身売りが道徳的にマイナスの現象とみなされなかったのも、そのためである。身売りは貧家に対し婚姻を構造的に代理することで黙認されただけではなく、他の家への移動を保証することで、貧家や被差別の家に産まれた娘たち当人に歓迎されさえした。『好色一代女』（貞享三（一六八六）年）の一代女のように、遊女奉公の後に私娼へと身を落とす女性もたしかに少なくなかった。[*130]しかしその一方で、同じく西鶴の『好色一代男』（天和二（一六八二）年）に描かれる灰屋紹益に嫁入りしたとされる二代目吉野のように、身請けや年季明け後に他家に入る遊女も存在していたのである。それはもちろん極端な例にすぎないが、しかし貧家や被差別の家の娘にとって、遊廓で身につけた教養や身体技法をもとに他家に移ることは、小さいながらも現実的な希望となったといえる。[*131]

以上の意味で遊廓への身売りを、たんに家の経済的必要に基づいた行為と考えてはならない。それは小規模化した家がくりかえす社会的な交通のなかに埋め込まれて実行される。だからこそ、しばしば放言されるように、遊廓での売買春を他の商業に先駆け現れる最古の、そしてそれゆえに普遍的な商売の一形態と単純にみなすこともできない。[*132]遊廓は、一七世紀に大衆現象として成立した家から娘を集めることで、他の市場に先駆けて成長していく。いいかえるならばそれは、娘を交換対象として支配し、ときには商品化する家という残酷な社会性の場の成長をよく表現する社会現象としてあったのである。

2　散財

しかし遊廓は、娘を売る家の増加に後押しされ大規模化されただけではない。遊廓は毎夜――当初は毎昼――、数多くの客たちを集め、そのにぎわいがあったからこそ初めて高額の身代金を家に支払うこともできた。遊廓が巨大化した原因を考えるためには、それゆえ遊女を供給する家の側からだけではなく、それを消費した客の側から分析することが必要になる。一七世紀以降、なぜ遊廓が男たちにとってあれほどの魅力のあるものとなり、多くの客を次々と集めることができたのか。その理由をあきらかにすることが、遊廓の成長の具体的な根拠を理解するために大切になるのである。

この場合にまず注目されるのは、遊廓が遊女を含め洗練された商品を集める特権的な場としていち早く繁栄したことである。「台の物」として供される酒や料理に加え、遊女の衣装、揚屋や茶屋のしつらえなど、その時代の最新のモノやサービスが遊廓では享受される。たとえば吉原の揚屋では、早くから床の間と袋棚を設置した座敷が設けられたという。こうした座敷の設置は、地方城下町では江戸中頃、村では江戸後期まで遅れる。*[133] にもかかわらず遊廓で客は金を払うだけで、手の込んだ座敷で自由にくつろぎ、洗練された酒や食べ物を享楽できたのである。

直接、遊廓で金を払う、そうしたサービスが楽しまれただけではない。たとえば享保期のある老人によれば、遊廓での遊びは「半年」前より、「刀脇指《かたなわきざし》の物数寄《ものずき》、結構《けっこう》に拵《こしら》へ、小袖《こそで》、はかま、羽折《はおり》迄、巧者《こうしゃ》と談合《だんがふ》し、よき伽羅《きゃら》を求《もと》め」るといった多くの準備と出費が必要になった。*[134] 高価な商品を持ち寄りみせびらかす舞台に遊廓はなったのであり、そうして他の客や遊女に誇示するために、華麗かつ手の込んだ商品を他の市場で買うことを遊廓は促していくのである。

以上のような直接、間接の商品の消費が、遊廓での楽しみの大きな源泉になった。たとえば大坂の豪商の家に産まれた椀屋久右衛門こと椀久は延宝五（一六七七）年に狂死するまで大坂新町で遊び続け、初夏にあたる旧暦四月には、「裏口に松立て飾り新しき羽子板手鞠。女良あまたの庭遊び亭主は袴肩ぎぬ着て禮に出る」[*135]など、正月の真似をすることを楽しんだという。悪疫や災いを取り除くために二度正月を行う「取越正月」といった儀礼が習俗のなかにみられることも事実である。[*136]しかし椀久の「正月事」は、金の力を借りた自由な楽しみとして実現されていることであくまで特徴的である。椀久は季節の制限や身分、習俗の制約を超え、衣類や酒食、人手などの遊廓に集まる大量のモノや労働力を買い指図していくことで、自由な楽しみを実現していくのである。

そうして豊富に集まる商品を好みに応じて享受することで、客は遊廓を楽しむ。ただしたんに多様なモノが無秩序に消費されたわけではない。遊廓にはあくまで遊女という中心が存在し、その遊女を買うとともに、遊女の気を引くために多数の商品が買われ、贈られていったことがむしろ大切になる。そもそもこの遊女は遊廓でしか買えないという意味で、特別の商品として客の前に現れた。それはまず遊女が、家から売られてきた娘を素材として、遊廓でつくられた商品としてあったからである。「禿《かぶろ》の時より磨《みが》きたつるには、いづくにもおろかはなけれども、耳《みゝ》のわき、うなじのあたりを、せむに磨《みかく》くべし」[*137]といわれるように、長期に渡り身体技術や教養を仕込まれることで、遊女は遊廓で「生産」されたのである。

さらに遊女は地となる日常世界から切り離され、遊廓の内部で特殊な商品として演出される。遊廓の内部でしか遊女を買えなかっただけではなく、客は遊廓の遊女屋でも直接遊女を買うことは原則禁じられていた。[*138]遊女屋は遊女の暮らすあくまで生活空間としてあり、客との遊びはそれから離れた「揚屋」（太夫、天神）や「茶屋」（天神、囲）で基本的にはおこなわれる。空間を移動し、さらにそれに

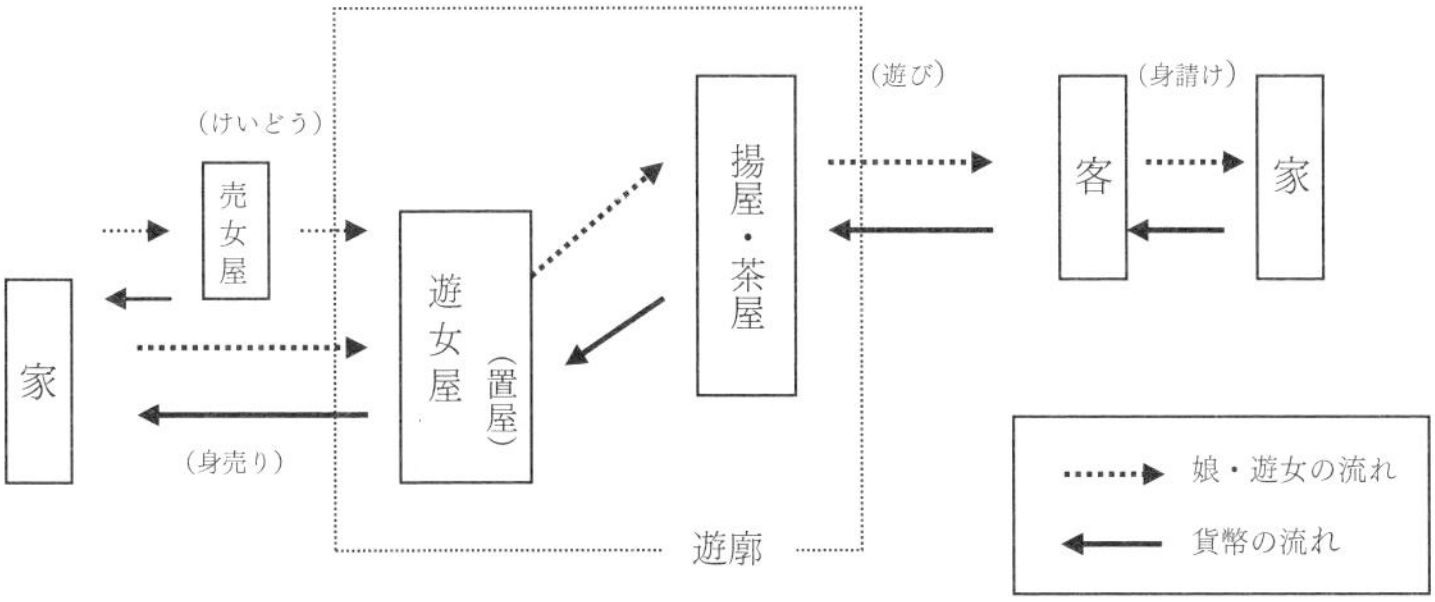

図1-3　遊廓をめぐる交換：遊廓をめぐる交換は、一方で遊女を売る家と、それを買う客の家をそれぞれ始点・終着点としておこなわれる家同士の交換としてあるが、一方でそのなかに、それ自体は独立した客による遊女の消費が含まれている。娘は家から貨幣と交換に遊廓へと送り出されるが、そのまま売られるわけではなく特別の商品として客に買われるのである。

伴い着飾られ、化粧を施されることで、遊女は世俗の生活空間から切り離され、特別の商品としてその都度、演出されていたのである（図1—3）。

こうして遊廓でしか買いがたい遊女を対象として、遊廓では独特の消費の経験がかたちづくられる。まず遊廓では多数の商品のなかから、みずから選び買う楽しみがいち早く解放された。大量に集められた遊女は、「太夫」や「格子」や「散茶」など美醜や格によって価格が割り振られていたのであり、それを踏まえ客は資金や好みに応じて遊女を選び買うことが勧められる。とくに大切になるのは、新興の街や新開地、鉱山など生産や流通の条件が充分ではない場でも、遊廓にいち早く多様な遊女が集まったことである。家から送られてくる娘を遊女として仕立てることで、遊廓は自分の好みにあった商品を買う経験を、地方や新開地など生産条件がかならずしも整っていない場でも先駆け的に誘惑していくのである。

さらに遊女買いが、他の客との競争のなかで展開されることが重要になる。「傾城《けいせい》を吾《わ》が物と思《おも》ふは、第一の不覚《ふかく》なり」*139といわれるように、遊女の完全な独占は遊廓では客に許されていなかった。遊女はあくまで一時的な商品としてあり、一旦は自分のものにした遊女も、より多くの金を払う別の客がいれば手放さなければならなかった。だからこそ客は遊廓に通い、着飾り、贈り物などをしながら余分に金を費やし、必死に遊女の気を引こうとする。遊女屋もこの競争を煽った。たとえば遊廓では正月や盆等を代表とした「紋日」と呼ばれる特別日が設定されており、通常より金のかかるその日に遊廓に通うことが、遊女の第一の客とみなされる条件となったのである。

　こうした張り合いの競争は、金ですべての片がつけられるという意味でしばしば客に世知辛い思いをさせることになった。しかし逆に、金を支払えば誰であれ優先的に遊女を買うことを許したという意味で、それが固有の魅力をもっていたことも見逃してはならない。町人であれ、武士が相手にする遊女を自由に奪うことができたのであり、それは普段は階層的秩序のなかで意志を押し殺し生きる町人や小身の武士にとって大きな慰めになる。遊廓には、いわば金を支払うことで階層や身分を乗り越える消費のユートピアがつくられていたのである。

　みずからが気に入った遊女を選び、他の客を退け買うというこの遊廓の楽しみを具体的によく表現していたのが、「心中立て」という遊びである。[*140] 京、江戸、大坂、大津、伏見、奈良、堺などの大都市の遊廓で一七世紀にさかんとなるこの心中立ては、後にみる心中死のように、そもそも自死を前提としていたわけではない。それはあくまで、「男女《なんにょ》の中懇切入魂《なかこんせつじゅっこん》の昵《むつ》び、二《ふた》心なき処《ところ》をあらはす」[*141]ことを理想としながら、客がより多くの金を払うことで、遊女を囲い込むゲームとして興じられる。客は好みの遊女のもとに他の客以上に通い、より多くの金を支払うことで、遊女から「爪」、「詞」、「髪」、「指」などのしるしを贈られる。[*142] それを追い求め、遊女をなびかせる競争が、心中立てでは楽しまれていったのである。

もちろんそれで遊女の「真情」が信じられたかといえば、そうではないだろう。そもそもより多くの金を払う者に遊女は改めて「真情」のしるしをあたえたのであり、そのために死体から「黒髪爪」を剥ぎ取り、心中立て用に遊女に売る者にさえ、たとえば『好色一代男』の世之介は出会っている。[*143]

ただし一方で歴史的にみれば、近世の遊女が客を「喜んで」受け入れるという特異なポジションに構造的に追い込まれていたことが問題になる。遊女は客に「指」や「髪」、約束の言葉をあたえることで、その客の来訪を、たとえ商売のためとはいえ、待つと約束するように促される。それは何より遊廓に囲われた遊女が、基本的な衣食住以外の装飾品や化粧品や生活雑品、禿の衣食や神社仏閣への寄進などを金によって賄う、その時代としては特異な消費者として生きていたためである。[*144] 金がなければ遊廓では暮らしていけなかったのであり、だからこそ、身分や階層を超え、客が誰であれ媚態をみせつつ歓迎することが事実上強制された。

近世遊女が置かれたこうした特異な位置をよく示すのが、一七世紀初頭に書かれた『慶長見聞集』中の平太郎の説話である。[*145] 著名な遊女佐渡島正吉の江戸下りを描くことで、吉原の一種の起源説話として構成されているともいえるこの説話では、伊豆三島の油売り平太郎は正吉を「一目見しより」恋に陥り、病となる。しかし江戸の吉原を訪れたことがある友人から、正吉は金を払えば誰とでも関係をむすぶ女であると教えられると、平太郎は狂喜し、貯めていた金一両で正吉を買おうとする。

こうした説話は、まず伊豆の油売りが金一両を貯めることができるまでに当時、貨幣経済が拡がっていたことを教えてくれることで興味深い。しかし説話が示すのは、それだけではない。そもそも平太郎は、金を支払い形式的には正吉を買うが、仮病を装われ、最後の一線を越えることは拒まれた。こうした結末は、まず身分を超えて遊女を買うことがむずかしかった過去の遊女の姿を古層的に伝えていたとみることができる。実際、前時代の説話、「猿源氏草紙」でも、伊勢国の鰯売り猿源氏は、京の市中ですれちがった遊女蛍火をそのままでは買うことはできなかった。*146「流れを立つる川竹《かはたけ》の遊女なれば、大名高家《かうけ》よりほかへは」でないと友人にいわれたように、猿源氏も蛍火を買うために「大名」の身なりや教養をわざわざ偽装しなければならなかった。身分や階層ごとに分けられた特殊な商品としてあったことに加え、遊廓に囲われ金銭的不如意を強制されていなかったことで、蛍火には事実上買い手を一定程度選択する権利が留保されていたのである。*147

　正吉も、身分階層別の商品として、庶民の購買を拒むこうした過去の遊女の姿を引きずっている。しかし重要なことは、同時に正吉が、身売りを拒むことがむずかしくなりつつあった敷居上の遊女として存在していたことである。猿源氏が友人から遊女を買うことの困難さを教えられたのとは反対に、平太郎は、「此正吉殿はおしようくらゐの人たちなれば、金壱両が定まりにて、高きいやしきゑらびなくあふぞかし」と友人から伝えられ、正吉を買うことをそそのかされる。吉原では遊女が金さえもてば客を拒まないことが伊豆でも噂されていたのであり、その吉原に赴く存在として、平太郎も正吉を買えると期待したのである。

　こうして平太郎の説話は、過去の遊女から近世遊女へと移りゆく正吉の姿をよく照らしだす。近い将来、客を選ぶことが困難になることを運命づけられていた正吉にとって、平太郎はあくまで拒むことができた最後の客としてあった。たしかに後には、皮肉にも平太郎を振る正吉のようなあり方が遊女の理想としてもてはやされていくことも見逃せない。「京《きやう》の女郎に江戸の張《はり》をもたせ、大坂の揚屋《あげや》であはば、此《(この)》上何か有《(ある)》べし*148」といわれるように、ときには嫌な客を拒否さえする「張《はり》」をもつことが、近世遊廓ではひとつの理想になった。ただしそうした遊女の姿があくまで例外として理想化されていたことも事実である。よほどの権勢や他の有力な客をもつ遊女でなければ客を拒むことはできなかったのであり、だからこそ逆にそれをおこなう、またはおこなえた遊女が理想化されていくのである。

こうしてねじれを含みつつ、客による購売を強制されていく近世遊女の「理想」を、正吉はある意味でいち早く伝えていたが、ひとつに興味深いのは、このような遊女とのかかわりが、わたしたちが「性」と呼ぶ、他者とかかわる一種暴力的な体験の核心的な部分を、先取りしていたようにみえることである。「性」は近代において、暴力さえ伴う支配を「喜んで」受け入れるという逆説において、ますます特権的な役割を担っていく。一方的な権力行使がますます容認されにくくなる社会のなかで、それは人と人とが関係を詰め、暴力的な身体接触さえおこなうことを許す「ぬけ穴」としていっそうもてはやされ、また社会秩序の維持のために利用されていく。遊女との関係は、こうした「性」の経験をいち早く客に経験させるものとしてあった。遊廓は金を支払い、それによってみずから支配を望む主体をつくりだすのであり、それによって暴力さえときに伴う経験を楽しむことを正当化するとともに、快楽や「粋《すい、いき》」の名のもとに美化さえしていくのである。

その意味で後の時代にいっそうもてはやされていく「性」の経験の少なくともひとつの起源として、遊廓を考えてみる必要がある。金を利用しつつ他者を自由に支配する遊廓の経験を隠れた理想としながら、わたしたちの「性」の経験も組み立てられているのではないか。ただしそうした隠れた通時的関係だけではなく、この「性」の経験が遊廓ではむしろ共時的に、商品購買の魅力を照らしだし、誘惑する機能を担っていたことがここでは注目される。酒や食べ物、衣類や布団など、遊廓で買われるモノはもちろんみずから買われることを喜ぶことはない。しかし遊女は客をもてなし、客がおこなう消費活動を望ましいものとみせることで、購買そのものを肯定するいわばメタ的商品として機能するのである。

こうして特権的な商品としてある遊女を中心として、遊廓は消費を誘惑する一種のユートピアをつくりだす。遊廓では金さえ持っていれば、商品そのものが購買をやさしくそそのかすのであり、だからこそ遊廓はその時代に、金を頼りに生き始めたばかりの人びとをつよく魅惑していくのである。問題は貨幣が浸透する一七世紀後半においてもなお、身分社会という現実のなかでは、たんに金をもつだけの人はまだまだ不遇の状況に留まっていたことである。そうした現実から、遊女は客を一時的にであれ救済する。遊廓は、「性」の神話を育てつつ、幕藩的秩序のなかで不遇の位置に置かれた客たちに正当な居場所をあたえるのであり、その意味では後の時代の勧工場や百貨店、またはパサージュといった神話的な消費の殿堂と同様、遊廓は近世の人びとにますます消費の魅力を教える誘惑の場所として特別の役割をはたしたのである。

3　家の模倣、心中死

ただし遊廓で、客は完全に気がねなく遊女を買えたわけではない。「我物《わがもの》遣《つか》ひながら、女郎狂《ぐる》ひほど気《き》骨《ほね》の折《お》るゝ物はなし」＊149といわれるように、大金を支払い、他の客を退けた後にも、遊廓では多くのわずらわしい規則に客は従わなければならなかった。具体的にみれば遊廓で客は一定のルールに従い遊女を買い、または仲間と酒食をともにし、管弦や双六やかるたや太鼓持ちの芸に参加することが求められる。こうした規則にもとづく活動を具体化していたのが、遊廓の「遊び」である。性行為もこの遊びのなかに含まれる。初回の会合では固めの杯をあげるだけで性的関係をむすべず、また特定の遊女と関係しているあいだに他の遊女を買った場合には制裁を被るなど、[150]遊廓では性行為にも多数の規則が付随し、むしろその規則こそが遊びの大切な中身を構成していたのである。

購買を縛るこうしたわずらわしい規則は、ではなぜ客に受け入れられたのだろうか。それにかんしてまず重要になるのは、遊廓の遊びが、集団的な社交の機会として役立てられたことである。そもそも一人で遊廓を訪れることは一般的ではなく、友や上司、得意先たちと連れ立ち、または太鼓持ちを引き連れ、酒食や芸を楽しむ集団的な娯楽として、遊女買いは楽しまれる。だからこそ新興の家にとって、遊廓は格好のもてなしの場となった。新興の家が到底揃えがたいその時代の最新の商品や環境を用意することで遊廓は、他の家や友人、得意先の接待に重宝されていったのである。

つまり遊廓の遊びは、上司や親族をもてなし、また他の客を圧倒し自分を優位にみせる社交的なゲームとして利用されていったといえる。同時代に汲みつくしがたい奥行きが、それに含まれたのもそれゆえである。遊廓の遊びは、その時代の最新の商品を「交換」的に手に入れることを一方ではその大切な中身としたが、しかし同時に「消尽」的な社交の手段として、伝統とも深くむすびついていたのである。

実際、遊廓の役割として、宗教的な意味を含んだ饗応が古層的に含まれていたことがしばしば強調されている。中山太郎は、遊女と巫女のつながりを強調し、両者を媒介するものとして、遠方からきた客に対して妻や娘を差しだす「貸妻」という風習に注目している。[151]家に訪れる来客を「神」としてもてなすことと、遊女屋に訪れた顧客を饗応することのあいだに一定の連続性が見込めるというのである。

同様の想定は、折口信夫にも確認できる。折口は遊廓の客である大蠧(＝大臣)は、「元は大神と書い」ており、この客が「祭りの時招かれた神が饗宴を受けるのと同じ形を」[152]受けたのが、遊廓の遊びの原型であるとする。こうした折口の想定の背景にあるのは、遊客を家によって代表される共同体を訪れた「まれびと」＝神とみなす発想なのである。

こうして遊廓の遊びは、他者をもてなし、またはそれによってその他者を従属させることで、伝統的なもてなしの手段と共通する部分を多くもっていた。外部から訪れた客は、たんに一方的に歓待されたわけではない。遊女をあてがわれることで、客は多かれ少なかれ主人に対する従属的な関係に組み込まれる。こうした支配と従属化のゲームが、近世遊廓では新興の家の社交のために利用された。柳田国男は「都市の遊里には、古くからの婚姻儀礼の幾つかゞ、何れも馬鹿げた誇張を以て保存せられて居た」[153]と主張しているが、そうして古くから続く儀礼を利用し、近世遊廓では他の家を凌駕し、またはなだめる「挑戦」がくりかえされていくのである。

ただし一方で遊廓の遊びは、たんに古い習俗の延長上に位置づくわけではない。遊廓の遊びには、一七世紀における遊廓の商業的確立のなかであらたに組織された面も色濃くみられるためである。たとえば藤本箕山は、『色道大鏡』（延宝六（一六七八）年）のなかで、寛文（一六六一〜七三年）の時代の遊廓の遊びを「寛文格」・「寛文式」として理想化し、「当道《たうだう》にたづさはる者《もの》、是程《これほど》の事しらずやはあるべき」とそれを遊びの基準とみなしている。[154]遊びがそうして一七世紀なかばに成熟したことにかんしては、その時代に遊廓の大衆化が進んだことが大切になる。江戸では廓外の風呂屋との競争で落ち目となった吉原は、明暦三（一六五七）年に浅草・日本堤へ移転して以降、再び人気を取り戻す。[155]それを可能としたのが、遊女を売る環境の再整備だった。①散茶女郎といった廉価な遊女の展開、②夜店の開始を代表とする便宜の改善、③また先にも触れた『吉原鑑』（万治三（一六六〇）年）を嚆矢とする遊女の格や値段を記す細見や評判記の発行など[*156]、あらたな仕掛けを施し、多忙かつ不慣れな町人や小身の武士を呼び寄せることで、吉原は一時の不況を脱していくのである[*157]。

遊廓における遊びの確立も、遊廓のこうした大衆化に向けた戦略の一部に含まれた。端的にいえば遊びは、遊廓に不慣れな人びとに行動の指針を示す手助けとなるだけではなく、遊廓にあらたに新興の階層の人びとを惹き寄せるキラーコンテンツになったと考えられる。その証拠になるのが、遊廓の遊びに、同時代に流行した婚姻、つまり「嫁入婚」と類似した形式が数多くみられることである。遊女がお歯黒を染める風習、客と遊女が固めの酒を交わす儀式、床入りの際馴染金として遊女屋の若い者や遣り手に祝儀が渡される習慣など、遊廓の遊びには嫁入婚と類似した目あたらしい、またある意味でわずらわしい規則がしばしばみつかる。嫁入婚では村や町の外部から嫁を迎え入れるために、隣人や友人に対しお披露目や酒食のもてなしをすることが要求された。そうした嫁入に類似する遊びが、遊廓ではくりかえされていくのである。

なかでも特徴的だったのが、太夫道中と嫁入り行列の類似である[*158]。先にもみたとおり、遊女屋は遊女の暮らす生活空間としてあり、あくまで客との遊びはそれから離れた「揚屋」（太夫、天神）や「茶屋」（天神、囲）でおこなわれる。この意味で「貸妻」といった習俗との関連から想定されるように、遊廓で客は遊女屋を訪れる「賓客」としてもてなされたのではない。むしろ客は逆に揚屋や茶屋で遊女を待ち受ける「主人」としての役割をはたしたというべきだろう。その揚屋や茶屋へと遊女を運ぶ手段として利用されたのが、太夫道中である。太夫道中は、たんに遊女の宣伝としてだけではなく、主人としての客のもとに赴く遊女（≒「嫁」）を飾り立て、他の客に披露するための嫁入行列を模した儀礼として実践されていくのである。

遊廓の遊びには、以上のように嫁入婚と類似した痕跡がいくつもみつかる。大切なことは、こうした嫁入婚との類似によって、遊廓が最新の婚姻形態を経験させる機会を客に提供していたことである。同時代の婚姻から疎外された人びとに対して、遊廓の遊びはその代替物をあたえただけではなく、さらに同時代に流行した嫁入婚と類似した儀礼を通して、客に家の主人として振るまうことを保証した。先にみたように、遊女は遊廓で家を擬制する遊女屋の亭主によって厳格に管理されていたことも事実である。しかし客は金を支払うことで、その遊女屋の主人の支配権を借り受ける。つまり遊廓における客の自由とは、たんに遊女を好きに買うことではなく、遊女屋の権利を一時のあいだとはいえ譲り受けあらたな「家の亭主」として好きに遊女を扱うことを意味していたのであり、そうした家の主人としてふるまうことを、嫁入婚的儀礼はその形式によって正当化していたのである。

だからこそ遊廓の遊びは、当時、成長していた新興の階層に喜んで受け入れられた。みてきたように一七世紀には家形成の機運が高まり、庶民に到るまで自分の家をもつことが一般化されていく。しかしそれは一方では、家をもてない男たちの不満を高めることにもつながった。たとえば都市では、家を継ぐ予備軍として部屋住みの二、三男が数多く暮らしており、さらにはいつかの独立を夢みる奉公人たちが大量に働いていた。しかし家による婚姻の支配は、そうした人びとから陰日向に性的交通の機会を奪っていく。なるほど夜這いや密通が完全におこなわれなくなったわけではない。けれども家があくまで性的交通の単位となることで、家の婚姻をはみだす性的交通は制限され、マイナー化されてしまうのである。*159

そうして性的交通から排除された人びとの不満を一時のあいだではあれ解消したのが、遊廓の遊びだった。遊廓の遊びは、たんに性的交通を可能としただけではない。性行為ということであれば、夜這いや密通といった習俗的な行為によってもより自由に、また無償で楽しめた。そうではなく遊廓が客に、時代の最新の婚姻形態としての嫁入婚の儀礼を通し、女を自由に扱う一家の主人としてふるまうことを許したことが大切になる。つまり遊廓は家をみずから築く機会を想像的なかたちであれ補ったのだが、それは独身者に対してだけではなかった。家が経済的、かつ政治的なくてはならない単位となるにつれて、納得のいかない家庭生活を送る妻帯者も数を増していく。そうした妻帯者たちに、婚姻をやり直す経験を遊廓は、たとえ幻想としてであれあたえていく。だからこそ後のこととなるが、たとえば幕末期、長岡藩の遊廓では妻帯者が利用者の三分の二を占めていたといわれるように、多くの妻帯者も遊廓に通いつめていくのである。*160

こうして遊廓は家でくつろぐことができない男たちに、いわば第二の家をあたえることで、大衆的な人気を集める。それは都市だけではなく、地域社会でもそうだったのであり、たとえば長門の国、特牛《こっとい》の港では、船宿に棲む遊女たちは「お女郎さん」と呼ばれ、暇な昼間には村の子たちと遊び、また初めて航海に出た若い衆はただで遊ばせることが通例とされていた。*161 また沖縄では、より直接的に尾類（ジュリ）と呼ばれる遊女が家を構え、長期間付き合いのある男を迎え入れ、その家を社交や仕事のために使わせることが普通だった。*162 沖縄は極端な事例ともいえるが、職業的に、またはライフコースの途上において、家の外部で一定期間暮らさざるをえない男たちが近世には大量に滞留していたのであり、その男たちを一時のあいだであれ包摂する家として、遊廓や地方の遊里は欠かせないものになったのである。

＊

以上のように一七世紀なかば以降、遊廓の遊びは、家との関係をますます深めつつ確立される。こうした遊廓と家の接近を極端なかたちで示すのが、一七世紀末における心中死の流行である。「きのうも心中、けふもまた、あすか川の淵瀬かはつた事がはやりける」[163]と語られたように、その時代、遊女と客を代表とした男女がともに自死する心中死が頻発する。大坂では元禄・宝永に、江戸では続けて享保・元文年間に心中死が目立った。[164]尾張藩の朝日文左衛門によれば、京・大坂で元禄一五（一七〇二）年から宝永元（一七〇四）年の七月までの約二年半のあいだに、九〇〇人もの男女による心中死がみられたのである。[165]

この心中死の流行の原因として、通常は大衆化に伴うその時代の遊女や客の経済的貧困化が強調される。たとえば井原西鶴は、心中死をおもに「はし女郎」によって「義理《ぎり》にあらず、情《なさ》けにあらず、皆《みな》、不自由《ふじゆう》より無常《むじやう》にもとづき、是非《ぜひ》のさしづめにて」[166]実行されたものとみなしている。「はし女郎」とは下層の武士、小商人、奉公人を相手とした低級の遊女のことである。大衆化に伴い急増したそれらの遊女たちは、苛烈な競争のなかで無理な勧誘や接客を強制され、それが彼女たちの生活をしばしばみじめなものとした。加えて「はし女郎」を買ったのが、「大尽」と呼ばれる富裕な客ではなく、おもに下層武士や町民だったことが、問題を大きくする。それらの客は他の客と競争をくりひろげるなかですぐに金に詰まり、だからこそ遊女を道連れにして死ぬことにまで、容易に追い詰められていったのである。

しかしこうした経済的な苦難や生活条件の悪化からだけで、心中死の流行のすべてを説明できるわけではない。問題は、遊廓ではそもそも客も遊女も関係を金によってむすばれたものとして割り切ることが基本になっていたことである。伝説の遊女夕霧が、「戀路《こひぢ》には偽《いつはり》もなく誠《まこと》もなし。縁《えん》の有るのが誠《まこと》ぞや」*167と語ったと伝えられているように、遊廓ではあくまで貨幣の切れ目を縁の切れ目として、客と遊女それぞれが関係を思い切ることが望ましいとみなされていた。それを前提として、先にみた心中立てもおこなわれる。心中立てでは、身体だけではなく遊女の心まで金で買うことが試みられたのだが、逆にみれば、それは金がなければ、そのゲームからの退出が当然とみなされていたことを意味している。そうしない者は、「不粋」または「野暮」として非難されたのであり、たとえば『色道大鏡』*168でも、「心中立て」のはてに喉をついたことで、客を驚かし取り逃がした遊女が笑われている。遊女のそうした振る舞いは、売り物としての身体を損なうことで遊女屋に被害を及ぼすからだけではなく、金を媒介としたフィクションとしての遊廓の遊びの大前提を台無しにしてしまうことで、批判的に取りあげられているのである。

たしかに金の切れ目によって関係を終わらせることは、不誠実とみえるかもしれない。しかしそれは関係の持続を価値の基準とみなす外からの想定であり、金の支払いという代償を厭わず欲望を追求するという意味では、それをよっぽど打算のない純粋な関係とさえいえる。

とはいえ当時から、金がむすぶ「縁」を「誠」として納得できた者ばかりだったのではない。遊女とのよりたしかな関係を望む者もなかにはいたのであり、それを実行する手段もだからこそ公式、非公式にあみだされる。

まず一般的には、遊女を妻や妾にする身請けという道が制度化された。一度に多くの金を払うことで他の客との競争を切り上げ、遊女を独占することを身請けは可能にする。しかしそれゆえそれは遊廓の遊びを理想化する者たちからしばしば非難されることにもなった。たとえば一八世紀初めに独自の色道論を展開した柳沢淇園は、「千両にて請出《うけいだ》したる女郎は、郭《くるわ》をふみ出すと五百両に位が見ゆるもの也」[*169]と批判する。遊女の魅力は、遊廓の設備や、そこでくりひろげられる集団的な遊びに多く由来し、だからこそ身請けによって遊廓から切り離されると、遊女の魅力の大半は失われると淇園は考えていたのである。

しかし一方で別の立場からは、遊女を手に入れる合理的な手段として、身請けは評価されもした。たとえば西鶴は、「高《たか》ひ物とおもふは、ちいさき目から也《なり》。歩《ぶ》にかゝる家《いゑ》よりは安《やす》し。揚《あ》げづめにして、算用《さんよう》すれば、弐年半には、うつくしき女、只《たゞ》になるぞかし」[*170]と身請けを肯定している。遊廓に通い詰め、他の購買者都の競争で散財することに比べれば、身請けはよっぽど合理的な手段になると西鶴はいうのである。

このように賛否両論は激しかったが、それはさておき制度的に身請けは、一時的な遊びから脱けだす道として定着する。しかし一方で身請けをできる者が、あくまでかぎられていたことが問題になる。身請けのために、膨大な金を一時に支払うことのできる者はけっして多くはなかったのであり、だからこそそれを補う心中死が注目を集める。身請け同様、心中死でも、遊びが金を機縁とした一時のものであることが否定される。しかしそれを証明するために賭けられたのは、身請けのように貨幣ではなかった。貧乏人や遊女でも所有する命を代償として、心中死は実行されたのである。

通常の遊廓の遊びのルールを外れるこうした心中死の特徴をよく示すのが、たとえば近松門左衛門によって書かれた『曾根崎心中』(元禄一六(一七〇三)年)である。同年に大坂曾根崎天神の森で現実に起こった事件を題材としたその物語のなかで、考えてみればお初と徳兵衛が死ぬ理由は明確にされていない。たしかに徳兵衛は、主人の娘との結婚を断るための金を詐取されることで、死を選ぶ。しかし遊廓のルールに則れば、徳兵衛はそもそも商家の旦那になることを断る必要はなかったといえる。徳兵衛はそれがまとまるまでお初とつけででも遊び続け、その後、身請けをすればよかっただけなのである。

にもかかわらず、お初と徳兵衛は、「死《し》ぬるをたか」（だか）*171と決め、性急に死を選ぶ。こうした決定は、たしかに当時においても、完全に納得されていたようにはみえない。たとえば同じ心中死を題材とした『心中大鑑』（宝永元（一七〇四）年）中の説話では、お初は「豊後の客」が国もとに身請けしようとしたことを嫌悪し死を選ぶとされている。*172そうした動機はより合理的で、それゆえより多くの者に表面的には納得されたと考えられるが、ただしだからといって心中死の本質的な原因をそれがより良く説明していたとはかぎらない。むしろ『曾根崎心中』は、あえて二人の死を遊廓の通常の規則から外れたものとして描くことで、心中死のより本質的な特徴をよく表現していたのではないか。『曾根崎心中』は、金を前提に関係を割り切ることを拒否した遊廓からみれば非合理的な実践として心中死を描きだすのであり、そうすることで、遊廓のルールから外れた実践としての心中死の特徴をよりはっきりと浮かび上がらせるのである。

もちろん『曾根崎心中』で描かれる関係は極端なものであり、世間が噂するように経済的な破綻を主原因とした心中死や、同意を得たわけではない無理心中死も数としては多かったと考えられる。ただしいずれの場合でも、貨幣を支払い遊女を自由に支配するという遊廓のフィクションを破り、死が選ばれていたことに変わりはない。もはや遊廓で使うための金をもたないのになお遊女に執着するときに経済的心中死は発生し、逆に貨幣を支払わずに遊女を専有する試みとして無理心中はおこなわれるのである。

それを念頭におけば、心中死を、相互に納得されたものかは別としても、金のやり取りを前提とした遊廓の遊びを否定する現象とみることができる。そもそも遊廓の遊びは、貨幣を払い遊女屋の家父長権を一時のあいだ借り受けることを根本的な形式としていた。しかし心中死では遊女屋の裏をかき、追加的な金を支払うことなく、遊女を支配することが——無理心中の場合には力ずくで——目論まれる。この意味で心中死は、客と遊女の二者関係のなかだけで実現されるのではない。他の客をだし抜き、または遊女屋の支配権に金を支払わずに挑むいわば遊廓制度そのものに対する挑戦として心中死はおこなわれていくのである。

だからこそ心中死は、遊廓に縛りつけられ、ある意味で金を吸い取られ続けた客や遊女を魅了する。それを踏まえ、さらに重要になるのが、心中死が遊廓の掟に挑戦し金を根拠とする遊びを否定しただけではなく、それを通してさらに家に匹敵する永続的な関係をつくりだせると約束したことである。心中死は、通常の遊びのように金がむすびつける一時的な関係ではなく、それを超え、遊廓の外でも、また死後にさえ通用する関係がつくれることを誘惑する。たとえば同じく近松門左衛門の『心中天の網島』（享保五（一七二〇）年）では、紙屋治兵衛は現実の女房「おさん」のことを尊重しながらも、最後には遊女小春との関係を、それを超える「今度《こんど》の〱ずんど今度《こんど》の先の世までも女夫《めおと》と契《ちぎ》る」*173ものと信じ死んでいく。それを一例として、遊廓には家から売られた遊女や、家の支配する婚姻交換から疎外された客が集まるが、それらの人びとに、心中死は家を擬制する遊廓以上にたしかな関係を約束することで、あえて遊廓の規則を破ることを促していくのである。

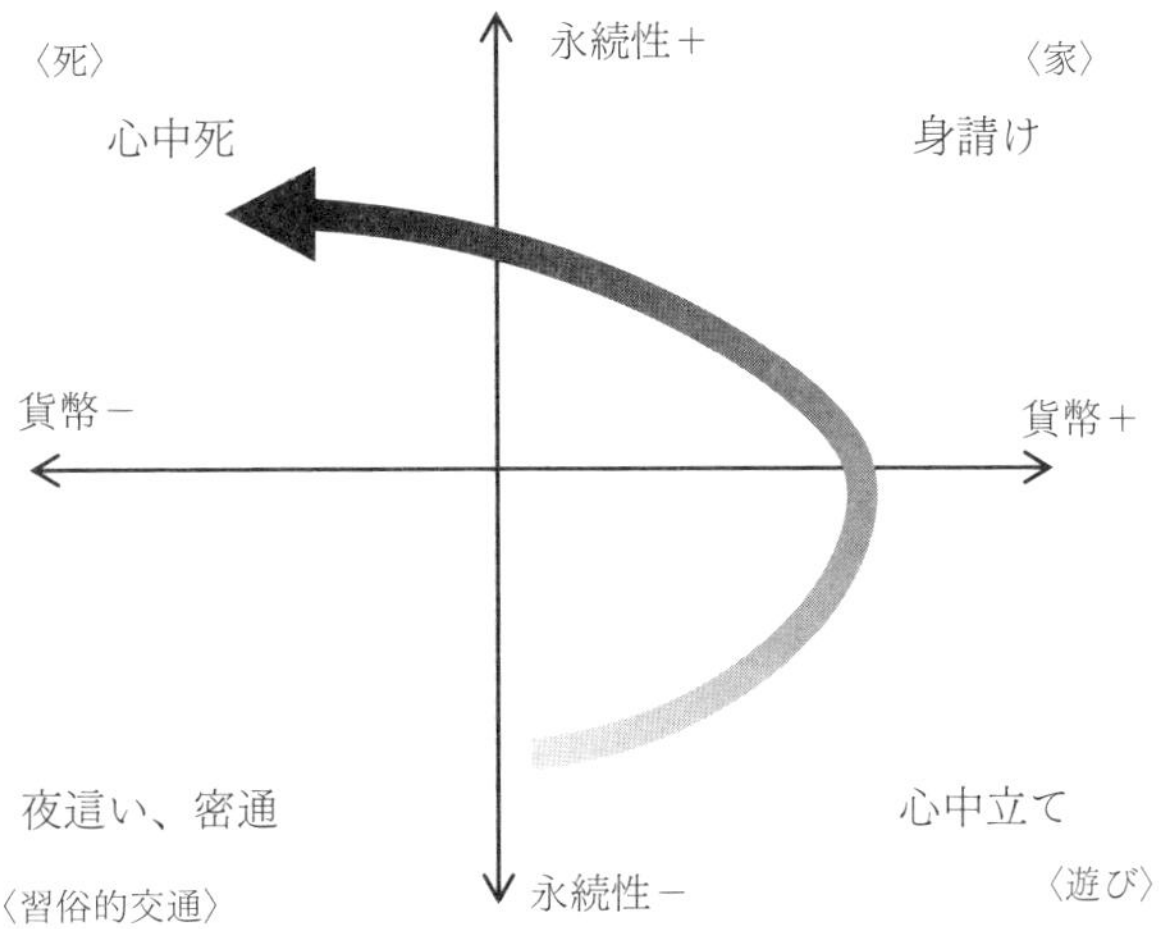

図1-4　遊廓の遊びの発達：祭りなど習俗的な領域でみられる性的関係は、一時的で貨幣も必要としないが、それを商品として洗練することで、「心中立て」に代表される遊廓の遊びが現れる。しかし一方で一七世紀なかばには、それをより家に類似した関係に近づけようとする力も働くことで、遊びが変質するとともに、「身請け」も制度化される。それらを前提として、最後に一七世紀末には、追加の貨幣なしで、しかし死後まで関係が続くことを夢みさせる「心中死」という流行も産まれるのである。

この意味で心中死を、根本的には遊廓の遊びが家の関係に近接していく延長線上で生起した出来事として理解することができる（図1―4参照）。みてきたように、遊廓は、遊女を中心とした商品を自由に弄ぶことの魅力をいち早く教えることで興隆した。それはたんに夜這いや密通など習俗的領域でくりかえされる性的交通とは異なり、金で他者を自由にすること根本の楽しみとするあらたな性愛の経験をつくりだしていったのである。

ただし一方で遊廓の遊びが、次第に家の婚姻を模倣するものとして体系化されたことも無視できない。太夫道中や盃を交わす儀礼を代表にさまざまな規則が組み立てられていくなかで、遊びは家父長的に遊女を弄び楽しむものに組み替えられる。その歴史的過程の延長線上で、身請け、さらには心中死も現れる。身請けでは巨額の金を支払うことで他の客や遊女屋の干渉を排して、客が遊女を独占することが狙われた。心中死はさらにそれを金さえ支払わずに実現することで、遊女の家父長的支配を金をあまりもたないより大衆的な人びとにまで解放するのである。

成立から一世紀を経て、こうして遊廓はそこでおこなわれる遊びさえ乗り越える自己否定的現象まで発生させる。遊廓の遊びは、家を模倣するその先で、金をかけずに家的支配を実現する心中死という現象さえ産みだすのである。もちろんそれは割合としては多くはなく、またその背後にはそれぞれ個別の切実な事情があったとも考えられる。しかし心中死が家の模倣を金なしに実現する実践として、多くの客や遊女のあこがれを集めたことは事実であり、またそれだからこそそれは幕府の禁令にもかかわらず、その後も根づよく遊廓の遊びにつきまとっていくのである。*174

ただしもちろん心中死と家の営みは完全に重なるものではなく、そのちがいについても最後に注意しておく必要がある。第一にいうまでもなく、心中死は、家が担う継承や扶養といった面をもたず、男女の関係に閉じられていくという特徴をもつ。心中死はたしかに家と同様に、またはそれに対抗し永続的関係を目指すが、具体的にみれば、心中死は家の支配を逃れるものとしておこなわれた。その過程で現実の家や家人は置き去りにされるのであり、だからこそそれは既成の秩序を破る行為として、幕府によって取り締まりを受けたのである。

それに加え、そもそも心中死が貨幣のつくりだす関係を否定していたことが問題になる。そもそも家もあくまで金に依存して維持される。貨幣をより多く稼ぎ、また蓄積することを通して、一七世紀には庶民たちのあいだにまで、家が一般化される。しかしそうした貨幣を心中死は本質的でないものとして思い切ることで、現実の家と対立するのである。

とはいえ逆説的にもだからこそ、心中死が家を補完する理想になった面も見逃せない。金がなくとも永続的な関係を築けるという幻影をみせることで、心中死は普段は家計のやりくりに苦しみつつ生きる人びとに慰めをあたえる。いいかえるならば心中死は、貨幣を超越した家という幻想をみせることで、現実の家制度を補完し、部分的にはそれを乗り越える道さえ指し示したのである。

心中死が、遊廓内におさまらず、廓外でも人気を集めたのも、ひとつにはそのためである。『曾根崎心中』でも、お初と徳兵衛の死は、客や遊女に留まらない「貴賤群集」が見習うべき「恋の。手本」[*175]として提示されていた。それを一例として、『生玉心中』(天和三(一六八三)年)以降、遊女と客の文楽・歌舞伎のなかで、心中死はしばしばひろく理想として讃えられていく。[*176]金に縛られない関係が可能であるとみせることで、心中死は現実の家を補う理想となったのであり、たとえば一八世紀初めの国学者、増穂残口は心中死をおこなった者を、家の男女が見習うべき理想として賞賛している。残口は心中死を、不備の多い現実の家制度を命をかけてまで越えるひとつの理想としてみたのであり、だからこそそれを「笑ひ罵《のゝし》」る者を「どふぞ、成《な》らば、死ンでみや。[*177]」と嘲笑しているのである。

4　消費の行方

1　家の消費

一七世紀における家の成長は、こうして遊廓の遊びをねじ曲げ、否定し、再編していくことで、それを乗り越える「身請け」や「心中死」といった実践まで派生させていく。こうした遊廓の事例は、たしかに極端な例であるといえるが、だからこそその時代の家と市場の関係をよく表現する。家は主家からにしろ、市場からにしろ、貨幣を受け取り使うほぼ唯一の主体として、購買活動を支配していく。その結果、家の持続のために役立たない消費は取り締まりや再編の対象になったのであり、たとえば井原西鶴も以下のような警告を発している。

○美食《びしよく》・淫乱《いんらん》・絹物《きぬ》を不断着《ふだんぎ》 ○内儀を乗《のり》物全盛《ぜんせい》、娘《むすめ》に琴《こと》・哥賀留多《うた(がるた)》 ○男子《むすこ》に万《(よろづ)》の打《(うち)》囃《はやし》 ○鞠《まり》・楊弓《やうきう》・香会《かうぐはい》・連誹《れんぱい》 ○座敷普請《しきぶしん》・茶《ちや》の湯数寄《ゆずき》 ○花見・舟遊《(ふな)あそ》び・日風呂入《(いり)》 ○夜歩行《(よ)ありき》・博奕《ばくち》・碁《ご》・雙六《すごろく》 ○町人の居《ゐ》合・兵法《(ひやう)ほう》 ○物参詣《まうで》・後生心《ご(しやうごころ)》 ○諸事《しよじ》の扱《あつかひ》・請判《(うけ)はん》 ○新田《(しんでん)》の訴訟《そせう》事・金山《(かなやま)》の中間入《(いり)》 ○食《け》酒《(ざけ)》・莨菪好《たばこずき》・心当《あて》なしの京のぼり ○勧進《かんじん》相撲《ずまう》の銀本《かねもと》・奉加《が》帳の肝入《きも(いり)》 ○家業《かげう》の外《ほか》の小細工・金《きん》の放《はなし》目貫《ぬき》 ○役《やく》者に見しられ、揚《あげ》屋に近付《ちか(づき)》 ○八より高借銀《たかいかりぎん》 先《(まづ)》此《(この)》通《とを》りを斑猫《はんめう》・砒霜石《ひそうせき》より怖敷《をそろしく》、口にていふも扨置《(さて)をき》、心に思ふ事もなかれ*178

一七世紀後半には「食《け》酒《(ざけ)》・莨菪好《たばこずき》・心当《あて》なしの京のぼり」、「博奕《ばくち》」、「香会《かうぐはい》・連誹《れんぱい》」、「座敷普請《しきぶしん》・茶《ちや》の湯数寄《ゆずき》」など、多様な消費の対象がしだいに庶民にも手に届くものになる。しかしだからこそ、浪費に対する警戒も高まった。「惣《そう》じて大阪《ざか》の手前《てまへ》よろしき人、代〃《だいく》つゞきしにはあらず」*179と西鶴が別の場所で表明するように、成長し始めたばかりの家は容易に没落に転じたのであり、その家を守るために、商品購買が規制された。高価な「縫」や「惣鹿子」の小袖の購買が禁止されたことを先にみたが、たとえばここでも西鶴は雑多な商品を、「斑猫《はんめう》・砒霜石《ひそうせき》より」恐れなければならないものとして挙げているのである。

だがすべての商品購買が単純に禁圧されたわけではないことにも、注意しなければならない。家の存続に役立つ商品が選り分けられ、またより適合的なかたちに再編される。たとえば西鶴も町人の理想として、「廿四五までは親のさしづをうけ、其《(その)》後は我と世をかせぎ、四十五迄《まで》に一生の家《いへ》をかため、遊楽《ゆうらく》する事に極《きは》まれり」[180]と掲げている。家を立派に経営することのいわば褒美として、一定の「遊楽《ゆうらく》」が隠居後に許されていたのである。

さらに「香会《かうぐはい》・連誹《れんぱい》」、「茶《ちゃ》の湯数寄《ゆずき》」など社交活動が伴う「遊芸」は、しばしば積極的に薦められさえした。三井高房が『町人考見録』のなかで取り上げるように、遊芸にはまり家を潰す例がみられたことも事実である。[181]遊芸の多くは中世以来の独自の精神性や論理を起源として含み、だからこそ家の経営の枠組みをはみだす没頭をときに促す。しかし一七世紀後半以降、その遊芸は家の社交に役立つものとして、次第に受け入れられることにもなった。それは具兌勲によれば、遊芸が既成の門閥との垣根を越える手段として、新興の町人に重宝されたためである。[182]町を支配する旧支配層たちの社交に参加し、そこで頭角を現すための魅力的な手段として、遊芸は人気を集めたのである。

こうして遊芸が新興の家に受け入れられるものになったことには、家元制度の成長が大きくかかわる。西山松之助によれば、茶道や香道や華道などを対象とした家元制度が、上方では一七世紀末、江戸やその周囲の村では一八世紀なかば以降に庶民にまで拡がっていく。[183]この近世の家元制度は最大の特徴として、秘伝を教える権利を弟子に譲らない不完全な相伝形式を採用していた。[184]弟子が師匠となり自分で一派を立て、教えを説くことが禁止されたのであり、結果として家の上下関係は世代を超えて固定化されるとともに、技芸の習熟も権威をもつ家々に認められることを目的としたものへと形骸化される。しかしそれを代償として、遊芸と新興の家はより深くむすびつけられた。家元制度の確立によって、遊芸は同列の家を圧倒し、上位の家との関係を深める有力な手段へと変わるのであり、だからこそ家も、上達のために一定の投資を、しばしば構成員に勧めさえしたのである。

こうして家にとって有益な社交の手段として利用されたことに加え、遊芸はさらに感覚的快楽をもたらす手段として新興の家に重宝された。一七世紀後半以降、畳や障子、瓦などの建築具材の発達や、行灯や提灯などの灯りの一般化が進み、家にますます快適な室内空間が実現される。「はじめに」でも触れたように、守屋毅によれば、近世町家ではそれまでの「〈みせのま〉、〈おくのま〉という二室型民家」が改められ、「〈みせのま〉〈なかのま〉〈おくのま〉という三室型」[*185]に変容する。社交や余暇のための余分な一室が、座敷として通常の家にも設置されたのであり、この余分な一室を根拠として、多くの遊芸が発達していった。

たとえば一七世紀後半には、『抛入花伝書』（貞亨元（一六八四）年）で「二間」以下の床しかもたない居住空間に抛入花を飾ることが勧められているように、立花を簡略化した抛入花や生花が座敷を母体として成長する。ようやく手に入れられた家で快適に暮らすための技術として、そうした技芸が成長したのであり、[*186] 実際、女性用の教訓書として書かれた『女重宝記』（元禄五（一六九二）年）でも、「立花《りつくは》する事」に加え、「絵《ゑ》かき花《はな》むすぶ事」、「琴《こと》をたんずる事」、「盤上《ばんしやう》の事」、「香《かう》をきく事」、「茶《ちや》のゆする事」などが、「女中《ぢやちう》たしなみてよき藝《げい》」として挙げられている。[*187] 女中を雇えるほどの階層の家であれば、華道や茶道、香道などが社交のためにとともに、生活をより快適にするために必要とされたのである。

こうして遊芸は、家の社交の手段として「消尽」的にだけではなく、新興の家の価値を感覚的に高める具体的な「技術」として利用された。問題は、一七世紀以降あらたに家を生きはじめた人びとが厳しい節制を求められたのに対して、その代償として何が得られるのか、いまだ不確かだったことである。家は永続によって構成員の幸福を保証すると主張するが、その家が本当にその後代々続くかは誰にもわからなかった。それに対して遊芸は、家の暮らしがたんに厳しいものに終始しないことを感覚的に保証する。この遊芸を通して、美的かつ感覚的快楽をいわば密輸入することで、家の構成員はその暮らしが快適でありうることを納得していったのである。

2　破片としての消費

こうした遊芸を代表として、一七世紀後半には家のニーズに応える呉服屋や材木業、出版業、そして遊廓などの多彩な商品市場が顕著な成長をみせ、それが家の社交や、またその内部の快適性を高めるために重宝されていく。

ただしすべての消費が家のために役立てられたわけではない。それに抵抗し、非公式にではあれ家の枠組みをはみだす消費もしだいに活発化されていった。そもそも遊廓も家をはみだす消費をそのかす部分をもっていた。遊廓は家の社交のために奢侈な遊びを準備していくが、その遊びのすべてが家の監視の枠内に収まったわけではないのである。

たとえば大坂新町の放蕩者椀久こと椀屋久右衛門や、『色道大鏡』を著した藤本箕山など、しばしば遊廓で限度を越え遊び、最後には家を没落させた者もよく知られている。遊廓が「悪所」と呼ばれたのも、そうした活動を前提とした。守屋毅によれば、「悪所」という呼び名は、一七世紀末、仮名草子や浮世草子など当時の大衆的な文芸のなかで初めて遊廓に適用された。*188 その最大の原因と指摘されるのが、その時代、家が大小の町人にまで一般化されたことである。いまだ成立したばかりの家は、容易に没落する脆い集団に留まった。にもかかわらず底なしの金がかかる遊びを誘惑することで、遊廓は家を脅かす「悪所」として大衆的に恐れられたというのである。

ただし一方では、家を潰すまで遊廓に通い続けたものが割合としてはかぎられていたことも事実である。そもそも遊廓での大掛かりな遊びを描く「放蕩譚」と呼びうる説話の多くの部分が虚構であり、通常の男たちが追求できない遊廓の魅力をむしろ誇張して描くことで、「放蕩譚」は遊びを最後まで追求できない男たちを慰めるとともに、遊廓へ男たちを惹き寄せる宣伝的役割をはたしたのである。

その傍らで遊廓は実態としてみれば、あくまで家を補う補完的な経験をさせるに留まった。近世の家は夜這いや不義密通を抑制し、性的交通を婚姻システムのなかに組み込むことで成立する。結果として性的交通から閉めだされた人びとに、遊廓は嫁入婚などの儀礼を通して家の代わりになる経験を保証する。こうした制度的な傘のもとに収められることを前提に、遊廓の遊びは、家が許容できる範囲のものに収束した。たとえば遊廓は、同性愛——それは遊廓を離れた陰間茶屋へとむしろ分断的に囲い込まれていく——や、サディズムやマゾヒズムといった多形的な性的交通を遊びからは排除するのであり、その結果としていわば性的交通を「正常化」する歴史的な役割さえはたしたのである。

遊廓での放蕩が、少なくとも家からの道徳的な非難を受けなかったのも、そのためである。遊廓で遊ぶかぎり、男たちは家が許容可能な性的交通の内部に留まることになったのであり、それゆえ個々の場合はともかくとして、遊廓制度そのものは家のバックアップを受けつつむしろ維持される。

家の目を盗んだ消費としては、遊廓を源泉としつつも、その外部で拡がった商品購売のほうが実は重要になる。たとえば一七世紀末から一八世紀初めにかけて岡場所の芸者や宿の飯盛女、さらには

「夜鷹」や「船饅頭」と呼ばれる街頭の私娼たちを対象とした雑多な売買春がさかんになった。江戸では深川を代表に芸者が集まる歓楽街が、京でも祇園、八坂、清水、北野など群小遊里が遊廓の外部に数多く成長していくのである。[*189]

こうした私娼や芸者の活動は、たしかに制度的には遊廓の支配下に留まった。風呂屋で捉えられ遊廓で働かせられた勝山を一例として、私娼を捕縛する「けいどう」と呼ばれる詮議が遊廓みずからの手によってしばしば実行されたように、遊廓は私娼を取り締まる権利を握り続ける。[*190] さらにライフコース的にも、私娼や芸者は、遊廓の遊女の下位に留まった。『好色一代女』の一代女のように年季明けの遊女奉公の後に、私娼や芸者となることも珍しくなかったのであり、[*191] それは遊女になれない者が基本的には私娼や芸者になったことを表現する。[*192] 客も同じで、遊女を買えない客がその代わりとして私娼や芸者を非公式に買ったのであり、逆に金持ちの客が遊廓以外で遊ぶことは普通ではなかった。たとえば三田村鳶魚によれば、一八世紀後半の安永天明の一八大通と呼ばれた富豪たちが遊んだのも、深川ではなく正式な売買春の場としての吉原にかぎられていたのである。[*193]

しかし一方で消費の現場からみれば、私娼や芸者が遊廓の遊女にはない特別の魅力をもっていたことも事実である。大切になるのは、私娼や芸者が遊廓の遊女のように煩瑣な儀礼や手続きを必要とせずに買えたことである。みてきたように遊廓では多様な儀礼や規則が発達し、それを前提として家を模倣する遊びも組み立てられる。それらの煩瑣な遊びのために遊廓では多額の支払いが求められたのだが、それに対して私娼や芸者は、それらの儀礼を省き遊ぶことができた。たとえば『跖婦人伝』(寛延二(一七四九)年)のなかで夜鷹のお鷹は遊廓の遊女を批判し、みずからの商売を「廿四文で廿四文が情をかくれば、口説《くぜつ》といふ様《やう》な、家暮《やぼ》らしい沙汰もなし」[*194]と自慢している。「廿四文」で買い切りの「情」を買うことは、みすぼらしくみえるかもしれないが、他人に気を使わずにその場かぎりの快楽を追求できるという意味では独特の魅力も含まれていた。私娼や芸者は、家の思惑や社交の要請にかかわることなしに、私事に没頭するという独自の楽しみを客にあたえたのである。

その意味で私娼や芸者はたんに遊廓の遊女の代わりになる身体的な快楽を安価に提供しただけではない。彼女たちは、客の私的な快楽にかかわる消費の対象になることで人気を集めたのであり、その結果としてそれは逆に遊廓の遊びの変容さえ促した。たとえば太夫遊びの中心となった揚屋が吉原で一八世紀初頭に減少し、また一八世紀後半には三度目までは帯を解かないことが守られなくなるなど、遊廓では、遊びの簡素化が進められる。[*195] 享保年間（一七一六〜三五年）を「分水嶺」として遊廓は文化的に堕落したという阿部次郎の見解を踏まえ、[*196] こうした遊びの変化は、遊廓の衰亡を表現していると理解されることもあるが、その見方は単純である。私娼買いに対抗する遊廓の積極的な対応であった部分さえそれはもつのであり、[*197] 実際、遊びを簡略化し、より安価な遊女を取り揃えたことを一因として、その後、遊廓は再び興隆する。たとえば吉原の遊女の数も宝永・享保期に一旦数を減らすとはいえ、寛保三（一七四三）年には二七一〇人と元禄水準までに回復し、その後はさらに七〇〇〇人台にまで増加していったのである。[*198]

こうして遊廓の外部で活発化した私的な売買春が、逆に遊廓の変貌さえ促していくのだが、ではなぜそうした現象が、一七世紀末にみられたのだろうか。それを導いた条件として物理的に大きかったのが、その時代の都市の変容である。内藤昌によれば、元禄の頃より都市の発展とスプロール的拡大が目立ち、それが従来の同業的町の崩壊を引き起こしたという。[*199] 先にも触れたが遊廓を代表に、それ以前の都市では同種職人や同業商人が集まり同業者町をつくることが基本とされていた。しかし都市の拡大によって、都市の外縁に暮らす人びとも増え、その結果、わざわざ遠くの同業者街まででかける時間的な余裕のない住民も増加した。それによって、既得利権をもった特権商人を中心とした従来の商業の空間構造は解体される。私娼の活性化にも同様のメカニズムが想定される。都市の拡大は、既存の遊廓を空間的かつ社会的に遠いものとする。その結果、たとえば江戸では新吉原より相対的に居住地に近い、品川、千住、板橋、内藤新宿の宿場や深川など、非公式な岡場所における売買春の人気が高まるのである。

さらには都市の拡大に応じて産まれた雑多な賑わいが、より内在的にも売買春のあり方を変えていった。第二章でより詳しくみていくが、元禄以降、都市の拡大に呼応して、以前の周縁部における寺社の祭りやそれにあわせた縁日や露店が活発化し、[*200] さらに屋台や料理屋が林立していく。それ以前、洗練された酒や食事などを楽しむことは遊廓以外ではむずかしく、だからこそ遊廓は、成立したばかりの新興の家の社交のために重宝された。しかし一七世紀末以降、散在する料理屋や料亭で立派な饗応が可能になるにつれて、遊廓の地位も揺らいでいく。売買春が家を主体とした客のもてなしから次第に切り離される一方で、逆に家の社交とは別にこっそりと仲間から外れ、私的に売買春を楽しむことが普通とされるからであり、こうした変化をよく示すのが、一八世紀初頭における「白人」「はくじん」または「しろうと」と呼ばれる私娼の流行である。[*201] 特別の身体技法を身に着けていない（ことを装う）「白人」の人気は、売買春が家の社交から切り離され、それゆえ技芸や特殊教養をあえて必要とされなくなったことを端的に表現していたのである。

以上のように一七世紀末以降、都市の拡大を重要な条件として、より私的な売買春が活発化していく。それを一例として、遊廓の外部では、性的交通にかぎらず、さらに多様な商品の消費が膨らんでいった。遊廓は、大量に商品を集積することで頻繁にモードを産みだすが、それらのモードが廓外にもしばしば浸みだしていくのであり、たとえば「近年は人の娘内儀《ないぎ》もおとなしからずして、傾城《けいせい》遊女《ゆうじょ》芝居《しばゐ》の女形《がた》のなりさまをうつし」[*202]と語られるように、遊廓で産まれた衣服や小物、食べ物のモードもしばしば廓外の家の女性たちに模倣されていったのである。

　その一例となるのが、兵庫、島田、勝山などの髷（一七世紀後半）、髱（一八世紀前半）や鬢（一八世紀後半）といった遊女を発端とする特異な髪型の流行である。[*203]なるほど家の女性たちの既婚・未婚、年齢や階層差を示したという意味で、それらの髪型の流行は家の秩序に支えられてもいた。しかし反面では、女性たちが自分を標識づけ飾る髪型を必要としたのは、その時代、外部から欲望を含んだ不特定多数の眼差しを受けることを意識し始めたからでもある。太宰春台によれば、一七世紀後半には、女性は「綿で頭面をつつ」み顔を隠していたのに対し、享保の頃には「面をば打ち晒し、はれやかな顔にて道を行く」女性たちが目立ち始める。[*204]階層や身分の問題を慎重に考えなければならないが、しかしより一般的にも、先に戸田茂睡が記録していたように、一七世紀後半に、町方の女房娘まで花見に着飾る出かけることが流行した。[*205]それらの場は若い娘にとって、異性と出会う格好の「見合い」の場になったといわれるのであり、[*206]だからこそそうした「はれやかな」場で女性たちは頭巾などで頭や顔を隠すのではなく、遊廓で流行した髪形などを利用することで、むしろ積極的に自分をアピールしていったのである。

　こうした家との対抗的関係をよりはっきり示すのが、実は先にもみた小袖の流行である。たしかに華麗な小袖は、娘や女房に着せ、新興の家の財や教養を示すものとして用いられた。ただしそれだけではなく、華麗な小袖が、他方で女性たちの私的な快楽のために好まれたことも無視できない。

それをよく表現するのが、小袖における多様な図案の流行である。寛文六（一六六六）年の『御ひいながた』の出版以降、最新の小袖の図案を載せた雛形本が次々とだされていった。[*207] 雛形本に載った図案は、家の財や蓄えた教養を示すためにも使われたが、それだけではなく、そこには家の要請に逆行するベクトルも含まれていたことが重要になる。そもそも近世社会で衣類は、子孫に伝え、さらに必要な場合には売られる高価な家財として基本的には存在していた。衣類が古着屋で換金されることも珍しくなかったのである。しかし雛形本が促す流行の頻繁な交代は、この家財としての小袖の価値をしばしば台無しにしてしまう。衣類のモードが時間を越えた価値を否定するためであり、たとえば仙台藩の侍医の家系に産まれた只野真葛の母は、一八世紀なかばの幼少時代に、「短き振袖」に「惣模様」の小袖ばかり着せられ、「幼な心に恥ずかしく」感じたという。すでに「袖もしだいにながく、裾模様などもはやりだし」ていたなかで、[*208] しばしば「やれ袖が短い幅ひろい、昔絵の生写《しょううつし》よ、などといいて笑いものに」されたというのである。[*209] それを一例として流行の頻繁な更新は、小袖を短期間のうちに時代遅れのものとするのであり、結果としてその家財としての価値さえ損なってしまうのである。

にもかかわらず、呉服屋でモードにあった小袖を買うことが好まれていったことには、家の競争をむしろアリバイとして利用しつつ、都市を生きるとくに女性たちの私的な関心の拡大が想定される。花見や参詣、観劇など、女性が参加できる多様な外出の場が拡がっていくことに並行して、衣装道楽は家の女たちをますます魅了した。衣装への関心は、いわば自己の容貌や身体感覚に配慮する一種の「自己技術」として肥大していくのであり、だからこそ「家業の障り」[*210] として非難されてもなお止まることはなかったのである。

それを一例として、家の節制の枠を踏み越え私的な快楽を実現する「自己技術」としての消費は、遊廓といった限定された空間をはみだし、一七世紀末以降増大していく。三井越後屋の興隆も実はこうした私的な消費のせり上がりを支えとしていた。それを折り込み、もう一度、家と消費のかかわりを再考する必要がある。一七世紀末以降、家が変わらず節制を厳しく要請する一方で、都市の拡大と発展は、家の要請を踏み越え、私的な快楽に耽ることを誘惑していく。そうして都市で暮らす人びとは、家の生活を幸福の基準としながらも、それを相対化する消費の誘惑とのあいだでの板ばさみに追い込まれてしまうのである。

ただし家は、私的な消費の拡大に、ただ脅かされたわけでもない。問題は、誰もが消費を限度なく追求できたわけではないことである。自由な消費は、家やそれを単位とする既存の秩序の外部で、誰にも頼らず、自己の快楽を追求することを求める。しかしだからこそそれができる者はかぎられていた。経済的のみならず、倫理的にも、それは困難な自己変革を求めるためであり、たとえば先にみた大坂新町で遊んだ椀屋久兵衛や『色道大鏡』を著した藤本箕山、あるいは虚構上における『好色一代男』の世之介など、放蕩を終わりなく追求した者は、通常の者にはできない冒険をくりひろげたからこそ、「消費の英雄」として人びとの憧れの対象になったのである。

それとは対照的に、私的欲望を追求できない残りの大半の者に対して、消費からの撤退を正当化する格好のアリバイとなったのが、家だったのではないだろうか。家が命じる節制を言い訳にしつつ、大多数の者は消費から体よく退却していく。この見方からすれば、家はたんに私的な消費によって脅かされたとはいえない。むしろ私的な消費の興隆に逆説的にも依存しつつ、ますます力をつよめていく家の姿が浮かびあがるのである。

それを念頭に置き、消費のその後の展開を分析する必要がある。一七世紀以降、家は経済的、政治的にのみならず倫理的にも、日本社会を縛る根底的な軛《くびき》となる。それはひとつに、逆説的にも私的な消費がますます拡大されていくためであり、家はつまり消費から撤退するためのアリバイとして社会的にいっそう正当化される。この意味では消費と家はたがいを排斥したのみならず、それぞれを支える根拠にさえなったのであり、そうした円環を構成するからこそ、家と消費はその後、ますますわたしたちの生活を疑いにくい力として縛っていくのである。

第二章

白米はなぜ好まれたのか？

1　都市の消費者

1　消費の自由と不自由

一七世紀末以降、遊廓を最大の震源地として、だがそうした限定された都市の一角を越えて、選択的な消費活動が人びとの生活の細部にまで浸透し始める。たとえば一八世紀初め石田梅岩はその節制の主張に対して、ある学者から「今の民」は贅沢に慣れているためむずかしいと反論された。女や子どもは、「衣装《いしょう》に美《び》をつくし、純子《どんす》・縮緬《ちりめん》・綾《あや》・錦《にしき》・鹿子《かのこ》・縫薄類《ぬいはくるい》、着《き》かざ」り、「普請等《ふしんとう》をきれいに作り」、「珍味珍物《ちんみちんぶつ》を取あつめ賑《にぎやか》にくらすことをよろこぶ」[*1]。にもかかわらず節約を要求することは、いたずらに家に「争」いを招くと非難されたのである。

この主張に対して、石田梅岩は「町家《てうか》ほど衰《おとろ》へ安《やす》きものはな」いのだから、家を没落から救うためには一時的な不和も耐えなければならないと反論する[*2]。梅岩の説はもっともだが、学者の一方的な教説では抑えがたいほどに、魅惑的な商品が身近なものになり始めていたことも事実である。深川などの岡場所、品川や内藤新宿などの宿で活躍していた芸者や私娼を猥雑な例として、交通の要所や路地で大小の盛り場が拡大する。それらの店で誰であれ金を支払えば好きなときに商品を買えるようになり始めていたのであり、その快楽を家の節約の論理によって押し込めることはむずかしかったのである。

ただし一方で消費は、端的に解放されたわけではない。前章でみたように家が構成員に商品購買の抑制を求めたこと以外にも、たとえば幕藩機構は身分を越え過度におこなわれる購買活動の取り締まりをつよめていく。淀屋を代表にいきすぎた奢侈に耽ったとされる豪商が取り潰されたことを極端な例として、奢侈を取り締まる禁令が町人や農民に対してくりかえしだされていくのである。たとえば一八世紀末の寛政の改革の際には、「町人男女共、分限不相應結構之着用致し、又は髪之かさり等迄も大造成品相用候もの」は、「見當次第」「奉行所え召連」れよと、分不相応に浪費する者に罰則さえ課されている。[*3]

もちろんそうした権力的な取り締まりがどこまで実効性のあるものであったかには、疑問も残る。たとえば前章で触れたように天和三（一六八三）年に「金紗」や「縫」、また「惣鹿子」などの衣服が禁止された場合にも、井原西鶴によれば「衣装《いしやう》は、御法度《はつと》は表向《おもてむ》き守り、内証は鹿子《（かのこ）》類さま〴〵調へ」[*4]とかならずしも守られたわけではなかったのである。

とはいえ重要になるのは、こうした禁令が社会的かつ構造的な消費の限界によってむしろ裏打ちされていたことである。近世社会において産業機構は充分な集積をみせなかったのであり、それも都市ではとくにそうだった。京における高級衣服産業や、江戸における職人の手工業的（＝居職）な生産などを除けば、幕末・明治初期に至るまで、目立った産業集積は都市では産まれなかった。たとえば後のことになるが、明治七（一八七四）年の統計でも、京都で繊維業、大阪で食品加工業の一定の集中がみられたことを除けば、東京の工業生産高も、大坂や栃木、広島、愛媛、敦賀の約半分にすぎず、その内容も履物（一位、六・三％）や化粧品（二位、五・七％）など職人の小規模な居職的生産を中心としたものに留まった。[*5]維新後にみられた東京の衰退を割り引いたとしても、この状況は近世の大都市が産業の中心地ではなかったことをよく照らしだすのである。
こうした産業機構の未発達が、消費に対する大きな足かせになる。都市民は、都市において満足な消費の対象をいわば自給できなかったのだが、ただし近世期にまったく産業が産まれなかったわけではない。都市における産業の未発達は、村々における商品生産の活性化によってむしろ補われる。たとえば八木哲浩によれば、一七世紀後半に近畿の村ではすでに稲作以外にも、木綿製品や菜種、煙草などの生産が進み、大坂や江戸等の大都市へとそれがさかんに送りだされていた。[*6] さらに一八世紀には、「プロト工業化」と呼ばれる生産が全国的に拡大する。おもに稲作に適合しない村々が生存の糧を探していくなかで、酒造業や醤油製造、養蚕や織物業などの萌芽的な工業がそれぞれの風土や村の特徴に応じて育っていったのである。[*7]
村から送りだされるこの多様な産物の移入を基礎として、都市での消費もさかんになった。娘を村の家から獲得した遊廓の例は特殊としても、一七世紀後半以降、西廻り、東廻り航路の整備を代表とした流通機構の拡大を踏まえ、都市にますます商品が流れ込み、それが消費生活の礎を築いていく。しかしだからこそ一方で村への依存は、都市の消費生活を縛る制約にもなった。まず都市にいつも充分な商品が流れ込んだわけではなかったことが問題になる。それが量や価格の面で、都市における消費の展開を妨げる壁になったのであり、その極端な例となるのが、飢饉である。本章で詳しくみるように、享保の大飢饉(一七三二年)、天明の大飢饉(一七八二〜八七年)、天保の大飢饉(一八三三〜三九年)の三大飢饉を代表に、一八世紀から一九世紀初めにかけて大小の飢饉がくりかえされ、「食べる」という最低限の消費活動さえしばしば都市では危険にさらされていくのである。
加えて村とのこうした密接なつながりは物質的にだけではなく、道徳や習俗の面でも都市における消費の展開のしばしば足枷になる。もともと村では商品を産みだしながらも、その消費は通常、厳しく制約されていた。大きかったのは、各人の消費活動を相互に監視し制限することが、村の秩序を保つ有力な手段とみなされたことである。目につく痕跡をしばしば残すことで、商品購買は他の家が家の内情を伺う便利な手がかりになったのであり、だからこそ後に詳しくみるように、村での自由な消費は、祭りや冠婚葬祭の場合で集団のなかで、どさくさに紛れおこなわれるものにしばしば限定された。それ以外の「常の日」には、気ままな飲酒や食事、奢侈な衣装を身につけることなどの自由な消費は厳しく縛られていたのである。[*8]

村におけるこうした消費に対する制約を、都市も基本的には受け継ぐ。そもそも近世都市の生活は経済的にのみならず、人口的、習俗的にも村に依存していた。たとえば柳田國男は町に暮らす者が元は村を出自としていたことを踏まえ、都市と村とのあいだに根本的な道徳的かつ習俗的な連続性がみられると主張する。「町作りは乃ち昔から、農村の事業の一つであつた」[*9]というように、柳田によれば村と町には根本的に同じ集団が暮らし、だからこそ共通の道徳や信仰、習俗に従うことが多くの場合、普通だったのである。

消費にかんしても同じである。たとえば後のことになるが、柳田は「最後の飢饉」と呼ぶ飢饉（明治一八（一八八五）年）を子供の頃、兵庫の北条で経験した際、毎日粥を食べることを親に強制されたという。炊きだしを求める人が群れをなすなかで、「人のうらやむようなものを食べてはいけない」と母親が米食を「用心」したというのである。[*10] 北条町は「郵便局」さえ有したそれなりの町場としてあったが、[*11] それでもなお飢饉の場合にはたとえ貨幣をもっていたとしても自由な消費は制限され、そうして村と同じく厳しい監視の目を消費活動に向けることが秩序維持のために実行されたのである。

2　都市の内と外

都市の生活はこうして物質的にのみならず、習俗的、道徳的にも村にしばしば多くを依存し、それがそこでの自由な消費活動を制限する。しかしだからといって都市生活は、完全に村と同じ道徳や生活習慣に従い営まれたわけではない。都市では少なくも通常時には、村とは異なる独自の快楽や倫理が厚みをなしていくのであり、それを後押ししたのが、他でもない商品購買の経験だった。

すでにみたように、中世都市における仮設的な市場におけるような散発的な購買に留まらない持続的な消費生活が、江戸や京、大坂などの大都市を中心として展開され始める。とくに一七世紀末以降、呉服店、材木屋、または遊廓の遊女屋などを集める同業者町という空間的枠をはみだし、路地の屋台や小店など、多様な店が門前町や交通の要所に繁栄していく。それが都市では日常的な消費を庶民にまで解放したのであり、その様子をたとえば荻生徂徠は以下のように確認している。

御城下ニ来リ集ル民ハ本ハ田舎ノ者ニテ、麦・粟・稗等ノ雑穀ヲ食シ、濁酒ヲ飲ミ、味噌ヲモ不食、スクモ火ヲ焚キ、麻・木綿ヲ織テ著シ、筵・薦ノ上ニ寝臥ヲシタル者ガ、心儘ニ御城下ニ来リ住スル故、米・ミソヲ食シ、薪ヲ焚キ、炭火ニ当リ、衣服モ買調テ著シ、美酒ヲ飲ミ、田舎ニナキ障子ヲ立、天井ヲ張、唐紙《からかみ》ヲ張リ、畳ヲ布キ、蚊帳ヲツリ等スルコト棒手振モ皆如此。少モ能町人ハ衣服・食事・家居・器物迄モ、金サヘ有バ大名ト同ジコトニテ、誰制スル者モナシ。*12

「麦・粟・稗等ノ雑穀ヲ食シ」、「麻・木綿ヲ織テ著シ、筵・薦ノ上ニ寝臥」していた「田舎ノ者」も江戸に来ると、その生活を一変させると徂徠はいう。最下層の「棒手振」といった商人でさえ、江戸では「田舎ニナキ障子ヲ立、天井ヲ張、唐紙《からかみ》ヲ張リ」、「米」や「薪」、「炭火」、「美酒」を買うなど、華美な生活に馴染むというのである。

たんに量的に消費が増えただけではない。それに後押しされつつ、身分階層を横断する消費がさかんになったことが注目される。徂徠はたとえば、「金サヘ有バ大名ト同ジコトニテ、誰制スル者モナシ」という状況がみられたという。その条件になったのが、小店や露店、屋台など多様な店の展開である。そこではたとえば庶民でもときには無理をして少し高級な商品を買うことができた一方で、上級武士も人目を盗み怪しげな消費を楽しめるようになった。同業者街に限定されない、都市のあちこちにおける多様な商品市場の展開が、主家や雇い主の指図を受けない自由な商品購買を可能にし、結果として身分や階層を横断する消費を一定程度解放していったのである。

以上のような私的な消費の実践こそ、一八世紀都市の中核的な経験として考えてみなければならない。都市とはそもそも何であるのか。その問いに、社会学者や歴史学者は、大量の人口、権力の集中、商業の集中、多様性など多くの答えをあたえてきた。たとえば近世都市は、近代への変革につながるたんに階級闘争の舞台としてみられたことを経つつ、近年では、多様な身分や職業をもつ人びとが暮らし、それゆえ身分や階層に応じた支配従属関係が積層し再生産される場としてしばしば分析されている。[*13] そうして身分階層関係によって規制されたことは、商品購買の場合もたしかに同じである。前章でみたように、身分に似合った馴染みの店で、必要や家の社交のために購買することが、消費活動の基本とたしかになったのである。

とはいえその傍らで、近世都市でも、身分や階層を相対化するいわば私的な消費が一般化されていったことが見逃せない。遊廓における遊びがそうだったように、家が主導する消費の余勢を駆って、私的な快楽を追求する消費の冒険があちこちで派生的に試みられていくのである。

消費が実現するそうした私的な暮らしこそ、近世都市にかぎらず、都市生活のそもそも大切な内容となるのではないか。それを考えるために、参考になるのが、都市にかかわる吉本隆明の議論である。吉本によれば「生産地帯」への隣接や、「政治的な中枢機関」の集中、「学問と文化」による誘因など、これまで本質をなすと取りあげられてきた特徴を、少なくとも都市の生活を豊かにする要素とみなすことはできない。[*14] それなしでも豊かな都市が存在し、逆にそれらが都市生活を不毛なものにしている場合も多々みられるためである。それ以上に吉本は、路地に佇む民家やその前の鉢や植栽などに端的に表現されるような私的な関心の実現を、都市を構成する本質的な要素として強調する。「みづからは何ものをも意味しないのに、存在すること自体が価値である」[*15]、つまり端的に私的なものがそれとして評価されていることが、吉本からみれば都市の生活を豊かなものとする核心的な要素とみなせるのである。

これは極端な主張にみえるかもしれないが、少なくとも一八、一九世紀都市の庶民生活にはよく妥当する。遊廓を大きな震源地として、多様かつ洗練された商品が都市に集まり、それが身分や階層を越えた購買を許す。そうして私的な欲望と向き合うことを促す「自己技術」としての消費の発達が、都市に村とは異なる特有の生活を徐々に実現していくのである。

以上のような都市生活の成熟の過程を具体的にあきらかにすることが、本章の第一の課題となる。そのためにおもな分析の対象とするのが、米を代表とした食商品である。都市で生活するためには武士にしろ町人にしろ、一定の食物を買い食べることが避けられなかった。なるほど都市でも庭をもつほどの武士や町人は、しばしば畑作物を自作し、また季節ごとに食物の贈答をくりかえしたことも事実である。たとえば一九世紀前半の滝沢馬琴家は、鏡餅や塩鮭、鴨肉、芹、くわいなどの贈答を親族や友人たちへ頻繁におこなっている。[*16] しかしそれだけで暮らしが成り立ったわけではない。贈答もしばしば市場で商品を買いおこなわれたように、多様な食物を買い整えることで、都市では初めて家を営み暮らしていくことができた。その結果として、地域色の豊かな食文化も育つ。[*17] 京では近郊の農村から仕入れられる野菜を中心とした料理、江戸では近郊の漁村を前提とした魚料理が発達を遂げるなど、近隣の村を起点として多様な商品としての食物が流れこむなかで、あらたな素材や調理法の発見や洗練が進むのである。

都市に独自の生活をつくりだす根拠になったこうした食商品のなかでも、とくに大きな役割をはたしたのが米である。まずいうまでもなく米が大量に都市に集まることを条件として、近世期にはそもそも巨大な数の人びとが暮らすことが可能になった。年貢として米を直接収納する武士だけではなく、彼らが売る米を購入することで、町人も初めて家を築き、安定した暮らしを送れるようになったのである。だからこそ米は、近世経済を担う代表的な商品にもなった。たとえば量的にみても、新保博の推定によれば、一八世紀初期の大坂入津商品の総高で三〇%を超えるウエイトを米商品は占めていたのである。[*18]

しかし米は近世の代表的商品として家の維持に仕えただけではない。一方でその消費が家の目を盗む独自の活動を育てることが重要になる。一八世紀に顕在化した「米価安」を前提に、米をより自由に食べ、または多様な仕方で取り扱う環境が拡がっていく。米はたとえば投機的取引の代表的な媒体となるとともに、さらにこれから詳しくあきらかにするように自由な消費を通して都市民を個的な快楽に目覚めさせる契機となる。米はそうしていわば家の秩序に収まらない社会性の場を経験することを誘惑していくのである。

本章の第二の課題は、この米が村でつくられ、都市に流れこみ、さらには消費される経路を追うことである。第一章でわたしたちは一七世紀に村で小規模化した家が林立していくことをみたが、この家は都市の市場と深くむすびつき稲作を活発化していくとともに、この稲作やそれにかかわる儀礼をしばしば村の暮らしの中心に据えた。米の商品化を前提とする都市と村の暮らしのこうした複雑なむすびつきを分析することで、近世社会における消費のより具体的かつ立体的なあり方を本章はあきらかにしたいのである。

2　米の共同性

1　白粒米という選択

近世における米の役割を考える上で、まず米が空腹を満たす食料に留まらなかったことが重要になる。たとえば富士講の創始者、食行身禄は一八世紀前半、「時の奢《おご》り」に任せ、米をむやみに「欲食《よくぐい》」する者を糾弾している。食行身録にとって米は世のなかを守護する「菩薩」を意味しており、だからこそみだりに食べることは許されなかった。[19] また安藤昌益は、一八世紀なかばに米を中心に置く独自の世界観をつくりあげる。昌益によれば、「直耕《ちょっこう》」（＝直接おこなわれる耕作）の対象として、米は農耕、さらには近世の生活をトータルに基礎づける。昌益はそうして米を道徳・政治、または自然科学の領域を覆う価値の指針とみなしたのである。[20]

米を宗教的、また象徴的価値とするこれらの見方がどこからきたかといえば、それはまず当時の幕藩的な政治秩序を足場としていたといえる。よく知られているように幕藩社会は、米を基本的な租税として農民から徴収し、家臣・奉公人へ給付する「石高制」を根本として維持された。[*21] この権力構造を支えるイデオロギーとして、米を特権化する見方も吹聴されたのである。

しかし石高制という幕藩的な権力構造を、米に対する象徴的な見方の最終的な根拠とみなすことはできない。それだけでは、そもそも石高制がなぜ、またいかなる政治的、経済的条件のなかでつくりだされたかが、謎として残るためである。それを説明するものとして、たとえば安良城盛昭は、石高制を兵糧としての米、また馬糧としての大豆を最大限取り立てるシステムとして確立されたとみなしている。[*22] 国内の騒乱だけではなく、海外進出を視野に入れ、軍事的資財である米を確保するために石高制は形成されたというのである。

それとは対称的に脇田修は、米の経済的価値を重視した。一六世紀後半には、明からの銭貨の輸出の減少によって、良質な銭貨が不足する。このいわゆる「銭荒」状況のなかで、換金性の高い米を確保するシステムとして石高制は成立すると脇田はみたのである。[*23]

両者の見方はいずれも興味深いが、しかしそれだけではなお、なぜそもそも一六世紀末に米が食料や換金性の高い商品として特権的な意味を担い始めるかがあきらかではない。問題は、日本において米が、農耕のおもな対象として一貫して扱われてきたわけではないことである。これまで坪井洋文や網野善彦を中心として稲作が日本社会のなかで担ってきた役割を相対化する議論が進められてきた。[*24] それらの研究に従えば、日本列島では畑作や採集、狩猟、漁獲など稲作以外の活動が長期にわたって続けられてきただけではなく、さらにその営みを前提とする象徴的儀礼さえさかんにおこなわれてきた。例を挙げれば、米餅を禁忌とした「餅なし正月」や、雑穀の餅を贈答する「黄金餅」といった儀礼が一定の地域を横断してみられるのである。[*25]

にもかかわらず一六世紀後半には、米が生産の対象として次第に特権化される。前章でも触れたように、それまではせいぜい山間部の谷間や小河川のほとりに小規模な棚田や畑が分散していることが一般的だったといわれる。その一例として香月洋一郎は、景観地理学的な分析から、山間部で山を背後に置き小規模な稲作をおこなう家を中世の典型とみなしている。「山を背に負う」ことで家々は孤立しつつも、外敵や水害から守られ、軍事的、農耕的にどうにか生き延びることができたというのである。[*26]

それに対して一六世紀後半には、稲作は河川部近くの低地にまで拡げられ、広大な水田がひらかれる。米が戦時の食料、または他の商品と交換される等価物としての意味をつよめ、結果として石高制が成立するのも、こうした農業構造の転換を基本的な条件としていた。たとえば浦長瀬隆によれば、一六世紀に貨幣の不足現象が起こった際には、それを補い米が取引手段として一般的に使われるようになったという。米作の進展を前提として、流動性や換金性の高い交換媒体として米は選ばれたのであり、実際、美作では一八世紀前半まで米が貨幣の代わりに利用された痕跡もみつかるのである。[*27]

しかしではなぜそもそも中世末から近世初期にかけて、稲作は急成長をみせたのだろうか。その原因として通常は農具農法の改良や、灌漑の整備にかかわる技術的革新が強調される。深耕を可能とした「備中鍬」の普及や、水利を維持する土木技術の発達が、稲作の拡大を支えたと指摘されてきたのである。

けれどもそれに留まらず、第一章でみたように主家や親族から自立して農業経営を始める家がその時代に数を増していくことが、より本質的な役割をはたしていった。幕藩体制のなかで家が政治的地位を保ちまた致富を実現するためには、年貢の対象とされ、また換金が容易だった米の生産が有利になる。だからこそ家は稲作に力を集中し始めるのであり、実際、速水融は、小家族を単位として多くの労働が稲作を中心とした作業に投下される「勤勉革命（industrious revolution）」こそが、近世経済の飛躍的発展の土台になったとするのである。[*28]

ただしこうした見方には、稲作は家によってのみでまかなわれるのではないという点で問題がある。それ以前おもな農業生産の手段になった畑作は、水利施設を必要不可欠とせず、それゆえ分散した作付が可能だった。けれども稲作はひとつの家に完結せず、個々の家をはみだす労働を本質的に必要とした。かぎられた季節に田植えや収穫を手短におこない、また梅雨や夏の干ばつに対応する水路を共同で管理するなどのために、集団的な調整や労働を短期間のうちに投下することが不可欠になったのである。

そうした家を超える集団的労働を調整したのが、生産者による比較的平等なまとまりとしての「村」や、その下位組織としての「集落」だった。村や集落が、「ゆひ」などと呼ばれる互助的労働を組織し、労働を分配し、また争いを調停することで、水田稲作は初めて展開される。稲作の展開と並行して、村の増大が観察されることも、その意味で不思議ではない。正保二（一六四五）年から元禄一〇（一六九七）年の約五〇年間に開拓や枝村の創出によって、既存の村の総数の一五％に近い七五〇〇余りのあらたな村が産まれたと算定されている。[*29]第一章でみたように二男三男や奉公人の自立や既存の家の逃散に呼応して新村はつくられたのだが、それらの村を集団的な作業の母体とすることで、水田稲作は急速に発展していったのである。

さらに新村が増大しただけではなく、既存の村落でも暮らしの実質が大きく変わったことが重要になる。土豪的勢力の減退に伴い、中世の惣村の発達を踏まえ、村は小規模だが似通った力を備える家による結合体として再編されていく。権力もこの変容を後押しした。豊臣政権や徳川幕府は、「刀狩」によって地域に根を張る土豪的武士の力を削ぐと同時に、「検地」によって直接の耕作者以外の土地所有者を村から排除する。それによって農耕や漁業などの生産的活動に特化され、またより水平的な関係によって構成された村が全国に拡大されていったのである。

こうした村が家々による集団労働を効率的に組織する母体として働いた結果、水田稲作も急成長を遂げる。前章でみたように、慶長三（一五九八）年に約二〇〇万町歩だった水田は、近世中期（享保年間（一七一六〜三五）頃）には三〇〇万町歩水準にまで拡がったのである。[*30]

さらに村の成長は、量的に水田稲作を増大させただけではなく、稲作の具体的性質まで変えた。そもそも中世なかば以降の急激な稲作の拡大には、農耕技術の革新や河川を管理する広域的な権力の確立だけではなく、「占城米」や「大唐米」、また「とうぼし」とよばれるインディカ系赤米の渡来が深く関与していたとみられる。斎藤修によれば、これらの赤米は早熟性や耐旱性・耐水害性・少肥性といった特徴をもち、灌漑の不十分な低湿地でも栽培可能だった。この赤米を作付けることで、水田稲作の爆発的な拡大も実現されたとみられるのである。[*31]

しかしだとすればより問題となるのは、では一七世紀後半以降、なぜ赤米から白粒米への急激な作付けの転換がふたたび起こったかである。深谷克巳によれば一七世紀末の『百姓伝記』や『農業全書』などの農書のなかでは赤米は混入を防ぐべき「雑草」としてさえ扱われている。[*32]そうした赤米忌避の風潮を踏まえ、赤米の栽培比率も徐々に低下した。たとえば当初、赤米栽培が相当優勢であったと考えられる佐賀藩の記録でも、享保一〇（一七二五）年の蔵入地物成ではすでに赤米比率は二一％

でしかなく、さらにそれが一九世紀初期には一六から一七％、幕末で一〇％程度にまでいっそう低下しているのである。[*33]

こうした転換の原因として、たとえば白粒米の値段の高さが想定されている。深谷克巳は白粒米は市場で高く取引されたと推測し、だからこそ白粒米が好んでつくられるようになったと指摘する。[*34] しかしそれだけではなぜそもそも白粒米の価格が高価になったと考えられるのかが説明できない。それをあきらかにする上で無視できないのが、粗放的栽培を基本とする赤米に対して、白粒米は栽培により多くの労力と集団的な取り組みが必要となるという根本的なちがいである。[*35] 晩稲傾向もつ白粒米では、短期間での田植えと収穫、さらに干害や水害に対処する灌漑設備の整備や水利の調整のために多くの集団的作業が必要とされ、それが結果として白粒米の価値を高いものとし、さらにはそれを優れた味覚と評価することを促す。この意味で白粒米の普及を、一七世紀における村の成長の物質的な表現として考えたほうがよい。集団労働の台座として村が実質的な成長をみせることで、白粒米の作付も初めて一般的に可能になったとみられるのである。

以上、まとめるならば、白粒米種を中心とした稲作の急拡大は、村の確立という時代を画する社会変容と深くかかわっていた。一六世紀末以降、小規模化しつつ確立された家は、婚姻を有力な手段として多様な交通を重ねることで何とか維持される。そうした家相互の交通を支え、実質化したのが村という組織だった。村は家と家のむすびつきを促し調整することで、①家相互の性的交通に加え、②物質・労働的交通を助けるのであり、それによって白粒米の栽培も可能になった。実際、佐々木潤之介は、稲作は個々の家がおこなうというより、家の労働交換や協調を前提としたあくまで「村しごと」としてあったとみなしている。[*36] 一七世紀には村の成立によって、村を主体とするそうした稲作が初めて可能になったのである。

ただしもちろん稲作は、ただ自発的に家や村に取り入れられただけではない。幕藩権力が、米を年貢の基本的対象とするいわゆる「石高制」というかたちで、稲作が有利ではない地域にまでそれを強制していったことも事実である。ただしそれは、米の賦課が経済的に有利だったばかりからではない。同時に稲作が、幕藩機構の権力技術の未発達を補う役割をはたしたことが大切になる。なるほど寺請制や諸法度など、個々の家や個人を直接対象とする機構や法制度も存在していた。[*37] それでも個人の日常を個別に捉える権力技術は限界あるものに留まったのであり、だからこそ稲作はそれを補ったことで大きな意味をもつ。稲作は、村の枠を外れ生きることを物質的にむずかしくすることで、個々の家や村民の意識に立ち入る必要なく、秩序の安定を実質的に可能にしていくのである。

こうして稲作は幕藩機構の権力技術の未発達を補う特別の支配形式として働いたのだが、さらにこうした支配の形式は、幕藩権力にとってだけ利点があったわけではない。米を年貢として適切に納めさえすれば、村も権力の介入を最小限のものに止めることができた。つまり稲作は村、またはそれを構成する単位とする家々と幕藩的権力がそれぞれ距離をとり存在することを許す社会的な防壁、または蝶番として機能したのであり、そうして幕藩秩序の安定を支える装置になったからこそ、稲作は近世社会に特段の反対なく急速に受け入れられていったのである。

2　儀礼としての稲作

しかし一方では稲作と村とのむすびつきをあまりつよくみすぎてはならない。そもそもすべての地域で、稲作が中心的な生業となったわけではないからであり、実際、坪井洋文や網野善彦らの分析を踏まえ、近世の村では稲作以外に多様な生産活動がおこなわれていたことが近年注目されている。[*38] 畑作や漁業や林業などの地域に応じた生業が村で営まれ、また稲作自体も麦との二毛作や畦畔での畑作、漁労など他の生業と組み合わされあくまで実施されることが多かった。[*39] 年貢の支払いのために稲作がしばしばなかば強制されていたとはいえ、村の日常の生活はそれ以外の複数の生業の積み重ねによって実質的には賄われていたのである。

しかしだとすれば、今度は多くの村で米が特別の価値として扱われていたのはなぜかという疑問が湧く。実際、稲作を主要な生業としない村にまで贈答や共食などの米を用いる儀礼が広くみられたのであり、たとえば柳田國男は、産婦に米を噛ませる風習や病人に米の音を聞かせる「振米」の習慣など、米にかかわる儀礼が、普段は米を食べない山村や僻地にまでみられたという。[*40] また有賀喜左衛門は「さなぶり」という儀礼を、米にかかわる儀礼の浸透を示す例として、詳細にとりあげている。田植えの集団労働の終了を祝う共食や共同の休暇を意味する「さなぶり」が、「水田耕作の少ない地方においても、田植に関する祭祀が水田耕作の多い地方と大してちがわぬくらいに行なわれ[*41]」ていたというのである。

ではなぜ稲作がたいしてさかんでもない場所にまで、そうして米を媒介とした儀礼や共食は浸透していたのだろうか。その理由を検討する上で興味深いのが、実は有賀が取りあげるこの「さなぶり」の事例である。たしかに有賀が調査をおこなった昭和初期の時代まで、「さなぶり」は近世以来のかたちをそのまま留めてきたのではない。近代に入ると、技術の発達や貨幣経済の発達に応じて稲作は、個々の家で完結するものへ急速に移行する。それに応じて集団労働の終了の祝いとしておもにあった「さなぶり」にも変化がみられる。すでに有賀の調査の時点では、個々の家だけがおこなう「家さなぶり」がひろくみられるようになっていたのである。

にもかかわらず、興味深いのは、その時点でなおすべてのさなぶりが、「家さなぶり」に飲み込まれていなかったことである。むしろ各家の集まる「村さなぶり」が、しばしば重ねておこなわれていたのであり、実際、「家さなぶり」のみられる村のうち、八五・六％（＝③／②）で「村さなぶり」が重ねて実施されていたことが確認される（表2―1）。

有賀自身はこうした「家さなぶり」と「村さなぶり」の併存を、かつて村がとった生活構造のちがいを歴史的に示すものと説明している。「村さなぶり」は、比較的平等な家による「組組織」をとる村でも、かつては主従的関係を基本とした「同族団的組織」が存在し、それゆえ村ぐるみの儀礼がおこなわれていたことを示す証拠としてあるというのである。*[42]

ただしそれだけでは、「村さなぶり」がその意味を失った後にも、村で執拗に続けられた理由を説明しがたい。それをあきらかにするのが、むしろ「さなぶり」にあわせ休息しない者に、「病気を誘発するとか、田に虫がつく」*[43]といううわさが拡がったり、出入り禁止等の明示的な制裁が加えられたという事実である。つまり「さなぶり」は集団に共通の規則をあたえ、統制するものとして役立ったのであり、だからこそ集団的労働が解体されて以後も長いあいだ続けられたと考えられる。この意味では、「村さなぶり」はたんに古い生活を示す遺物として残存したとはいえない。近代において村の生活が変動していくなかで、逆に集団労働が解体され村落生活の秩序が揺らいだからこそ、それを補う力として「村さなぶり」はいっそう必要とされたのである。

以上のような「さなぶり」についての検討は、かならずしも稲作が充分おこなわれていなかった村でも、ではなぜ米にかかわる儀礼がしばしばおこなわれていたかをよく説明する。米にかかわる儀礼は、

調査総計村数	村さなぶりが行われる村（①）	家さなぶりが行われる村（②）	家さなぶり・村さなぶりが併存する村（③）	両方を行わない村（④）
174村	152村（87.4%）	125村（71.8%）	107村（61.5%）	5村（2.9%）

表2-1　さなぶりの分布：有賀喜左衛門「田植えと村の生活組織」『有賀喜左衛門著作集Ⅴ』一九六八年、未來社、七一〜七五頁より作成。

集団労働に付随する二次的な実践におさまらず、家々を横断し村をまとめるものとして、しばしば営まれていたのではないか。重要になるのは、そもそも近世の多くの村が確固たる内在的な基盤をもっていなかったことである。多くの村は、中世末以降、土地に代々根付く家が数を増し、それが水平的な結合を実現していくことであらたに形成された。その村の秩序は、それゆえ伝統や血統ではなく、それぞれの家が長期的に安定して営まれることで支えられたが、問題は同時にこの家が村の秩序を揺り動かす不安要因になったことである。家は村の成り立ちを支える根拠にたしかになったが、その一方でそれぞれの致富や階層上昇を目指すことで、秩序をむしろ解体する遠心力としても働いたのである。

実際、家々の経済的な力の変動が、「村方騒動」と呼ばれる騒乱をしばしば引き起こしたことが確認される。水本邦彦によれば、近畿の村では、一六一〇年代以降には特権的階層としての庄屋とその他の惣百姓とのあいだで争いが激化し、続いて一六八〇年代以降には百姓同士を相手とする争いが活発化するという。[*44] こうした表立った村内の争いは、たしかに一八世紀前半には一定の収まりをみせた。しかしそれは見た目のことでもあり、以降も村内の争いはより陰湿化してくりかえされる。たとえばヘルマン・オームスによれば、家の地位向上や負うべき貢納の義務を他家に振り分けることを目指して、多数の裁判や権力闘争が近世中後期の村では頻繁に闘われたのである。[*45]

こうして家は村の成り立ちを支える一方で、村にしばしば緊張や不和をもたらす。

だからこそ米は重宝された。まず米を用いた儀礼は家々の幸福や不幸、喜びや悲しみを、村全体に公開する役目をはたした。嫁入りや葬礼など吉凶を分け合うものとして、米を媒介とした贈答や共食はくりかえされる。さらに儀礼は、家々の軽重をあきらかにする手段にもなった。たとえば安室知によれば、「小豆飯」が家のなかでの祝いごとで食べられるのに対し、「赤飯」は複数の家の集まる村の公的な行事で饗応されることが普通だった。*46 そのように共食や贈答には細かい規則が付随したのであり、それを守る、またはあえて侵犯することで、村での上下関係や親疎の再確認やそれに対する挑戦がおこなわれていったのである。

つまり米の贈与や共食は、家の社交や競争を促すとともにその秩序を定める一種の「消尽」の機会として役立てられたといえよう。稲作が充分おこなわれなかった村でも、米の共食や贈与がしばしば盛大にくりひろげられたのも、そのためと考えられる。米を対象とした儀礼は、家と家とをむすびつけることに加え、家々に同一の習俗や信仰を育てることで、村の安定に寄与した。その意味で米は、集団労働としての「村しごと」の対象になっただけではなく、家同士が競争をくりひろげるためのいわば「村まつり」にも深く関与していた。米を媒介として、独自の信仰をつくりだす交通が積み重ねられていくのであり、そもそも稲作こそがこの「村まつり」の一部に含まれていたとみることができる。たとえば田植えや収穫は、複数の家が協力するとともに競いあうことを求めることで、家の上下関係をつよめ、またはそれにあえて挑戦する絶好の機会になったのである。

しかしだとしても問題は残る。ではなぜそもそも他の対象ではなく米が、儀礼や信仰の対象として選ばれたのだろうか。米の有用性を根拠にするだけでは、それを充分には説明できない。稲作があまりおこなわれていない村でも、米を用いた共同的儀礼はそれなりに普及していたためである。

それを説明するために、これまではしばしば歴史的経緯と信仰の持続がもちだされてきた。たとえば柳田國男は、日本社会が米を求め列島を北上した人びとによって形成されたことを重視する。この人びとが米を愛好したからこそ、米は日本社会に特別の対象として定着すると柳田はいう。ただし誤解してはならないが、あらかじめ血統や文化的同一性によって保証された日本人と呼ばれる集団が、米を選好したというのではない。中国大陸から南島へ人びとが訪れたのは、貨幣として用いられていた「宝貝」という貝殻を採取し、もち帰るためだった。しかしなかには貨幣採取という目的を諦め、故郷に帰らずに稲作に励む人びとが現れる。その人びとこそ後に「日本人」になるというのであり、つまり米に対する欲望の共有——と宝貝という貨幣の放棄——こそが、「日本人」という集団をつくりだす根拠になったと柳田はみるのである。[*47]

この柳田の仮説は、日本を構成する歴史的無意識の領域を照らしだすという意味で、たしかに大きな魅力をもっている。柳田は日本を「日本人」という人種的・文化的集団とむすびつく固定された領土としてではなく、米を求め移動する無数の欲望の線分が交差する場として描きだす。[*48]この柳田の見方を前提とすれば、近世の村で広く米を対象とした儀礼がみられたことも不思議ではない。村での米にかかわる儀礼は、起源にあった米に対する欲望を反復することで、なかば自動的にくりかえされていたと解釈できるのである。

ただしこの柳田の見方には、大きな問題も残る。実証的にみれば、米にかかわる儀礼を近世以前に遡らせることは、そもそもむずかしいためである。むしろ多くの儀礼には近世期に米を中心として少なくとも再編された痕跡がみつかるのであり、たとえば都丸十九一によれば、正月の雑煮にもちを入れる儀礼は古くからあるのではなく、中世末から近世初頭にかけて拡がった比較的あたらしい習慣でしかない[*49]。また安室知によれば、米にかかわる儀礼の一般化はさらに遅れる。換金可能な作物として米が特権化されることで米にかかわる儀礼も初めて拡がるのであり、たとえば信州で予祝行為として従来多様な作物を飾っていたモノツクリの飾りが稲を主役とするイネノハナに変わったのも、一七世紀後半から一九世紀前半にかけての米の商品化の影響が大きかったというのである[*50]。

この意味で米を媒体とした儀礼の反復を、「日本人」の形成にさかのぼる遠い起源によって説明することは困難というしかない。柳田の想定は、近世における稲作の普及を前提としたむしろ遡及的な仮説に留まる。ただし柳田の主張すべてを、性急に棄却することもできない。柳田の説で興味深いのは、米が共同体の外部の他者との交流を可能にする一種の媒体《メディア》とみなされていることである。柳田によれば米は、生死を超え共通に欲望される対象として、「生よりも前、死よりも遠く後にまで及[*51]」び、人びとをむすびつける。正月に米や餅が「神様先祖様は申すに及ばず」、「囲炉裏の鈎、臼鉈苧桶鍬鎌その他の農具から、牛馬犬猫鼠[*52]」にまで配られることが、その極端な例になる。時空や生命の有無を超えた共通の欲望の対象として、米は生者と死者ばかりか家畜やモノとの交流さえ可能にしたとされるのである。

大切なことはこの柳田の仮説を先祖や死者、モノといった想像的な他者だけではなく、村の外部を生きる空間的な、またより現実的な他者にかかわる「交通」へと拡張することである。そもそも村で生産された米の多くが、そのまま内部で食用や贈答の対象とされたわけではない。年貢として収奪されるか、または市場に売却されるかのちがいはあれ、米の大部分はむしろ村の外に運びだされ、外部の人に食べられた。一七世紀以降、武士や新興町人を中心に、数万から数十万単位の人びとが都市に集まり、村から運び出される米を主食として生き始める。この米に対する需要の膨らみこそが、村でも米を象徴的な価値へと引き上げる暗黙の土台となったのではないか。武士と町民からなる都市民に食べられることを最終的な根拠として、村に年貢が割りあてられ、また米が経済的価値ともみなされる。それを当然の前提として、村でも米は贈答や共食に値する価値として扱われていくのである。

そうだとすれば、村の生活をそれ自体、自立したものとして分析できるのは、ここまでである。その時代、村の外部で米を求めるリアルな他者たちの欲望がますます増加していくことを踏まえ、村や村の家では米は特別の価値、または信仰の対象として割りあてられる。この意味では村の秩序は、米を食べる膨大な他者たちの社会性のなかに錨を落とした一時の形象に留まるというしかないのであり、ではなぜ村の外部の人びとが米を欲望し、消費していったのかについて、次には具体的にあきらかにする必要がある。

3 「交換」される米

都市における米に対する欲望のあり方を理解するためには、まずそもそも米が担う役割に村と都市では大きなちがいがみられたことを確認しておくことが役に立つ。

振り返っておけば、村では米は儀礼的な贈与や共食の対象となり、だからこそ自由な消費も制限された。もちろん村でも、米はまったく食べられなかったわけではない。地域差はあったとしても、村の食事がこれまでの想定以上に豊かなものであったことが、近年あきらかにされている。*53 しかしだからこそいっそう、村で米だけの飯を好きなように食べられなかったことが、謎として浮かびあがる。多くの村では日常的にはせいぜい混ぜ物としての米飯が食べられただけで、米だけの飯は特別の日にかぎられた。さらにその場合でも実りをもたらさない秕や割れ米が食用の対象になることが普通だったのであり、[54] そうして自由な米食を制限する暗黙、または明示的な規則が、村の生活を支配していたのである。

そのことは、たとえば寛永一九（一六四二）年の飢饉の際にだされ、その後百姓の取り締まりの基本となったとされる以下の触書からも確認される。

覚

一当年者諸国之人民草臥候間、百姓少〻可令用捨、此上若当作毛於損亡者来年者可為飢饉、倹約之義兼雖被仰出、諸侍も弥存其旨、万事相慎可減少之、町人百姓以下者食物迄も致其覚悟飢に不及様ニ可相計、勿論百姓等は常々猥に米たへさる様に可申付事

（中略）

一五穀のつゐへに不成やうに申つけへき事

一来年よりは本田畠にたはこ不可作事

右之条〻被仰出候間、被得其意、寺社之事并百姓等かたく可被申付事

寛永十九年八月朔日　五味金右衛門[55]

触書は寛永の飢饉のために食糧を節約することを説き、その一環として、「百姓等は常々猥に米たへさる」ようにと、百姓に米食を慎むことを命じる。そうした為政者の命令がそのまま受け入れられたとは、たしかに考えにくい。しかし触書を、農民の実状を無視した空言とみてもならない。注目されるのは、触書につけられた「常々」という文言である。古川貞雄によれば、触書にしばしばそれ以

後くりかえされるこの「常々」という言葉は、それゆえ一般的な日常ではなく、祭日や休日などの「遊び日」と対比される「常の日」を具体的には指していたという。[*56] その意味ではこの「常々」に米食が禁止されていたことは、それに対比される「遊び日」に米を自由に食べることが許されていたことを逆に暗示する。つまり触書は、米の自由な食用を禁じる村の習俗に配慮しつつ、その制限をいっそう強化していたと解釈されるのである。

こうして触書は、村では日常的には米食が禁じられていたことを浮き彫りにするが、それは、町に対してはそれと異なる触書がだされていることからも、より具体的に確認される。たとえば、この触書と同年同月に町人に向けだされた触書には以下のように書かれていた。

覚

一当年は諸国之人民草臥候間、町人等食物迄も致其覚悟、飢に不及やうに仕へき事

一町人衣類さあや、ちりめん、平亀や、はふたへ、此外結構成衣類着すへからす、ゑり帯等ニも右之外結構成もの仕ましく候事、付下女布木綿たるへし、但手代ハきぬつむきを可着

一町人女房の衣類さあや、ちりめん、きぬはふたへたるへし、ぬいはく、かのこ、とんす、金入之類の小袖不可着、ゑりおひ同前之事

一町人作事自今以後結構に仕ましき事

一町人振廻二汁三菜、此外引菜二つ、すい物一つ、酒三返之事

（中略）

寛永十九年午八月廿日　周防印。[*57]

注目されるのは、先の触書と較べ、町人に向けてだされたこの触書では、米食の制限について何ら言及されていないことである。なるほど寛永の飢饉における「諸国之人民草臥候」という状況を踏まえ、その触書でも、「町人振廻一汁三菜、此外引菜二つ、すい物一つ、酒三返之事」と食料の節約が求められる。しかしそれはあくまで、「町人衣類さあや、ちりめん、平亀や、はふたへ、此外結構成衣類着すへからす」といった奢侈な消費生活に対する規制の一環としての意味をでなかった。「町人等食物迄」も「覚悟」することが求められるとしても、米食にかんしては、先の触書とは異なり、具体的には不問とされているのである。

寛永の飢饉に際して同時期にだされた触書の以上のようなちがいは、村とは異なる米食にかんする禁忌や生活習慣が、一七世紀なかばには都市にすでに一般的なものになっていたことを照らしだす。村では特別の日以外の米食が制限されていたのに対し、都市では逆に飢饉の場合でさえ、米食を減らすことは求められなかったのである。その背景として、都市で米食がすでに主食として一定程度、拡がっていたことが想定される。実際、一七世紀なかばに書かれた『浮世物語』でも、主人公浮世房には、「増水（＝雑炊、引用者注）がことの外嫌ひ」[*58]で寺から逃げだしたという過去が割り当てられていた。そうした設定は、階層の問題はあるとしても、雑炊ではなく米だけの飯を食べることが、都市では少なくとも贅沢ではないと考えられ始めていたことをよく教えてくれるのである。

ではなぜ都市において、米を自由に食べる習慣が発達したのだろうか。その原因としてまず考えられるのは、米を年貢として受け取る武家が、城下町を代表とした都市に集中して居住していたことである。柳田國男は、この武士を通常の日でも米を常食した特異な集団として規定する。[*59] 柳田がいう、米のもたらす非日常的な力を武士が欲したからという象徴的な理解は根拠が怪しいとしても、武家が藩機構から扶持米や知行米を代々受け取り、それを食べることを許されたそれまでにない特殊な集団を構成していたことは事実である。そうしたその時代としては特別の集団が集住することが、都市に米が集まり、米食を進める一定の根拠になったと考えられる。

ただし武家もまったく自由に米を食べられたわけではない。まず時代が経るにつれてあらたに功を積み知行を増やすことが困難になったという経済的制限が問題になる。収入の限界から、家庭菜園を耕すなどして、できるだけ他の食物を食べることが武家に求められたのである。さらに武家を取り巻く政治構造も米食を制約した。幕藩機構は大きくみれば、村から年貢として米を収奪する見返りとして、村に平和や安定を保証することで維持される。村の各家がくりかえす贈与や共食を権力的に延長し、米を受け取る代わりに安全を保証するという互恵的関係を幕藩権力は少なくとも立て前としたのであり、だからこそ契約が破られたと考えられた場合には、異議申立てとしての一揆もくりかえされた。[*60] この支配と従属の回路の末端に、個々の武家も座る。逆にこの回路を踏み外した奢侈な食事はしばしば道徳的、または政治的に掣肘されたのである。

こうしてあくまで武士は経済的、政治的に米食を制限されたのであり、実際、宮本常一も、「畑作の多い地方では、城下町の武士といえどももちろん米のみを食うはずなく、万一に際に備えて大根葉、稗、甘藷などをカテに入れること」が普通とされていたとみなしている。[*61]

それに対して、より重要になるのは、町人が武士以上に自由に米を食べられたことである。最大のちがいは、町人が貨幣を支払い市場から米を買っていたことである。そもそも貨幣的な「交換」によって商品を手に入れた者は、誰にも言い訳することなくそれを自由に使えることを原則とする。それは米の場合も当然同じであり、米を買った町人は、人の目を気にせず、ハレの場ではなくとも、それを食べることができた。その自由がしばしば都市の魅力としても語られている。たとえば荻生徂徠は、「米ノ食ヲ悦ビ、百姓ヲ棄テヽ商人ニ成ル」[*62]ために、都市に来る者さえみられたという。その前提としてそもそも都市の暮らしが、村と較べても容易だったとはいえないことが重要になる。人口学的にみても、都市の生活の条件は厳しく、①過剰な集住を原因とした粗悪な衛生環境や、②奉公人が集まったことを前提とした晩婚化の進展により、都市では死亡率の高止まりと出生率の低下がみられた。[*63]米が自由に食べられたことは、しかし都市のそうした暮らしの困難を一部ではあれ償う。村で集団的に規制されていた米が、都市では好きなときに好きなだけ食べられたのであり、それが都市生活の不自由を償うひとつの魅力としてみなされていたのである。

以上、まとめるならば町人は、いわば相互に米を贈与しあい、ハレの日に共食する集団から「疎外」されていた代わりに、市場で米を買い思いのままに食べることを「解放」されていたといえる。ただし町人も、個人として何の制限もなく米を食べられたわけではない。問題は、米を買う購買の主体になったのが、多くの場合、家だったことである。前章でみたように、一七世紀以降、貨幣を稼ぎ蓄積する主体としての家が成長を遂げていくなかで、武士であれ町人であれ、この家の成員となり、また奉公人として家に仕えるかぎりで、初めて安定して米の飯を食べられるようになった。それが家の暮らしの魅力にもなったのだが、しかしだからこそ放漫な米食は制限される。貨幣の流れを管理する節制の主体として、家は構成員に米を慎重に食べることを求めるためである。

それでもなお米食が許されたのは、米が都市ではむしろ節約にかなう食物だったためである。野菜や海産物などの副食物が充分ではない都市で、輸送と保存の容易な米は、比較的安価で安定して食べられる主食になった。さらに米は、都市の小規模化した家の暮らしに、適合する便利な食材にもなる。

多忙かつ薪さえ購買しなければならない暮らしのなかで、混ぜもののない米は、手軽に調理でき、燃料をあまり使わなかったという意味では、節約にかなう経済的な食物になったのである。

この意味で町における米食の普及には、積極的にも、消極的にも消費の主体としての家が深く関与していたといえる。家は消費を規制する一環として放漫な米食を禁じる一方で、節制にかなう合理的な食料として逆に米食を推進したのである。

家によるこうした米食の管理は、逆方向を向くとはいえ、実は村でも同様にみられた。みてきたように村でも家は農具や肥料、さらに臨時の労働力などを買うために多くの貨幣が必要とされた。[*64]そのために遊廓への娘の売却もおこなわれたが、それ以前の日常的な手段の中心を担ったのが、米の売却である。生産可能な産物のなかで流通性が格段に高い商品として農家に米は重宝されたのであり、たとえば一八世紀なかばのことになるが、幕府の儒学者、柴野栗山は五反の田をもつ平均的な百姓家の家計を試算して、七石の米を収穫しそのうち半分を年貢として納め、残りの三石あまりを「村入用」、「衣類」、「農具」、「世帯道具」、「法事弔ひ」、「よめ取」、「聟入」のために換金すると計算している。農家が米を食べることは考慮されておらず、その代わりに年貢を収めた米の残りを商品として売却することによって、家は貨幣を得ると考えられていたのである。[*65]

為政者の試算だけでではない。瀬川清子も昭和初期に東京近郊での聞き取りをおこない、同様の習慣が近世の村でみられたことを確認している。直接売却された他にも、「盆・正月・田植・稲刈」の日の儀礼的使用に加え、肥料の支払い、「秋のとり入れを待って払う鍛治屋米、桶屋に払う桶屋米、塩や塩肴と交換する牛方米」などに米は利用される。[*66]そうして交換に役立つ米を節約し、「米以外の糧を最大限に予定」することが「農家の家政」の最大の関心事になったというのである。[*67]

この意味で都市と村における米食習慣のちがいは、共同体的な禁忌や幕藩的な権力の抑圧によってだけでは説明されない。より大切になるのは、あくまで家が米の売買を管理する主体として、米食につよく関与したことである。たとえば都市では、家を中心とした経済の発達が米食を後押しする。家を母体として貨幣を稼ぐ機会が比較的ひらかれていたことを前提に、米は自由に食べられる消費財として解放され、また他の食物に較べれば節約にかなう食料として積極的に推奨されさえしたのである。

それとは逆に村では――また都市の武士にとっても――、貨幣を確保するためにできるだけ米を食べないことが求められた。貨幣を手に入れる機会が充分ではなかった村では、米を売ることが貨幣獲得の近道になったからであり、実際、各地の端米買歩商人や米穀問屋を通して、近世期には農民から直接米がますます大量に売却されていく。一八世紀初頭の大坂米市場では、藩の蔵屋敷を経ずに集められた納屋米が市場の約一四〇万石のうち三〇万石程度を占めたという。*68 米はそうして食用や、贈与や共食の対象になるだけではなく、貨幣の不足を補ういわば「食べられる貨幣」として村の家に重宝されたのである。

以上のように、都市と村とでは同じく家の確立と深くかかわりながらも、米を対象とした独自の交換、または消費の様式が姿を変え、発達していく。都市では貨幣の入手機会が発達したことで、米は食用のための便利な消費財に変わったのに対して、逆に村では――または都市の武士にとっても――市場の狭小さにもとづき、米は節約し換金すべき貴重な対象となる。とはいえ都市でも村でも、米が家の維持に仕える根幹の対象になったことに変わりはない。米は村から都市へと移動しその役割を変えながら、いわば同床異夢的に村と都市をむすびつける媒体《メディア》として、それぞれに家の成り立ちを支えたのである。

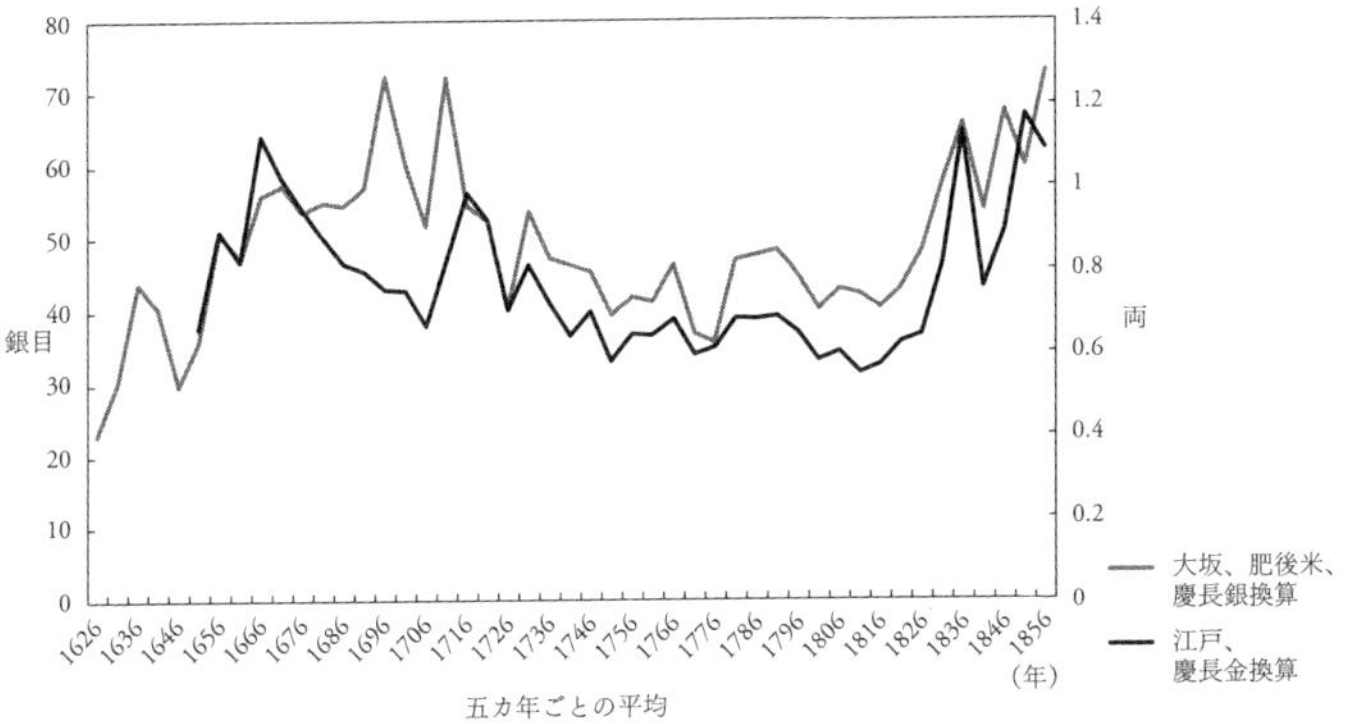

図2-1　慶長金銀換算米価（五カ年ごとの平均）：山崎隆三『近世物価史研究』塙書房、一九八三年、五〇、九二〜九三、一〇六、一五八〜一六一頁を参照して作成。なお大坂米価は肥後米を基準とし、また元文以降は元文金を基準としたものを慶長金（×0.6）、銀（×2/3）水準に変換している。こうした手法は岩崎勝（「江戸前期（一七世紀）の米価動向と経済」原田敏丸・宮本又郎編著『歴史のなかの物価——前工業化社会の物価と経済発展・シンポジウム』同文館出版、一九八五年）が指摘するように変動の貨幣的要因を除去することで問題を残すが、ここでは米価のマクロ的変化の傾向をみるためにあえて採用した。

3　商品としての米

1　米価安の進展

村においては栽培され、貯められ、捧げられるいわば「消尽」の対象として社会関係に埋め込まれていた米は、こうして都市に運ばれることで貨幣と「交換」され自由に食べられる対象へと変貌する。ただし都市と村とをむすびつける米の働きは、盤石だったわけではない。米の消費量がますます拡大していくなかで、一八世紀には早くも、都市と村とを分離しつつむすびつける米の役割が揺るがされていくためである。

　こうした変化を端的に示すのが、一八世紀における米価のマクロな低下の傾向である（図2―1）。それまで一七世紀には、米価は基本的に上昇基調にあった。この傾向を前世紀より続くものとする見方もあるが、[*69] 山崎隆三がいうように、米価が一七世紀中期の明暦・万治期（一六五五〜六一年）を画期としてより明確に上昇することに、むしろここでは注目したい。[*70] 山崎によれば、都市の人口増加が急騰を引き起こしたのであり、その意味では都市に集まる家の林立こそ、米価上昇を後押しした具体的な力になったといえる。稼いだ金で米を豊富に買う家の増大を推進力として米価は引き上げられるのであり、それを前提として、前節でみたような米を中心とした政治、経済的システムもつくりだされる。米が長期的に価値を高めることを踏まえ、米を生産や貢納の対象とする幕藩制度や、さらには儀礼を担う対象とする村の習俗は確立されたのである。

だが一八世紀に入ると、米価は一転して転落を始める。第一章でみたようにその時期に改鋳がくりかえされたことの影響も当然あったが、グラフのようにそれを差し引いたとしても、一八世紀前半には米価は廉価化し、その後長い停滞がみられたのである。

こうした現象は当時から「米価安」と呼ばれ、政治的に大きな問題と認識されていた。米価格の低下は、米を売却することに依存して暮らす武士や稲作農民の生活を苦しめただけではなく、米を基本的な租税とした藩や幕府の財政を揺るがしたためである。だからこそ、米価格の上昇を狙う政策も実行される。[*71] たとえば一八世紀初めの吉宗政権が、米の投機的取引としての延売買を享保七（一七二二）年に解禁したことを始めとして、御用米の買い上げ、酒造米の制限の緩和などによって米需要を喚起する諸策が積み重ねられる。その成果として、短期的には幕府は貢租米を高く売却することに成功したといわれるが、[*72] 長期的にみればそれらの諸策はうまくいったとはいいがたい。米価はその後も回復をみせず、それが再び上昇基調となるには、おおよそ一世紀後の大規模なインフレの発生を待たなければならなかったためである。

ではなぜ一八世紀初頭以降、米価は低落したのだろうか。その理由としてまずその時代の人口成長の停滞が問題になる。そもそも一七世紀の米価高は、大きくみれば人口の増加を土台としていた。一七世紀初頭に一五〇〇万から一六〇〇万人程度だった人口は、一八世紀初めには三〇〇〇万人超へと増大し、[*73]それが食料消費を増加させたことが、米価の上昇基調を支えたのである。一八世紀に入ると、しかし逆に人口は停滞傾向に陥る。一九世紀初めまで人口は大きな変化をみせず、東北地方や西日本の都市部では、むしろ人口減少さえみられた。[*74]それが総体としての食料需要を制限したことで、米価格を引き下げる力になったのである。

その上で幕府や藩、民間の主導によって水田の拡大が進んだことが、さらに米価安の一因になる。[*75]飯沼新田や紫雲寺潟新田を代表とした幕府による新田開発や、民間による町人請負新田の開発の後押しにより、水田稲作が全国的に拡大し、それが生産技術の向上にも後押しされ、米生産量を押し上げた。その成果がどれほどのものであったか正確には掴みがたいが、その一端は幕府が獲得する年貢米の総量が、延享元（一七四四）年には近世の頂点に達することからも推測される[*76]（図2―2）。取り潰しや領地替えに伴う領土の変動や、徴税方式の変更――幕府は収穫量の変化に応じ年貢率を定める「検見取り」から、規定の石高に基づき一定の収納量を定める「定免法」へと徴収方式を切り替えた――を割り引く必要があるとしても、米の生産量が一八世紀に少なくとも高水準に留まったことがそこから推定されるのである。

最後に、それに加え一七世紀終わりから一八世紀初めにかけて稲作技術の革新が進んだことが、皮肉にも米価安の原因となった。①深耕を可能とした「備中鍬」や脱穀を簡便化した「千歯扱」の普及、②宮崎安貞の『農業全書』を代表とする農書の出現など、その時期、稲作にかかわる技術の進展や小農的農耕についての知識の普及が進む。[*77]第一章で確認したように、一七世紀なかば以降、出版機構の発達に伴い大衆的な教養書が人気を集めていくのだが、その一環として農耕にかかわる技術の革新と情報伝播もこの時期加速し、それが農業生産の質を高め、米余りの状況を産みだした結果、米価安は引き起こされたのである。

以上のように稲作の生産力の質、量における向上と、先の人口停滞が重なることで、米価安という問題は深刻化する。それが容易には解決されなかったのも、ひとつにはそのためである。稲作の増加というそれ自体としては望ましい結果を原因としていたからこそ、米価安を解決することは政策的にもむずかしかったのである。

とはいえ人口、また生産構造の変化だけが、米価安を引き起こしたわけではない。そもそも米の生産増加分が、それまであまり米を食べなかった農民や武士による米食の増加というかたちで吸収されたならば、米価安は深刻にはならなかったはずである。しかし現実には、農家や武家が米食を拡大する以上に、むしろそれをますます市場に投げだす経済的かつ社会的システムが一八世紀には活発化していく。そうして市場に大量の米がいっそう集積していくことで、米価安は深刻化していったのである。たとえば一七世紀後半の西廻り、東廻り航路の整備を踏まえ、一八世紀には幕藩や個々の武家、農家による市場へのさらなる米の投下が進んでいった。それが大坂市場を、一八世紀前半に一五〇万石以上の入津量を誇る全国市場へと成長させることにもなった。*78

もちろん米の投下は、たんに望んでおこなわれたわけではない。消費市場の活性化に伴い支出増に苦しむことで、諸藩や個々の武士、農民はますます米を売ることを強制されていった。たとえば庄内酒井藩の場合、宝永年間（一七〇四～一一年）で収入が毎年三万五九〇〇両ほどだったのに対し、江戸表支出は三万八四〇〇両にのぼり、その結果毎年二五〇〇両の不足——さらに臨時収入を割り引けば

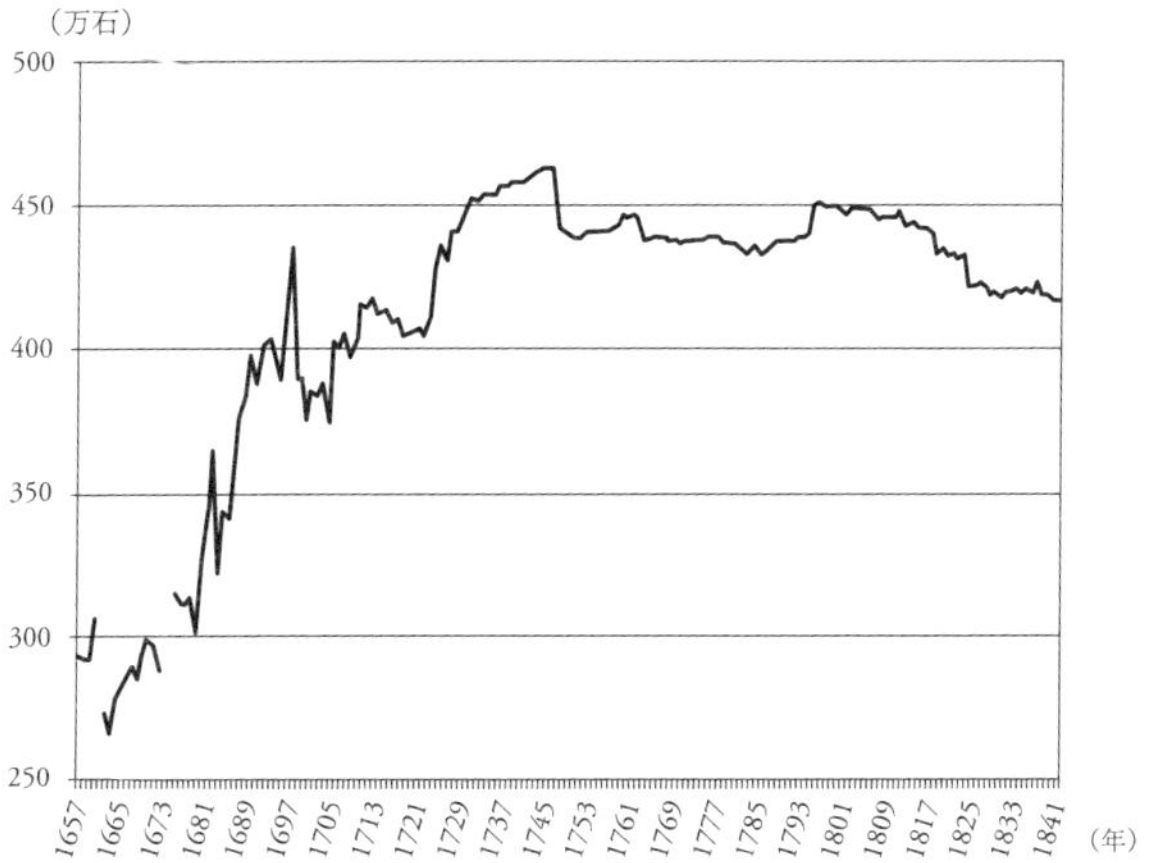

図 2-2 幕府年貢総高：大野瑞男『江戸幕府財政史論』吉川弘文館、一九九六年、付表（四四〇～四四八頁）より作成。ただし上方分が加算されていない明暦二（一六五六）年、寛文元（一六六一）年、延宝元（一六七三）、二（一六七四）年は除いてある。

二万七〇〇両——が生じたという。[*79] それは極端なケースだが、多かれ少なかれ同様の財政不足を補うために、諸藩は競って中央市場への廻米を進めていった。大量の米をすみやかにさばくためには、中央市場に移出するしかなかったためであり、その結果として、中央市場で米価がむしろ割安になる現象さえ観察された。岩橋勝によれば、「水戸」から「浜松・名古屋・播州・広島」あたりの太平洋岸から瀬戸内地方と較べ、江戸や大坂では米の安値の傾向が目立ち、それがさらに近世後期になるにつれて拡大されたという。[*80] 米の大量輸送は、中央市場における米価をたしかに押し下げたのであり、こうしたメカニズムは当時からも認識されていた。たとえば享保期の大坂米仲買の言上書でも、米の生産増大と中央市場への廻送の集中が米価安の原因として説明されているのである。[*81]

加えて実体的な取り引きだけではなく、投機的に取り引きされる金融商品としての米の増加も、米の価格を引き下げる土台になった。そもそも税収の不足に苦しんだ各藩にとって、米の投機的取り引きは欠かせない経営手段になったのであり、だからこそ幕府も投機市場の円滑な運営とその信用維持に努め始める。[*82] ①正徳から享保に至る数度の米会所の公認や、②売買契約と決済とのあいだに時間をおく延売買の許可（享保一五（一七三〇）年）など投機にかかわる市場の整備が進み、その結果、米の投機的取り引きは活発化された。[*83] 後にみるようにそれがときに米の騰貴を引き起こしたことも事実だが、問題は全体としては米価水準を引き下げる力にもなったことである。投機の活発化は、リスクヘッジすることで米の安定的な流通と米価の低廉化に寄与するのであり、実際、宮本又郎によれば、一七世紀後半から一八世紀初めにかけて実体的な米を扱う正米価格と投機的性格をもつ帳合米価格の乖離が減少していくなど、市場がより安定して稼働し始めた様子が観察される。[*84]

米価安の原因として、以上のように、人口の減少や生産構造の変化といった外在的な要因だけではなく、米を売りまたは投機的に扱う市場システムの活性化といったより市場内在的な原因を考慮する必要がある。市場に多くの米を投下する経済的かつ社会的なシステムが稼動していくことと相関して、すぐに食べられるわけではない剰余としての米がますます堆積し、それが米価の低落傾向を促す。その一端は、大坂市場に堆積した越年米高の増大からも確認される（図2―3）。一八世紀には市場の拡大に応じて、投機的な「空米」を含め、売られることなく年を越える米の増大がみられる。そうした米の増加が、中央市場を中心に米価安を蔓延させる重しになったのである。

この意味で一八世紀の米価安は、米が市場で活発に取り引きされるという歴史上初めての出来事を表現する特有の社会現象としてあったといえる。たんに米が市場に大量投下されることで米価安が生じただけではなく、それは自己準拠的に更新される傾向さえみせた。米価安のなかで諸藩や個々の武

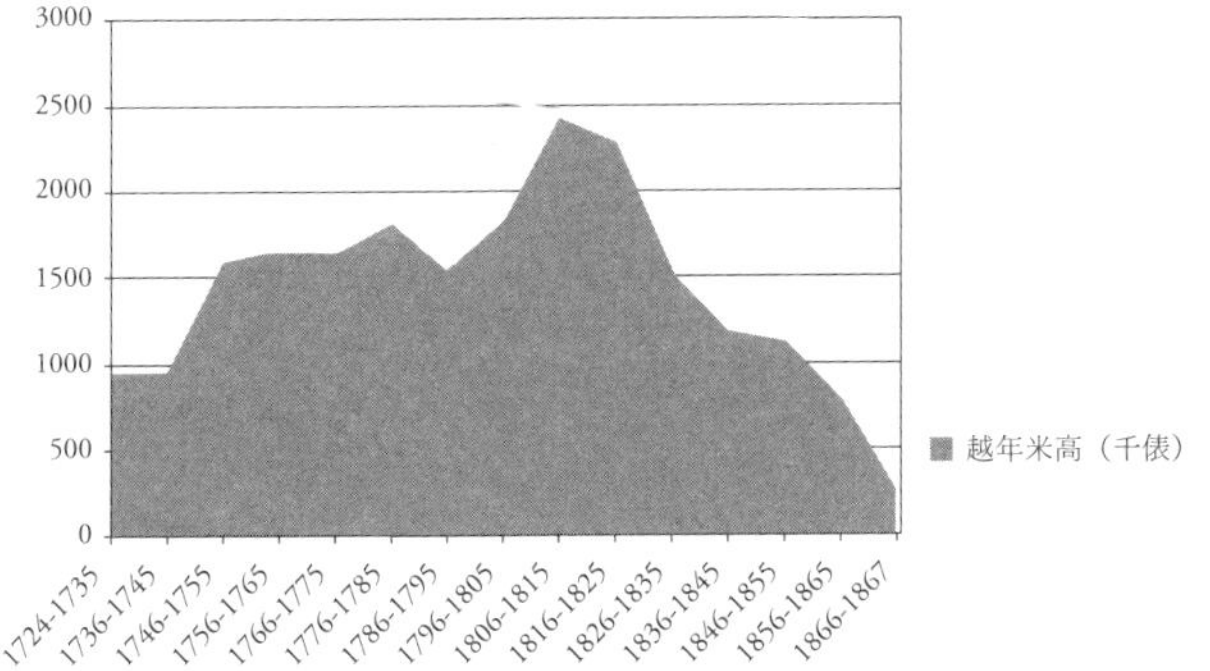

図 2-3　大坂越年米高：山崎隆三『近世物価史研究』塙書房、一九八三年、一七二頁より作成。

士、農民の貨幣収入は逓減する。だからこそその代償として、しばしば貸付商人の手によって強制されつつ、より多くの米を市場に投下していくことを武士や農民は求められていくのである。

とはいえだからこそ米価安をたんに負の現象とみることはできない。米にかかわる市場の活性化は、一方では都市の暮らしを豊かにする基盤にもなったためである。その前提として、そもそも米価が際限なく下落したわけではないことを確認しておく必要がある。先にみた米価のグラフ（図2―1）が示すとおり、一八世紀初めに急落した米価は、実はその後一世紀近くものあいだ比較的低価格で落ち着いた。そのおかげで、庶民は米をむしろ安定して安値で買えるようになったのであり、それが間接的に庶民を中心とした経済を活発化する追い風にもなった。

なるほどしばしば指摘されるように米価安が、既成の都市経済に悪影響を及ぼしたことも事実である。米価安は米を売る武家や幕府の貧困化を招き、それが武家を顧客とする既存の都市経済を長期に渡り沈滞させる原因になったのである。

ただし米価安は、都市経済を一律に悪化させたわけでもない。たとえば長崎の学者、西川如見は、「豊年にて八木《はちぼく》（＝米、引用者

注）下直《げぢき》なれば、武家困窮《こんきう》ある故に、世間商売なくて町人のためにも宜しからず」といわれ、それに対し「いかなる道理にやと、いと不審《いぶか》し」[*85]と反論する町人の言葉を挙げている。米価安は、米を主食とする庶民の実質的な可処分所得を増加させる力にもなったのであり、それを追い風として、それまで以上に厚みをもった経済も都市で展開される。たとえばその時代の江戸では、それまでの中心地から外れた庶民的町の活発化がみられた。岩田浩太郎によれば、日本橋魚河岸市場の「営業時間の延長や売り場の拡大」や煮売り店の隆盛、市内の物資流通のスピードアップを可能にした「大八車」の一般化など、都市の庶民的な住民を主体とした経済が一八世紀前半に江戸で興隆したことを証立てる複数の痕跡がみつかるのである。[*86]

庶民にまでおよぶこうした経済の厚みの拡大を一因として、消費財も高止まりした。そもそも米価安は、それ自体としては一概に悪いものとはいえない。それが問題になったのは、米価の低落にもかかわらず、諸物価の値下がりがみられない「米価安諸色高」と呼ばれる現象がみられたためである。それによって「米を売る」立場の武士や農民の生活は困窮したが、しかし一方でこの「諸色高」は、皮肉にも「米を買う」立場の庶民たちの消費生活の興隆を一因としていた。たとえば山崎隆三によれば、一八世紀中頃の米価の低落に対して、綿や菜種や生糸などの価格が一九世紀まで相対的に高止まりしていることが観察される。[*87] その要因になったのが、米を主食とした都市民の可処分所得の増大である。食事のコストが下がることで可処分所得が増加し、他の消費財の購買が活発化した結果、米以外の商品の価格が下げ止まる。それが「諸色高」を引き起こしたことに加え、一方ではこの「諸色高」は、都市の庶民の経済的成功のチャンスを拡大する。「諸色高」は売り手、作り手としての町人により多くの富を稼ぐ機会をつくりだしたためである。

こうした「米価安諸色高」は、農民や武士の生活を苦しめただけではなく、一方でより広範な庶民を中心とした経済を拡大する原因ともなった。注目されるのは、それが経済的な豊かさを都市の庶民たちにもたらしただけではなく、さらに家に縛られず暮らせる可能性も拡げたことである。先にみたように一七世紀には、米食はあくまで家を中心として展開された。武家はいうまでもなく、町人も家業によって稼いだ金で米を買うか、または大きな家に奉公人として仕えることで、ようやく米を安定して食べることができたのである。

それに対して一八世紀の米価安とそれに伴う庶民的な経済の発展は、家に依存しなくとも米を食べ暮らすことを容易にする。ただ米が安く買えるようになったからだけではない。それを前提として、後に詳しくみるように、元禄以降都市の盛り場や門前町には多くの屋台や露店が産まれ、それが安価な食事の機会を提供すると同時に、下層民にとって格好の働き場になる。[88] そこで働きつつ、主人に逆らい家を離れたとしても、安価となった米を何とか食べ暮らしていける環境が都市につくられていったのである。

それを極端に表現するものとして、たとえば一八世紀末には、「乞食モ米ノメシヲクフ」[89]（太田全斎『諺苑』（寛政九（一七九七）年））ということわざさえ人口に膾炙していく。それが事実だったかは怪しいが、ことわざの流布は、少なくとも増加する米のストックを踏まえ、家に頼らずとも米を買い暮らすことが容易になった都市の気分をよく示していたといえよう。都市に来るならば、主家をみつけなくとも、市場を頼りに何とか米を食べ生きていけたのであり、この意味で米は、既存の秩序に縛られずに生きる都市の自由を表現する媒体になる。米を自由に買い食べることで、都市の人びとは、自分が家に従属せず生きていけることを、自他に対してアピールしていったのである。

米価安の進展は、こうして庶民経済の発展を促すとともに、都市に家から切り離された暮らしの厚みをますます拡大していく。その結果、都市には米を無造作に扱う人びとさえ現れる。たとえば京では「祇園舎の後」に、「鮨《すし》の飯《めし》を家々の門先に捨しを誠に磯打白波を見ること〱」といった様子さえみられたという。米価安を前提に、米を放漫に食べる人びとさえみられたのであり、それを前提に先述のように乞食が米を食べるという状況も産まれた。一七世紀には家を成り立たせる大切な価値としてあった米は、米価安のなかでしばしば無造作に扱われていくのであり、それによって間接的に家を中心とした秩序も挑戦を受けていくのである。[90]

2 遊民の増加

経済的な直接の困難以上に、米価安が恐れられたようにみえるのも、こうしてそれが当時の身分秩序を揺るがしたことに関係している。先にも触れたように、米は人びとを既存の社会秩序に縛り付ける軛《くびき》として働いた。米をつくり買うために、人びとは家やまた村への従属を余儀なくされる。しかし一八世紀の米価安は、秩序の外部で米を買い食べ生きる人びとを増加させる。結果的に稲作を中心に構成された身分階層秩序も撹乱していくのであり、その様子をたとえば本居宣長は、『秘本玉くしげ』(天明七(一七八七)年)のなかで以下のように批判している。

惣じて金銀のやり引きしげく多き故に、世上の人の心みなこれにうつりて、士農工商こと〲く、己が本業をばおこたりて、たゞ近道に手早く金銀を得ることにのみ、目をかくるならひとなれり、世に少《スコ》しにても、金銀の取引にて利を得る事あれば、それだけ、作業をおこたる故、世上の損也、いはんや業をばなさずして、たゞ金銀のうへのみにて世を渡る者は。みな遊民にて、遊民の多きは、國の大損なれば、おのづから世上困窮の基となれり*91

宣長は、「金銀のうへのみにて世を渡る者」を「遊民」と呼び、それらの者が増加している現実を批判する。遊民は、「少《スコ》しにても」、「利を得る事あれば」、「手早く金銀を得ることにのみ」邁進することで、幕藩体制によって割り当てられた「本業」を、疎かにすると非難されるのである。幕藩体制のなかで人びとは、身分や職業を定める家を担い、それによって倫理にも道徳的にも縛られる。しかし一八世紀の米価安は、家を中心にした既成の秩序の枠組みを揺り動かした。それは「本業」とは異なるかたちで得た収入で安価な米を食べる人びとを増やしていくからであり、その暮らしは既存の秩序のなかに暮らす人からみれば、気ままでまた無責任なものに映ったのである。

　商家に産まれながら国学に邁進した宣長自身も、ある意味では同様の暮らしを送っていた。だからこそ似たもの同士として遊民は激しく非難されたともいえるが、しかしそうした勘ぐり以上に興味深いのは、この遊民的生活の都市に限定されない拡がりを宣長が指摘していることである。宣長によれば、「金銀のうへのみにて世を渡る者」は、「士農工商こと〴〵く」というように、従来の都市だけではなく村でも増加していた。みてきたように村では、米を儀礼の対象に据え独自の秩序が組み立てられていた。米を個人の気ままな食用の対象にするではなく、それを集団的な労働や共食の対象に据えることで、村の生活秩序は維持されてきたのである。しかし一八世紀の米価の長期的な安定は、こうした米の働きを根本から揺るがす。米価安のなかで米が安価に買えるようになった結果、米をつくるのではなく、安価に米を買い暮らし、だからこそ稲作を中心に展開される村の秩序を意に介さない人びとが次第に増加していくのである。

たんに米が安く買えるようになったことが問題になるわけではない。みてきたように米価安は都市に庶民を中心とした経済を発達させるが、それをあてにして、村では商品作物の栽培や製糸業、醸造業などがさかんになる。都市での需要増に応じ、水田稲作が困難な山間の村や畑作の村をはじめとして、それを補う農村工業が成長していくのであり、それが村への現金収入の還流を拡大した。米価安によって稲作農民の収入はたしかに逓減したが、逆に日雇いや副業で現金収入を得て、米を買い食べる「遊民」が村でも力をつよめていくのである。

実際、本城正徳の調査によれば、一八世紀以降、河内国や摂津国、和泉国の村において、小売で飯米を売る米屋の増加がみられたという。[*92] それらの米屋の増加は、村でも米を買い食べ暮らす人びとが数を増していたことをあきらかにする。先進的とされることが多い近畿の村だけではない。たとえば川鍋定男や青木美智男によれば、天明七（一七八七）年から天明九（一七八九）年にかけて、相模の津久井という山あいの村で起こった「土平治一揆」では、米価の高騰で利益を得たと噂される酒屋が真っ先に襲われた。[*93] 養蚕や製糸や林業などで稼いだ金で米を買う、いわゆる「買喰ひ」層が村でも増加していくのであり、だからこそ米価の高騰が一揆を引き起こす引き金になったとみられるのである。[*94]

こうして貨幣を得て米を買い暮らす人びとが増加していく結果、村の秩序も弛緩する。たとえば武陽隠士は一九世紀初めに、「その風体百姓とも貧人とも見えず、都会の人も同じ」[*95] とみえる人びとが増加していると非難している。村にいても農耕に勤しまず、都会にいるように暮らす人びとが目立つというのだが、そうした趨勢を数量的に表現するのが、古川貞雄が指摘する一八世紀末以降の「遊び日」の増大である。[*96] 先にも触れた酒食を中心とした消費を解禁する「遊び日」は、全国的にはそれまで年間二〇日から三〇日程度に留まっていたが、一八世紀末には四〇、五〇日にまで増加した。とくに奥羽地方では、八〇日を超える例さえみられたという。こうして「遊び日」を増やすきっかけになったのは、①若衆たちの勢力の拡大と、②賃稼ぎ的奉公をして貨幣を稼ぎ暮らす人びとの増大である。[97] かつて村では米食を代表として気ままな消費は制限され、その代わりに村の上下関係が厳しく維持されてきた。しかし米価安を背景として、自分で稼いだ金で米や酒を買い楽しむ若者や奉公人が増加していくのであり、それらの人びとを村の規則や規範で縛ることには限界があったのである。

もちろん村での気ままな商品購買が、まったく放置されていたわけではない。貨幣を多くもちそれによって自由に振るまう者は、集団からの妬みや侮蔑、極端な場合には社会的な制裁を受けることになった。そのことをよく示すのが、たとえば小松和彦が取りあげる「異人殺し」の説話である。村の家の没落や異常児の出生といった変事を、過去に家が犯した旅僧や山伏、巫女などの殺害という因果によって説明する「異人殺し」的説話が、小松によれば近世中期以降、流布され始める。[98] こうした説話は、貨幣やそれを蓄える家に暗い負のイメージをあたえるものと説明される。[99] 富の起原に過去の殺人にまでつながった略奪を思い描くことで、「異人殺し」は、貨幣を稼ぎ成長した家を否定するものとして語られていったと小松はみるのである。

この意味で「異人殺し」説話の流布は、近世なかばに村でも貨幣を蓄積する家が増加していたこと、さらにそれがしだいに村の秩序に対し脅威となり始めていた状況をよく照らしだす。実際、西川如見も、『百姓嚢』（享保一六（一七三一）年）のなかで、近頃では村にも富める者が多く、「家造《やづく》りいかめしく、書院風流《しょゐんふうりう》の住居」を建てる者さえみられると批判している。[100] 農村工業が萌芽していくなかで小金を貯め、それを背景として村の集団的掟を無視する家が増加していたのであり、それらの致富した家に対する暗い妬みや排斥の表現として、「異人殺し」説話も語られていくのである。

とはいえ貨幣を稼ぐ者は、村にただ留まり嫉妬や迫害に耐えなければならなかったわけではない。貨幣を稼ぎ使うだけなら、町場や都市がその機会をむしろ豊富に提供していたのであり、だからこそ一八世紀には、町場や都市を目指した若者や軽輩の者の流出が拡大していく。とくに大都市江戸に近い関東では、働く場やより自由な消費の機会を求め若年人口の流出が目立ち、その裏返しとして、村では人口現象や高齢化のために家の維持さえしばしば困難になったといわれる。実際、一九世紀初めに武陽隠士は、「人情狂ひ出せし」ために「常陸・下野は過半荒地・潰家出来たる」と嘆いているのである。*101

村からの流出の増大は、目的地となった都市の膨張からも確認される。たしかに一説には、近世中後期の都市における人口の停滞、または衰退が主張される。*102 実際、江戸の町奉行支配下の町方人口でも、延享四（一七四七）年から天保三（一八三二）年まで三万人程度の増加しか記録されていない。ただしそれは既存の町に住む公式の住人の数を記録したものにすぎないのであり、その意味ではむしろ既得利権をもった町人が暮らす都心部の空洞化を表現しているとみたほうがよい。

その傍らで現実には、都市の周縁部や近隣の村に、近在、または遠方の村から非正規の若年人口が流れ込むことで、ドーナツ状に人口の増大と街場への転換が進んでいった。たとえば竹内誠は、町域の拡大やそこに非正規に棲みついた人びとによって、江戸の人口は一八世紀から一九世紀前半にかけおよそ一二〇万人にまで膨張したと想定している。実際、幕府もそれを受け、文政元（一八一八）年には、代々木や南品川、荒川流域、中川流域にまで江戸の区画（＝朱引地）をなし崩し的に拡げたのである。*103

村の家を抜けだし、都市へと流れ込んだこれら大量の人びとの暮らしの姿を具体的によく示すのが、たとえば小林一茶の生活である。一茶は一〇歳の時、父の再婚の結果、押し出されるように信州の柏原の家から江戸へ奉公にだされた後、江戸本所近辺を拠点として借家住まいの貧しい独身生活を続ける。五〇歳（文化九（一八一二）年）のときに、ようやく相続問題を片付け、一茶は柏原に戻るが、その後、結婚してからも家に定着せず、近隣の村々をめぐり俳諧を教える遊歴の生活を続けた。*[104] 一茶がそうして村に落ち着かなかったのは、経済的問題や肉親とのわだかまりに加え、村に対する心理的距離も大きかったためと考えられる。一茶は「もたいなや昼寝して聞《きく》田うへ唄《うた》」（寛政年間）*[105] や「穀《ごく》つぶし桜の下に暮らしけり」（文化三（一八〇六）年）*[106] など、村の暮らしに対する罪の意識を告白する句をしばしば詠んでいる。都市で「耕《たがさ》ずして喰織《くひおら》ずして着る」*[107] という浮薄な暮らしを続けてきた一茶は、村の生活に生涯負い目を感じ続け、だからこそ村へ帰ろうとしなかったのである。

　この意味で一茶を、都市に流れ着くことで帰るべき家を失った「遊民」の典型と捉えることができる。一茶は都市で頻繁に棲家を変えるような不安定な暮らしを単身で送るのであり、その自己像をたとえば文化三（一八〇六）年の正月には、「又ことし娑婆塞《しゃばふさげ》ぞよ草の家」と詠んでいる。*[108] 江戸で、「遊民〳〵とかしこき人に叱られ」、それに対して「今更せんすべなく」として答えた句だが、落ち着き所をもたない一茶の暮らしは、都市に家をもつ定住町人からみても秩序をはみだす「遊民」的なものに映った。一茶自身もこうした自画像を受け入れていたのであり、だからこそ「草の家」で送られるみずからの暮らしを、一茶は無意味な「娑婆塞《しゃばふさげ》」と自嘲しているのである。

　ただし韜晦は一面ではポーズにすぎなかったともいえる。一茶は嫌々都市に留まっていたばかりではないからであり、たとえば、「我庵や元旦も来る雑煮売《うり》」（文化一四（一八一七）年）*[109]、「ひとり寝の太平楽《らく》の紙帳かな」（文政二（一八一九）年）[110]、「新しき蚊帳に寝る也江戸の馬」（文政三（一八一九）年）[111]といった都市生活を謳歌する句も、一茶は数多く残している。家を形成できずに破片的な生活を送る都市暮らしは、気苦労も多かったものの、反面、気楽な楽しみもあたえてくれた。それを具体的に可能にしたのが、「雑煮」や「紙帳」、「蚊帳」といった安価かつ手軽に買える商品である。米の安値での安定と庶民的な経済の勃興を背景に、一茶もその才能を貨幣に換えることで、孤独であるが気ままな暮らしを続けていくのである。

一茶だけではない。同時代には、同様にあやふやな稼ぎと商品購買に依存して大都市や、または地方の街場で暮らす人びとが増加していく。たとえば一八世紀なかばには、関東を中心に村を離れ都市や在郷の町を彷徨う、いわゆる無宿や博徒などの姿が目立ち始める[112]。司法権をもった統一領主の不在に加え、大都市江戸を遠源とする商品経済の活性化によって、しばしば家をもたず、その代わりに擬制的な「一家」を構成する怪しげな人びとが関東で増えていったのである。

それを極端な例として、商品経済の浸透は地域の暮らしを確実に変えていった。たんに村からの人口流出を招いただけではない。貨幣が大量に流れこんだ結果、多くの村が街場に成長したのであり、一茶が俳句を教えつつ村を遊歴できたのも、ひとつにはこうした地域の変容を前提としていた。俳句を趣味としそのために客を招き入れる余裕のある人びとがその時代、地方に増加していたことを頼りとして、一茶も帰村してなお農耕を専業とせず、村々を巡り俳句で身を立てる生活を続けていくのである。

3　飢饉の言説

米価安と庶民経済の活発化は、こうして商品購買を核心に組み込んだ暮らしを、都市と村との境を越えて拡大していく。都市における商品購買の興隆は、生産地としての村への貨幣の還流を引き起こすのであり、それが村における消費の活性化と秩序の弛緩を招いた。結果として、都市と村とを分けたかつての政治経済的、または生活習慣的な区別も相対化されていくのである。

とはいえ消費にもとづく暮らしは、際限なく拡大されたわけではない。幕藩的権力の取り締まりや村の相互監視があくまで枠として残り続けることで、商品に依存した暮らしには限界もつきまとったためである。

その最大の表現になったのが、一八世紀における飢饉の頻発である。誤解されることも多いが、日本は飢饉に特別頻繁に襲われたわけではない。たとえばアラン・マクファーレンは、中国やヨーロッパ大陸と比べれば日本の飢饉の被害は小さかったと分析している。*113 しかしだからこそ一八世紀から一九世紀初期の短期間において大規模な飢饉が集中したことがかえって注目される。享保の大飢饉(一七三二年)、天明の大飢饉(一七八二〜八七年)、天保の大飢饉(一八三三〜三九年)の三大飢饉を代表に、一八世紀から一九世紀初めにかけて大小の飢饉がくりかえし日本を襲った。それらの飢饉は一藩で数万から数十万にまで及ぶ死者をだしたのであり、*114 その被害が近世中後期の人口停滞の主な原因になったとさえ一説には主張されているのである。*115

ではなぜ一八世紀を中心として、飢饉は頻発したのだろうか。まずしばしばその時代の気候変動が原因として持ちだされる。日本列島は一七世紀前半、一七世紀末から一八世紀初め、さらに一八世紀の後期より三度、氷期と呼ばれる寒冷な気候に襲われた。*116 それが冷害を引き起こすことで、農作物に大きな被害をもたらしたとされるのである。

それに加え、一八世紀に稲作が地域を超え拡大したことが、皮肉にも飢饉を引き起こす構造的原因になった。もともと中世の飢饉は気温の上昇をおもな原因としており、それが夏の干魃を発生させることで、局地的な被害を引き起こしたといわれている。[117] 対して近世には冷害がおもな原因となり、またしばしば地域を超えて拡大するものへと飢饉は変わる。そうした構造的な変容の直接の引き金になったのが、稲作の普及である。一七世紀後半以降、北陸・東北地方にまで稲の作付けが拡げられたが、にもかかわらず問題は、稲が冷害に脆いままに留まったことである。改良が積み重ねられてなお熱帯に由来する植物として、夏の冷気に弱い稲の性質は克服されなかった。それでも作付が拡大されることで、一八世紀にはわずかな冷害で、飢饉はしばしば広域的に拡がることになったのである。[118]

この意味では飢饉を気候変動に基づく自然現象という以上に、稲作を根幹に組み込む幕藩的権力システムの宿痾とみたほうがよい。稲作を奨励していくことを前提として飢饉は発生し、だからこそそれを克服することもむずかしくなった。

しかしそれだけではなく、より重要になるのは、飢饉がその時代の商品経済の発展を実はよく表現していた可能性である。結論を先取りすれば、一八世紀の飢饉は何より米を買い日常的に食べる消費者を襲った危機として蔓延する。もちろん飢饉が作り手の稲作農民に損害をあたえなかったわけではない。不作によって、年貢の支払いだけではなく、農具、肥料、種籾の購買にさえ滞ることで、多くの潰れ百姓も発生した。ただし被害を過度に強調してもならない。そもそも稲作農民の多くは普段から米を主食としておらず、その代わりに食べられた稗や粟などの雑穀は、相対的に気候変動の影響を免れた。たとえば天明の飢饉下の相馬藩の内郷でも稲の壊滅に比べれば、雑穀の被害が目立たず、「早稲貳分位、中稲は壹分少し、餘の作物は五分位」の実りだったと記録されている。[119] さらに稲作農民は村の正式な構成員として、山でワラビ根やトコロなどを採集する権利をもっていた。たしかに粗食によって「傷寒」や「熱病」などの疫病が蔓延することもあったが、[120] その一方でそれらの救荒食が多くの百姓の命を救ったことも事実なのである。

それと較べてより悲惨な目に陥ったのが、小作や諸稼ぎなどによって、普段は米を買い食べ暮らしていた人びとである。実際、難波信雄によれば、天明の飢饉の際にも「高無小者」、「一季半季雇人」、「軽き手間取渡世の者」、「下賎の者」、「水呑極難」、「買夫食之者」などが大きな被害を受けたという。[121] 日頃から奉公や諸稼ぎで暮らすそれらの人びとは、飢饉の場合に真っ先に主家や仕事を失ったのであり、[122] にもかかわらず自給のための田や畑、また山林での採集の権利をもたなかったために、米が高騰した場合には生活が途端に苦しくなった。それでもたとえ高価であれ、買う米があった人びとは幸いである。飢饉の際には、年貢の徴収や売り惜しみによって、しばしば在所から購買可能な米がそもそも払底したとされる。たとえば天明の飢饉の際、東北を旅したある僧は、宿泊した家の者から「所詮捨金」と五〇両をあたえられたという。「此邊五里十里行ても米賣者は一人も無」いのだから、金はもはや不要といわれたのである。[123]

それは極端な寓話にすぎないが、それでもなおこうした説話の流布は、一八世紀にくりかえされた飢饉が、米商品の稀少化を引き金とした社会的な災厄として、当時から恐れられていたことをよく照らしだす。みてきたように一八世紀には米価安によって、普段は安価な米を食べ暮らす遊民的人びとが急増する。だが皮肉なことに、それを前提として飢饉は特定の村に留まらず、広範囲に拡大することにもなったのである。

なかでも都市にこそ、米の購買を基本として暮らす人びとが多数堆積していたのであり、だからこそ不作の場合には、急騰する米価に多くの都市の住人が苦しむことになった。たとえば天明七

（一七八七）年の二月には、江戸で米の小売値段が一〇〇文につき七〜八合だったところに、四月下旬には三合五勺、五月には二合二勺しか買えなくなったという。[*124] その結果、多くの人びとの生活は途端に苦しくなった。幕府や富商による救い米の放出もおこなわれたことも事実だが、それだけでは到底、すべての都市民の命を救えなかった。実際、天明三、四（一七八三、八四）年の飢饉の際には、江戸の街で「万人に近」い流民が、「府外の辻々小路に倒れ死」[*125] んでいたことが観察されているのである。

こうして米価が異常高騰をみせたのは、ひとつには当然不作で都市に集まる米が少なくなったからである。ただし飢饉の際にも都市には、相対的にみれば、なお多くの米が集まり続けたことも事実である。たとえば杉田玄白によれば、天明の飢饉のさなかでさえ、江戸では、「諸國より運び送る米穀は絶る間なし」[*126] という風景がみられたという。米価安のなか借財を増やしていた藩や個々の農民は、そもそも飢饉のなかでも米の移出をなかば強制されたのであり、たとえば元禄八（一六九五）年の不作の場合も、津軽藩は累積した負債を返済するために、財政を掌握した商人によって上方への廻米を強制されたという。それが一〇万人という未曾有の死亡者を生じさせることにつながったのだが、[*127] こうして米価安を前提とした政治、経済的構造を前提として、飢饉の場合にも都市には米がなかば強制的に集まり続ける。だからこそ食料を求めた人びとが、都市にしばしば流民として数多く押し寄せるという現象もみられたのである。[*128]

にもかかわらず都市で米の高騰が目立ったことには、米の投機的取引の拡大の影響を考える必要がある。先にみたように、一八世紀には米の投機的市場が整備され、実体的な根拠をもたない空米の取引さえ活発化した。それが長期的には米価を引き下げる力になったが、しかし短期的にはしばしば米の暴騰を引き起こすことにもなった。日頃から投機に手を染める者にとって、不作は米の価格を上げることでむしろ格好の利益獲得のチャンスになったためであり、実際、天明の飢饉の際にも、「安く買い高く払、〆売蔵し米等」する「米屋」や「素人」の活動がみられたと町触に記録されている。*[129]そうした投機的取り引きによって、米はしばしば急騰していったのであり、飢饉の進展を記した以下の杉田玄白の記録にもそうした事態の推移が記録されている。

扨も此三四年気候あしく、五穀の実のりよからぬ上、又、此秋の大変にて、米価甚騰踊し、市民の困窮大方ならず、来年の秋までには、雑穀までも尽はてゝ、人々飢に及ぶべし、と浮説様々成により、都下の四民怖れをなし、易き心はなかりし也、今年も暮、同四年の春に至り、米価日毎に貴くなり、やがて払底し侍るべし、と申触侍りしにより、大小名の御家には、家子はごくむ為也とて、多く買貯へ給ふにより、下賤の者は食に飢へ、妻子を棄て逃走り、或は淵川に身を沈め、あへなく死ぬるも多かりし、後は、鳥目百文にしらげし米五合にたらず売りける故、こはいかに、如何なる世とやなりぬべき、と道行人も行合て、外の事をば語りもせず、唯此事をなげきし也*[130]

三、四年の気候不順とそれにもとづく不作だけが、飢饉の引き金になったわけではない。より直接的には「此秋の大変」——浅間山噴火を一因とする安中藩での一揆——に対する不安とそれを踏まえた「来年の秋までには、雑穀までも尽はてゝ、人々飢に及ぶべし」という「浮説」の流行が、天明三、四(一七八三、八四)年の飢饉の直接の原因になったことが、ここでは示されている。噂に怯え、富をもつ人びとは米の「買貯へ」や売り惜しみに走ったのであり、それによって「鳥目百文にしらげし米五合にたらず売」るというように米価がいわば予言の自己成就的に上昇し、それが都市における飢饉の被害を大きくしたのである。

投機的取り引きを原因とするこうした飢饉発生のメカニズムは、当の都市民にもよく意識されていたようである。たとえば天明七（一七八七）年の打ち壊しでは、米屋・舂米屋がおもな襲撃の対象――江戸では全体の六六パーセント[*131]――となったといわれるが、興味深いのは、その際に金品の強奪が一般にはみられなかったことである。そうではなく家具・建具の破壊や米の路上への散布が目立ったのであり、飢餓の解消という観点からすれば、迂遠ともいえるそれらの措置が執られたのは、岩田浩太郎によれば、打ち壊しが米を買い占めた商人に対する「社会的制裁」[*132]の機会として利用されたためである。天明二（一七八二）年以来連続する飢饉のなかで、米の高騰によって利益を得た者がいたことが知れ渡っていたのであり、だからこそ再び利益獲得に走り始めた米屋・舂米屋に対する制裁として、打ち壊しがおこなわれていったのである。

以上から飢饉の頻発に、自然的また制度的な問題だけではなく、商品購買に依存して都市に生きる「遊民」たちの構造的な不安を読み取る必要がある。一八世紀には庶民的経済の活性化とともに、安価な米を糧として暮らす人びとが増加する。それらの人びとは、普段は安くなった米を買うことで気楽に暮らせたが、その一方で米価格の動向に敏感にならざるをえなかった。米価が高騰した場合もそれを買わなければ生活できなかったためであり、皮肉にも都市生活のこうした不安定さが、しばしば逆に米の高騰の引き金となった。天候の不調や政変についての些細な噂が、集団を買いだめや売り惜しみへと走らせていったからであり、その結果として、予言の自己成就的に米価は高騰していくのである。

だからこそ最後にこうした都市民の不安が、ただ自然に発生したとはいえない可能性についても注意しておく必要がある。貨幣に依存した「遊民」的生活を行き始めた人びとに対する不安や嫉妬が、しばしば飢饉のなかば人為的な引き金になったと考えられる。たとえば建部清庵の『民間備荒録』(宝暦五(一七五五)年)を代表に、一八世紀以降、飢饉に対して備えを説く救荒書的書物が、村の有力者や都市の知識人によって多数編まれていく。それらのなかでは頻繁に飢饉の悲惨が語られたが、それが家や村の秩序をはみだす者たちに対する警告として働くことで、皮肉にも飢饉の隠れた根拠になったのではないだろうか。

その極端な例になるのが、人肉食にかかわる説話である。一八世紀の飢饉の際には、人肉食の発生が数多く伝えられている。しかし菊池勇夫によれば、そのほとんどが伝聞に留まるのであり、その意味で人肉食を現実の出来事とみなすことにはあくまで慎重でなければならない[*133]。それでもなお人肉食が既定事実であるかのように流布されたのは、それが商品に依存して暮らす遊民的人びとが受けるべき最悪の報いと考えられたためと想定される。食料の高騰のなかで、人肉は遊民的人びとが最後に頼る無償の食物として現れる。そうした人肉食を語ることで、説話は遊民的暮らしが一皮剥いた先に抱える悲惨を強調し、それによって逆に秩序のなかで暮らす人びとの生活をよりましなものにみせるのである。

この人肉食の説話の例は、一八世紀以降に都市で増大する「遊民」的暮らしがどれほど嫌悪されていたかをよく示す。それを一例として、幕藩的秩序の内側で生活する人びとは、「遊民」的暮らしを非難し、それがどれほど不安定なものであるかを、飢饉の記録や救荒的な書のなかでしばしば強調していった。問題は、それが商品購買に依存して生活する人びとの不安を増大させる圧力になったことである。それは米を買い暮らす生活の末路の悲惨さを強調し不安を煽ることで、些細な不作で食料の買い占めや売り惜しみを誘発するのであり、その結果として米も高騰する。その意味で一八世紀の飢饉は、自然の変異や制度の不備によって、たんに致し方なく起こった現象だったとはいえない。飢饉はひとつには、既成の秩序の枠組みを外れ商品に依存して暮らし始めた人びとに対する非難とやっかみを土台に拡大していくのであり、その意味では飢饉は都市に暮らす「遊民」に対する非難の声を前提として頻発するいわば言説的現象としてあったのである。

4　感覚の高度化

1　都市のはらむ価値

飢饉の頻発は、こうして一八世紀における商品に依存した暮らしがいかに不安定なものだったかをあかるみにだす。自然の変動や社会的な敵意に囲まれた暮らしのなかで、主家や親族、または家そのものによる保護に頼れない人びとは、飢饉の再来に怯え暮らさざるをえなかったのであり、それが都市における消費の展開を妨げる制約ともなった。都市では普段は安価となった米に依存して消費生活が活発化していくが、それと同時に都市民は多かれ少なかれ飢饉の再来に怯え、何らかの仕方でそれに備えていかなければならなかったのである。

とはいえ商品に依存する暮らしは、ただ不安を膨らませただけではない。その暮らしがある種の快楽と安心をあたえたからこそ、村を離れ都市に暮らす人びとも大きくみれば増加し続けたと考えられる。実際、天明の飢饉（一七八二～八七年）や天保の飢饉（一八三三～三九年）を経験してなお、多数の人びとが都市での暮らしに引き寄せられていった。それに対処するために、「旧里帰農令」(寛政二(一七九〇)年)や「人返し令」(天保一四(一八四三)年)がくりかえされるなど、幕府も都市からの帰村を強制的に命令していくのである。

そうして在方から都市に人口を招き寄せる力になったのは、ひとつに食物を中心とした商品の集積である。藤田弘夫によれば、一般に都市には飢饉が少ないという特徴がみられる。*134 権力や市場の集中により都市は農村から食物を奪うためだが、それは近世都市にも当てはまる。先にもみたように近世都市には飢饉のさなかでさえ、あるいはそれによる米価の高騰ゆえにこそ、多くの米が地方から飢餓輸出的に集まり続けた。その米を購買や放出によって手に入れることで、流民は別としても、多くの都市民はまがりなりにも生き延びることができたのである。

もちろんすべての者が、容易に商品を手に入れられたわけではなかった。飢饉による高騰はいうまでもないとして、日常的にも米価安の裏側で進む「諸色高」が、購買をしばしばむずかしいものにしたためである。

しかし部分的にではあれ、物価の高騰を打ち消す条件が、一八世紀都市に育っていったことも見逃せない。たとえば庶民を主体とする経済発展は、奉公人や職人、または日雇層の労働力に対する需要を喚起し、賃金水準の上昇を引き起こした。享保一五(一七三〇)年には、米が「下直」になったにもかかわらず、「諸奉公人給金ハ前々之通無替」ことを問題として、「給金引下ヶ」ることが町触れで命じられている。こうした賃金の高騰は、短期の現象に留まらなかった。斎藤修によれば、文政期(一八一八~三〇年)をピークとして、近世中後期にはより一般的に賃金上昇——その水準はおよそ一〇〇年後の第一次世界大戦後まで凌駕されないとさえいわれている——がみられる。*135 こうして上昇した賃金のおかげで、多くの人びとが都市でまがりなりにも食品を中心とした商品の購買を続け生活していくことができたのである。

そのありがたみは、当の住人たちにも意識されていたようである。竹内誠によれば、寛政四(一七九二)年に勘定奉行が帰村に応じない理由を江戸の住民に調査した際、ある人は村での「農業」は「在方出生之者」でも耐えがたい「骨折」となるのに対し、江戸では「小商又ハ日雇稼等」をすれば、「格別ニ骨折」もなく暮らしていけるためと応えている。*136 なるほどその豊かさは、病気や老いなどで途端に揺らぐものになったはずである。それでも天明の飢饉(天明二～八(一七八二～八八)年)の直後の時代において、まがりなりにも飢えをしのげる働き口が存在していたことは、都市の大きな魅力になったと考えられるのである。

こうした賃金の高騰に後押しされ、都市では特有の消費生活が花ひらく。下層民的人びとにまで購買力が一定程度行き渡ることで、厚みをもった商品市場が形成された。たしかに賃金上昇がみられたことは、村でも同じである。しかし都市には多様な商品が次々と集まり、それが村ではみられない商品の洗練をいっそう進めたことが大切になる。たとえば享保六、七(一七二一、二二)年には、江戸で「呉服諸道具書物類ハ不及申」、「諸商賣物菓子」など「新規ニ巧出」すことが禁止され、あらたに「色品を替、物數寄ニて仕出」すことや「京都、大坂其外所々より」新規の物を移入することが制限されている。*137 身分や家格にとらわれず、好みに従い自由に商品を買うことが積み重ねられていくなかで、都市では村では手にしがたい多様なまた洗練された商品も集中していったのである。

実際、天保の改革において幕府が代官に村から江戸へと人口が流出する理由を尋ねた際、都市に村では買えない洗練され、それゆえ高価なモノが集まることがしばしば挙げられている。たとえば出羽の柴橋陣屋の代官は、「所淋敷何事も不自由」な村に対し、江戸では「相應に耳目之樂」しみがあるため人口流出が止まないと説明している。*138 その楽しみの中心を占めたのが、都市に集まる特別の食べ物である。越後出雲崎の代官は、「在方にては、昼夜農業之為に艱苦骨折」しても、「上米を食し候者は少なく、麦稗にかてを取交麁食」しているのに対し、江戸に出れば「其日稼致し候ものも美食」できると証言している。*139 都市ではその日暮らしの者も「美食」できるという話が伝えられていたのであり、それが都市に人びとをおびき寄せる原動力として代官に恐れられていたのである。

これら「美食」のなかでも、いち早く都市で一般化した食物として、白米が重要になる。すでにみたように近世都市では村とは異なり、米食が早くから多くの人びとに解放された。あくまで家を単位としてのことだが、一七世紀には、米は一般的な町人の主食として定着していた。さらに一八世紀には米価安に後押しされ、満足な家をもたない人びとにまで米食は拡がっていったのである。

ただし量的に増加しただけではなく、米食が白米食というあらたな形式をとり流行することがここでは注目される。そもそも一七世紀なかば以前、村でも都市でも精白された米を食べることは、一般的ではなかったといわれている。石毛直道によれば、近世初期には立て臼を使った脱穀により玄米と白米との中間の白さの米がなかば自動的につくられ、その半搗きの米が、そのまま食べられることが普通だった。*140 もちろん意図的な精白が、まったくおこなわれなかったわけではない。ただ手間のかかる精白は、儀礼や行事など特別の場合にかぎられた。たとえば一七世紀後半の信濃の伊那郡では、「田植之めし米、むさと上白ニ致間敷事」*141 と精白を取り締まる触書がだされている。その触書は、丁寧に精白した米（＝「上白」米）がたしかに食べられていたこと、しかしそれが「田植」などの特別な場合に留まり、さらにその場合も権力の取締りの対象になったことをよくあきらかにしているのである。

それに対して一七世紀後半から一八世紀初めにかけて、白米食が大都市の生活を席巻していく。たとえば天和二（一六八二）年に江戸深川で、松尾芭蕉は「花にうき世我酒白く食黒し《めし》」*142と詠んでいる。「憂テハ方ニ酒聖ヲ知　貧シテハ始テ銭ノ神ヲ覚エル」という白居易の詩の一部が前書きに付されていることからみて、句は貧しさを嘆いたものといえるが、その貧しさの証拠として、透明な下り酒ではなく「白」いどぶろくを飲むことに並び、精白が充分ではない「黒」い米を食べることが挙げられている。そうして句は、精白されていない米を食べることを「貧」とみなす観念が、一七世紀後半の都市で育っていたことを教えるのである。

たしかにこの句でも花見という非日常的な場が舞台とされていたことは、割り引いて考える必要がある。しかしより一般的にも、一七世紀末以降、白米食が都市民のあいだで進んでいった痕跡もみつかる。たとえば元禄の時代に脚気が「江戸煩」として江戸で問題化されてから後、一八世紀前半から後半にかけて京や大坂をはじめとする日本各地の都市で脚気が蔓延することになった。*143通常ビタミン不足は副食物で補われるが、それを超えて白米に偏った食事が一八世紀の大都市や中都市で日常化されていったことを、こうした脚気の流行は示唆するのである。*144

ではなぜ都市を先駆として、日常的な白米食の普及がみられたのだろうか。その原因としてまず重要になるのが、脱穀や精米のための用具の革新である。元禄前後の時期に籾殻だけを取り除く土磨臼が一般化し、加えて精白を容易にする横臼や碓《からうす》などの器具が普及する。*145それらの器具の革新によって、「籾すり」と「精白」の作業が分離され、そもそも完全な精白を施すことが初めて現実的に可能になったのである。

とはいえ器具の革新だけで、精白の日常化を説明できるわけではない。器具の革新は、逆にみれば、精白という手間のかかる作業を産みだしただけともいえるためである。その手間を乗り越え、精白が流行をみせたことには、それが貨幣を払い実行されるサービスとして再編されたことが大きかった。「近頃ハ中間ノ類、米ヲサヘ舂《つか》ズ。米舂ト云者御城下ニ出来ルハ此二三十年以来ノコト也」[146]と荻生徂徠が証言しているように、一七世紀末以降、精白は米搗きを介しておこなわれるサービスへと変わる。越後の出稼ぎ人を代表に、都市には米搗きをおこなう低廉な労働力が数多く集まる。[147]それを踏まえ、武家にかんしては米搗き人に直接頼み、町人では米屋であらかじめ精白された米を買うことが一般化されたのである。[148]

以上の意味で一八世紀における米価安と庶民的経済の展開こそ、白米食の普及の条件として大きな役割をはたした。米価安があたえる余裕を前提に、精白の貨幣的サービス化が進み、奉公人をもたない武家や町人にまで手軽に精白を頼む――または精白された米を買う――ことができるようになったのである。

だが精白の貨幣的サービス化は、白米食をただ庶民生活にまで解放しただけではない。それに加え貨幣の支払いが、白米食に独自の魅力を付加したことが重要になる。ひとつに白米食は、身分や階層の差異を表示する衒示的機能をはたした。一章でみたように一七世紀後半以降の新興の家は、奢侈な衣服や家居などの「消尽」的消費をさかんにすることで、家の由緒や過去のなさを補った。白米食もその一翼を担う。精白のために追加的な支払いをおこなうことで、家は財力を誇るのであり、実際、先の芭蕉の句でも、白米食は「貧」ではないことを証明するステータス的価値としてたしかに働いていたのである。

ただしこの白米食のステータス的価値は、一方では早々に薄れていくものだった。もともと精白に高額な費用がかかるわけではなかっただけではなく、さらに一八世紀なかばの江戸では、精白された米が、「玄米相場より格別下直ニ」販売されることさえみられた。[*149]「縁々ヲ以近在より」「商米」を直接「引請」ける「舂屋」が、玄米相場以下で白米を売ったというのだが、それを後押ししたのが、白米食の急速な日常化である。白米食の浸透は皮肉にも精白の廉価化を引き起こし、白米食のステータス的価値を奪ったのである。

　しかしそうしてしだいに薄められた衒示的な魅力以外にも、貨幣の支払いがより内在的な魅力を白米食に付け加えていたことが大切になる。そもそも白米食は、米から大切な栄養分としての糠と胚芽――その後、たしかにそれは化粧や洗いもののために再利用されたが――を削り取るという意味で、奇妙な実践といえる。しかしそれはただ無意味におこなわれたわけではない。重要なことは、精白によって米が、金をかけて微細な変化を味わう「遊び」の対象に変わることである。みてきたように、村での秩序を定める象徴的価値や、町での家の存続を助ける有用性として、米はそれまで基本的には個人の自由な食用の対象とはならなかった。しかし精白は米を、自分の好みで見た目や味で変えることのできる対象へと変貌させる。金を支払うことで、米を自分の好みにあった対象に自由に操作《カスタマイズ》できるようになったのであり、そうして米は微細な色や味の変化を味わうより私的な享楽物に変わったのである。

　結果として精白はしばしば過剰化する傾向をみせた。志賀理斎によれば、彼が物心ついた一八世紀の後半で精白は一斗につき一八文、二〇文、二四文、「至極吟味してしろくするには」三〇文かかったのに対し、一九世紀初めにはさらに七二文までかかることになったという。[*150]さきにみたような精白の一般的な廉価化さえ打ち消し、精白にますます格差が拡がっていったことが興味深い。個人的な好みに応じ終わりなく追求可能なゲームとして精白はいっそう極端化されていったのであり、そのはてにはたとえば山東京伝は天明七（一七八七）年に、可食部分を拝むように丁寧に削りとった「拝搗《おがみづき》の米《こめ》を喰《くら》」うことを、「金《きん》の魚虎《しゃちほこ》をにら」む、「水道《すいどう》の水《みず》を、産湯《うぶゆ》に浴《あび》」る、「乳母日傘《おんばひからかさ》」で育つことなどに並び、江戸の魅力として挙げている。[151] 江戸城の「金《きん》の魚虎《しゃちほこ》」が明暦の大火で消失していることからみて、この「拝搗《おがみづき》の米《こめ》」もおそらく空想の産物にすぎない。それでもなおここでは、実体を失い虚構化するまでに精白された米に金を賭けることが、江戸生まれのプライドとみなされていることが注目される。精白に対し金をかけこだわりをみせる私的な遊びが、たんに無駄なものではなく、都市生活の誇りの源泉と認められる状況が、一八世紀後半の都市には産まれていたのである。

こうした私的な「遊び」の対象としての魅力を、一七世紀末より白米食が急速に拡大した大きな原因として考える必要がある。白米の魅力は、これまでその味や食感の優位、[152] さらには「白さ」にかかわる象徴的意味からおもに説明されてきた。たとえば宮田登は、折口信夫の説を敷衍し、米の「白さ」のうちに魂の再生や発達のシンボリズムを読みとる。[153] また吉本隆明は、柳田國男の説を再構成し、米の「シロ」に、「オシラサマ」の「シラ」へつながることで日本社会を縦断する本質的な動機の線分を取りだしている。[154]

しかしこうした解釈は、第一に白米食の味の優位や象徴的な価値を無批判に前提していることで問題が残る。ジャン・ボードリヤールは、「使用価値」によって消費の理由を説明する方式を、消費をあたかも「自然」な行動であるかのように偽装するものとして批判している。[155] そうした見方は社会的に複雑な活動としてある消費の原因を、後付的に産まれた「効果」から正当化するものにすぎないというのだが、白米食の流行を「白米」の味や色彩によって説明する解釈は、消費にまつわる同様の典型的な「誤解」に陥っているといえる。*156

それをひとまず置いておいたとしても、第二により具体的には、味や象徴的意味だけでは、そもそもなぜ白米食が一八世紀初頭の都市という歴史的空間で急速に普及したのかが説明しにくい。それを理解するためには、白米食を一八世紀都市に拡がった、微細な感覚にいっそう敏感であることを競い合うゲームとして考えた方がより合理的である。米価安と庶民経済の活発化を背景に、好きなだけ米の味や色にこだわることがほぼすべての都市民に解放される。それによって自分が繊細な味覚や知覚をもつことを競うゲームとして、白米食は庶民たちにまで拡がっていくのである。

重要になるのは、こうして米を「遊び」の対象に変える実践が、個人の感覚的こだわりを社会的に正当化する回路を一八世紀都市に引いていったことである。それまで米を食べることは、村では集団的な儀礼に深くかかわり、また都市でも家を中心に置いた実践として、かならずしも個人の身体と深くかかわっていなかった。米食は、むしろ集団的活動への参加や従属を強化する機会になっていたのだが、それに対して、白米食は米食をより個人的な実践へと解放する。家族や村の祭りにおいて集団的に食べるという共同的な実践の只中でさえ、精白した米を噛み締め、その差異を味わうこと。そうしたちがいの感覚は、たしかに金をかけたことによるプラシーボ的幻想にすぎないのかもしれないが、それでも白米食は個人の感覚に鋭敏であることをそそのかすことで、共同性に離反する私的な身体性への覚醒の契機を含んでいたのである。

2　酒の洗練

しかしもちろん私的な享受の対象になったのは、米だけではない。白米食は私的な感覚を享楽する先鞭をつけたが、一八世紀都市に大量の商品が流れ込んでくることに並行し、「洗練（polish、refine）」された食物を好んで消費していく同様の習慣がますます拡がっていくのである。

その先駆的な例として、初物食いの流行がみられた。季節に先んじて食物を楽しむ流行が、一七世紀なかばには都市で早くも拡がりをみせる。たとえば寛文一二（一六七二）年には、「ます」や「あゆ」、「鴨」や「なすひ」や「なし」など、季節を外れて売ることを禁じる法令がだされている。*157 他人に先んじて食材を手に入れることを目指したこの初物食いの流行は、その記号的な差異を消費することで、「衣装較べ」同様に家の社交的な競争に仕えたと考えられる。しかし潜在的にではあれ、それは季節に応じたその微細な味のちがいにこだわるという私的な「遊び」を、同時に人びとに誘惑してもいたのである。

都市における私的な消費の対象として、さらに一般的な拡がりをみせたのが、酒である。家を中心とした社交のなかで酒を楽しむことをはみだし、洗練された酒を私的に味わうという感覚的実践が一七世紀後半以降、活発化していく。

そもそも酒の革新は、中世末に麹米・掛米ともに精白を施す透明な諸白酒がつくられることで始まった。*158 それを受け、一七世紀後半に伊丹、鴻池などの西摂で複雑な製造過程が確立した。それによって酒は家内製造できず、貨幣によって買われるいわば工業製品へと変貌していく。それを踏まえ、一八世紀後半には、灘五郷を中心としてより純度の高い酒が製造され始める。高度に精白された米を原材料として、アルコール度数の高い酒がつくられ、江戸や大坂などの大都市を中心に特別の人気を呼んでいくのである。

以上のような酒の切れ目のない革新を促す力になったのは、まず一七世紀後半以降の大坂近郊を中心とした商品経済の展開や、それを前提にした生産技術の革新である。西摂で専門的な酒造業が発展したことには、近隣の農村から多くの余剰米や労働力が流入してきたことが大きかった。さらにそうして製造される酒が、新町遊廓を中心として積み重ねられる都市の社交のなかで大量に摂取されていくことで、産業としての酒造りが牽引されたのである。

それに加え一八世紀なかばには、専業化された労働力の出現と精選された素材や道具を集める物流の発展を土台として、灘を中心として酒造りの技術が高度化していく。具体的には、①水車を用い三割五分搗きまでおこなう高度な精白技術の進展——それまでの足踏み精白ではせいぜい八分搗き程度に留まった——、②雑菌の繁殖を抑える冬季の寒作りの徹底、③それを可能とする季節的な大量の労働力の雇用、④ミネラル分を多く含む「宮水」の使用といった生産技術の革新が、これまでにない淡麗かつ辛口な酒を実現していくのである。

ただし酒の洗練は、商品流通の活発やそれを受けた酒造りの技術の革新だけによって、説明されるものではない。酒の飲み方の変容やそれを飲む集団の嗜好の変化が、それ以上に大切になる。そもそも近世以前に酒の味を楽しむことは、第一の目的とされていなかったといわれている。しばしば参照されるように柳田國男によれば、中世以前、飲酒の本質的な目的は以下のように共同で酔うことに置かれていた。

証拠を挙げることはやゝ困難になつたが、中世以前の酒は今よりもずつとまづかつたものと私たちは思つて居る。それを飲む目的は味よりも主として酔ふ為、むつかしい語で言ふと、酒のもたらす異常心理を経験したい為で、神々にも之をささげ、其氏子も一同で之を飲んだのは、つまりはこの陶然たる心境を共同にしたい望みからであった。[*159]

柳田はここで酒をいわば味わいを楽しむという以上に、「異常心理」をともに経験する媒体《メディア》として重視している。酔いが生理学的に人びとを陶酔させただけではない。酒を競争的に飲み交わす「消尽」的消費によって、既存の秩序に挑戦し、それを乗り越える陶酔が産まれたのであり、そうした社会的な楽しみを核として近世社会でも、遊廓での宴会を代表に、酒は家同士の社交に欠かせない対象に留まり続けたのである。

しかし一方では酒の商品としての普及は、そうした集団的な陶酔から離れた飲み方をしだいに後押ししていった。先の引用に先立ち柳田は、酒はもともと家の女性たちによってつくられていたと述べている。[*160]だからこそ酒は家によって管理され、男たちは好きに飲むことがむずかしかったのだが、商品化は酒をより自由な消費の対象へと解放していく。金を支払うことで、いつでもまた一人でも楽しめる商品へと、酒は変わっていくのである。

実際、一七世紀末以降、とくに大都市における大量の飲酒が目立ち始める。たとえば元禄九(一六九六)年には「酒に酔、心ならす不届仕者」がいるため「大酒」を取り締まり「酒商売」を減らすことを命じる触書が江戸で、また元禄一〇(一六九七)年には、「酒商売多ク、下〃猥に酒を飲」むことを非難する触書が京都でだされている。[*161]そうした飲酒の増大は、新興の家の社交の活発化を追い風としただけではない。同時に酒の商品化が、自由な消費を煽ることで、しばしば家の枠組みを超え、度を越して酒を飲む人びとを増大させていったことが問題になる。

その傍証となるのが、酒の質的変化である。酒の個人的な消費の拡大は、理想とされる酒の味を変えるのであり、たとえばそれまで第一のものとされてきた京の酒も、一八世紀初めには「京師の酒は良いと雖へども甜過ぎて、上戸は好まざる者多し」[162]と厳しい評価を受けることになった。飲酒が大量化するなかで、悪酔いを誘う甘い酒は評判を落とした一方で、それとは逆に灘を代表とした新興酒造地でつくられる純度の高い辛い酒が評判を集める。[163]水車を用いた極限までの精白や寒作りの徹底によって、一八世紀なかばにはアルコール度数を高くした辛い酒がつくられたが、この夾雑物が少ない辛い酒は、悪酔いせず数多くの盃を重ねられることで、都市において大いに愛好される。たとえば幕末の時期、紀州藩士の原田某は江戸で売られる酒を、「口当り美なれど、醒る事至而早く、宿酲の患ひなけれども、鯨飲の勤番者、須臾の中に財布の底を叩きて、借金の淵に沈む」[164]と警告している。田舎の酒とは異なり江戸では酔い覚めのよい酒がしばしば売られていたのであり、それが田舎出の侍を知らず知らずのうちに、浪費へと陥らせていると原田某は非難するのである。

ではなぜ高アルコール度数化が進んだのだろうか。それを考えるよい補助線になるのが、都市における酒に対する嗜好の変化が、日本にかぎられた現象ではなかったことである。ヴォルフガング・シュヴェルブシュによれば、西欧でも同じく一七、一八世紀に都市の発展に伴い酒の高アルコール度数化が進む。シュヴェルブシュによれば、都市生活の複雑化が下層民たちにそれからの逃避を促すことで、それまでのビールと較べ、一〇倍のアルコール度数をもつジンが流行するというのである。[165]

具体的なかたちは異なれ、日本においても大都市の発達と並行して、酒の高アルコール度数化がみられたことは同じである。そうして大都会の住人に純度の高い酒が受け入れられたのは、ひとつにそれが容易に酩酊を促し、仲間たちと離れて一人で飲む寂しさや虚しさをまぎらわしたためと考えられる。不純物を含まない辛い酒は、都市の見知らぬ群衆の只中でさえ自己の内面への沈降を可能にすることで、いわばドラック的に享受されていくのである。

さらにそれだけではなく、集団で飲む場合にも、純度の高い酒は悪酔いを招きにくいことで重宝された。一八世紀なかばには酒店の発展と歩調を合わせ、これまでとはちがうかたちの酒宴が大都市を中心に多数催される。家を単位とした社交のための酒宴ではなく、武士と町人といった身分階層の垣根を越えた比較的平等な交際がさかんになっていくのである。*166

問題は、村とは異なり、見知らぬまた身分を超えた者が集まるこうした都市の酒宴では、自己の才覚を示すとともに弱点を無防備にさらけださないことが、大切な嗜みとなったことである。その理想を、たとえば大田南畝の「はかりなき大盃のたゝかひはいくらのみても乱に及ばず*167」という句はよく示している。大酒を競った著名な「大酒の会」（文化一二（一八一五）年）の開催の際に詠まれた句だが、大量に酒を飲みつつ悪酔いしないというほとんど無理な理想が、酒飲みのあるべき姿としてそこでは示されている。夾雑物の少ない辛い酒は、それを何とか実現する手段になった。それは冷めやすく悪酔いを防ぐことで、見知らぬ集団のなかで飲む場合に必要とされた高揚感と抑制を同時に可能としてくれたためである。

以上、大きくみれば、酒は大都市の発展に並行して、誰かの家で競争的に飲みつつ、「異常心理」を求める手段から、仲間と一緒に居ながらでさえ、羽目を外さないように飲まれる個人的な消費物へと変わった。そうした酒の飲み方の変化に応じて、酒は微妙な味わいと、酔いの高進を楽しむ私的な嗜好品となる。純度の高い酒は悪酔いに陥らない気分の良い「酩酊」を引き起こすのであり、それによって飲酒者は、高揚をみずから操作しつつ段階的に味わえるようになった。そうしていわば陶酔感覚に耽溺するための私的な手段として、酒の洗練は進められていったのである。

その上で重要になるのは、こうした酒の楽しみが、たんに孤立したものに終わらなかったことである。商品としての酒の洗練は、あらたな酒の飲み方を育てるだけではなく、むしろそれをひとつの起点として、複数の商品を巻き込む洗練を相互的、また連鎖的に進めていく。たとえば『寛天見聞記』（一九世紀なかば）によれば、寛政期から天保期にかけて、素材と手段の垣根を越えた以下のようなこだわりの連鎖がみられた。

> 予幼少の頃は、酒の器は、鉄銚子、塗盃に限りたる様なりしを、いつの頃よりか、銚子は染付の陶器と成り、盃は猪口と変じ、酒は土器でなければ呑めぬなどゝいひ、盃あらひとて、丼に水を入、猪口数多浮めて詠め楽しみ、蕎麦屋の皿もりも丼となり、箸のふときは蕎麦屋の様なりと譬しも、いつしか細き杉箸を用ひ、天麩羅蕎麦に霰そば、皆近来の仕出しにて、万物奢より工夫して、品の強弱にかゝはらず、只目をよろこばす事計りにて、費のみ出来る也*168

洗練された酒は、そのまま楽しまれたわけではない。灘の酒に代表される辛い酒の味や匂いを味わうためには、少量ずつ中間的温度で飲むことが大切になる。それを可能としたのが、ここに描かれているように「土器」や、少量ずつ酒を飲ませる「猪口《ちょこ》」*169の普及である。一九世紀前半にとくに江戸で陶器の徳利《とっくり》が日常的に用いられていくようになったが、銅や鉄器のように急に酒を熱しすぎず、また冷ましにくいそうした器具は、洗練された酒の微細な差異を味わうことを可能にする。それを一例として、多様な器具やまたそれを楽しむ環境の発達を踏まえ、洗練された酒はますますその真価を発揮していくことになったのである。

とはいえ多様な器具の登場が、酒の洗練を後押ししただけではない。逆に酒の洗練こそ、他の食物の洗練やそれを楽しむ技術の発達を促した面もみられる。たとえば一七、一八世紀には料理の形式が大きく変わるが、それには酒を含む多彩な調味料の出現がつよく影響を及ぼしていたといわれる。そもそも近世以前の料理は、素材をそのまま提供するいわゆる「大饗料理」を基本としていた。多数の食材を同時に提供するその料理形式では、素材の選択と包丁の技術が一番のみせ所になったのである。

それに対し近世には、調理をあらかじめ施した「本膳」や「会席（懐石）」といった料理形式が発達する。[170]その追い風になったのが、酒を含む醤油、鰹節、酢など多様な液体調味料の流通である。自家では製造しがたい多彩な調味料の組み合わせが、素材の複雑な味付けを可能にするとともに、煮る、焼く、蒸すなどの多彩な調理法を一般化する。[171]素材の味で勝負するのではなく、その味を強調し、変え、弄ぶことを見せ所にした独自の調理技法が、調味料の洗練や多様化と並行して発達していったのである。

さらにこうした料理の発展に伴い、料理の食べ方やそれを食べる場所へのこだわりもつよまった。元禄における奈良茶飯の流行を嚆矢として、一八世紀なかば以降、交通の要所や門前町に屋台や小料理屋など数多くの料理屋が林立していく。たとえば幕府の調べによれば、文化元（一八〇四）年には、「日々出稼之食物振賣之ものハ」、「際限無」いものとして除いた上で、六一六〇余軒もの食物商売の店が江戸市中に軒を連ねていたという。[172]およそ一〇〇年後の明治三〇（一八九七）年の東京でも飲食店は四九四六軒に留まっていたことと比較しても、こうした数字は膨大というほかない。[173]実際、幕府も新規開店を禁止し店を抑制しようとしたが、江戸が大火に襲われ町人の救済が緊急の課題になったこともあり、その効果は小さく、それから六年後の文化七（一八一〇）年には、逆に一五〇〇軒以上、食物商売の店は増加していたのである。[174]

こうして都市に増殖する膨大な料理屋の頂点に位置したのが、江戸では料理茶屋、京阪では割烹店と呼ばれた「八百善」や「平清」などの高級料理屋である。[*175] 茶漬けに合う水を高価に売ったという八百善の逸話を極端な例として、[*176] 高級料理屋は高価な支払いの代わりに、季節やその場の状況すべてに配慮された上で料理を食べることを客に促していく。そうした食事の技術の達成を、先にも触れた会席料理の発達はよく示す。一度に大量の食材を出す大饗料理とは異なり、会席料理は配膳の順序や、だすものの味や温度の組み合わせまで含め、料理を総合的にプロデュースする形式として成長していく。家では到底配慮しがたい繊細なちがいに気を使った料理として、会席料理はその時代の都市民にあらたな経験を提供していったのである。

以上のように一八世紀の都市では、酒の革新と並行して料理やそれを楽しむための道具や場所の洗練も進んでいった。酒の革新と料理やそれを味わう道具の発展、そのどちらが先かを問うことは、あまり意味がない。一八世紀都市には多数の商品が集まり、それに応じて相互連鎖的に酒の洗練と、飲食の場や料理、それに用いられる器などの革新がみられたのである。だからこそこうした変化は、物資や情報の集まる大都市を先駆けとしたが、しかし一方ではそれに留まらなかった。地域ごとの地酒や、またそれを引き立てる地方色豊かな料理を味わう文化も、商品や情報の拡散とともに地方都市を中心に発展をみせるのである。

この意味で酒を飲む楽しみは、たんに個人の身体的な満足に還元されない。たしかに酒の洗練は、微細な味の変化にこだわる個人の私的な快楽を前提に追求されるが、しかしその快楽は、あらたな商品を次々と自由に享受する社会的な過程と深くむすびついていたのである。いいかえるならば、酒の楽しみは、都市に流れ込む洗練された商品を自由に組み合わせることを前提として、みずからの身体感覚を再定義し、それを思ってもいなかったところへ運ぶ私的な技術として発展していく。多様な商品を適切に利用することで、みずからの身体にこれまで知らなかった快楽の源泉を発見し、その感覚領域を拡げていくこと。それによって拡大されるという意味で酒を飲む楽しみは、先にみた白米の流行と同様に、一八世紀都市における多様な商品の流通と消費にかかわるあくまで社会現象として発達していったのである。

3　感覚の高度化

こうして商品や情報の流通の加速は、都市を中心として、好みの食やその食べ方にこだわる特殊な消費の技術を育てていく。その極端な例として、たとえば『豆腐百珍』（天明二（一七八二年））や『鯛百珍料理秘密箱』（天明五（一七八五）年）、『卵百珍』（『万宝料理秘密箱』（天明五（一七八五）年）の一部）などの百珍もののブームがよく知られている。天明の飢饉が打ち続くさなかに、豆腐を代表とする多様な食材の味や色彩、食感のバリエーションを楽しむ贅沢なブームが都市を席巻する。もちろん食べ物の微細な差異への極端なこだわりが、一部の人びとの特殊な趣味に留まったことも事実である。ただし逆にみれば白米食や酒の洗練など、酒食の微細な差異に執着するいわば「自己技術」としての消費がより一般的に展開されていたことを裾野として、そうした特異な流行は産みだされていったのである。

重要なことは、食を対象とするこうした「自己技術」としての消費の展開が、村とは大きく異なる生活を都市に根付かせていくことである。そもそも洗練された食を享受することは、たんに個々人に自由に選択されていたわけではない。それはしばしば暗黙に、または明示的に集団を縛る鎖になる。たとえばある幕臣は、寄合の席で高価な羊羹の代わりに安価な羊羹を供応し、それがばれたために

「なぢ」られ、「手を突てあやまらせ」られたという。[177] 一七世紀後半以降、京菓子を中心に多様な素材を用い微細な味や造形が追い求められるが、[178] そのちがいを知っておくことが上層の都市民にとって、ときには文字通り命にさえかかわる重大事になったのである。

もちろんすべての都市民に、食商品にこだわる余裕があったわけではない。しかし食の楽しみが他の商品に較べれば、比較的多くの階層にひらかれていたことが重要になる。『守貞謾稿』が、「今生、三都ともに士民奢侈を旨とし、特に食類に至りては、衣服等と異にして、貴賤貧福の差別なきがごとし」[179] というように、衣服の場合は裕福な者以外は、しばしば流行遅れの古着で我慢せざるをえなかったのに対し、食は庶民にとってもますます敷居の低い消費の対象となる。都市には小店や屋台が軒を連ね、そこで「はやずし」や「握りずし」、さらに天ぷらや鰻など高級な会席料理とは異なるが多彩な料理が、庶民でも買える価格で提供されていたためである。[180]

そうして多数の食べ物のなかから適切な商品を選び、選択的に消費していくという一見些細な試みが、村を離れ都市を生きる人びとにとって誇りの大切な源泉となっていった。加えて重要になるのは、都市では家を中心として形成された社会秩序がそれを踏まえ、揺り動かされていくことである。くりかえしみてきたように近世社会において家は、主従や商家の経営、蓄財の単位として、個々の構成員の消費をも厳しく制限してきた。たとえば一七世紀遊廓の「遊び」も、家の儀礼を模倣するものへと収斂していったのである。

対して一八世紀都市で遊廓という都市の限定された一角から外部に浸みだしていった消費活動は、より私的な快楽を、階層や部分的には性差を超え、誘惑していく。遊廓の外部でより気軽に酒食が楽しまれていくことを受け、家を中心とした宴会や祭礼の意味は問い直される。かならずしも家に依拠しなくとも、満足な食事を取れるようになったのであり、たとえば屋台や小店でだされた天ぷらやうなぎは、手軽かつ安価に味わえながら、高カロリーの食事として喜ばれた。さらにそれだけではなくそれらの店は多様な食品や料理を味わう機会をひろく人びとに解放する。わずかばかりの金をもてば、庶民でも自分の食べたいものを自由に追求できたのであり、屋台や料理屋の展開は、そうして充分な家をもたない庶民や下層民までも選択的な消費を軸にしたライフスタイルへと誘うのである。

料理や飲食の経験を、家を中心とした秩序に取り込むことがむずかしかったのも、ひとつにはそのためである。一章でみたように、一七世紀後半以降、華道や茶道、香道など特有の消費の技術が、家元制度のなかへ組み込まれる。それはたしかに飲食でも同じであり、料理屋や割烹店も家の社交の場として利用されるなかで、小笠原流礼法などの特異な作法も一般化される。

ただし食の経験は、家元制度の内部に完全に回収できたわけではない。まず街路や町の料理屋で、次々と安価であたらしい料理が産まれたなかで、料理を選び味わう快楽を家が完全に監視することはむずかしかったためである。

さらにより本質的にみれば、食の経験が、家の枠に留まらない個人の身体を根拠として展開されていくことが重要になる。白米食がそうだったように、これまで無視されてきた食物の微細な味や色のちがい、温度や組み合わせや順序に光を当てるあらたな嗜好が生活を左右する大きな要素とみなされていく。それに応じて多くの都市民に個人的な身体という厚みが発見される。家で食事をしようと、食物の微細な味の差異にこだわる経験が積み重ねられていくのであり、その経験を家元制度を中心とした公式の家の秩序のなかに組み込むことはむずかしかったのである。

とはいえ食の追及が、あくまで家が許容する余白において展開されたことにも、最後に注意しておく必要がある。食の追求が許されるのは、多くの場合、家を単位とした祭りや社交のなかでそれがこっそりくりかえされていくからであり、逆にいえば、食の私的な快楽は多くの場合、いわば家の行事をアリバイとして孤独に享受されるものに留まった。

たしかに家を離れる集団的活動が、食を中心とした趣味や嗜好の発達にかかわり成長していったことも事実である。たとえば一八世紀なかばには料理屋をおもな舞台として、同様の趣味や嗜好をもつ人びとが集まる「連」や「側」と呼ばれる集会がさかんとなる。そこで人びとはもち寄った書や画や博物学的奇品に加え、食や酒に対する鑑識眼やこだわりを披露した。しかし一方で、それらの会が往々にして持続性をもたない不安定な集まりに留まったことも見逃せない。商品やモノに対する感覚的または知的なこだわりは、家格や身分から離れた交際を促すが、それが家に取って代わるような秩序を産みだしたというには心細い。私的な趣味の範囲をでないことで、会はあくまで非公式なものに往々にして留まったためである。

こうした会の性格を理解するために参考になるのが、それらの集まりのしばしば中心に座った大田南畝の生活である。南畝は一八世紀後半から一九世紀初めにかけて幕府の小官吏として勤めつつ、狂詩や狂歌、洒落本の作者として名声をあげる。その原動力になったのが、モノや言葉の些細なちがいに対する彼一流のこだわりである。南畝は料理屋や遊里に集まる飲食物の微細なちがい――たとえば雅号とした「四方」という名の店の赤味噌や酒の味のちがいのように――や、狂歌や狂詩というかたちにおける言葉の差異や多義性に敏感であるように促していく。出版文化が厚みをなし、過去の詩文についての教養が知識階層に欠かせなくなるなかで、ひとつには旗本という文化資本の正当な保有者であることを利用して、南畝は、日常言語のなかに古典的詩歌に通じるつながりや微細なちがいをみいだすことをおかしみとした言語遊戯を流行らせていくのである。

そうした流行の首謀者として、南畝は会の組織者、またはその審判者の座にしばしば座った。とはいえ問題は、南畝がそうした華やかな社交活動をしばしば中途で分解させていったことである。旗本として浮薄な文化的活動にかかわることを、政治的に制限されたからだけではない。より内在的な問題は、モノや言葉の微細なちがいの追求を制限し、秩序付ける無難な落とし所を、家や幕藩体制を前提とした社会のなかでは何であれ共有しがたかったことである。たとえば南畝も狂歌において盟友唐衣橘州と袂を分かったことを代表に、洒落本や狂詩などの活動を中途で分解させる。趣味の追求がたんに個人に好みに還元されてしまう場合、微細なちがいへのこだわりは、しばしば党派のなかでさえ孤立を招いてしまう。だからこそ南畝は後半生では趣味の集団的な追求から公式には退き、能吏であることにむしろ身を隠して生き始める。そうした暮らしのあり様を、南畝自身は以下のように表現している。

夜帰

早趨官府晩詩盟　境到雖殊各有営　藍輿夜帰寒月底　小妻温酒勧調羹

［夜帰］　早《つと》に官府に趨《おもむ》き晩には詩盟　境致《きょうち》殊なりと雖《いへど》も各々営むこと有り　藍輿《らんよ》夜帰る寒月の底　小妻《せうさい》酒を温《あたた》めて調羹《てうかん》を勧《すす》む*181

文化五（一八〇八）年、六〇の歳につくられたこの漢詩は、老年に差し掛かった南畝の生活の具体像をよく示す。南畝は早朝から「官府」で勤めをはたし、晩には詩の会で社交に勤しむという。家を単位とした業務を中心に置き、趣味の追求にのめり込むことなく、南畝は「各々営むこと有り」と自負する暮らしを送るのである。

ただし興味深いのは、見方によればうまく調和した二重生活の奥底で、南畝がさらに孤独な私的快楽に耽る生活をひっそりと送っていたことである。南畝は寒さのなか夜に帰宅し、妻の手によって温められた酒を味わうという。それは空間的には家のなかでおこなわれる活動にちがいないが、家業や家名を挙げることから切り離されていたという意味で、家の目を盗む私的快楽のための消費といった方が近い。そうした活動を支えたのが、都市で洗練させた「酒」や「調羹《てうかん》」などの食物だった。家の節制の要請をはぐらかしつつ、また詩や文芸の仲間たちとの交流からも身を退きながら、南畝は多分に商品化された食物の洗練をひそやかに楽しみ続けたのである。

こうした私生活は、南畝だけに送られたわけではない。問題は、一八世紀都市が発達していくなかで、多様な商品の洗練とそれに対する差異の追求が活発化しながらも、そうした追求をどこまでも追求できた者はかぎられていたことである。洗練された商品の追求は、私的なこだわりをどこまでも推し進めていくことで、放っておけば、家のみならず幕藩秩序を離反し生きる孤独な生活へと人びとを追い込んでいく。

だからこそその代償としてこそ、食商品や洗練された料理は人気を集める。食物は家や仲間と一緒に享受されることをしばしばアリバイとしながら、私的な感覚的な差異をこっそりと追求することを人びとに許していく。つまり食商品は、家や政治的な共同性にあくまで従いながらも、その目を盗み感覚的な差異の追求に耽溺する生活を可能にしたのであり、そうして公式の生活と私的な生活とをひそかにつなぐいわば蝶番的役割をはたしていったからこそ、食は一八世紀にあれほどに興隆していったのである。

第三章

変化朝顔はなぜ産まれたのか？

1　広告のいかがわしさ

1　引札と貼り紙

一八世紀社会では食商品を中心に、他のモノを巻き込む連鎖的な商品の洗練が進んでいく。それが都市生活をますます複雑なものに変えていくのだが、その様子を、たとえば大田南畝は以下のように記録している。

近頃は男の帯も純子、厚板《アツイタ》などにて縫ひ製したるを鬻ぐ、かゝれば羽織ぬふ女なきが如く、男帯も家々にて縫はぬ事にもなりゆくべし。飲食の事は猶さら也、五歩に一楼、十歩に一閣、みな飲食の店ならずといふ事なし、都下の魚の価貴くなりしは、この飲食の店に鬻げる余りを王公大人の家にうればなり、王公大人は節倹を守りて下に逼り、閭里の商賈は驕奢を事として、上を僭す、家居もその頃薄録の人には玄関なく、門も多くは木戸也、厠の外に小用ある家は中人以上の家のみきなり、今は小用所なき家なし。*1

幼年時代を過ごした宝暦年間（一七五一〜六四年）と較べても、文化年間（一八〇四〜一八年）の暮らしは大きく変化したと南畝はいう。とくに衣食住の洗練は目立った。女性の衣服はいうまでもなく、男性の帯まで自家では縫えない洒落たものへと変貌した。また街には飲食店が立ち並び、さらに住居も玄関や門、小用所を備えた家が珍しいものではなくなった。まとめていえば、研鑽を積んだ他者がつくる精巧な衣食住の産物を買うことが一般的になったのであり、それが都市生活を便利だが複雑なものに変えていく。どこからか金を工面し、それによって商品を選び買う技術が、良くも悪くも都市における快適な社会生活の内実を大きく左右する要素になったのである。

とはいえ洗練された商品の購買が、誰に対しても一律に解放されたわけではない。第二章でみたように、都市とその外部で差があったことに加え、その内部でさえ、選択的消費ができるかどうかには階層差や身分差が激しかったためである。貨幣を入手する機会がかぎられていたという意味で、一八世紀都市では消費を満足におこなえる者とそうでない者の差はかなり大きなものになったのである。

消費にかかわるこうした社会的分散を端的によく示すのが、ひとつに都市を襲った流行の頻繁な盛衰である。一八、一九世紀には多様な流行が生起したが、それらはしばしばすぐに廃れていった。一例を挙げれば、西村松之助が筆写した『杉浦家日記』によれば、寛政九（一七九七）年にはタチバナに対するブームが起こり、三〇〇両、四〇〇両にも及ぶ高値をつけた。しかしこうした「不好同よりミれば不思議」な事態は、翌年にはすぐに収束し、タチバナが「諸方皆々捨」られることさえみられたという。[*2]

それを一例として、近世都市では市場のモードは、特殊な人びとに受け入れられる一時の流行にしばしば留まる。流行がそうしてなかなか定着しなかった原因としては、当然、対象の特殊性もあるが、それ以上にあらたな商品を好んで活発に買う人びとが集団として充分に存在していなかったことが問題になる。ひとつには身分が高い家ほど、しばしば構成員に厳しく節制を厳しく求めたからである。

由緒のある家は未来を守るために、自由な消費を構成員に許さなかったのであり、それゆえ消費の流行にすぐに参加することもむずかしかった。

ただしそれだけではなく、より構造的な問題は、安価な商品やそれを買う貨幣を社会に供給する産業機構の充分な発達がみられなかったことである。第二章でも触れたように、織布業や酒造業を除けば、近世都市ではめぼしい産業は発達せず、それが安価に買える商品を都市民に行き渡らせることをむずかしくした。都市でつくられる工芸品的商品もなくはなかったが、高価であるがゆえに、それらはかぎられた人に家の社交や儀礼のために買われる場合がほとんどだったのである。[*3] それを一因として、大量の人びとを安定的に雇う産業は都市に成長しなかった。結果として下層民の多くは、買うことのできる商品ばかりか、それを買うための貨幣も奪われたまま、街で活発になるきらびやかな消費からしばしば取り残されてしまうのである。

以上のように近世都市では産業機構の未発達を構造的な障害として、消費を積極的に受け入れる集団は身分的にも、階層的にも成長しない。それが近世都市における流行をしばしば一時的で、不安定なものに留める。

こうした消費の制約を具体的によく示すのが、引札や貼り紙を中心とした広告の展開の不十分さである。たしかに広告はまったく発達しなかったわけではない。天和三(一六八三)年の開店の際、三井呉服屋によって五〇～六〇万枚の宣伝の札が撒かれたといわれている。[*4] それを先駆として、同時代の出版産業の成長と歩調を合わせ、一八世紀には不特定多数に配られる「引札」や街々や店先、銭湯に貼られる「貼り紙」(または「絵びら」)などの広告の発達がたしかに量的には進んでいく[*5](図3―1)。

しかし質的にみれば、この引札や貼り紙の展開には、大きな限界が残った。第一に、それらが使われる時と場合がかなりかぎられていたからである。引札は新規開店や売り出しの場合におもに限定され、またそもそも新興の都市としての江戸以外では活発には利用されなかったといわれている。[6] 引札だけではない。通常、一定の購買力をもつ都市民は品物に応じて馴染みの店をもち、そこで現金ではなく、後払いの掛けで商品を買うことを普通としていた。その結果として、引札や貼り紙の用途はかなり絞られる。店の新規開店や特別の売りだしの場合に臨時に配られ、または銭湯など気散じな注意が集まる場所に貼られるものにそれらは留まったのである。

第二に、対象とされる商品が多くはなかったことも問題になる。たとえば引札では、「全業種のなかの半分以上に達した」[7]といわれる売薬をはじめとして、化粧品、新規な食べ物がおもに宣伝の対象となった。これらの商品に共通するのは、①いまだ馴染みの消費者をもたない新規な商品が多かったことに加え、②美容や健康、食の快楽など個人のニッチな欲望にとくに関係していたことである。小間物や衣服、基礎的食品など日常的な商品は、決まった店で定期的に買われることで特別の広告は必要とされなかった。それ以外のなくても困らない、しかしだからこそ衝動的に買われる私的な奢侈品を宣伝するために、引札や貼り紙はおもに利用されたのである。

いいかえるならば引札や貼り紙はまっとうな家が相手にしない、そこからこぼれ落ちる些細な消費活動に照準して展開された。引札や貼り紙がしばしばいかがわしさを帯びたのも、その

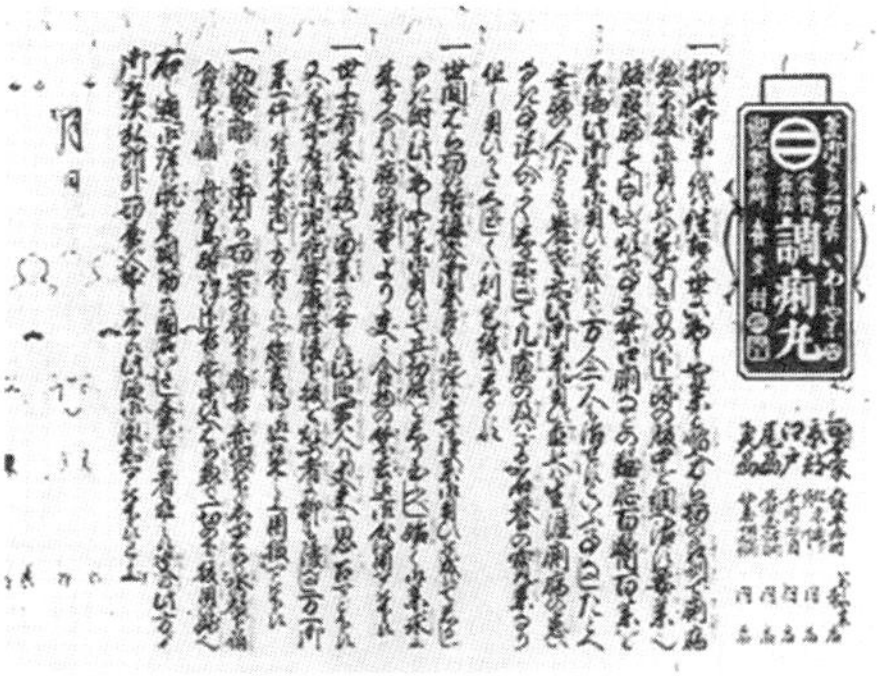

図 3-1　引札の例：中田節子著、林美一監修『広告で見る江戸時代』角川書店、一九九九年、口絵。

ためである。有用性や効能がいまだ不確かで信用のない商品を買ってもらうために、真実であるかどうかは脇に置き、引札や貼り紙ではしばしば冗長な言葉遊びや誇張がくりかえされる。平賀源内作の「はこいり　はみがき　漱石香」（明和六（一七六九）年）の引札がよい例となる。源内は「歯をしろくし、口中をさはやかにし、あしき臭をさり、熱をさまし」と、はみがきの効能を数多く挙げる一方で、宣伝はあくまで「さる御方より」「おさしず」を受けたものであり、それが正しいかは、「私は文盲怠才にてなんにも存ぜず」[*8]とにごしている。こうした責任逃れの調子は、この引札にみられるだけではない。増田太次郎によれば、多くの引札が饒舌に陥ることに加え、「主人の需に応じて」、「主人に代わりて申し述ぶ」と外部の依頼人に責任を転換するかたちでしばしば終わっているのである。[*9]

　近代のまなざしからみれば、以上のような引札や貼り紙の饒舌や無責任さは、克服すべき欠点のようにたしかに映る。実際、福沢諭吉は、明治一六（一八八三）年に旧来の「廣告引札」を「無用」かつ「餘計なる長口上」と批判し、これからの広告は「一行にても少な」く、達意を重んじなければならないと主張している。[*10]こうした福沢の見方の背景になったのは、意識していたかどうかは別として、世界的な規模での産業機構の萌芽的な発展である。近代の産業機構は競争的に大量のモノを生産し、結果として似通った同種の商品を多数、消費者の眼前に展開する。この類似した商品を差別化するために、広告に力が入れられるとともに、インパクトのある言葉やひと目で分かる視覚的イメージが求められていったのである。

　そうした近代の広告構造を前提とすれば、引札や貼り紙では非効率さという欠点ばかりがたしかに目立つ。それらは饒舌かつ無責任であることで、信頼に足らず、むしろ選択を迷わす無駄な情報ばかりを、買い手にあたえているように映るのである。

しかし引札や貼り紙に対するこうした近代からの批判は、その実際の使われ方をみない断罪に留まるといわざるをえない。端的にいえば、近世の引札や貼り紙は、大量生産された多数の商品を差別化する近代の広告とは異なり、商品を買うことに不慣れな人びとにそもそも消費の楽しみを説得することをおもな使命としていたためである。その商品についてよく知らないばかりか、馴染みの店以外で選択的に商品を買うことに慣れていない都市民に、ゼロから消費の楽しみを誘惑するために、引札や貼り紙は、しばしばあの手この手で過剰な饒舌や無責任な主張をくりかえしていった。

この意味で引札や貼り紙の不備は、消費を進んでおこなう集団の不在という近世都市の限界をよく表現していたといえる。最大の問題は、近世都市において何より購買力の不足から、消費がしばしば家の枠に押し込まれ、衣類や食品といった家の再生産に役立つとされる商品以外の購買は非難されたことである。引札や貼り紙はその隙間を縫い、消費をアクロバティックに誘惑していくことを使命としていたのであり、それゆえしばしば怪しげなものに陥った。

しかし一方では、だからこそ同時にそれらが消費にかかわる都市の限界の乗り越えを模索する手段として働いたことも見逃せない。先にみたように、近世社会では消費を活発に行う集団は育たず、それゆえそれを後押しする思想やイデオロギーも成長しない。しかし出版機構の成長を背景として、家の制限を越えた消費を促す情報的空間がまがりなりにも築かれていくことも事実なのであり、そのひとつに引札や貼り紙があった。それらは、しばしば無責任に陥りつつも、家を離れ自分の欲望のために商品を購買しようとする潜在的な集団へと、匿名または一時的なかたちとはいえ、群衆を変えていくのである。

2 恋愛の物語

引札や貼り紙だけではない。それらに並び消費を誘惑した媒体《メディア》として重要になるのが、一九世紀初めの文芸である。一七世紀末以来活発化した大衆向けの出版は、一八世紀なかばにおける洒落本などの流行を経て、一九世紀初めには人情本や滑稽本といったあらたなジャンルと読者層を産みだしていく。これらの文芸の特徴のひとつは、意図的かそうでないかは別として、しばしば引札や貼り紙と同様に、商品を広告する役割をはたしたことである。自家の商品である「江戸の水」を作品中で宣伝した式亭三馬の『浮世風呂』(文化六〜一〇(一八〇九〜一三)年)や、「源氏せんべい」や「源氏そば」、「源氏ゆかた」などの流行を産んだ柳亭種彦の『偐紫田舎源氏』(文政一二〜天保一〇(一八二九〜三九)年)をはじめとして、文芸はたびたび特定の商品の人気を高め、流行を活性化していく力を発揮したのである。*11

ではなぜ文芸は、引札や貼り紙と同様の広告的役割をはたしたのか。それには、まず両者の作者がしばしば同一だったという単純な事実が大きくかかわる。饒舌かつ誇張をふんだんに用いた引札や貼り紙を書くためには、文才と修練が必要とされたが、それを提供できる者は、才能的にもまた身分的にもかなりかぎられていた。そのため名のあった山東京伝や為永春水などの著名な文芸作者にしばしば引札や貼り紙の制作が依頼されたのであり、結果として文芸と広告も類似していったのである。

だがこうした書き手の重なりだけではなく、より構造的には、両者が商品に対してとる関係が似通っていたことが大切になる。みてきたように引札や貼り紙は家の秩序をはみだす欲望を後押しし、消費を促す。通常では家の節約の論理によって抑制される薬品や化粧品など私的な快楽や健康にかかわる商品の購買を正当化することが、引札や貼り紙のおもな役割になったのである。

興味深いことに、一九世紀前半以降人気を集めた多くの文芸も、同様の働きをしていった。それらはしばしば、家からみるといかがわしい盛り場や路地、街道、地方にも経験に値する価値や快楽が潜んでいることを訴える。たとえば為永春水の『春色梅児誉美』（天保三〜四（一八三二〜三三）年）は、遊廓の遊女だけではなく素人娘や芸者との家の目を盗んだ恋愛を価値あるものとして描くことで人気を呼んだ。また十返舎一九の『東海道中膝栗毛』（享和二〜文化一一（一八〇二〜一四）年）は、文字通り家を離れた道中を面白おかしく描くことで、空想としてではあれ読者を旅に誘う。それらを例として、遊廓をおもな舞台とした洒落本などの前時代の文芸とは異なり、一九世紀初めに流行した人情本や滑稽本は、街の只中で華麗な衣服や料理屋の芸者などの消費をくりひろげることをしばしば見せ所としていたのであり、結果として引札や貼り紙と同様に、家からみれば意味のない商品にも魅力を発見し、それゆえ購買をそそのかす広告的な役割をはたしたのである。

この意味で大衆的な文芸の成長を、引札や貼り紙と同様、出版産業の一種の鬼子として考える必要がある。第一章でみたように一七世紀末以降、家の成り立ちを支える教訓書や指南書が多数だされた。救荒書やこの章でみる農書などを代表にその流れは続いていくが、一方でその余勢を駆り、家の枠組みの外部で浪費を促し、その存立を脅かす出版文化も活発化する。その代表となるのが引札や貼り紙、また一九世紀の文芸である。それらは家の外部にあらたな楽しみがあることを教えることで、家の節約の要請をだし抜き、私的な消費をおこなうことをそそのかしていくのである。

こうした文芸の例として興味深いのが、一九世紀前半から二〇世紀初頭までくりかえし人気を集めた「朝顔日記」という物語である。一八世紀後半に産まれた司馬芝叟の『蕣』という口承文芸を素材に、一九世紀初期に読本（読本『朝顔日記』（文化八（一八一一）年））のかたちで刊行された朝顔日記は、すぐに歌舞伎（『けいせい筑紫つまごと』（文化一一（一八一四年）年初演））や浄瑠璃（『生写《しょううつし》朝顔話』（天保三（一八三二）年初演））に翻案されることで熱狂を呼んだ。さらに合巻『朝顔物語』（嘉永二（一八四九）年）や演劇や書籍のかたちで変奏されることで、朝顔日記は明治にまで及び長く愛好されていくのである。[12]

　メディアやジャンルを横断したこうした朝顔日記の人気は、まず何よりそれがスケールの大きな恋愛劇をくりひろげたことに関係していた。[13] 肥後の脱藩浪人「阿蘇次郎」は致仕と出仕のために熊本から鎌倉に及ぶ上下行をくりかえし、その阿蘇次郎を求め、筑紫太宰の秋月弓之助の家老の娘「深雪」は、盲目の芸人「朝顔」と名を変え出奔する。問題は男女がそのようにたがいに求めあう恋愛を描く物語が、いまだ珍しかったことである。佐藤忠男によれば、歌舞伎を代表とする伝統的な物語のなかで恋愛は、若いやさ男としての「二枚目」がかかわる危険な遊びとして描かれたにすぎない。通常主役となる「立役」は、政治や軍事にかかわる男だけの世界を真剣に生きることが立派とされ、その妨げになる恋愛にかんしては、受動的に惚れられることしかせいぜい許されていなかった。[14]

　内山美樹子によれば、浄瑠璃においても恋愛が積極的に、また相互的なものとして描かれなかったことは同じである。たとえば時代物で恋愛は、「天下国家の安否に関わる壮大な物語の展開」に「織り込まれ」た二次的な内容にあくまで限定される。また近松的な世話物においてさえ、恋愛は「現実の桎梏、金銭等の重圧」に押しつぶされる暗い悲劇として描かれたにすぎなかった。[15] それに対して内山によれば、朝顔日記は阿蘇次郎と深雪の恋愛を積極的な主題としていち早く打ちだしたことで特徴的だった。たしかに儒学者にもかかわらず船上から深雪の強奪を試みるなど、朝顔日記のなかで阿蘇次郎は真面目な主役でありながら、同時に女性の愛情に真摯に応えるそれまでにない男性として設定されているのである。

以上のように恋愛を男性も参加する出来事としてそれ自体主題的に取り上げたことにおいて、朝顔日記を近代のメロドラマの先駆的事例とみなすことができる。*16 朝顔日記以降およそ一五〇年のあいだ、『金色夜叉』（明治三〇〜三五（一八九七〜一九〇二）年）、『愛染かつら』（昭和一二〜一三（一九三七〜三八）年）、『君の名は』（昭和二七〜二九（一九五二〜五四）年）など、メロドラマと総称される恋愛を中心とした物語がくりかえし人気を集めていく。それらメロドラマが女性を中心に多くの支持を集めたのは、ひとつには、家を中心とした社会構造が二〇世紀前半に至るまで拡大されつつ維持されていたからである。武士や上層の町人をモデルとした家父長的家の関係は、明治以降、国家からの後押しを受け、少なくとも規範的な水準では庶民にまでむしろ浸透していく。*17 それを逆説的な土台として、メロドラマは人気を呼んだ。婚姻が家を主体とした交換にあくまで留まったのとは異なり、少なくとも一時的にはその家から離脱する恋愛を理想化することで、メロドラマは女性たちに家を逃れる希望をみせていったのである。

実際、板坂則子によれば、文化の末期より浮世絵のなかで公家や大名家の女性や遊女たちに代わり、読書をリラックスして楽しむ一般町人女性の図像が目立ち始める。*18 その女性たちがおもに愛好したのが、『春色梅暦』などのメロドラマ的文芸だった。それらの物語を読みながら、女性たちは家の拘束から解放してくれる出会いを夢想していったのである。

それは恋愛を主題とする『朝顔日記』でも同じである。ただしメロドラマは、恋愛だけを描いたわけではない。そもそも自由な恋愛を幻想としてであれ夢みることができたのは、家を貫通し、その外部で生きることを促すさまざま商品、メディア、都市構造がその時代に活性化されていったためである。たとえばメロドラマは、路地や劇場、観光地、職場など家の支配が及ばない都市の雑踏をしばしば重要な舞台として取り上げる。朝顔日記でもそうであり、京都・宇治川の蛍狩りという『都名所図会』（安永九（一七八〇）年）にも取り上げられた流行のイベントが、阿蘇次郎と深雪が出会う舞台として配置されている（図3—2）。老若男女が集まる流行の場を背景とすることで、メロドラマ的文芸は家の枠を離れた男女の偶然の出会いを現実的なものとも、またあってもよいものともみせるのである。[19]

それと似通った役割をはたしたのが、流行のモードである。朝顔日記でも、「露のひぬまのあさがほを、てらす日かげのつれなきに、あはれ一村雨のはら〳〵とふれかし」[20]という朝顔を題材とした唄をきっかけに、阿蘇次郎と深雪が恋に落ち、その後もその唄の描かれた扇が二人の出会いと別れを導いていく。

そうして朝顔がストーリーを進める重要な小道具とされているのは、そのはかなさといった自然的な特徴以上に、それが多数の人びとを巻き込む流行の対象としてもてはやされていたことが大きかったと考えられる。本書の冒頭でも触れたように、文化・文政年間、嘉永・安政年間と二度に渡り、江戸や大坂、名古屋などの大都市を中心に、朝顔は大きなブームになっていく。そうしたモード的商品をもちだすことで、朝顔日記は、流行りの場所同様に、個々の家を貫く欲望の対象が潜んでいることを照らしだす。家が取るに足らないものと無視してきた日常世界にも、多くの人びとを熱狂させる対象があることをそれは教えるのであり、この朝顔という流行の対象を比喩として、その物語は家の秩序をはみだしおこなわれる二人の浮薄ともいえる恋愛を正当化していくのである。

こうして朝顔日記は流行物としての朝顔を活用し、家を越える恋愛を魅力的なものにみせていくが、ただしそれだけではなく、逆に朝顔日記が朝顔の人気にそもそも火をつけた可能性も考えてみる必要がある。朝顔の流行の発端はくわしくはあきらかではないが、文化三（一八〇六）年の江戸大火後、下谷でみられたという空き地での朝顔づくりを遠因として、[21] 文化一二（一八一五）年に大坂で『花壇朝顔通』や『牽牛品類図考』などの図譜が出版されるまでのあいだに流行を本格化させたとみられている。[22]

興味深いのは、ちょうどこの流行の離陸期が、朝顔日記の普及の時期に重なることである。文化八（一八一一）年に読本『朝顔日記』が出版され、文化一一（一八一四年）年に、それが歌舞伎『けいせい筑紫つまごと』に翻案される。こうした朝顔日記の人気が、たしかに朝顔の意匠を流行現象として押しあげたことが確認される。深雪を演じた役者が背負っていた琴が「朝顔琴」として注目を集め、「櫛簪團扇子縫模様染模様朝顔ならずと云事なし」といった事態が生じたといわれている。[23] こうして朝顔が人気の記号になったのは、朝顔日記が朝顔に家を越えた恋を導く超常的な力を割りあてていたためといえよう。朝顔は二人の恋愛を導く重要な小道具とそこでされているのであり、それを踏まえ、いわば都市生活の護符として扇子や小袖に朝顔をあしらう流行も産まれていくのである。

図 3-2　宇治蛍狩りの図：『都名所図会』巻五、二〇一二年六月二九日取得、http://www.nichibun.ac.jp/meisyozue/kyoto/page7/km_01_465f.html

　この意味で朝顔日記を、朝顔の流行に火をつけた一種の「広告」と考えてみる必要がある。引札や貼り紙が、家の節制の論理を超えて薬や化粧品の消費を誘惑したのと同様に、朝顔日記は路傍の花としてそれまで家が等閑視してきた朝顔を特権的な記号に変えていく。そうしてその物語は、朝顔をいまここで愛でられるべき消費の対象として人びとへと誘惑していくのである。

とはいえ朝顔日記だけを、朝顔の魅力に人びとを目覚めさせた特権的な広告とみなすことはできない。より長い時間をかけ、朝顔が価値を緩やかに高めてきた痕跡も確認されるためであり、それを端的に示すのが、朝顔の色やかたちの増加である。最初期の園芸書といわれる『写本　花壇綱目』（寛文四（一六六四）年成稿）では、朝顔は浅黄に加え、白色にかぎられていた。*24 それに対し、その約半世紀後の貝原益軒の『大和本草』（宝永六（一七〇九）年）では淡青、深青、白、紫の朝顔、小朝顔では紺・白・碧・紫の花が言及され、*25 さらに半世紀後の平賀源内の『物類品隲』（宝暦一三（一七六三）年）では、「数十ニ及ブ」「花色」や、「重辯」の「奇品」について触れられている。*26 そうして朝顔の色を見分ける微細な関心が膨らむことに並行して、変化した花や葉をつくりだす積極的な努力も朝顔に注がれていったのである。

こうした朝顔への関心の拡大の土台になったのは、ひとつに園芸趣味の拡大である。一七世紀後半以降、都市の住まいを飾るために多くの庭木や草花がさかんな栽培や売買の対象となる。家を飾るいわば装飾として庭木や草花は活用されたのであり、この園芸趣味の拡大のなかで朝顔に対する関心も高まり、結果として多様な変化も産みだされていく。

ただしそれだけではなく、園芸趣味の拡大の根拠としても、植物を対象とした園芸書や図譜、図鑑の発達が大きな役割をはたしていったことが見逃せない。これからみていくように、『本草綱目啓蒙』（享和三～文化三（一八〇三～〇六）年）や、『本草図譜』（文政一三～天保一五（一八三〇～四四）年）を頂点として、一七世紀末以降、動植物の特徴を精緻に評価する本草学的書や図譜が多数つくられる。それらの書や図譜は、薬効や食べられるかといった有用な特徴を記述するだけではなく、動植物の目にみえるさまざまな性質に光をあてるという性格をもっていた。そうした書や図が出版産業の成長と歩調を合わせ成長していくなかで、それをいわば遊戯的に模倣しつつ多様に変化した朝顔を集め記載する図鑑や図譜まで、一九世紀初期にはつくられていくのである。

朝顔の魅力を高めたというならば、これらの長期にわたって形成された本草学的な記述や図こそ、より根本的な「広告」として考える必要がある。出版産業の成長に後押しされ、植物の多様な色やかたちのちがいを明確化する記述や図が約一世紀かけて産まれるのであり、それが朝顔に多彩なちがいを見出していくことを誘惑する。朝顔日記も、マクロにみれば、こうした朝顔への関心の拡大を暗黙の土台としていた。朝顔に既存の美的秩序を破る美をみいだすこれら多数の記述や図を踏まえ、そもそも朝顔日記も朝顔をその物語の中心に据えているのである。

この朝顔を代表として、本章は一八、一九世紀初めの都市に現れては消えていった、とくに「自然」にかかわる流行の推移やその社会的意味を探る。朝顔だけではなく、一八世紀後半以降、万年青や花菖蒲などの園芸植物、また金魚や鶯の小動物や昆虫や貝や石などが次々と人気を集め、ときには高値で購買されていった。それらの流行の足場となったのが、朝顔同様、本草学的な記述や図、その養育を説く指導書、浮世絵など絵画の発達である。『長者教』を極端な例として、重宝記や貝原益軒の書など家の確立に仕える多数の書籍が産まれていくことを先にみた。しかし家にとって有用な情報ばかりが流通したわけではない。引札や貼り紙、文芸以外にも、薬草学としての本草学を母体にしながら、かたちや色彩といった感覚的快楽にかかわる動植物にかんする知や情報も膨らんでいく。そうして家を凌駕する知の展開が、多様なモノに対する関心を高め、それらを消費の対象へと押し上げていったのである。

この意味で一八世紀以降の都市における消費の展開を、しばしばそうみなされるように、貨幣流通の増加や流通機構の整備、村を基盤とした生産活動の発展を土台にしたものとだけ論じてはならない。朝顔の場合に顕著であるように、何が人気を集め、どう消費されていくかは、貨幣や商品の多寡だけではなく、文芸や博物学的知の言葉などのメディアの具体的な後押しや都市の集団の生活形態に応じて重層的に決められるのである。

一八世紀以降、都市の日常生活のなかで深さと複雑性を増していくこうした消費実践の具体的な厚みを分析することが、本章の課題となる。本草学を中心とする記述の言葉やイメージが独自の成長を遂げることで、既存の秩序のなかでみすごされてきた些細なモノにも価値がみいだされていくのであり、それがいかに都市の消費とかかわり、また都市生活をどう変えていったかを、本章では具体的にあきらかにしていきたい。

2　植物と図像

1　モノへの関心

近世都市にこうして自由に享楽される対象が増加していくことを理解する上で、一七世紀後半から一八世紀全般にかけて日常の事物に対する知的、または享楽的関心が大きく膨らんでいくことを見逃せない。それまで沈黙の暗闇のなかに置かれていた動植物や昆虫、貝や石に突如、光があてられ、その特徴やちがいにこだわる雄弁な語りが紡がれ始める。それを土台としてそれらのモノを買い、集め、鑑賞する匿名の営みも静かに拡大していくのである。

こうした語りの増大が目立ったのは、まず農作物やそれをつくる方法について解説する農書においてのことである。元禄前後の時代、『会津農書』（貞享元（一六八四）年）や『百姓伝記』（延宝〜天和年間（一六七三〜八四年））をはじめ多くの農書が全国各地で続々と書かれ、また読まれていく。[*27] これらの農書は、①それまで暗黙知とされてきた農業技術をわかりやすい言葉で言語化したこと、さらには、②稲作に限定されず多様な農作物の特徴や作法を詳細に取りあげたことで共通していた。

たとえば農書の代表とされることが多い宮崎安貞の『農業全書』（元禄一〇（一六九七）年）でも、稲作は特権的な対象とみなされていない。「農人其所のあしきならはしにしたがひて、利潤なく地にあはぬ穀物をしいて作る誤りも所々ある事なり。かならず土地の宜きを能くはかりて、四木等を始とし品々委しく考へて利の多き草木を栽ゆべし[*28]」といわれるように、稲作に固執せず場合に応じてさまざまな作物を栽培し、それによって「利潤」を追求する主体となることが勧められる。そのために『農業全書』は穀物、野菜、木綿や菜種などの多様な作物の特徴や栽培法を、精力的に紹介しているのである。

こうした記述形式を農書がとった理由として、通常は農家を取り囲む経済的、政治的環境が注目される。一八世紀初頭には稲作は全国的規模にまで拡がるが、それと同時に商品作物の作付けも活発化する。都市の庶民的経済の発展と「米価安諸色高」の傾向に後押しされ、綿花や野菜、煙草などの商品作物の需要が高まり、その栽培が有利になったためである。そのなかで、農書の必要性も高まる。多様な作物を利潤を勘案しながらつくるためには、家を枠組みとした旧来の伝統やしきたりに従うだけでは充分ではなかった。だからこそそれを補う多様な農作物についての知識を授ける農書が、熱心に読まれていったのである。*29

政治的、経済的安定のなかで百姓たちが識字能力を上昇させていくこともそれを後押ししたが、ただしこうした経済構造の変化や識字率の向上だけから、農書の発達を完全に説明することはできない。多数の農作物を並列的に記述するという特徴を農書はしばしばみせるが、そうした記述形式は農書だけに限られてはいなかったためである。多様な園芸植物の特徴を解説する園芸書（『花壇地錦抄』（元禄八（一六九五）年））や、多数の食物を取り上げる書（『本朝食鑑』（元禄八（一六九五）年））、さらにはモノや人事を網羅した『訓蒙図彙』（寛文六（一六六六）年）や『和漢三才図会』（正徳三（一七一三）年）といった百科辞典的書物など、数多くのモノについての情報を並列的に並べる書物が、領域を横断して一七世紀後半以降、多数つくられていく。それらの書は重宝記や、『和俗童子訓』（宝永七（一七一〇）年）や『養生訓』（正徳二（一七一二）年）など貝原益軒の諸著作――『農業全書』も貝原益軒の序をもつ――に並び、家にさまざまな知識を授けるものとして人気を集めたが、そのなかで、多くのモノを並行して記述する形式がしばしば採用されているのである。

ではなぜ農書だけではなく、こうしてより一般的にその時代に特有の記述形式が展開されていったのだろうか。その理由として重要になるのが、まずマクロにみれば都市の成長である。一七世紀に河川や湾岸、道路の整備がなされ流通網が確立されることで、米を中心とした大量の商品が都市に集まるとともに、地方の事物にかかわる情報も流れ込む。それを踏まえ数多くのモノやコトを知っておくことが、都市の家や村の富家の社交や商売のために大切になった。

しかしそれだけではなく、より本質的には、事物を並べその特徴を捉える記述形式の発達が、東アジア的知の形式の変動に根ざしていたことが重要になる。よく知られているように、植物を代表とするモノを記述する中心的な知の形式としての本草学に一六世紀以降、大きな変動がみられた。核心に位置したのは、李時珍によって編纂された『本草綱目』（一五九六年）である。『本草綱目』は特権的な中心を解体し、モノをあくまで並列的に捉えることで、それまでの記述形式を刷新したのである。[*30]

そもそも本草学は、『神農本草経』以来それまで、上・中・下の「品」にモノを分けることを基本としてきた。人間の身体に及ぼす薬効的作用の大小に従い、動植物を階層的に配置し、その序列を定めることが薬草学としての本草学の大切な務めとみなされてきたのである。

それに対して『本草綱目』は、第一にこの階層的な「品」を解体し、代わりに一六綱六〇目のあらたな自然分類的体系を定めたことで特徴的である。薬効を中心に割り振られてきた上下のちがいは抹消され、モノはその性質に従い、並列的に配置される。この分類は、たしかに完全なものではなかった。草の「目」の分類に「生態・形態・芳香・薬性・自然群[*31]」が雑然と入り交じるように、とくに事物に近づいた下位分類ではしばしば恣意的な場合分けも目立つ。とはいえこうした混乱は、一方では自然分類が徹底されたことの証拠ともいえる。分類の整合性以上に、動植物の具体的な特徴にできるだけ忠実であることが重視された結果として、ときに体系化しがたい分類も産まれたのである。

第二に特徴的だったのは、『本草綱目』が、対象を根底から縛ってきた通時的な制約を解体したことである。それまで本草書は、先行する解釈にあらたな解釈を地層のように積み上げていくことを基本としてきた。解釈に別の解釈が積み上げられることで、モノはしばしば検証やジャンル分けなしに、複数の解釈を混交させる複雑かつ矛盾した厚みを纏わせられてきたのである。この不透明さこそが、いわば知の豊かさとみられてきたのだが、『本草綱目』は、この解釈の年輪を解体し、あくまで眼前のモノを中心とした記述を積み上げる。[*32] 以前の本草書ももちろん参照されるが、その場合も既存の解釈は、モノにかんする個別の情報の水準にまでまず断片化される。その上でそれらの情報は、あくまで眼前のモノを特権的な中心として取捨選択され、再配置されていくのである。

こうして『本草綱目』は現実にあるモノを中心としたあらたな記述の厚みをつくりだしていくのであり、そうした『本草綱目』の出現は、日本でも衝撃として受け入れられた。まずそもそも日本へのその移入が迅速だった。中国での出版から一〇年経たない慶長九（一六〇四）年には、『本草綱目』はすでに日本に到来し、[*33] 倭刻も寛永一四（一六三七）年には始められているのである。[*34]

『本草綱目』は、そうして本草学のなかで一種の聖典としての地位をいち早く確立したが、さらにそれに倣い、多数の対象にかんする情報を同様に編纂していく試みも約一世紀かけ成長していく。その最初の大きな成果となったのが、貝原益軒による『大和本草』（宝永六（一七〇九）年）の編纂である。『大和本草』は、『本草綱目』同様に多数の動植物を並列的に配置し、その特徴をそれまで以上に詳細に記述することに力を注いだ。そのあたらしさを理解するためには、『和名類聚抄』（九三一～九三八年のあいだ）以来、日本の本草学が、漢名で表現された薬草に対応する植物を確定することに努力してきたことを知っておく必要がある。漢名に対応する日本名を同定し、薬草の採集や使用に役立てる「名物学」的実践が、本草学の基本的な任務とみなされてきたのである。[*35]

それに対して『大和本草』は、対象の性質をみずから観察し、詳細に記述することに力を注ぐ。『大和本草』の序文では、日本には「方言」というかたちでモノに多くの「名称」が存在しているが、それに惑わされずモノの「形状」を「察識」することが大切であると説かれている。[*36] 言葉にこだわる以上に、モノの目にみえるかたちが重視されていくのだが、それは理論的にそう考えられただけではない。『筑前続風土記』（宝永六（一七〇九）年）の序文によれば、益軒は実際に「國の内を里ごとにあくがれあるき、高き山に登り、ふかき谷に入り」[*37]、植物を中心としたモノの採集に努めたという。それがどこまで徹底されたかは別としても、既存の解釈を再解釈するだけではなく、あくまでフィールドワークを前提として、観察をもとに眼前のモノの特徴を丹念に説くことを、益軒は理想としていたのである。

益軒だけではない。『大和本草』以降も、多数の動植物を並列的に並べ、その特徴を詳細に記述する企てが数多く試みられる。公式の知から無視されてきた多数の動植物が、しばしば権力の後押しを受け、記述の正当な対象へと組み込まれる。その最大の成果となったのが、丹羽正伯の試みである。幕府の採薬師として仕官した丹羽正伯は、稲生若水が始めた『庶物類纂』（元文三（一七三八）年）の編纂を引き継ぎ完成させるとともに、享保九（一七三四）年より諸藩に命じ天産物の大規模な調査を実行した。未完成に留まったとはいえ、この調査はその質量において前人未到の試みとなった。[*38] 幕府の力を利用し多くの人員を組織的に動員することで、それまで充分知られてこなかった諸国の産物についての膨大な情報が体系的に収集されたのである。

こうした幕府や諸藩の物産調査を押し進めたのは、ひとつに富国化を目指した殖産的志向である。米価安の傾向が目立つなかで有用な産物をみつけ、価格制御権を維持したまま、それを専売化することが、藩経済を活性化する大切な手段とみなされた。その企ての一例として、たとえば吉宗政権下では朝鮮人参の栽培の可能性が探られ、元文二（一七三七）年にはついに田村藍水の手によって、その国産化が達成されたのである。[*39]

しかし諸産物への関心を、経済的動機だけに還元することもできない。そもそも多くの調査で、有用物に留まらない対象に対する関心もみられたからであり、たとえば丹羽正伯の諸国物産調査でも、「食用成り申」[*40]さない獣類、虫類蛇類などの探索が命じられ、また見知らぬ珍奇な対象に対しては、追加の絵図や説明の提出がわざわざ求められている。この意味では産物調査の動機として、多様なモノを観察しその特徴を記述する好奇心の介在を無視できない。『本草綱目』の成立を土台にして、一八世紀以降の日本には多様な対象を並列的に配置し、その特徴を詳細に捉えることへの関心が膨らんでいく。複数領域を横断し、それまで等閑視されてきた日常世界のモノを記述することそれ自体が知の重要な関心の対象とみなされていくのであり、それを前提として、ときには権力の要請とむすびつきながら、農書や園芸書、百科事典的書物など対象を精密に捉える記述がさかんに産みだされていったのである。

2　像としての植物

こうして動植物から多様な道具や人工物に至るまで、領域を超えモノを詳細かつ並行的に記述することに向けられた関心が、一七世紀後半から一八世紀初めにかけて発達する。しかし重要になるのは、そうした関心がたんに『本草綱目』を反復するだけのものに留まらなかったことである。そもそも『本草綱目』のように事物を並行的に記述するだけでは、いまだモノの有用性に対する関心に縛られていたともいえる。薬効を特権的なものとみる見方は相対化されているとはいえ、食用や産業のための事物の有用性をみいだすことがあくまでここでの賭金になっているためである。だからこそ農書を代表に、『本草綱目』を範例としてつくられた百科辞書的記述は、家が備えておくべき知識をあたえるものとして、重宝されていく。

しかし一八世紀には、家の関心をはみだすモノに対する独自のまなざしも育っていく。結論を先取りすれば、『本草綱目』の体系を踏み外したこの関心こそ、日本におけるモノの記述に特別の厚みを形成すると同時に、その後の消費の展開に影響を及ぼす大きな力になったのである。

こうした日本におけるモノに対する関心の第一の特徴となるのが、『本草綱目』に満足せず、それを凌駕する規模でモノの記述が進められていくことである。『本草綱目』が無視した対象を取り上げ、またそれまで知られていなかった特徴をより詳細に記述することにいっそう力が注がれていく。たとえば『大和本草』は、「天下之品物無窮、本草綱目所載、止一千八百餘名而已」[*41]と、天下のモノは「無窮」であるのに対し、『本草綱目』がわずかのモノしか取り上げていないことを批判する。この「無窮」のモノに近づくために、『大和本草』は、実際『本草綱目』が取りこぼした日本産三五八種、南蛮、オランダ産の二九種のモノを追補していく。他方、時代は下るが、小野蘭山による『本草綱目啓蒙』(享和三〜文化三(一八〇三〜〇六)年)は、『本草綱目』の記述を吟味・訂正し、諸々のモノの特徴をより精密に捉えることに力を注いだ。いわばここでは『本草綱目』の個々の対象についての情報が吟味され増補されているのであり、それらを例として日本のモノに対する記述は、質、量ともに拡大されていった。その結果、それは薬用やまたは食用になる植物だけではなく、多様な植物や動物がみせるときには些細な特徴に関心を拡げていくことで、徐々に薬草学の枠を抜けだし、一種の博物学的志向さえみせていくのである。

ただし厳しくみれば、対象とする事物や、それについての情報を増大させたことだけでは、日本の本草学は『本草綱目』を乗り越えたとはいえない。それは『本草綱目』を補う二次的な補遺に留まったことを意味するだけともいえるためである。実際、日本の本草学は、モノを関連づける分類をあら

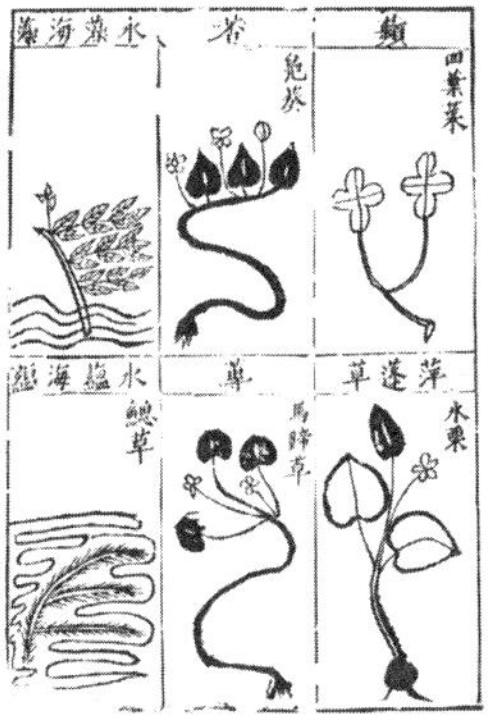

図 3-3　『本草綱目』図：宮下三郎解説『本草綱目　附図　上巻』春陽堂書店、一九七九年、一一八頁。

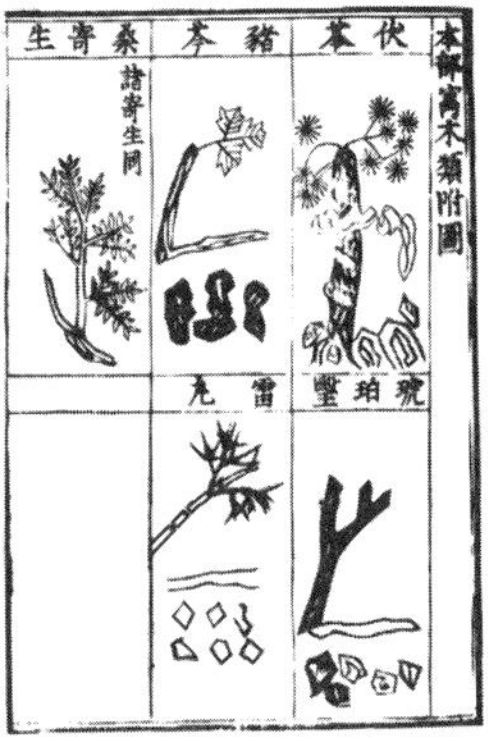

図 3-4　『本草綱目』図：宮下三郎解説『本草綱目　附図　上巻』春陽堂書店、一九七九年、二四七頁。

たに発展させなかったことにおいて大きな弱点をもつ。『大和本草』のように、「本草綱目品類を分つ可疑事多し」[*42]として、その修正に取り組んだ事例もみられる。しかし多くの場合、それも部分的な改定に留まったのであり、『本草綱目』を根本から組み替える分類はつくられなかった。この意味では、日本の本草学は、『本草綱目』が創始した知的空間の枠内であくまで展開されたともいえるのである。[*43]

だが見方を変えれば、分類に対する関心の不在は、日本の本草学の欠点をただ意味するわけではない。第二に、日本の本草学的関心の特徴として、むしろ既存の分類をアリバイとして利用したモノに対する独自の関心が育っていくことも観察されるためである。一八世紀以降、モノの色やかたち、大きさなどの視覚的特徴を精緻に記述することへの興味が拡大していくのであり、それを端的に示すのが、本草学書に付けられた図の精緻化と多数化、または図を主体とした多数の図譜の編纂である。植物における小野蘭山と島田充房による『花彙』(宝暦九～一三(一七五九～六三)年)、魚類を集める松平頼恭の『衆鱗図』(宝暦一二(一七六二)年以降)、九〇〇種以上の貝を収集した武蔵石寿の『目八譜』(天保一四(一八四三)年)などを代表に、動植物を精緻に描いた図を集める図譜が、一八世紀なかばから一九世紀初期にかけて数多く製作される。そうして精密かつ色鮮やかに図を描き集める実践が、本草学の知的営みのなかでしだいに大きな比重を占め始めていくのである。

もちろんそれまでの本草学においても、植物の図像が完全に無視されていたわけではない。既存の本草学書にもたしかにしばしば図が付けられてきた。しかし問題はそこでの図像の多くが、記述を助けるいわば副次的な図示（イラストレーション）の枠をでなかったことである。たとえば李時珍の息子たちが『本草綱目』につけたとされる図（図3―3）でも、一七世紀なかばに『本草綱目』が改訂された際に付加された図（図3―4）でも、植物の微細な差異が表現されているとはいいがたい。日本でも同じである。貝原益軒の『大和本草』でも附図が部分的に付けられているが、図に対する文の優位はここでも揺らいでいない。たとえば白粉花にかんしての記述では、「葉は鶏冠花に似て、枝節多く繁茂す。花は丁字の形の如く少長し。深紅色又黄花あり」[*44]とその外貌が精緻に描きだされるのに対して、図（図3―5）はその姿を簡潔に提示するにすぎないのである。

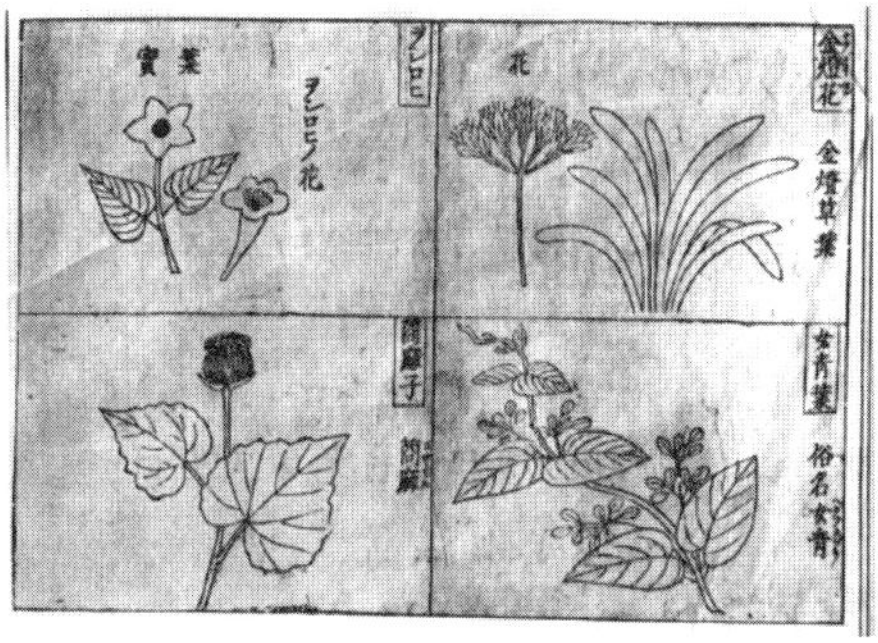

図3-5　『大和本草』図（白粉花）：貝原益軒「大和本草諸品圖上」益軒会編『益軒全集　巻之六』益軒全集刊行部、一九一一年、四五七頁。

その意味でここでの図は、文をわかりやすく示すための記号にあくまで留まっているというべきだが、しかしその後日本では、その枠を超えて図そのものに対する関心が急成長を遂げる。『広益地錦抄』（宝永七（一七一〇）年）、『地錦抄付録』（享保四（一七一九）年）、『草花図譜』（享保八～元文五（一七二三～四〇）年頃）などの園芸書を先駆として、動植物の形状や色を見分ける

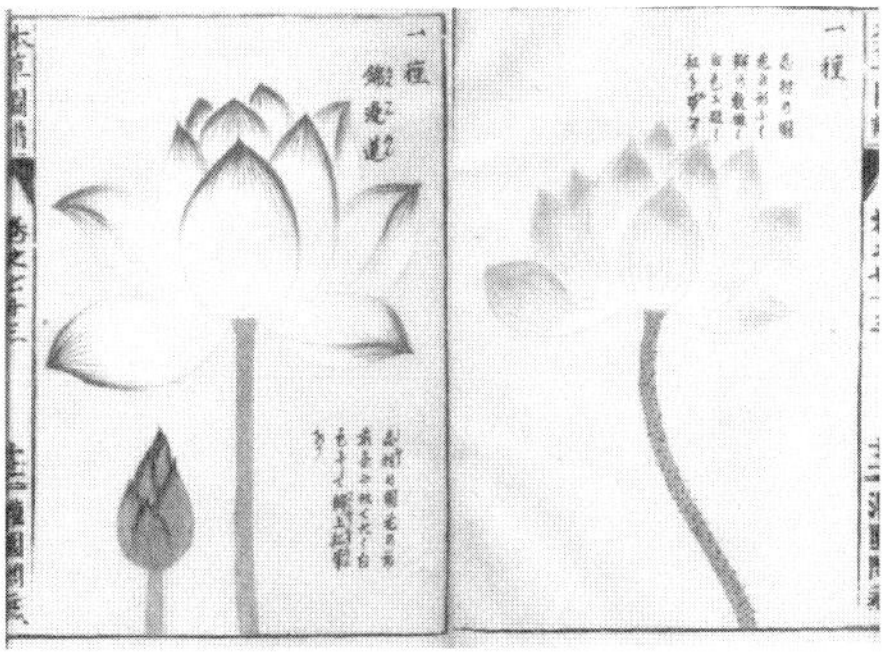

図 3-6　『本草図譜』図：岩崎灌園『本草図譜』第七三巻　果部、同朋舎出版、一九八〇年。

ためのイラストレーションの枠をはみだし、像（イメージ）をつくりだすことそのものに対する関心が以降、拡大していくのである。

その頂点のひとつになったのが、岩崎灌園によって編纂された『本草図譜』（文政一三〜天保一五（一八三〇〜四四）年）である。灌園は椿に一巻、蓮には数巻を割り当てるなど、植物の多様な変化を描く二〇〇〇に及ぶ図を収めた図譜を作成した（図3—6）。対象の選択や特徴の把握において、それは小野蘭山の『本草綱目啓蒙』を踏まえており、その意味では『本草図譜』も『本草綱目』の補遺（の補遺）に留まったといえなくはない。ただしそうした従属をいわば隠れ蓑にした図像への関心がそこにみられることが重要になる。『本草図譜』の草稿的性格を持つ『本草図説』の序（文化七（一八一〇）年）で岩崎灌園は、小野蘭山の『本草綱目啓蒙』を「其書形状詳ニトク」と評価しながらも、「草木ノ形状相似タルモノ少ナカラズ。微細、筆紙ニ説キガタイモノアリ」と批判する。それを補うために灌園は、植物を「山ニ採リ野ニ求メ」、図によって「形状ノ真ヲ模ス」ことに努めたという[*45]。つまり『本草図譜』における図への関心は、記述が無視した対象の特徴をより明瞭に把握するために自覚的に採用されていたのであり、逆にいえば、分類や説明文は『本草綱目啓蒙』に肩代わりさせるかたちでいわば省略されていたのである。

この『本草図譜』を代表として、一八世紀以降、動植物のかたちや色を捉えることが、本草学の取り組みのなかで有力な位置を占め始める。それを後押ししたのは、ひとつに絵画的な描写の技法の成熟である。すでに一七世紀後半には、狩野探幽による『草木花写生』や、狩野重賢による『草木写生』が編まれ、また一七世紀末から一八世紀初めにかけて近衛家熙による『花木真寫』がつくられている。それらのなかには精緻かつ色鮮やかな植物の図が含まれていたのであり、そこに示されているような植物の図像を描く技法の成長が、精緻な本草学的図譜の形成の前提になったことは疑えない。
ただし絵画的技術の発達が、本草学的図譜の展開のすべてを説明するわけではない。最大の問題は絵画的描写が、家を中心とした儀礼的目的に大枠で従うことで、対象選択や描写の技法の展開を厳しく制約していたことである。

図3-7　『花木真寫』図：源豊宗、北村四郎監修執筆、今橋理子解説『植物画の至宝　花木真寫』淡交社、二〇〇五年、六〇頁。

たとえば今橋理子によれば、近衛家熙の『花木真寫』（図3—7）は花木を詳細に描くだけではなく、その角度や描かれた花木の枝ぶりの選択においてその美を表現するように細心の注意が払われている。[*46] その意味で図譜は、みずから華道をよくした家熙の審美的な関心と深くむすびついていたといえる。第二章でみたように一七世紀以降、障子や畳などで外部と隔絶し始めた家の室内空間を飾るものとして華道が発展していく。[*47] 多数の新興の家の成長と並行したこうした華道的関心の膨らみを前提としつつ、その図譜はいわば家を飾るための花を審美的に記録し、または紙上に花をあらたに創造する試みとしてつくられていたのである。

図 3-8　『草木花写生』図:狩野探幽画、中村渓男、北村四郎著『草木花写生』紫紅社、一九七七年、二一頁。

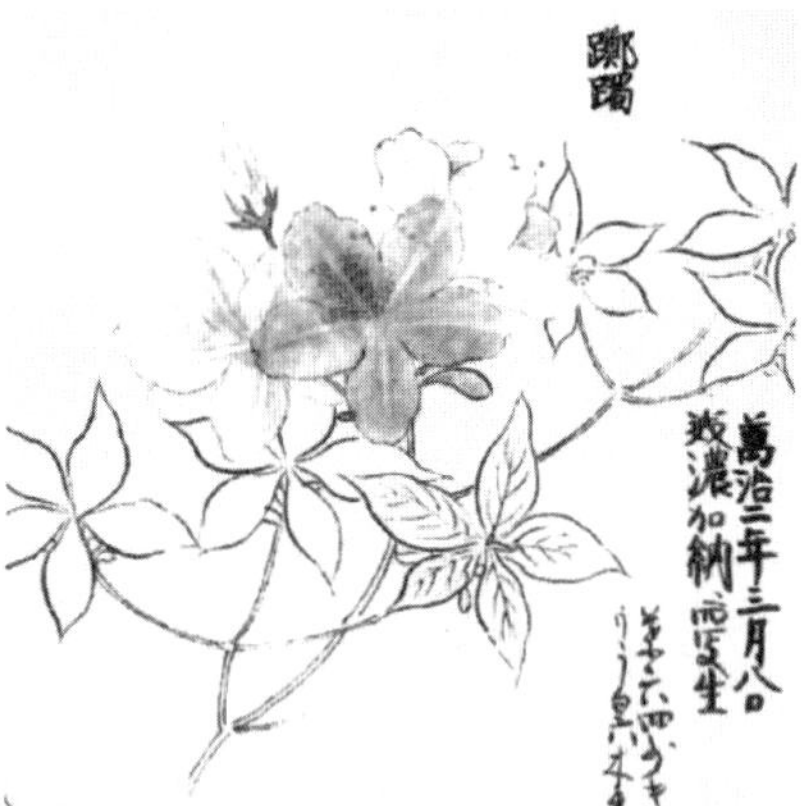

図 3-9　『草木写生』図:狩野重賢画、高岡一弥編、狩俣公介解説『草木写生　春の巻』ピエ・ブックス、二〇一〇年、五八頁

さらに一見私的な観察記録にみえる写生帳にも、家が支配する公的な美的秩序の深い影響が読みとれることは同じである。それを端的に示すのが、写生図における花への関心の集中である。たとえば狩野探幽による『草木花写生』や狩野重賢による『草木写生』では、図3—8や図3—9のように、花は優先して描かれ、また色づけられているのに対して、茎や葉は頻繁に省略され、場合によってはその着色さえ放棄——それは『花木真寫』でも同じだが——されている。加えてどの植物をどの順番で載せるかという基準そのものが、開花した花を中心に定められていた。両者の写生帳では、春、秋と植物の開花の時期に従って植物はグループ化され、またそれによって記載の順番が決められているのである。

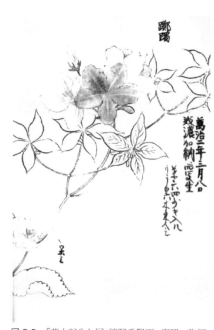

こうして描写の内容においても、対象分類の形式においても、それらの写生帳では花が中心を占めているのだが、それは写生帳が公的な絵画の要請する感性や論理に基本的に従属していたことを照らしだす。意図的であれ、そうではなくとも、写生帳は絵画の下絵として、いずれ家を中心とした政治的儀礼的空間を華麗に飾るものになることを潜在的に受け入れているのであり、そうして公的な美意識を下敷きとすることで、葉や茎に固有の関心は向けられていないのである。

それとは対称的に、本草学的図譜では花だけではなく、茎や葉を含む多様な細部がしばしば描写の中心に据えられている。それだけではなく、さらには奇形的植物や昆虫や石など、美的とはいいがたいモノまでが、そこではしばしば執拗な描写の対象となった。通常の絵画が中心に置かないそれらの対象を精緻に描くことで、本草学的図譜にはいわば公的な絵画の枠組みをはみだす知的かつ私的な関心が確認できるのである。*48

こうした本草学的図譜の描写の特徴をより具体的にあきらかにするためには、それゆえ同時代の絵画だけではなく、西欧の博物学において描かれた図像を対照することが役に立つ。そもそも日本の本草学的図譜には、西欧博物学の図像がつよい影響を及ぼしていた。たとえば初期にはブルンフェルス（Otto Brunfels ?〜一五三四年）やフックス（Leonhard Fuchs 一五〇一〜六六年）の博物書、後にはウエインマン（Johann Wilhelm Weinmann 一六八三〜一七四一年）の博物書から、多くの図が本草学的図譜へと転写されている。さらに一七世紀初めのケンペル（Engelbert Kaempfer 一六五一〜一七一六年）、一八世紀後半のツンベルグ（Carl Peter Thunberg 一七四三〜一八二八年）、一九世紀初めのシーボルト（Franz Balthasar von Siebold 一七九六〜一八六六年）など日本を訪れた学者やプラントハンターが直接、間接に本草学的図譜の成長に大きな影響をあたえたのである。

図3-11　フックス『植物誌』中の図：二〇一二年六月三〇日取得、http://gallica.bnf.fr/ark:/12148/bpt6k52359z/f122.image.r=De+historia+stirpium+commentarii+insignes.langEN.

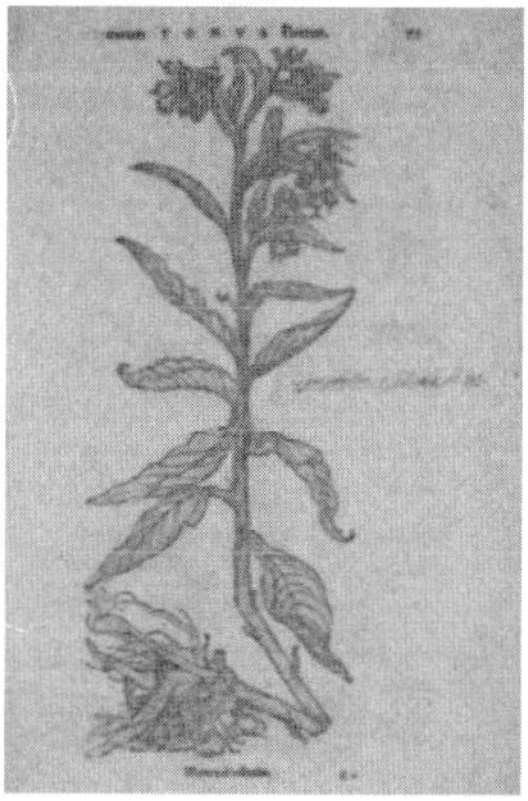

図3-10　ブルンフェルスス『本草写生図譜』中の図：二〇一二年六月三〇日取得、http://imgbase-scd-ulp.u-strasbg.fr/displayimage.php?album=174&pos=82.

しかし興味深いのはむしろ、それでもなお日本と西欧のモノに対する関心に根本的な溝が残ったことである。それを端的に示すのが、「クローズアップ」や「解剖」の技法の有無である。歴史を振り返れば、そもそも西欧でも一七世紀より前には、葉や実、花の微細なちがいを詳細に捉える技法は、植物図のなかで一般的だったとはいえない。ルネサンス以前の植物を擬人化した図像は当然としても、一六世紀のブルンフェルス（Otto Brunfels ？～一五三四年）の図（図3―10）、またより細密なフックス（Leonhard Fuchs 一五〇一～六六年）の植物図（図3―11）でも、細部は関心の中心的な対象を占めていない。植物図ではむしろ根を含め植物の全体像が基本的には描かれるのであり、それが縮尺を小さくすることで細部の明瞭さはむしろ犠牲とされているのである。

　そうして植物の全体像が描かれたことには、薬効を多く含む部位としての根を無視できなかったことに加え、[*49] ミクロコスモスとしての植物の全体が意味論的に重視されてきたことが大きかったと考えられる。根から葉や花まで含む植物の全体を描くことそれ自体が意味のあることとみられたのであり、だからこそ茎の途中で不自然に折り曲げられてまでも植物の全体像を描くことが執着される。その結果として、図像はしばしば見分けにくいたがいの類似像を構成さえすることになったのである。

図3-12　ボーアン『植物学百科事典』中の図：二〇一二年六月三〇日取得、http://gallica.bnf.fr/ark:/12148/bpt6k980044/f71.image.

図3-13　トゥルヌフォール『レバントへの旅』中の図：Tournefort, Joseph Pitton de, *A voyage into the Levant : perform'd by command of the Late French King : containing the ancient and modern state of the islands of the Archipelago*, D. Browne, 1718, 181.

しかし一七世紀以後、全体図以上に細部を詳細に描くことに重きを置く植物図が、突然、多数現れ始める。ボーアン（Gaspar Bauhin 一五六〇～一六二四年）（図3―12）を先駆として、たとえばトゥルヌフォールの画家になったオーブリエ（Claude Aubriet 一六六五～一七四二年）（図3―13）の図像では、前時代の描写の中心となった根は、しばしば躊躇なく斜めに切り落とされ、その代わりに花や葉の細部がクローズアップして描かれている。[*50] そうして植物の細部が詳細に描かれていくのだが、その典型となるのがリンネの画家ともなったエイレット（George Dionysius Ehret 一七〇八～七〇年）の図像である。たとえばそのマグノリアの図（図3―14）では、茎から下部は大胆に切断さ

図3-14　エイレット『植物精選百種図譜』中マグノリアの図：二〇一二年六月三〇日取得、http://www.illustratedgarden.org/mobot/rarebooks/page.asp?relation=QK41T68175073&identifier=0145.

れ、その代わりに大輪の花が拡大されている。それによって、とくにその中心の雌蕊と雄蕊がいびつなまでに大きく、また緻密に描かれているのである。

　こうした特殊な描写の形式が一般化した原因として、たんに個別の画家の審美眼の変化だけではなく、それ自体を支える植物にかんする時代的な知の変動について考える必要がある。[*51] 大切なことは、一七世紀なかば以降、博物学がさかんになるなかで、より精緻な分類体系を築くために、植物の細部に注目が寄せられていくことである。たとえばロベール（Mathias de L'Obel 一五三八～一六一六年）が葉に注意を向けたことを始めとして、ユンク（Joachim Jung 一五八七～一六五七年）は葉とその変型としての花、ジョン・レイ（John Ray 一六二七～一七〇五年）は実や葉を、またトゥルヌフォール（Joseph Pitton de Tournefort 一六五六～一七〇八年）は弁の集合体である花冠をそれぞれ分類のために特権視していった。[*52]

　なかでも話題を呼んだのが、リンネ（Carl von Linné 一七〇七～七八年）による二四綱の分類である。雄蕊や雌蕊を数えることですべての植物を分類できるというリンネの主張は、単純さと整合性、世代の再生産を担う生殖器を中心とした象徴性において、アカデミックな領域を超えた幅広い関心を集めた。[*53] 植物の描写もこうしたリンネの見方を代表とした分類体系の精緻化につよく影響され、変化していく。もはや植物は、全体として意味をもつミクロコスモスとして関心が寄せられているのではない。細部のちがいによって根本的に本質を変える厳密な同一性として植物は姿を現すのであり、だからこそちがいを可視的かつ可算的に示す花やその内部の雄蕊や雌蕊などが重視され、図像でもそれがしばしば拡大され、精緻に描かれていったのである。

こうして分類のシステムの展開と深く関係して、西欧の博物学における図像には、花の生殖器官を詳細に描く「解剖」や「クローズアップ」の手法が採用されていった。対して興味深いのは、一八世紀日本で描かれた画では同様の技法の発達がみられないことである。形状の微細な特徴が注目されなかったわけではない。しかしその場合も、特別に細部に焦点が絞られていたとはいいがたい。むしろ多くの場合、植物はあくまでひとつの連続体として部分が平等に眺められていくのであり、またそのまなざしは画面の外部にさえ及ぶ。下から上、または左から右へと植は画面をはみだして描かれることが多かったのであり、その結果として植物は、画面の外部まで成長を続けるひとつのプロセスとして描かれる。紙上に描かれた図像は、たまたまその植物の一部として可視化されているにすぎないのであり、むしろいかに画面の外部を想像させるかが、図像を活気のあるものにするかを決める重要な要素になったといえる（図3―15）。

図3-15 『本草図譜』中の図：岩崎灌園『本草図譜』第二九巻 蔓草類、同朋舎出版、一九八〇年。

こうした日本の植物図の特徴をより端的に示すのが、岩崎灌園の『本草図譜』における西洋由来の植物を描く形式である。『本草図譜』は、見知らぬ植物を描くためにたしかにウエインマン（Johann Wilhelm Weinmann 一六八三〜一七四一年）の『花譜』（一七三六〜四八年）――半数がエイレットによって描かれた[*54]――にしばしば依拠している。多数の図象が、そこから基本的にはそのまま精密に模写や複写されているのだが、にもかかわらず興味深いのは、あくまでその過程で特有の変形が反復されていることである。たとえばバニラ（図3―16）やチューリップ（図3―17）の図像が典型的である。それらの図では、まず明瞭に対象の姿を示すために原図（それぞれ図3―18、図3―19）から取捨選択された上で、対象の一部が切りだされ画面全体に描かれる。さらに興味深いのは、その過程で茎の切り口が、しばしば巧妙にフレームの外に隠されていることである。そうした操作によって、植物は原図のように全体の断片であることを隠され、地面から直接育つ、いわばいまだ生きた自然物であるかのように偽装されているのである。

こうして『本草図譜』は、植物の切り口を徹底して隠蔽したが、ではそれはなぜなのか。その理由を理解するためには、そもそも西洋博物学が描く植物が「死物」を理想していたことが重要になる。ミシェル・フーコーによれば、西欧の博物学では植物を同定するために障害となる色彩や動きは、図像から意図的に省かれる。[*55]移ろいやすい色やかたちは植物を同定する上ではむしろ邪魔になるのであり、だからこそ色彩や動きを欠いた「死物」としての標本こそが、博物学の最終的な準拠点になった。標本としての植物は、それ以上変化をみせない不動の同一点として、分類の安定した根拠とみなされたのである。

西洋の博物学的図像で、植物の切断や解剖がしばしばみられるのも、そのためである。あらかじめ「死物」としてある標本を前提として、その細部をより鮮明にみせるために余計な部分がしばしば切り離され、部分が迷うことなく切開される。そうした切断や解剖の記録として、植物の図にも「クローズアップ」や「解剖」の技法が多用される。この意味では、描かれた図像は、標本の二次的な模写物にあくまで留まったといえる。保管や移動、複製の困難な標本に対し、図像はその便利な代理物として利用されていったのである。

それに対して標本の日本への導入は、なかなか進まなかった。標本が一定の関心を集め、試作されていくのも、シーボルトが来日し、その技術を伝えるようやく一九世紀前半のことにすぎなかった[*56]のである。ただしこうした遅れは、たんに技術的な不足を原因としていたわけではない。「死物」としての植物がそもそも大きな関心を集めなかったことがより重要になる。それをよく示すのが、先にみ

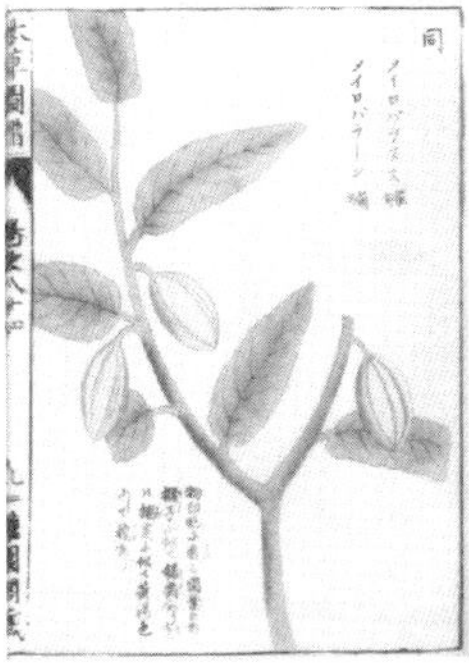
図 3-16 『本草図譜』中の図：岩崎灌園『本草図譜』第八四巻 喬木類、同朋舎出版、一九八一年。

図 3-17 『本草図譜』中の図：岩崎灌園『本草図譜』第七巻 山草類、同朋舎出版、一九八〇年

図 3-18 ウエインマン『花譜』中の図：二〇一二年六月三〇日取得、http://www.illustratedgarden.org/mobot/rarebooks/page.asp?relation=QK41W461737V3&identifier=0925.

図 3-19 ウエインマン『花譜』中の図：二〇一二年六月三〇日取得、http://www.illustratedgarden.org/mobot/rarebooks/page.asp?relation=QK41W461737V2&identifier=1005.

た岩崎灌園の『本草図譜』の西洋博物学図由来の図像である。植物の茎の切断面がフレームの外に追いやられることで、そこでは図が「死物」としての標本に由来するものであることは巧妙に隠されていた。結果として、植物はいまだ生き続ける自然物であるかのように装われる。それを一例として、日本の本草学的図像では、植物の生きられた像を鮮明に提示することに関心が注がれていったのであり、またただからこそ動きや色彩を欠いた「死物」としての標本はとくに必要とされなかったのである。

もちろん誤解してはならないが、こうした志向は日本の本草学の図像が、近代の写生信仰を先取りし、植物をありのままに捉えていたことを意味するのではない。たとえば本草学的図像で植物は、しばしば死から意図的に遠ざけられ、いわば抽象的な生の時間のなかに閉じ込められていた。そうして死から排除され、永遠に生き続ける植物とは、自然から切り離されたむしろ抽象物というしかないだろう。植物に施されたこうした人為的な操作の痕跡をわかりやすく表現していたのが、図譜に残された空白の背景である。本草学的図譜では多くの場合、植物は具体的な光や影、それが生きる環境から切り離され、空白の背景のなかで一定の活動的なかたちをとり続ける。外部の環境をもたないこうした植物の図像は、それが死や敵対的な外部の自然から遠ざけられ、静かな生の時間のうちに囲い込まれていたことをよく表現していたのである。

すぐれた図譜に、現物に匹敵する、または現物以上の価値があたえられたのも、図像がこうして人為的、また知的な構成物としてあったことと深くかかわる。肥後熊本藩藩主の細川重賢の昆虫図画が出羽久保田藩藩主の佐竹曙山によって模写され[*57]、逆に讃岐高松藩藩主の松平頼恭の「游禽図」が細川重賢の「游禽図」に複写され、さらに下野佐野藩の藩主堀田正敦の『堀田禽譜』に収められるなど、博物学的図にかかわる錯綜した模写や複写の関係が近年いっそう詳細にされつつある。[*58]

そうしてすぐれた図像は、大名を含む好事家たちの手を複雑な経路を取りながら手渡され、頻繁な模写や複写の対象にされたのだが、それは実物がしばしば手に入れがたいほど貴重だったからだけではない。渡来の動植物に留まらず、平凡な対象にさえ模写や複写がくりかえされたのは、それに加え、図像が逆説的にもいまだ生きている現物以上に、生き生きとした色やかたちを鮮明に提示していたことが大きかったと考えられる。光や影の影響を取り除かれ、また特徴を詳細に示すポーズのまま時間を止められることで、精緻な図像はあらたな図を作成するためのいわば現物以上にすぐれた参照項を構成する。それは対象がいまここに生きている姿を、ある意味では現物を越え鮮明《リアル》に表現したのであり、だからこそ現物を差し置き、くりかえしの模写や複写の対象とされていったのである。

以上のように一八世紀以来日本では、植物を中心とするモノをたんに集め分類するだけではなく、それをひとつの図像（イメージ）として鮮明に表現する活動が、知の営みのなかで大きな位置を占めていく。なるほどこうした図像への執着が、記述的な生物学の導入を阻害したという見方もある。[*59] この見方に一定の妥当性があるとしても、しかし最終的にはそれは知の目的を不当に狭めるものというしかない。一八世紀の動植物にかんする知は植物をいつでも変わらない普遍的な本質としてではなく、時と場合によって姿を変える可変物として具体的にあきらかにすることをいっそう重視していったのである。

たとえば多数の植物の奇品を集める『草木錦葉集』（文政一一（一八二八）年）を編纂した水野忠暁は、「草木を委《くハ》しく見定《さだむ》ることを欲《ほっ》せバ　先《まづ》草木の奇品《きひん》を会得《ゑとく》すべし」[*60]と記している。植物を有用性やその不動の同一性に基づき分類するのではなく、それが現実に生きる多様な分散状況のままに把握することがそこでの知にとって重要な目的とされている。だからこそ、そうした植物の多様な本質を写し取る最善の手段として、「生き生き」とした図像をつくることにむしろ多くの力が注がれていったのである。

それを一例として日本の本草学は、その出口において中国の本草学とも西洋の博物学ともちがった異形の姿をみせることになった。[*61] 先に日本の本草学は特有の分類体系を発達させなかったことについて指摘したが、ここまでみれば、それがたんに欠落を意味していたわけではないことが分かる。より多くの動植物の変化した姿を知り、それを可視化することが日本の本草学では特別の知的意味を担っていく。そうして日本の本草学は、『本草綱目』が創始した分類的枠組みを、いつの間にか有名無実なアリバイに変えるのであり、その代わりに、植物の可視的な像をつくりだすことがそのまま知識を深めることを意味するきらびやかな知的空間が、多くの人びとが気づかないままに静かに張りだされていったのである。

3 都市のイメージ化

1 イメージの森

こうして一八世紀には有名、無名の人びとによって描かれた動植物の図像が増殖していくが、ただしそれはたんに本草学的な知の空間の更新だけにかかわり実現されたわけではない。同時代には、浮世絵や錦絵などの絵画を代表に、モノの色やかたちなどを目にみえるイメージとして提示する諸メディアも興隆していく。多様な日常的事物をモード的対象として取り上げるこうしたメディアの展開と深くかかわり、本草学的な知的空間の変容も加速されていったのである。

そのことを具体的に確認するために、まず本草学の変化に、アマチュア的愛好家の参加が大きな役割をはたしていたことが大切になる。田村藍水やその門人平賀源内による東都薬品会（第一回（宝暦七（一七五七年）年））を先駆として、珍しい動植物や鉱物を集め、その図像を作成する会合が、一八世紀後半以降さかんに催される。[*62] 前田利保が主宰した江戸の赭鞭会や、水谷豊文を中心とする尾張の嘗百社などが著名だが、[*63] 本草学的図譜の多くも、これらの会のかかわりを母体としてしばしば作成されていったのである。

これらの会の特徴は本草学を専門としないアマチュア的愛好家がしばしば身分横断的に参加していたことである。それ以前、一八世紀初頭に『大和本草』を編纂した貝原益軒は医者であることをあくまで出発点として、薬草学としての本草学に関心を寄せていた。さらに一九世紀初めに『本草綱目啓蒙』を大成した小野蘭山も、専門の学者として本草学を講じていた。けれども次第に専門家だけではなく、秋田蘭画を主導した秋田藩藩主佐竹曙山、旗本の岩崎灌園、大坂の商人の木村蒹葭堂などのように、身分や階層を超えたアマチュアが本草学の探求に合流し、会を主導し始める。第二章で確認したように、一八世紀なかばに同好の士が集まる会が、酒宴を中心として身分横断的に催されていく。本草学の会もその一部として、身分や階層、そしてそれを支える家の序列を超えた拡がりをみせたのである。

動植物の外形や色が注目されたことにも、その一定の影響が及んでいたと考えられる。たとえば一八世紀後半から一九世紀のイギリスでも、博物学はアマチュアへと拡がり、それが彩色図譜の流行を後押ししていったといわれている。[*64] 素人の参加が、博物学を動植物の視覚的なイメージの探求のほうへと湾曲させる力になったのだが、それと同様に一八世紀日本でも、薬効をもつか、また食べられるかといった有用な特徴以上に、直接的に享受できる動植物の色やかたちが、アマチュア的好事家の参加とともに、徐々に注目を集めていくのである。

さらに好事家が、本草学的会に直接参加しただけではない。多様な対象を集め展示する娯楽が、同時代の都市では同時にさかんになっていたのであり、それが本草学的会の興隆のバックボーンになる。たとえば寺門静軒によれば、天保期（一八三〇～四四年）の江戸では、料理屋で「西洋の人同《ヲランウータン》」や「漢土の玳瑁竹《たいまいちく》」など「凡そ七千余種」の品物を集めた薬品会がしばしばひらかれ、多くの群衆を集めたという。[65] 加えてそれらまがりなりにも本草学的ないわれをもつモノを集めた薬品会や物産会だけではなく、孔雀や鹿などの動物を集めた見世物茶屋、寺社の出張開帳や門前町での菊人形や軽業師といった見世物や植木市なども、一八世紀以降多くの都市で人気を呼んでいった（図3―20）。たとえば川添裕によれば、文政二（一八一九）年の浅草の籠細工の見世物には、江戸の人口の半数から三分の一にあたる約四、五〇万人の客が集まったと試算されているのである。[66]

ではなぜ多様な事物やそれを描いた図像に、一八世紀の大都市の人びとはそれほどまでに魅せられていったのだろうか。ひとつにそれらが、日常生活に穴をあける珍しい窓となったためと考えられる。経済成長に伴い、都市には地方から多様かつ珍しい商品や事物が集まり、さらには異国から珍奇なモノが続々と移入された。例を挙げれば、一八世紀後半から幕末にかけて、蘭やパイナップル、ダリア、コスモスなどの植物や虎や象やラクダなどの動物が次々と紹介されたことが記録されている。[67] それらの珍奇なモノは、それを集める都市の経済力の成長を表現すると同時に、その都市に外部が存在することを告げ知らせる具体的な証拠として役立てられる。都市の日常は、表面的には家を中心として変わりなく再生産され続ける。しかしそれらのモノは、都市がみしらぬ外部に接し、だからこそつねに変革の可能性に接していることを感覚的に教えたのである。

ただし変わった事物だけが、もてはやされたわけではない。より注目されるのは、何の変哲もない日常の風景やモノも、多くの人びとを惹き寄せていくことである。その代表になるのが、都市の風景を図像化し解説を付した図会の流行である。『都名所図会』(安永九(一七八〇)年)や『江戸名所図会』(天保五～七(一八三四～三六)年)など、都市の風景を描く名所図会が一八世紀後半から一九世紀前半にかけて数多く売りだされていくことになった。

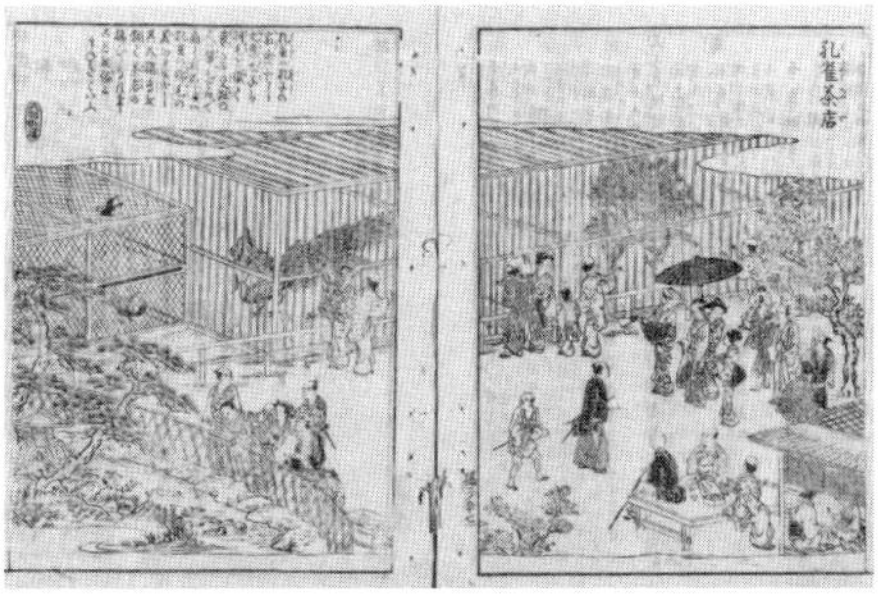
図 3-20　孔雀茶屋の図：秋里籬嶌『攝津名所圖會』第二巻、森本太助、一七九八年、二〇一二年六月三〇日取得、http://dl.ndl.go.jp/info:ndljp/pid/2563460.

たしかにこれらの名所図会も、まずは都市の目新しい様子を外部の人びとに伝えるものとして人気を集めた面をもつ。多くの名所図会が都市を訪れた観光客に買われ、土産として都市の風物を伝えることに役立ったといわれている。[*68]

しかしそれだけではなく、名所図会が、都市民が自分が暮らす都市の魅力を再確認する媒体《メディア》として働いた面を見逃せない。そもそも名所図会は、著名な寺社や自然など観光客向けの著名な「名所《などころ》」ばかりを記載していたのではない。名所図会は、都市の住人たちが過ごす町方や場末の町の何気ない日常の風景を数多く採録する。たとえば千葉正樹によれば、『江戸名所図会』も最大の「名所」としての江戸城も遠景に一度ぼんやりと描くだけだった。対照的に江戸古町を中心に町方や場末の町はむしろ丁寧に、また数多く捉えられる。[69]それを一例として名所図会は、観光地と少なくとも同等の比重で街の日常を精密に描くのであり、そうして普段はみすごされている風景を、みるに値する図像として人びとに提示していったのである。

この意味で名所図会には、同時期に流行した数多くの都市絵画との一定の共通性をみることができる。一八世紀なかばの錦絵の開発を代表に、浮世絵の技法的な革新が進む。それを踏まえて、一九世紀初期には、葛飾北斎や歌川広重らの都市の日常の風景を斬新な視角から描く風景画的浮世絵が人気を集める。名所図会はそれらの浮世絵と同様に、都市をもう一度あらたな目で見直すことを求めた。名所図会は俯瞰という非日常的な視点から都市の風景を再構成し、またそれに紙の上で独自の隣接関係をあたえることで、日常のありふれた風景をもう一度みるに値する場所として見直すことへと都市民を誘うのである。

こうした浮世絵や名所図会の発達を後押ししたのは、ひとつに一七世紀末以降の出版物の拡がりである。出版産業の成長は、家に有用な教訓書や救荒書を流行させただけではなく、先にみた引札や貼り紙、文芸に加え、名所図会や浮世絵などの印刷物を大量に普及させていく。それらは人びとがみすごしてきた日常にみるに値する価値物が潜むことを教えることで、庶民にまで人気を集めていったのである。

さらにそれらの印刷物のみならず、同時代には日常の事物をスペクタクルに変える、より具体的な装置の展開もみられた。たとえば見世物茶屋、寺社の出張開帳や門前町の縁日のにぎわいは、都市に集まる事物を同様に注視すべき対象へと変えていった。細工見世物がそのよい例となる。細工見世物は籠や瀬戸物、貝や干物、菊等の植物を利用して、著名な英雄や仏、動物などの像をつくりだすのだが、なぜ日常的事物によってわざわざつくられた像が人気を集めたかといえば、ひとつにそれが籠や瀬戸物、貝や干物、菊など素材になる日常の事物をもう一度、独自の物質性として見直すことを求めたためといえる。細工見世物は像そのものというより、その構成要素である日常の対象を、独特なかたちや色をもった厚みとして新鮮な視覚からもう一度眺めることを誘う。それを一例として、見世物は、ありふれた事物や身体をみるに値するあらたな像として都市民にみることをしばしば求めていったのである。*70

名所図会や浮世絵、さらに見世物や縁日の露店の品物など、それらの広い意味でのメディア的装置の積み重なりは、その結果として都市の風景や多数の事物を眺めることを楽しみとするライフスタイルを育てていくことにつながった。たとえば西山松之助によれば、一九世紀江戸には「行動文化」と呼ばれる特有の生活様式が成長していく。*71 普段とは異なる舞台をあたえられ注目を寄せられることで、日常的な事物から、しばしばその場かぎりの、しかしあらたな魅力が引きだされる。それに誘惑されるかたちで、出張開帳や見世物、花見や縁日や音曲等の見物に毎日のように出かけ、都市に集まる事物を眺める活動が、都市生活のなかに習慣として根を張っていくのである。

重要なことは群衆を楽しませたこれらの多様な視覚的なスペクタクルと、これまでみてきた本草学的図譜とのあいだに、一定の共通性がみられることである。たとえば本草学的図譜は精緻な図や解説によって、それまで無視されてきた自然物を、みるに値する対象として知的に見直すことを誘惑していく。それと同様に、都市図会や見世物も、都市の風景やそこに集まる事物を群衆たちが楽しむスペクタクルへと変えていったのである。

ただし前者は、後者のより厳密な根拠として働いただけではない。逆に本草学的図譜こそ、群衆たちの楽しみに包摂されることに失敗したイメージの残骸としてあった節さえみられる。本草学的図譜は、植物や小動物など日常に潜む対象の色彩や微細な変化を知的に捉えることを求めるが、それを受け入れられた者はかぎられていた。それを楽しむためには、一定の知識やそれを運用する技術の習熟が求められるからだが、そのための努力をあえて省き、浮世絵や名所図会、見世物や露店は直接、都市の風景や事物をみられるべき快楽の対象とすることを可能とする。本草学的図譜の興隆の背後には、こうして知を置き去りにしつつ、都市に育ちつつあったメディア環境の成熟がみてとれるのである。

2 模像の流行

一八世紀以降、知識人や為政者の関心の枠組みをはみだし、不特定多数の群衆のまなざしがこうして日常的事物に対してあらたに向けられていく。都市の路傍や街路にみるに値する多様な事物が潜んでいることが、印刷物や見世物、縁日の興隆のなかで「発見」されていったのである。

そうした事物のなかでもとくに大きな流行となったのが、園芸植物である。一八、一九世紀の都市では植物の育成と鑑賞がさかんになり、たとえば江戸では、巣鴨や駒込を中心に、植物を育て販売する大規模な園芸センターが発達した。[*72] 幕末に日本を訪れたプラントハンター、ロバート・フォーチュンは巣鴨について、「村全体が多くの苗木園で網羅され、それを連絡する一直線の道が、一マイル以上もつづいている。私は世界のどこへ行っても、こんなに大規模に、売物の植物を栽培しているのを見たことがない」[*73] といっている。そこに誇張が含まれていることを差し引いたとしても、巨大な規模の植物市場が江戸に出現していたことはまちがいないのである。

ではなぜ江戸を中心とした近世都市で、園芸植物が流行していったのか。その原因として、しばしば植物が都市民に失われた自然との接触を補ったことが強調される。たとえば川添登は、近世都市には田園都市としての性格が残され、それが村を離れた都市民を慰めることで園芸趣味が膨らんでいったという。[*74] とくに江戸には近郊の農村を飲み込み拡大したことで多くの自然が残されたが、それが武士にしろ町人にしろ、多くは村を出所としていた都市民に愛されることで、植物への愛好が顕著になったとされるのである。

けれどもこうした見方には問題も残る。都市の植物を、そう単純に自然物とみなすことはできないためである。都市に元から残されていた植物はかぎられていたのであり、残りの多くはむしろ商品として買われ、人工的に植えられていた。とくに新開地としての江戸では、それが顕著である。多くの植物が江戸に移り住んだ武士の家の建設や庭の設置のために、計画的に配置されていった。大名の屋敷で将軍の御成に備え庭を華麗に飾ったことを極端な例として、[*75] 家の社交のために武士や上層の町人は庭を整える必要があり、だからこそ一七世紀初期には椿、一八世紀初期における梅やつつじやカエデなどの庭木の栽培がさかんになったのである。[*76]

家の社交を助け、その生活に彩りをあたえる装飾として庭木が人気を集めたことを前提に、さらに園芸植物の流行は庶民にまで飛び火していく。とくに庭木と比べ安価でまた簡単な鉢植えづくりの植物が、ひろく人気を集めていくのであり、たとえば一八世紀後半の遺構からは、多数の鉢が武家地からだけではなく、町人地からも出土する。[*77] その鉢も、①当初は日常生活で壊れた陶器が流用されていたものから、②次第に植木屋自身が加工したもの、さらには、③植木鉢としてそもそも生産された陶器にまで変化する。[*78] こうした移り変わりは、植木づくりが大衆化すると同時に、臨時のものからますます日常的なものとして定着していったことをあきらかにするが、その様子はたとえば、幕臣水野忠暁（明和四〜天保五（一七六七〜一八三四）年）の親子関係によく示されている。忠暁の父は、庭木に関心を寄せていたにもかかわらず、「鉢植杯ハ決《けっ》して置」なかったという。[79]鉢植えは「子孫の用に立」たないとして拒否されたのだが、それに対し子の忠暁は鉢植えづくりに熱中し、その奇品を集める『草木錦葉集』（文政一一（一八二八）年）まで出版した。こうした親子の関係からは、親の時代には武士が手を付けるべきではない下等な趣味とみなされていたのに対し、子の時代には、日常的な趣味としてより一般に受け入れられるという変化がみてとれる。それを一例として、一八世紀後半から一九世紀前半にかけて都市では小身の武士たちのようにあまり豊かではない人びとにまで鉢植の園芸植物の趣味が拡がっていったのである。

そうした園芸趣味の拡大の頂点に位置するのが、これまでも幾度か触れてきた朝顔の流行である。文化・文政（一八〇四〜三〇年）と嘉永・安政（一八四六〜六〇年）期に江戸や大坂、名古屋などの大都市を中心として、朝顔が庶民にまで及ぶ拡がりをみせた。それまで家を中心とした生活のなかでは、鑑賞のための特別な対象とはあまりみなされなかった朝顔が、突如として人びとの注目を集め、もてはやされていくことになった。

流行の直接の契機となったのは、変わり種の朝顔の増殖である。「な［が］らへば絞《しぼり》蕣何のかのと」（文政元（一八一八）年）[80]と小林一茶が詠んでいるように、色やかたちを変化させたいわば奇形の朝顔がその時代、次々と産みだされ、都市民の好奇心に火をつける。そもそも奈良朝の末に中国から渡来した際、朝顔には群青色一色しかなかったといわれている。[81]しかし一八世紀以降、朝顔の色やかたちは急速に増加していくのであり、その結果、斎藤月岑によれば、一九世紀初期には以下のようなあり様さえみられるようになった。

文化の末より、此花の奇品を玩《モテアソ》ぶ事世に行れ、名花も随て少からず。又培植事《ヤシナフ》漸《シダイニ》に巧《タクミ》にして、千態萬色あらざる物なし。都鄙の好人、これが爲に筵會をまうけ、早旦《アシタ》に数多の盆花を携へ來り、優劣をさだめて、あらたに名を儲けぬ。*82

「千態萬色」という言葉は、かならずしも誇張とはいえない。その時代の図譜には、多様な色彩をもつだけではなく、桔梗咲、牡丹咲、獅子咲などの変わった形態をした花、さらには柳葉、もみじ葉、獅子葉、また石化(帯化)というように奇怪な葉や茎をもった朝顔が多数記載されている。そうして多様に変化した朝顔が、都市民の好奇心を刺激していくことで、「筵會」といった朝顔の私的な品評会も催されていったのである。*83

ではなぜその時期に、多数の変化朝顔が現れ、人気を集めていったのだろうか。その理由として、第一に園芸趣味の裾野の拡大が重要になる。本書の冒頭で触れたように、朝顔は最初に流行した園芸植物ではなかった。それ以前にも寛政のツバキや元禄のツツジ、元禄、宝永、享保、カエデなど庭木の流行がくりかえされている。*84しかし庭木の流行がそれなりの庭をもつ上層の武士や町人におもにかぎられていたのに対し、朝顔は、庶民や細民にまでもてはやされたことで特徴的である。一年草の鉢物として朝顔は、満足な庭をもたずまた手入れのための暇ももたない庶民にも容易に栽培できたのであり、だからこそ身分や階層を超え流行は拡がった。他の植物にはみられないこうした栽培の裾野の拡がりこそが、変化朝顔の発生の土台になる。都市の比較的かぎられた一角で、しかも大量に栽培されることで、突然変異的に多様かつ奇抜な変化朝顔が産まれていったのである。

ただしすべての変化朝顔が、自然に発生したわけではなかった。第二に変化朝顔が都市民の集団的な欲望に応える商品として、なかば産業的に製造されていたことが注目される。朝顔の愛好家すべてが、そもそも種を蒔き一から栽培することを楽しんだわけではない。育成された朝顔を既成品として買うことも頻繁におこなわれたのであり、その意味で流行には、朝顔を栽培し販売するプロの植木屋や朝顔売りの成長が欠かせなかった。

実際、嘉永・安政の第二次朝顔ブームは、植木屋の成田屋留次郎によって主導されたものといわれている。*85「朝がほに珎花が出来て五十両」(文政四(一八二一)年)*86と雑俳に詠われているように、変化朝顔はときに高値で取引されたが、それを狙いアマチュアだけではなく、プロの生産者も計画的に変化朝顔の製造に乗りだすことで、朝顔のブームはなかば人為的に仕掛けられていったのである。

問題は、そもそも一代限りの変化をみせる珍奇な「出物」を効率的につくるためには、大量に種まきをした上で子葉の段階で変わった姿をみせない朝顔を間引くなどの多くの作業が必要とされたことである。そのためには、大量に植え付けができるプロの植木屋が有利となった。この意味で変化朝顔の多くは、多大な資本や労力をかけつくられたいわば一種の工業製品としてあったといえる。実際、その生産過程で多くの朝顔が廃棄さえされていくのであり、たとえば江戸雑司ヶ谷の法明寺には、流行のなかで廃棄された朝顔を弔うために、文政九(一八二六)年に蕣塚さえつくられているといわれるのである。*87

そうして生産の過程で朝顔は捨てられただけではない。庶民の手による朝顔の大量消費とその結果としての大量廃棄さえ進むのであり、一九世紀後期に江戸を回顧して書かれた『絵本江戸風俗往来』でも、以下のような光景がみられたと記録されている。

朝顔はこの節盛んに開くなり。この草は江戸に何れという名所もなく、町方の寸地の無き処にては土鉢に植えて、毎朝朝顔売りの舁き来たれるを求めて、二日、三日の眺めとして後は塵埃《ちり》と同じく捨てける。（中略）近年朝顔の培養追々開けしより、人力により種々の乱咲き・大輪・小輪より葉蔓《つる》に至る迄、人造を尽したり。その朝顔を鉢に仕立て進物になす。また細竹の花入れに種々の花を挿《さ》して、毎朝未明に知れる方へ贈り越す。朝の寝覚めの料《りよう》に面白きものにこそ*88

「町方の寸地」でつくられた朝顔が毎朝「朝顔売」によって売られ、それが庶民たちに買われていく。鑑賞のために、朝顔は購買されたことに加え、趣味や美的感覚の優越を示す贈答物としても買われたのであり、そうして購買が過熱化していく結果、「二日、三日の眺めとして後は塵埃《ちり》と同じく捨て」られるという現象さえみられた。朝顔はほんの一時、楽しむための消費物として購買され、だからこそすぐにあきられ陳腐化されることで、そのはかない命以上にしばしば素早く廃棄されていったのである。

以上のように変化朝顔は、たんに自然の産物として産まれただけではなく、産業的につくられ、廃棄される「商品」としての面をつよくもっていた。ただし最後に多様な朝顔の出現は、実体的、または経済的にだけでは捉えられない。変化した朝顔の色やかたちが多くの人びとに認められるには、そのちがいを分節する分類や名付けの精緻化がそもそも必要とされたためである。

実際、変化朝顔を高値で取引する一九世紀初期のブームは、大坂の『花壇朝顔通』（文化一二（一八一五年））や『牽牛品類図考』（文化一二（一八一五年））、江戸の『あさかほ叢』（文化一四（一八一七年））などの多数の朝顔図譜の成立を待ち、本格化したといわれる。当初は、文人たちによってつくられた図鑑、マニュアル的な図譜が、後の嘉永、安政の流行では品評会の記録的な図譜が植木屋を主体として数多くだされていく。[*89] こうした図譜は変わった朝顔を育て、記録するために役だっただけではない。過去につくりだされた朝顔と対照し、あらたな朝顔の変化を認める根拠として図譜は欠かせなかった。そうした図譜を参照し、変化の珍しさが確認されることで、初めて変化朝顔も流行していくのである。

こうした図譜の大切さは、たとえば与住秋水という医者が編纂した『牽牛花水鏡』(文政元(一八一八)年)をみればよく分かる。その書は朝顔の育成法を説くにあたって、精緻な図を用いつつ、朝顔の茎や葉のちがいを以下のように分類している。

一、年々花・葉のめづらしう替りて出ることとあまたなれど、多くハ其年ばかりの替りものにて、ふたゝびいできず、さるをいがめしういひのゝしりもてはやすとも、一朝《いつちょう》の栄《さかへ》にほこるたぐひにして、嗚呼《おこ》のわざなかれ、某《それ》の花ハ其の園《その》より始て、咲初しより幾秋もかハらでこそめでたしともいふべき歟、此草子は年ごとにかはらず咲《さ》たる花と葉を画き合印イロハを付る、譬《たとへ》ハ丸咲の方に㋑と印すを常葉の方に㋑と印したると引合、丸咲ハ常葉としる、又獅子《しし》咲の方に㋠と印すを獅子葉の方に㋠・葵《あふひ》葉に㋠・渦葉に㋠・金剛《こんごう》葉に㋠と印たるを引合て、獅子咲に葉四品ありとしる、余ハまれにならへもれたるハ後編に出す。[*90]

『牽牛花水鏡』には、形状を説く詳細な図が付され(図3—21)、それと参照されるかたちで、花であれば「丸咲」、「獅子咲」、「獅子咲」など四七種、葉であれば「葵葉」、「渦葉」、「金剛葉」と四六種に朝顔は細かく分類される。[*91] 興味深いのは、①そうして精細化された図がそこでの朝顔の分類の根拠になっていることに加え、とはいえ、②すべての朝顔が、そこで分類の対象に入れられてはいないことである。与住は、「ふたゝび」みられない、「其年ばかりの替りもの」の朝顔には価値を認めないのであり、つまりその差異を再認可能な朝顔だけを、その分類のシステムのなかに組み入れている。その意味で朝顔はいまでは、全体として美しさが愛でられるひとつのまとまりをもった感覚的な対象としてあるとはいえない。与住が評価に含めたのは、微細な細部を図と照らし合わせ確認できる変化だけだったのであり、そうして花や葉ごとに反復されるちがいを有し、その細部の組み合わせによって稀少性や美的価値も判断される差異の集積として、朝顔はここでは捉えられているのである。

　重要なことは、こうした分類の結果として、朝顔をたんにその時々に個別に楽しむのではなく、集団的に享楽する道もひらかれることである。素朴に朝顔の美しさを愛でるだけでは、大坂と江戸といったちがう場所に暮らし、または町人と武士といった異なる階層を生きる好事家たちがそれぞれの朝顔をみ較べ、珍しさを競うことはできなかった。それに対して部分それぞれを厳密に同定するこうしたシステムによって、実際に会うことはなくとも、自分の朝顔の価値を判断することが初めて可能になったのである。

　もちろんこうした試みは、孤立したものではなかった。より一般的には朝顔を区別する精緻化された命名法が拡がることで、変化朝顔の分類は進められていく。そもそもそれまでも朝顔の流行がまったくみられなかったわけではない。たとえば『朝顔明鑑鈔』(享保八(一七二三)年)は、一八世紀前半の名古屋に変化した朝

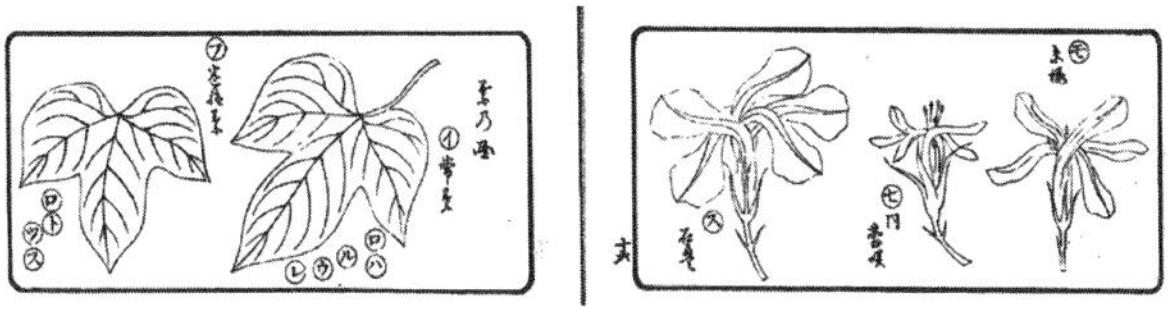

図3-21　朝顔図：三浦理編『あさ顔水鏡 前編』三浦理（復刻）、一八九九年、一六〜一七頁。

顔を愛でる一定の流行が産まれていたことを教えてくれる。*92 しかし問題はそうした局所的なブームでは朝顔の名にはせいぜい「月影」、「氷鏡」、「宮城野」といった雅名が割り振られているばかりだったことである。それらの文学的名は花の美しさを人びとに暗示し、それによって朝顔を路傍の花とは異なる華麗な商品に仕立て上げる――雅名が遊女に特殊な価値をあたえるように――ことに貢献したが、そうした命名法には、限界もあった。それだけでは細かな特徴を伝えがたかったことに加え、付けられる雅名がそもそもかぎられていたことで、次々とつくりだされる変化朝顔に対して、適切な名を割り振ることが、次第にむずかしくなったためである。それが多くの人びとがみずからの朝顔の珍しさをみ極め、自慢することを困難にするのであり、その結果、それが朝顔の流行を局所的なものに留める一因にもなったのである。

それに対して一九世紀前半には朝顔の特徴を捉えたより記述的な命名法が発達していく。すでに与住秋水の『牽牛花水鏡』(文政元(一八一八)年)でも、「丸咲」、「獅子咲」、また「葵葉」、「渦葉」、「金剛葉」と朝顔の特徴を花と葉に分け記述する試みがおこなわれていた。そうした取り組みを踏まえ、一九世紀なかばの嘉永、安政の流行では、「葉」、「花色」、「花形」、「作出者」を組み合わせ、複合的な名を朝顔にあたえることが一般化されていく。「黄葉　紅鳩鼠花笠絞り　車牡丹度咲　暁花園」というように、朝顔の構成要素を「葉色」、「花の色」、「模様」、「かたち」、「作者」に分解し、それをそれぞれ順番に明記することによって朝顔を区別する命名法が普及するのであり、そのおかげで無数に産まれる朝顔を個別に認識し、場所や時、または身分を越えて混乱なくその特徴をみ分け記述することもできるようになったのである。

こうして分類や命名法のシステムの発達を前提としていたという意味で、変化朝顔の増大は、園芸趣味の拡大や朝顔栽培の産業的な発達といった実体的変化に還元されない。朝顔を描写し記述する図や名の成長を踏まえ、朝顔にこれまで見落とされていたちがいが「発見」されるのであり、それをあてにして育成も進む。その意味では、変化朝顔の産出は、一七世紀末以降の出版産業の発展とそれを前提とした本草学的図譜の成長を潜在的な土台としていたといえる。前節で確認したように、動植物の視覚的特徴を捉える図や記述形式が本草学というかたちで発達していくが、それをいわば遊戯的に模倣することで、多数の朝顔を集める図譜や図鑑がつくられる。その結果として、一九世紀初めには路傍の草花としての朝顔の花や葉の微細なちがいを重大事とみなす図や命名体系も成長していくのである。

以上のような図や名の精緻化と多様な変化朝顔の出現とのつよいむすびつきをよく照らしだすのが、一九世紀のはじめの「黄色い朝顔」の出現である。多様な色やかたちをした朝顔が流行していくなかで、黄色い朝顔も「発見」される。文化一四（一八一七）年にだされた『あさかほ叢』には、「極黄采色如菜花」と記された朝顔の図像（図3―22）が記載され、また嘉永期の朝顔図譜にもいくつかの「黄色い朝顔」が記録されている。

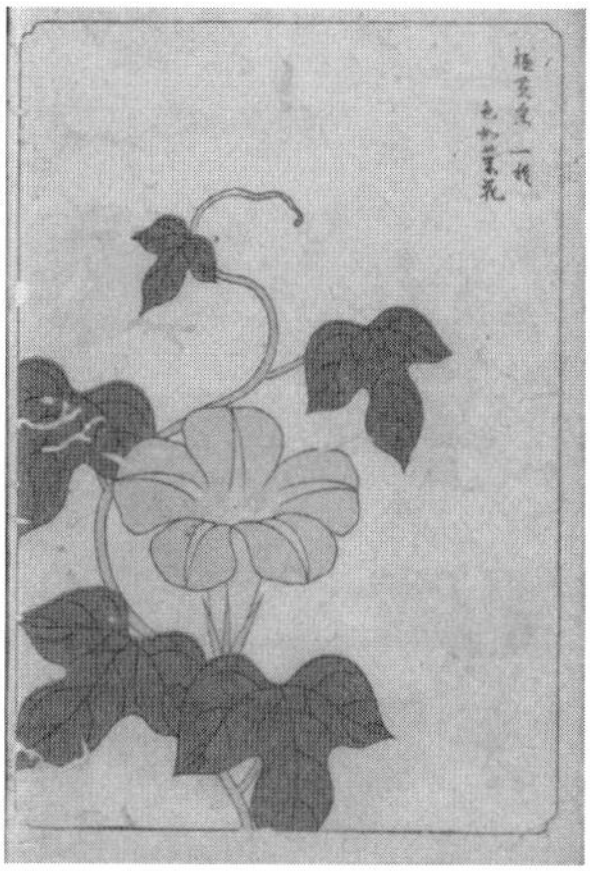
図3-22　「極黄采」の朝顔：四時菴形影『朝顔叢　上巻』一八一七年、二〇一二年六月三〇日取得、http://dl.ndl.go.jp/info:ndljp/pid/2536620.

しかしこの黄色の朝顔をどこまで現実のものとみなせるかについては、疑問も残る。たとえば米田芳秋によれば、「アサガオの花弁の色素には、青、紫、赤などのアントシアンと、薄い黄色のカルコンやオーロンなどのフラボノイドがあるが、濃い

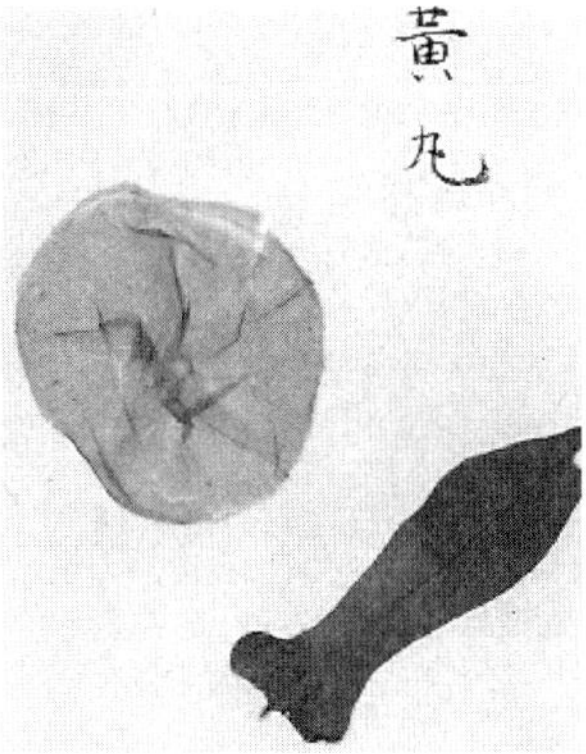

図3-23　『朝かほ押華』中の黄丸：国立民俗博物館『伝統の朝顔　III——作り手の世界』国立民俗博物館振興会、二〇〇〇年、二一頁。

黄色のもとになるカロチノイド系色素をもって」おらず、濃黄色の朝顔をつくりだすことは、遺伝子的に不可能とまでいわれている。実際、彼本人が「薄い黄色花系統「右近」に色素を濃くする遺伝子:iを加えて、何代も選抜したが、つぼみでは濃黄色でも、開花すると薄くなり目標に足していない」というのである。*[93]

しかし逆に黄色い朝顔を、たんに虚構とみなすことも性急である。黄色い朝顔に対する疑問はその当時にはだされておらず、あくまでそれは他の変化朝顔と同列に扱われていたためである。実際たとえば『朝顔押し華』*[94]（文政元（一八一八）年）には、「黄丸」という黄色みを帯びた押し花さえ残されている（図3—23）。色の霞んだこの押し花がどれほど実際に黄色であり、またそれと図譜の「極黄采」と書かれた朝顔とを同定できるかについては、多くの検討すべき課題も残るとはいえ、黄色の朝顔が少なくともありうるものとして受け入れられていたことをそれはよく示すのである。

この意味で、黄色い朝顔を現実か虚構かと二者択一的に規定することには、いずれにしても無理が伴う。だとすればむしろそれを、その時期に数多くつくられた他の変化朝顔と連続したひとつの「社会的事実」として受け入れたほうがよい。みてきたように一八世紀以降、出版産業の展開と並行し多数の図譜がつくられ、植物の微細なちがいがもてはやされていく。そのなかで本草学的図譜は、現物以上にリアルな図像をつくりだしていくが、その一部に、朝顔も含まれる。多数の朝顔の図譜や図鑑がつくられていくなかで、色やかたちの差異が、いわば現実との照合を越え独自の意味をもっていく

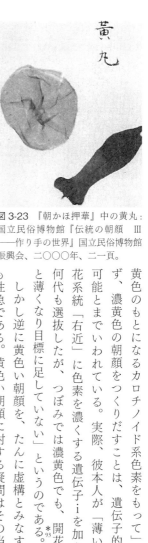

のであり、それによって「数千品」とさえいわれる膨大な変化朝顔も現実化されていく。この変化朝顔の群れのなかに、「極黄」の朝顔も含まれたという意味では、黄色い朝顔は他の変化朝顔同様、動植物に向けられる言語やイメージの堆積が、現実との照合を二次的なものとするまで成長し、そのはてに現実と虚構の区別さえ相対化したことを表現する一種の模像《シミュラクル》としてあったのである。

4　朝顔の予言

1　消費のユートピア

こうして一九世紀初めには、朝顔は実体的にのみならず、言説的な現象として変化を拡大させていくが、もちろんそうした現象は朝顔にかぎられてはいなかった。一八世紀以降、数多くの植物の微細なちがいに注目が寄せられ、そのなかで稀少な差異をみせる植物がしばしば高値で取引されていく。たとえば『草木奇品家雅見』（文政一〇〔一八二七〕年）にはツバキ、ナンテン、オモトなど約一八〇種に属す植物の五一三に及ぶ多様な図像が記載されている（図3—24[*95]）。そこで取りあげられる斑入りや矮小といった変化をみせる奇形の園芸植物が、好事家たちにもてはやされていったのであり、さらに植

図3-24　『草木奇品家雅見』図：近世歴史資料研究会訳編『園芸　近世歴史資料集成　第五期第八巻』科学書院、二〇〇八年、一〇九頁。

物だけではなかった。一八世紀なかばには金魚や鳥など数多くの小動物や昆虫、貝といった微細な対象がしばしば注目され、熱狂的な収集の対象とされていったのである。

こうしたとくに微細な対象が人気を集めたのは、ひとつにそれが多くの奇形をみせるという生物学的、または形態的な特徴に基づいていたと考えられる。小動物や観賞植物は、繁殖をしばしば頻繁にくりかえし、その結果、短期間に突然変異的に多様な変化を急激に増大させる。そうして収集されるべき変異を次々と産むことで、その動植物は好事家たちをますます惹き寄せていくのである。

しかしそうしたちがいが認識されるためにも、朝顔同様に、本草学的知の興隆を背景とした命名法や分類のシステムの発達が欠かせなかった。たとえば寛延元（一七四八）年に出版された『金魚養玩草』や、寛政一一（一七九九）年にだされた『百千鳥』では、多様な金魚や鳥が図を用い詳細に分類されている。[*96]とくに小動物の場合、そのはかない命を守るために、対象の微細なちがいに注意を払い、それにあった養育法を採ることが必要になった。そのためにいち早く図や分類の言葉も整備される。さらにより一般的には、たとえば安永（一七七二〜一七八一年）の頃より、オモトやナンテンなどの葉に入る縞が「斑入《ふいり》」と名付けられ、その後さらに斑の入った葉が「切布《きりふ》」、「掃込布《そうこみふ》」、「後明布《あとあけふ》」、「紅《べに》遺布《けんふ》」と形状に従いより精密に分類されていったことが興味ぶかい。[*97]そうした分類の言語の確立が、この場合には、その後の斑入りの園芸植物のさかんな「発見」と繁殖につながったのである。

こうして「生産」の側からみれば、本草学的図譜の発展を前提とした図や言語の精緻化が、多様な小動物や植物の人気に火をつける基本的な土台になった。では「消費」の側からみれば、なぜ多様な変化をもつ対象が、その時期、都市民の熱狂を呼んだのだろうか。

その原因として、まず見逃せないのが、都市経済の成長と結果としての生活の富裕化である。みてきたように一七世紀末以降、米価安と庶民的な経済の発展を踏まえ、遊廓という限定された空間をはみだし、多様な商品の消費が進んでいく。たとえば食物の微細な味の変化や色彩、調理法へのこだわりが都市を席巻していったのだが、都市経済の成長とともに拡大されるそうした消費活動の延長線上に、小動物や植物の流行も位置づく。食物が家によっては有用な商品というあくまでアリバイをもっていたのに対して、園芸植物や小動物はそうした有用性をもつとはいいがたい。しかし都市の富裕化は、一見無用なそれらの対象にまで貨幣を支払うことを、多くの人びとに許していくのである。

この意味では園芸植物や小動物は、都市の富裕化を前提とした奢侈物として消費されたといえる。しかしそれだけではなく、園芸植物や小動物の流行には、一方では逆に都市の消費生活の限界を表現し、同時にそれを乗り越えるベクトルもみられた。問題は都市の富裕化が、あくまで一律には進まなかったことである。都市には洗練された衣服や工芸品が溢れるが、それを大多数の者が手軽に買えたわけではなかった。その原因としては、本章の冒頭でみたように、庶民経済の発達にもかかわらず、都市で産業機構が目立った発展をみせなかったことが構造的には大きく働く。そうした制約のもとで、多くの下層町民は日雇い的仕事や零細な商売でせいぜい生きていくばかりで、貨幣的に不安定な暮らしを送ることを余儀なくされたのである。

それは下級武士も同じである。産業機構の発展がかぎられた都市において、彼らが体面を保つ仕事をみつけることはむずかしかった。にもかかわらず問題は、消費経済の発達が、都市における生活コストをますます引き上げていくことである。多様かつ洗練された商品の出現は、都市において生活にかかる基本的な費用を増していくが、しかしそれにあわせて収入を増大できた者は、近世都市ではかぎられていた。だからこそ数多くの都市民が慢性的に貨幣不足に苦しめられる。そうしてまとめるな

図3-25　鉢物植物の図(1)：山東京山「絵半切かくしの文月」高木元編『山東京山伝奇小説集』国書刊行会、二〇〇三年、五三二頁。

らば、逆説的にも一八世紀の消費の活発化は、消費生活から取り残される人びとをいっそう産みだしてしまうのである。

この厳しい現実を代償するものとして、しかし園芸植物や小動物はかえって人気を集めていった。園芸植物や小動物は、工芸品にも匹敵する繊細な差異をしばしば認められるにもかかわらず、相対的に安価に買えたことで、他の奢侈物を買えなかった都市民に代替的な手段をあたえるためである。実際、たとえば下層民たちは植木市や街頭の朝顔売り、さくら草売りなどから安価な園芸植物を買い、それらを生活に彩りを加える装飾として楽しみ始める。その証拠として、長屋の入り口や二階欄干に、鉢を飾り楽しむ図像も残されている（図3―25、図3―26）。安価かつ手軽に買えるが生活を潤す商品として植物はそこで小さく描かれるだけだが、ある意味、それだけいっそうその図は植物が日常生活に根付いていたことを示すのである。

この意味では園芸植物や小動物は、第二章でみた小店や屋台で提供された安価な食物を代理し、またはそれをさらに押し進める役割をはたしたといえる。白米食を代表に、安価だが一手間かけられた食物は、衣類のようなしばしば高価な商品を満足に買えない庶民にも選択的な消費生活への格好の入り口となった。それと同様に園芸植物や小動物は、満足な庭や室内空間をもたない細民でも安価に買えるが、しかし多様なちがいをもつ対象として、消費の楽しみを多数の人びとに解放していったのである。

　ただし安く買えただけではない。さらには場合によっては貨幣がなくとも入手できたことが、園芸植物や小動物を特別の対象とする。園芸植物や小動物はしばしば繁殖によって自発的な変化を産むのであり、人びとはそれをうまくすれば金をかけず手に入れることができた。好事家は自分の庭やまたは近隣の野川で、稀少な変化をみせる園芸植物や小動物を採集し、育てることができたのである。

　それに加えて、そうした園芸植物や小動物をみいだすことで、ときには少なくない金さえ稼げたことが重要になる。たとえば幕臣山田桂翁は、文政七（一八二四）年、石菖が流行した際、一両一分で買った石菖七鉢を五両で売るなどして、「一四五日之間に彼是八九両」[*98] 儲けたという。だからこそ、桂翁は「流行と云もの、手廻し能く慾少くすれば損はせまじ、夫れをまご〱と引張居ると損をするなり」とうそぶく。ゼロサム的なゲームのなかで大きく儲けられた者はもちろん一部の者にかぎられていたが、それでも園芸植物や小動物を育てるブームの根底には、一攫千金に対する夢――それは大抵の場合虚しいものに終わったが――が込められていたのである。

　園芸植物や小動物は、こうして大衆的な人びとに対して、都市における消費の成熟に乗り遅れたことを償う代償的な手段として利用される。都市の富裕化は、衣食住にかかわる商品の微細なちがいにこだわり、その追求に金をかける

図 3-26　鉢物植物の図（2）：式亭三馬「浮世床」中野三敏・神保五彌・前田愛校注『洒落本　滑稽本　人情本　日本古典文学全集 47』小学館、一九七一年、二六〇頁）

ことを人びとに要請していく。その結果、それは逆説的にも生活コストの上昇についていけない脱落者を増加させたのだが、それらの人びとに対して、園芸植物や小動物は、市場のルールを踏み越え、貨幣を支払うことなく手に入れられる流行物にしばしばなったばかりか、ときには貨幣をもたらす媒介にさえなったのである。[*99]

園芸植物や小動物だけではない。さらに一般的には、都市における縁日や植木市、見世物や物産会、引き札や貼り紙、浮世絵などの多様なスペクタクルも同様の役割をはたした。たとえば江戸では一九世紀になると市中における菊細工の展示や、北部を中心に郊外における花名所などが拡がり始める。[*100]それら植物を中心とした見世物や名所は、いわば貨幣を必要としない夢のような「消費」を解放していった。実際、それらを僅かな金、または無償で楽しめることが都市の魅力としてしばしば語られている。第二章でも触れたが、天保の改革の際ある代官は、「所淋敷何事も不自由」な村に対し、「相応に耳目之樂」しみがあるために江戸には人が集まると指摘していた。[*101]都市の暮らしにさまざまな困難があったとしても、物産会や見世物、または先にみた引き札や貼り紙などを安価または無償で触れられることは、都市生活の困難の一部を償うものと考えられたのである。

もちろん厳密にみれば、こうした対象の享楽を「消費」とみなすことには問題もある。貨幣をあまり必要としないばかりか、ときには貨幣さえもたらす実践として、それは形式的には、通常の消費と対立さえするためである。しかしあくまで「成果」に注目するとき、園芸植物や小動物の獲得、また見世物の見物が、都市に発達する洗練された商品の獲得に匹敵する快楽をもたらしていたことが大切になる。一八世紀以降、都市では衣食や工芸品を代表とした多様な商品が集まり、それを金をもった者が自由に選んで買うことが可能になった。そうして商品の達成に匹敵する洗練されたモノを獲得し弄ぶことを、園芸植物や小動物、または見世物は多くの貨幣を要求することなく実現する。多様かつ精緻な差異をもつそれらの対象は、採集や繁殖や見物によって安価または無償で、選択的に楽しむ機会を誰に対してであれ解放していくのである。

結果として、園芸植物や小動物は下層民や下層武士に対して、都市からの疎外を代償する道をつくりだす。一八世紀以降、多様なモードが都市生活をくりかえし席巻していくが、逆説的にも同じ都市に暮らしながら、それに触れられず、時代から乗り遅れる人びとも増大していた。園芸植物や小動物や見世物は、そうした人びとに同時代の集団的暮らしへ参加することを許すいわば「裏口（バックドア）」をひらいていたのである。

そうした「裏口」の魅力をよく教えてくれるのが、たとえば先にも触れた『草木錦葉集』を編纂した水野忠暁の生活である。下級の旗本だった忠暁は、現実には三河や尾張に墓参りをした以外に生涯、江戸を離れられなかったという。その忠暁はある日夢のなかで、「弥《めづら》しき山々谷々《たにたに》杯を歩行《あるき》又草木の植作りたるを見」たという。それを参考に忠暁は、斑入りの植物およそ一〇〇〇種を集めた『草木錦葉集』を編纂した際にも、「遠国の事ども見たることく」*102記したのだが、その意味でその図譜はすべて「実物」の裏付けをもっていたわけではない。しかしだからこそ、そこには忠暁の真摯な夢が賭けられていたともいえる。五〇〇石の旗本の家系から落ちぶれることで、水野忠暁は自由に旅行できず、庭木を植えた豪奢な庭も築けなかった。そうした現実を、図譜やその素材になった園芸植物は代償する。その図譜はいわば貨幣が支配する浮薄な社会への参入を幻想的にであれ許す、消費のユートピアをかたちづくっていたのである。

2　しがらみなく、はてしない消費

園芸植物や小動物は、こうして華麗な消費から取り残された都市の人びとに、それを補う格好の代償になる。しかし一方で園芸植物や小動物は、都市の消費生活からの疎外を消極的に償っただけではない。園芸植物や小動物の流行は同時にあらたな感覚的、または知的快楽を人びとに提案することで、既成の秩序を組み替えるより積極的な力としても働くのである。

それをあきらかにする上で、柳田國男の朝顔の流行に対する考察が多くの示唆をあたえてくれる。柳田は朝顔の流行を、色彩にかかわる習俗的禁忌を相対化するものとして高く評価している。柳田によれば、習俗のなかでは、そもそも色彩の自由な使用は厳しく制限されていた。それを示す例として、柳田はたとえば小林一茶の「手向くるやむしりたがりし赤い花」という句を挙げる。小児が死んで「仏」になることで、ついに欲しがっていた赤い花を手に入れたという意味で、柳田はその句を、鮮明な赤の使用が日常では厳しく制限されていたことを伝えるものとみる。*103 しかし朝顔は「天然」の産物として、色にかかわる習俗的禁忌を以下のように侵犯した。

其中でも殊に日本の色彩文化の上に、大きな影響を与へたのは牽牛花《あさがほ》であつた。他の多くの園の花は鮮麗といふだけで、大抵は単色であり其種類も僅であつたに反して、この蔓草《つるぐさ》ばかりは殆どあらゆる色を出した。時としては全く作る人が予測もしなかつた花が咲き、さうで無いまでも我々の空想を、極度に自在に実現させてくれたのである。(中略)やがて出現すべかりし次の代の色彩文化の為に、この微妙の天然を日常化し、平凡化して置いてくれたのは無意識であつたらうが、少なくとも曾て外見や、陰鬱なる鈍色《にぶいろ》の中に、無為の生活を導いて居た国民が、久しく胸の奥底に潜めて居た色に対する理解と感覚、それがどれ程まで強烈なものであるかを、朝顔の園芸が十分に証明した。さうして予め又今日の表白の為に、少しづゝ、準備をさせて居たのである。*104

柳田は、朝顔が「時としては全く作る人が予測もしなかつた」、「殆どあらゆる色を出」すことで色彩のタブーを揺り動かしたとみる。こうした指摘は、朝顔が家の外部にひらいた独自の感覚領域の大きさを示唆することで興味深い。そもそも近世社会において習俗的な色彩のタブーをおもに維持していたのは家である。衣装や家居、日常道具の色彩は身分や村や町における家の位置を基準として制限され、また婚姻や儀礼など家の節目になる儀礼の際にそのタブーはとくに厳しくなった。しかし朝顔は天然の産物として「時としては全く作る人が予測もしなかつた」色彩を実現する。そうして家が課したタブーを乗り越え、自由な色彩を楽しむ機会を、朝顔はいち早く人びとに解放していったというのである。

とはいえ柳田の説を、そのまますべて受け入れることはできない。朝顔が次々とあらたな色をつくりだしたことを、たんに孤立した自然の現象とだけみることはむずかしいからである。たとえば一九世紀初めには、朝顔に留まらず、多彩な色の流行が衣服の染め色でみられた。『守貞漫稿』は、「今世、流布の染色には御納戸茶・鼠色・茶染等なり。御納戸茶にも数名あり。鉄納戸・藍納戸等種々、ともに藍専らの色なり。鼠は薄墨色なり。昔は鈍色《にびいろ》と云ふなり。この鼠色また深川鼠・銀鼠・藍鼠・漆鼠・紅掛ねづみ等種々あり*105」と衣服に流行した色を数え上げる。とくに「四十八茶一〇〇鼠」といわれた「茶」や「鼠色」を代表に、色の微細な細分化が衣服の染め色で進んでいった。興味深いのは、朝顔の色彩が、こうした衣服における変化をしばしば後追いしていたようにみえることである。「本緋」、「緋ちりめん」「鳶色」、「鼠」、「藤色」、あるいは明治期に初出が確認できる「団十郎茶」など[*106]、朝顔は衣服に用いられた流行の色を追いかけ、次々と実現していくのである。

衣服と朝顔に同様の色彩の展開がみられたのは、ひとつに両者が歴史的に共通の言説的地盤の上で成立していたためと考えられる。本草学の展開は対象の色彩を微細に規定する記述のシステムを発達させる。それを前提として衣服と同時に朝顔にも、多様な色彩を見分けることができるようになったのである。

しかしそれだけではなく、朝顔の変化が、市場を舞台としてくりひろげられた同時代の色彩の多様化を補完する面をもっていたことが、ここでは注目される。朝顔は、多彩な衣服を容易に買えない人びとにも安価または無償で、市場のモードに匹敵する洗練されたモノをあたえるいわば脱け道として、プロの園芸家によってなかば意図的につくられ、売りだされていった。そうして安価なモードとして、経済的に、または家の縛りによって流行色の衣服を買えない人びとにも、朝顔は流行りの色彩を楽しむ機会を保証していったのである。

朝顔だけではない。同様に他の園芸植物や小動物も、別のかたちとはいえ、家を迂回する感覚的快楽の場を市場の傍らに築いていった。第一章、第二章でみてきたように、近世社会において、衣服や遊女、米や料理など多様な商品が現れるが、しかし一方でその消費には厳しい制約が伴った。貨幣を稼ぎ蓄積するほとんど唯一の主体に家がなることによって、構成員の商品購買は厳しく管理されていくためである。それに対して園芸植物や小動物は、無償または安価に入手可能でありながら多様なちがいをもつ対象として、よりしがらみのない消費を人びとに誘惑する。高価な園芸植物や小動物もあるにはあったが、一方では採集や繁殖によって高い価値をもつ対象を無償で手に入れられるという夢も最後まで維持される。それを前提に、家計に迷惑をかけない（ようにみえる）趣味として、それらの採集や収集は目こぼし的に許されていくのである。

大切になるのは、こうした園芸植物や小動物のあり方が、家を中心とした従来の社交の限界を乗り越える知の展開によって、後押しされていたことである。多様なメディアや出版機構の成長が、家に有用な知であることを越えた視覚的関心を追い風としてきたたことは先にみた。それに加え、さらに家を離れた交際関係を母体として、園芸植物や小動物の知識は深められていく。平野恵によれば、園芸植物を育てる知識は当初は趣味的集団としての「連」によって、さらに岩崎灌園による『草木育種』（文化一五（一八一八）年）の編纂以降は出版を介して拡がった。*107 植物や小動物を見分け育てる知識や技法は、華道や茶道のように家元制度に制約されることなく成長していくのであり、だからこそその流行は身分や階層を横断して急拡大していくのである。

このように家を越えた出版文化や交際関係の展開を足場として、園芸植物や小動物は通常の市場の外部に、家によっては管理しがたいもうひとつの擬似的な市場をひらいていく。注意すべきは、それによって満足な家をもてない下層民だけではなく、由緒ある家に縛られた上層の人びとまで一定の恩恵を受けたことである。一八、一九世紀都市では、武士であれ、富裕な町人であれ、しばしば市場のモードから遠ざかり暮らさざるをえなかった。由緒ある家は自身の未来のために通常よりも重くしばしば構成員を縛ったためである。しかしだからこそそうした家に暮らす人びとに、園芸植物や小動物は深く愛好される。ひとつに園芸植物や小動物は、安価または無償の擬似的な市場のモードをつくりだすことで、家の目を盗み対象を自由に選択し、弄ぶ経験をそれらの人びとに許していくためである。

さらにそれに加え、より大きくみれば、それが武士や大名など上層の為政者に対し、時代の経済的状況にかかわるより積極的な想像力の源泉となったことが重要になる。それを検討する上で注意されるのが、園芸植物や小動物の収集に努めた大名や上級武士たちが、しばしば同時に藩政改革や産業開発につよい関心を示していたことである。*108 中興の祖として高松藩の改革を担った松平頼恭（正徳元〜明和八（一七一一〜七一）年）が、『衆鱗図』や『衆禽画譜』、『衆芳画譜』などの魚類、鳥類、植物図鑑などを編纂し、宝暦の改革で藩政改革を指揮した熊本藩藩主細川重賢（享保五〜天明五（一七二〇〜八五）年）が、昆虫や両生類、鳥類にかかわる『珍禽奇獣図』や『昆虫胥化図』といった図譜を残すなど、多くの大名や上級武士――さらに後には天皇や皇族――がしばしば植物や小動物に専門家並みの関心を示していったのである。

大名、上級武士がしばしば園芸植物や小動物に熱中したのは、ひとつにはそれが物産開発に直接役立ったためである。産業機構が発達する以前の諸藩にとって、あらたに有用な動植物を発見し国産化することは、富国化へのほとんど唯一の道になった。だからこそ米価安に苦しむ諸藩は、あらたな産物を独占し専売的な収入の道を確保することに競って努力していく。

ただしそれだけでは為政者が有用な園芸植物や小動物だけではなく、しばしば無用にみえる対象にも大きな関心を示した理由が説明できない。それを理解する上で、より重要になるのが、為政者を縛る経済的な制約を相対化する園芸植物や小動物の想像的な働きである。一八、一九世紀の為政者は、産業機構を発達させるための資本と労働力への充分なアクセスを、幕藩的な枠組みのなかで厳しく制限されていた。近代の産業機構は大量の労働者を雇い商品を大量生産するとともに、労働者に一定の購買力をあたえることで、なかば自己準拠的な発達を遂げる。労働者がみずからつくったものを、みずからで買える状況が経済を拡大するつよい原動力になったのである。

しかし近世社会には、資本の面でも、労働力の面でもそうした発展の条件は成長しなかった。まず資本の融通や分配は、三井越後屋がそうだったように多くの場合、家や家の連合体の枠内に縛られ、それを超え投資を集める回路はひらかれなかったためである。さらに大量の労働力を恒常的に集めることもむずかしかった。他の家に奉公するという形式を労働は基本とすることで、流動する自由な労働力を雇い、管理することは困難になったのである。

こうした制限をいわば想像的に乗り越える役割を、園芸植物や小動物ははたしたと考えられる。園芸植物や小動物は、本草学的な言葉や図の助けを借り、精巧かつ多様な差異をもつ擬似的な商品の体系をつくりだす。大切なことはそうしてそれが後の時代に産業機構が実現する達成を、いわば想像的に先取りしてみせたことである。園芸植物や小動物は、いまだ産業機構がつくりだすことができない豊富な商品の体系という成果を、近世の為政者たちに一足先に具現化して示すのである。

興味深いのは、こうした特殊な役割が園芸植物を中心に、同時代の西欧でもみられたことである。たとえば一七世紀にはチューリップ、一九世紀には薔薇やラン、椿を代表とした園芸植物が西欧ではブルジョワジーを中心に流行する。[*109] それらの植物は、ひとつには西欧世界の急激な拡張を表現する記号として役立てられた。氷河期の影響によって西欧には貧弱な植物層しか残されていなかったといわれている。それに対して一七、一八世紀に開始された新大陸やカリブ、またアジアとの植民地主義的通商は、西欧の知る植物の量を爆発的に増大させる。[*110] 一説によれば一七世紀初めの六〇〇〇種から一九世紀初めの五〇〇〇〇種まで、西洋の知る植物は急増したのであり、そうしてそれは西欧が勢力下に置く世界が拡大したことを目にみえるかたちで示したのである。

しかしそれだけではなく、植物の流行は、資本主義の発展を促す想像的土台としても役だった。振り返ってみれば、一七世紀から一九世紀初頭にかけて西欧資本主義は一種の停滞に陥っていたといえる。植民地から商品を取り寄せ販売する商業資本が競合し頻繁な争いを招いていく一方で、産業資本にもとづく生産様式の発達にはいまだ時間がかかったためである。いわゆる土地の囲い込みによる本源的蓄積過程の完遂や、ミシェル・フーコーが指摘する労働者を主体化する装置の形成など、*111 産業機構が充分稼働するためには越えなければならないハードルがいくつも存在していたのである。

それに対して園芸植物の流行は、産業資本が実現するはずの多様な商品の存在を、一足先に実現してみせるといえよう。園芸植物はイメージや分類体系の助けを借り、多様かつ大量の商品を一挙に手に取れるかたちでつくりだし、それによって時代の資本主義がなかなか達成できない多様な商品の体系をブルジョワジーたちに先取り的に経験させるのである。この意味では園芸植物の流行は、資本主義の発達を促すミッシングリンクとして働いた。それは、いまだ資本主義的な発達の条件が完全ではない場に現れて、それが可能にする豊富な商品の経験を一足先に誘惑していったのであり、だからこそ多くのブルジョワジーたちが時間や経済的なコストを掛け、その収集や育成に没頭していったのである。

具体的な現れは異なれ、日本でも園芸植物や小動物がはたした役割は類似している。産業機構の発展の成果としての豊富な商品の体系を目にみえるかたちで示したことに加え、さらに日本では園芸植物や小動物が、家の縛りをすり抜ける終わりのない消費の快楽をいち早く経験させたことが大切になる。たしかに内容としてみるとき、園芸植物や小動物の消費は無意味というしかない。何ら使用価値をもたない奇形の対象に関心が寄せられ、ときにはそれが驚くほどの高値で取引される。しかし形式としてみるとき、園芸植物や小動物は、だからこそ終着点（end＝目的）のない消費を促したことで大きな意味をもっていた。本草学的記述や図像の発達を背景として、園芸植物や小動物はさまざまなちがいをみせ、好事家たちを終わりなく誘惑する。そうしてたんに使用価値に満足するのではなく、次々と発見される変種を追いかける経験へと、人びとを駆り立てていったのである。

結果として、園芸植物や小動物は、家の制限を受けない未知の快楽の経路をつくりだしていく。先にもみたように本草学は有用性を前提とすることで、当初は家の発展に仕える知として歓迎される。しかしそれを超えて、園芸植物や小動物は家が必要とし妥当と認める知識の外部に、グローバルな世界性にさえひらかれた探究の場が展開することを教えていった。そうして園芸植物や小動物は、家が見逃してきた日常世界にも豊穣な差異がひろがることを示すのであり、それによって上級武士や富裕な町人など家につよく縛られた人びとにも、その外部へと乗りだす冒険を誘惑していくのである。*112

3 模像の解体

園芸植物や小動物の流行は、こうして日常の見慣れた風景のなかにも、貴重な時間や貨幣を費やすに値する対象が潜んでいることを教えてくれる。そうして園芸植物や小動物は、下層の人びとが自分たちを排除した市場を見返すための代償になったことに加え、上層の人びとには、家の支配をすり抜けるしがらみのない消費の対象として愛好されていったのである。

ただしこうした消費の構図は、その後、変わりなく維持されたわけではない。一九世紀前半の経済的、政治的な変動によって、私的な欲望の追求を促す既存の消費の配置は大きく揺るがされていくためである。

最初に問題になるのが、一八二〇年代以降、貨幣の急激な価値低下とそれに応じた物価の高騰がみられたことである。第一章で触れたように、荻原重秀や新井白石らによって一七世紀末から一八世紀初めにかけて改鋳がくりかえされて以降、約一世紀ものあいだ、貨幣は相対的に安定した価値を保ち続けてきた。元禄以後、改鋳が連続的に実行されるなかで、金銀素材価値からさえ距離を取る貨幣がつくりだされる。その大量供給をふまえ、「米価安諸色高」といったかたちをとりつつも、貨幣を組み込んだ庶民的経済が活発化していったのである。

それを受け、金銀の素材価値の差を乗り越える貨幣さえ、一八世紀後半には流通していった。藩による物産の専有化を担保とした藩札が数多く発行され、さらに流通証券化された米切手が一般的な信任を受けていくなど、金銀貨幣を省略する擬似的な貨幣の流通が進んでいくことは先にも触れた。[*113] それらと並行して、幕府も明和二（一七六五）年に五匁銀、安永五（一七七二）年には南鐐二朱銀を発行していく。計量貨幣としてあった銀を計数貨幣として扱う前者の試みは信用不安を招き失敗に終わったが、後者の銀によって二朱金の価値を直接表現させるよりラディカルな試みは皮肉にも社会に受け入れられた。[*114] 上方の経済と江戸をスムーズにむすびつけるものとして、金銀素材の差異を無効化する変則的な貨幣が重宝されていくのである。

こうした成功は、くりかえされる商取引の厚みを背景として、一八世紀に金や銀といった素材価値に左右されず貨幣が授受される状況――それは後の太政官札（慶応四（一八六八）年）に始まる不換紙幣の時代を準備する――が厚みを増していたことを教えてくれる。しかし問題は貨幣価値のこうした安定が、一九世紀初期に突如として切り崩されることである。「米価安諸色高」という構造のなかで比較的安定していた物価は、一八一〇年代末には米を含め上昇基調に転じ、それが幕末の空前のインフレーション、すなわち貨幣価値の崩壊につながった。たとえば全国の商品市場の基準となった大坂の一般物価でみれば、文政元（一八一八）年を基準として文政一一（一八二八）年には一・一七倍、天保九（一八三八）年には一・七倍にまで急上昇したのである。[*115]

こうしたインフレーションの引き金になったのは、まず直接的には文政元（一八一八）年以降の改鋳の再開である。財政難に陥った幕府は、金銀の貶化によって差益を獲得することをおもな目的として、元文元（一七三六）年以後約八〇年のあいだ放棄されていた改鋳を実行する。それで味をしめた幕府が、天保、安永、万延と改鋳を矢継ぎ早にくりかえすことで、貨幣の品位は大幅に下げられる。たとえば金貨では元文金の二匁三分から文政金（文政元（一八一八）年以降）の一匁九分七厘、天保金（天保八（一八二七）年以降）の一匁七分まで金の含有量は減らされ、銀貨でも元文の文字銀で四六分だった銀含有量は、新文字銀（文政三（一八二〇）年より）で三六分、保字銀（天保八（一八二七）年より）で二六分と半分近くにまで引き下げられたのである。[*116]

こうして貨幣の貶化は、物価の再調整を促すことでインフレーションを引き起こす。ただしそれだけに物価の高騰の原因は、還元されない。先にみたように、一八世紀後半には素材的価値を無効化する貨幣さえ一定の流通をみせていたのであり、その意味でも素材価値の変動がそのまま物価高騰に反映されるほど、その時代の経済を単純なものとみることはできないのである。実際、新保博もインフレーションの原因として、貨幣の貶化以上に幕府の支出増を重視している。[*117] 改鋳そのものではなく、それによって獲得した差益にもとづき幕府が財政を拡大したことを、物価高のより構造的な要因としてみなければならないというのである。

ただし幕府の支出増を取りあげるならば、それを受け入れた実体経済の膨張がより大切になる。第二章でみたように、一八世紀後半以降、農村的工業の発展を踏まえ、地域における消費の拡大が全国的にみられる。たとえば飲酒や村芝居の開催、相撲の観戦などの有形無形の消費活動が、「遊び日」の増加というかたちで、村に浸透していった。こうした貨幣経済の浸透は村内秩序を緩め、ついには争いを暴力的な対立にまでエスカレートさせてしまう。須田努によれば、それまでの規則や規範に従って統制されていた一揆——その様子は第二章でみた「打ちこわし」の状況に似ている——とは異なり、一九世紀前半には刀や鉄砲を用いるなどより無秩序で、暴力手段に訴える一揆や騒動の発生が目立つ。*118 その背景として、地方の格差の拡大とそれに伴う村内秩序の解体が大きかった。地方への富の浸透と消費活動の活発化は、貧富の差を拡大するとともにその格差を目にみえるものにすることで、村内の統制をむずかしくし、ときには、武装した一揆勢と村の富裕層との暴力的な抗争さえ招いてしまうのである。

こうした地方における消費活動の進展は、都市における消費活動の安定を直接、また間接に揺さぶった。まず広域に渡る商品需要の増大が、物価の高騰の根本的な土台となり、それが都市の消費生活を圧迫するためである。村でもインフレーションは問題になったが、それによる生活の困難は農村工業の活発化によって一定程度相殺される。他方、「旅宿ノ境界」*119 のなかで商品購買により大きく依存して暮らす都市民は、物価上昇の影響を真正面から受けるのである。

さらに地方経済の活発化が、都市から経済力を奪っていったことが問題になる。たとえば一九世紀前半には地方における消費経済の活性化は、商品生産と物流の回路を変え、大都市を中心に形成された従来の幕藩的流通機構を組み替えることになった。斎藤善之によれば、安永・天明年間以降には上方と江戸をむすぶ菱垣廻船の減少と、小規模な船による地域をむすぶ航海圏の確立が確認される。*120 再編の直接のきっかけとしては、その時代の飢饉の頻発が強調されるが、より大きな潮流としては、もちろん地域経済の発達が見逃せない。地域間取引の増大が、中央市場をバイパスした物流を活発化することで、大都市を中心とした既存の物流の秩序が組み替わるのであり、その証拠に一九世紀前半には、全国市場としての大坂市場の衰退もみられる。*121 地域で消費が増大していくことで、大坂市場に持ちこむまでもなく米が吸収されていくのであり、その結果として第二章でみた大坂に集まり貯蔵された米を示す越年米高（図2―7）も、一九世紀に入ると急速にしぼんでいる。

こうしてインフレーションの影響に加え、都市経済の衰退が、大都市で継続されてきた消費の構造を脅かすことになった。都市における購買力の減退は、衣服や食を中心としたとくに奢侈品の購買をむずかしくしていくことで、日常的な消費の構造を変えていくのである。

ただしそれだけでは、一九世紀前半の都市の消費の変動を充分説明したことにはならない。そもそも経済的不況は一方では、園芸植物や小動物などの安価な商品の人気を後押しした面をもつ。生活の困窮によって他の高価な商品を買えない人びとに対して、それを償うものとして園芸植物や小動物は短期的には魅力を大きくするからである。

しかしそれに並行して、長期的には地方と都市をむすぶ経済構造の変化が、都市で流行したモノの価値をより根底的に揺さぶっていくことがより深刻な問題になる。その前提になるのが、園芸植物や小動物、または酒食など当時もてはやされたモノが、往々にして文脈を外れればその魅力を霧散させてしまうことである。みてきたように一八世紀以降、記述や図譜や浮世絵の発達を踏まえ、多様なモノの魅力が都市の趣味的集団に認められていく。しかしだからこそそうした対象は、記述や図の蓄積が影響力をもつ都市的磁場の外部では、急速に価値を失う。

実際、地方経済の活性化は、都市でおこなわれる消費を仰ぎみるのではなく、それをむしろ奇妙なものといぶかしむまなざしを育てていく。たとえば小林一茶も朝顔の流行に際して、「蕣もはやり花かよ世にあれば」(文政元(一八一八)年)[*122]と詠んでいる。田舎育ちの一茶にとって、朝顔が高価に取引されることは奇妙というしかなかったのだが、村の経済的成長に後押しされることで、都市文化に対する同様の覚めた目線が、その時代に活性化していくのである。

もちろん都市の文化を相対化するまなざしは、部分的にはそれまでもみられたものである。たとえば都市で送られる遊民的生活に対する非難は以前からも目立ち、それが飢饉の一因にさえなった。ただし注目されるのは、一九世紀始めには都市の文化を批判する目線が、都市の遊民的暮らしの内部からも産まれていくことである。実際、青木美智男によれば、江戸では一九世紀初め、遊廓を中心として花開いた「粋」や「通」といった従来の理想を相対化する「野暮」な文化が力を振るい始めた。それを後押ししたのが、一茶もそうだが、各地から流入する細民たちである。[*123]天保期の都市では他国出生者が二四%を占め、とくに店借りの日雇層では近村に留まらない全国各地からの人口流入がみられたという。[*124]これらの人びとが地域経済の興隆に後押しされ、村を出自とすることを一種の誇りとしていくことで、都市の洗練された商品の評判を疑い始めていくのである。

そのことは、たとえば十返舎一九の『東海道中膝栗毛』(享和二~文化一一(一八〇二~一四)年)やその続編『続膝栗毛』(文化七~文政五(一八一〇~二二)年)の人気によく表現されている。江戸の遊女や芸者との遊びの代わりに、宿場の飯盛女との交流を面白おかしく描きだすことによって、それらは都市の外部にいまだ知られていない楽しみがあることを、逆説的ながら表現していく。その意味で『東海道中膝栗毛』やその続編の流行は、「粋」や「通」といった大都市の根生いの美学を疑う人びとが、都市の内外に厚い層をなし始めていたことをよく照らしだすのである。

地域経済の活性化が、都市における洗練された商品の評判に挑戦するまなざしをこうして育てていっただけではなく、同時代には、さらにそれに勝るとも劣らず、既存のモノのあり方を根底から揺るがすまなざしが、別の経路からも都市生活に向けられていったことが重要になる。一八世紀後半以降、ロシアを筆頭に異国との接触が増加し、それがそれまでのモノの価値体系を揺さぶり始める。ひとつにあらたに移入された知が既存のモノに対する知を上書きするからであり、その良い例になるのが植物学の導入である。伊藤圭介によるリンネの分類の日本への紹介（『泰西本草名疏』（文政一二（一八二九）年））や、宇田川榕菴による生物学の一分野としての植物学の確立の主張（『理学入門　植物啓原』（天保五（一八三四）年））を先駆けとして、一九世紀前半には植物学の体系的な知識が日本に紹介される。西洋でも同時代には、恒常的な植物の構造を知ることを重視する植物学が興隆していくが、それを含めた西洋からの知の移入に基づき、それまで多様な可視的なちがいを中心に評価されてきた植物の価値秩序も疑われ始めたのである。

そうした知の衝撃をよく示すのが、飯沼慾斎による『草木図説』（安政三〜文久二（一八五六〜六二）年刊）の編纂である。伊藤圭介や宇田川榕菴に学び、また顕微鏡を用いるなどして、慾斎はリンネの分類を日本の植物に適用することを試みる。興味深いのはその過程で、未知の植物を紹介すること以上に、不当な注目を浴びている植物を取り除くことに力が入れられていくことである。たとえば慾斎は朝顔の「花形」、「花色の變態」が「種々」であることを認めつつも、その多様性を意味のないものとして切り捨てた。*125 同時に岩崎灌園が『本草図譜』で七七種を割り当てた蓮に対しても、「一種ヲ挙テ他ミナ略」されるのであり、*126 そうして慾斎はそれまで高く評価されてきた場所や時代ごとにちがった姿をみせる植物の多様性を意味のないものとして洗い流す一方で、逆にどこでも同じ姿をみせる植物のいわば平凡な同一性を中心とした秩序を肯定していくのである。

それを一例として、西洋との再接触は、それまで高い評判があたえられてきたモノのあり方をもう一度問いなおしていくことにつながった。植物学を代表とする知の導入だけが、それを促したわけではない。さらに西洋由来のモノの移入が、より直接的に既存のモノの価値の体系を揺るがしていくことが重要になる。一九世紀以降、ランプや衣類や食品、文房具や銃など数々のあらたなモノが日本に押し寄せる。大切なことはそれらのモノが機能や有用性によってだけではなく、それが背負う普遍性の哲学においても、既存のモノを圧倒していくことである。それまで都市に享受されるモノの多くは、特殊な知識や身体感覚の持ち主に享受者を絞ることでしばしばその価値を純粋培養されてきた。それに対して成長し始めた資本主義的な生産は、特定の地域や文化圏を超えて多くの人びとに売ることを目的として、モノの価格や機能、外観をデザインし始める。そうしたモノが国や文化圏を超えて実際に輸入されていくことで、既存のモノの価値は揺るがされていくのである。

その結果、都市に積み重ねられてきた私的な消費の活動も再編される。単純化していえば、地域間を越えて存在するより大規模な消費者によって選択されたモノが、ローカルなモノの価値に挑戦していくのであり、それが章の冒頭でみたような園芸植物や小動物を代表とする多様なモノの流行を短期的に収束させるひとつの原因にもなったと考えられる。たんに購買力が不足したためばかりではなく、地方や海外から押し寄せるまなざしが、都市に積み上げられてきた園芸植物や小動物の価値を洗い流していく結果、奇抜な品の流行は一九世紀には構造的にしばしば短期のものに終わらざるをえなかったのである。

この意味では一九世紀前半の園芸植物や小動物の価値の問い直しを、後に近代に人びとが経験するより一般的な社会変化の前触れとして捉えることができる。一九世紀後半以降、幕藩体制が揺らぎさらにはあらたな政治体制がつくられていくなかで、それまで以上に普遍的な水準から、既成の習俗や社会秩序が問い直しを受けていく。多数の国家との交通関係がいっそうひらかれていくなかで、権力機構や経済システムをより普遍的なものに変えることがなかば強制されていくためだが、同様の対決が、具体的なモノの水準ではいち早くみられた。地方や西洋といった「他者」のまなざしによって、都市の特殊な文脈のなかでもてはやされていた園芸植物や小動物の価値は相対化され、その結果、それに対応する消費も揺り動かされていくのである。

ただしそれによって、園芸植物や小動物の消費が、すぐに廃れていったわけでもない。逆説的にも家を中心とした経済的、または社会的構造がすぐには更新されないことで、その秩序を補う私的な消費の技術も維持されていくためである。たとえば園芸植物や小動物の流行は、近代都市でも根づよくくりかえされていったのであり、その一例として朝顔の流行も開港後の嘉永、安政年間（一八四六～六〇年）に再燃したばかりか、明治二〇年から三〇年代にかけて「発見する處の品種愈増加し従ひて之を鑑別すること容易ならず」[*127]とまでいわれる再度のブームを迎える。雑誌メディアの発展や輸送手段の革新によって情報交換や交際がさかんになったことに加え、家を中心とした社会構造のむしろより広い階層への拡散がその熱狂を支えた。たとえば夏目漱石の『行人』（大正元～二（一九一二～一三）年）でも、「朝貌」づくりに熱中する父親が登場する。長男に家長権をほぼ譲り隠居状態にある父は、家族から「変《かは》つたと云ても普通《ふつう》のものがたゞ縮《ちゞ》れて」みえると非難されながらも、家のなかでの疎外を補うものとして、変化朝顔づくりを止めることはできなかったのである。[*128]

それを一例として、近世から近代に至る消費の経験の連続と断絶を、より具体的に分析する必要がある。政治的体制の変革に続き、一九世紀末から二〇世紀初めにかけての産業機構の発達は、商品の生産構造やそれを享受する生活のスタイルをたしかに変えた。しかしそれを消費する経験は、急に変わったわけではない。近世都市における消費の集団的な反復の経験がそれを支えるためだが、その意味で近代以降の消費の展開を、産業機構の発達やあらたな経済的、政治的な制度の形成だけから説明することはできない。一七世紀末以降、不特定多数の集団によって遊廓やその外部の路上で消費がくりかえされていったことを足場として、次の時代の消費も固有のスタイルもつくられていく。その具体的な歴史を分析することから、なお現在まで続く消費の経験の意味について、考え始めていかなければならないのである。

おわりに
消費は何を変えたのか？

1　家の技術

一七世紀以降、幕府の後押しを受け、地域や身分差を越えて社会に貨幣が浸透する。それを前提として、消費活動が多くの場所で活発化したのだが、本書は、そのなかで消費に良くも悪くも深く関心をもつ家が成長すること、しかし同時に家の目を盗み、その秩序を揺るがす私的な消費が成熟していくことをあきらかにしてきた。

より具体的にみれば、中世末以降、家は政治的、経済的に他家から距離を持つ独自の生活単位として庶民にまで拡がっていく。しかし家の生活は、完全に他家と切り離されたわけではなかった。むしろ小規模化した家は、①性的交通、または②物資・労働的交通、③情報・信仰的交通の回路において、他家と活発に交流し、または競争していくことを通して、なんとか維持されていくのである。

こうした他家との交際を管理し、家の存立を助ける有力な手段となったのが、商品購買である。一七世紀、貨幣が深く浸透していくなかで、商品購買はたんに家に物資をもたらすだけではなく、他家との関係を調整する貴重な役割を担う。交際は他家に従属するという危険へと家をしばしばさらすが、それを商品購買で補うことで、家はできるだけ自立を保とうとしてきたのである。

たとえば商品購買を前提とした家同士の交際の最初の、そして最大の舞台となったのが遊廓である。遊廓は洗練された酒食などの商品をいち早く集めることで、いまだ充分な家居や人手のない新興の家

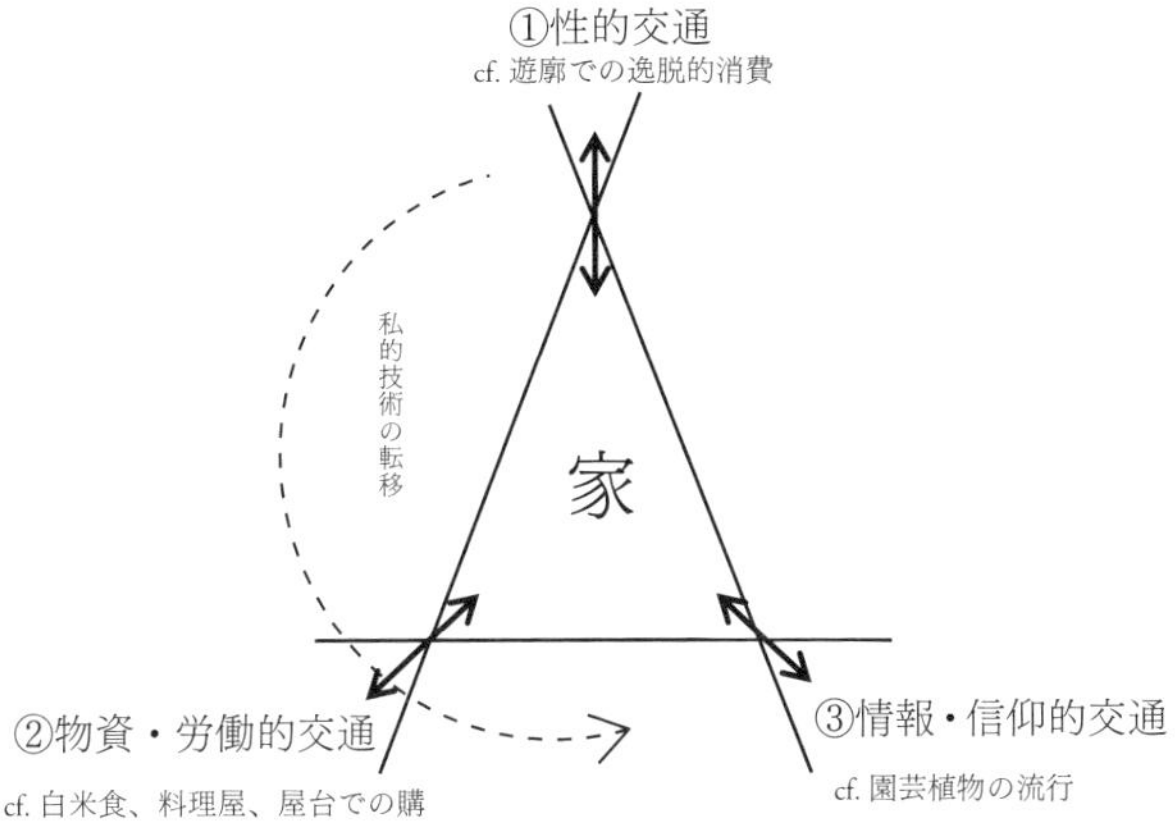

図 4-1　私的な消費技術の展開

にとって、他家をもてなす便利な饗応の舞台になった。

それを先駆的な例として、一七世紀末以降、市場に流通し始めた食料や道具、書籍や園芸植物をいっそう購買していくことで、家が現実的に維持されていくことを本書はみてきた。しかし重要になるのは、それだけではない。他方で商品購買が家の要請に基づき積み重ねられていくなかで、家の同一性を脅かす経験も消費にかかわり発達していくことが大切になるのである（図4―1）。

その萌芽は、まず遊廓が司る性的交通の領域において観察された。一七世紀初頭以来、遊女を含め、他の場所に較べ、いち早く洗練された商品が、遊廓には数多く集まる。そこで多額の貨幣を支払い、洗練された酒食を享受し、さらには生身の女を自由に弄ぶことを通し、客は他の市場に先駆け、消費の魅力をいち早く学んでいったのである。

だからこそ家の限界を越え、遊廓にのめり込む人びとも現れる。ただし一方では多くの場合、遊廓の消費には現実的な歯止めもあった。階層的限界や、そもそも遊廓の「遊び」が家を模倣していくことによって、遊廓の消費は家の管理の枠内に置かれたのだが、その代わりに家を脅かす消費は、むしろ遊廓の外部でより制限なく展開される。一八世紀初め以来の米価安にも後押しされ、遊廓という限定された区画をはみだし、商品購買を楽しむ場が無数に拡がる。夜鷹や白人といった路上の私娼や料理屋の芸者が人気を集めたことに加え、一八世紀にアルコール度数と純度を高めた酒を一例として、味や料理法、色彩にこだわる酒食の享楽が、街の料理屋や屋台でみられるようになったのである。

ただしこうした享楽にも、限界はあった。近世都市には酒造業や高級衣服産業等を除けば、都市に特別の産業機構が発達しなかったためであり、その結果、安価に買える量産品の欠乏と、購買力の供給の不足という二重の限界に、とくに下層民は苦しめられる。しかし一八世紀なかば以降の都市ではそうした構造的な限界を補う独特の消費の技術も展開していく。その中心的な対象になったのが、園芸植物や小動物である。家の階層的なネットワークを横切る交友関係や出版産業の発達を受け、一八世紀には本草学書や図譜が発達し、それを踏まえ、園芸植物や小動物に多様なちがいがみいだされるとともに、それを無償で、または安価に享楽することも流行していったのである。

以上のように商品購買は家の存続を支えるのみならず、家の秩序を相対化する「遊び」を大きくみれば、①性的交通や、②物資・労働的交通、さらに③情報・信仰的交通の領域で一七世紀末から、一八世紀、一八世紀なかば以降にかけて連続的に興隆させていく。①から②へは空間的に拡大し、③はそれから疎外された人びとを補うという逆説的なかたちをとるといううちがいもあったが、しかしそれは総体としてみれば、消費活動が多面的かつ重層的に拡がることを表現していたといってよい。家に有益であることをしばしばアリバイとしながらも、家の秩序をすり抜ける消費がより空間的に、また社会的に深度を増しながら活発化していくのであり、その結果、金をあまりもたない下層民をも巻き込みつつ、私的な快楽や感受性に根ざした倫理的、身体的、または知的フロンティアの開拓が、都市を起点として拡がっていくのである。

＊

こうして本書があきらかにした歴史的事実は、では消費のいかなる特徴や魅力をあきらかにするのだろうか。それが浮かび上がらせる特徴のなかで、とくに以下の二点が注目される。

まず歴史的探求は、（α）消費が有用性や社会的な顕示という枠内におさまらず、人びとを引き寄せるつよい力をもっていたことを教えてくれる。「はじめに」で確認したように、消費はこれまで理論的には、なんらかの有用性を等価交換的に手に入れる「交換」や、逆にその有用性を破壊することで他者を圧倒する「消尽」といった形式によって説明されることが多かった。

ただしそれだけではなく、消費が「自己技術」として主体の生き方に深い影響を及ぼすことに注意する必要がある。実際、一八世紀から一九世紀前半の都市における消費の歴史的展開は、そうした消費の力をよくあきらかにする。「交換」や「消尽」を司る家による節制の要請が厳しかったことも事実だが、その家の目を盗み、それぞれの欲望を追い求めることを促す私的な消費もたしかに積み重ねられていくのである。

たとえば遊廓における「遊び」は、たんに家の社交、さらには性的行為の結果としての個人的な満足を目的にしていただけではない。遊廓で金を支払うかぎりで客はいわば臨時の家父長として、好みの遊女を好きに支配できたのであり、そうして遊女を自由に選択し弄ぶという残酷な快楽をどこまでも追求するという放埒な冒険が、そこでの消費の核心に含まれていた。

もちろん先にも触れたように、遊廓の遊びは家の模倣に留まることで、経済的にのみならず、道徳的にも制限されていた。しかしだからこそそれを補うかたちで、酒食や園芸植物や小動物を対象としたより制約の少ない消費が、遊廓の外部で流行する。純度の高い酒の飲酒がそのよい例となる。洗練された酒は自己の感覚や感情を高揚させる「酩酊」というあらたな陶酔感覚を人びとに手軽に享受させることで、自己の身体の微細な感覚的変容にどこまでも向き合い、享楽する経験へと多くの人びとを誘惑していったのである。

さらにその自由な支配は、他者の命にまで拡張される。たとえば園芸植物や小動物が人気を集めた理由として、それらが生命を弄ぶことを許したことが含まれていたと考えられる。「びいどろに金魚のいのちすき通り」（明和五（一七六八）年）[*1]という川柳が詠まれているが、園芸植物や小動物がしばしば短い間に消えていくはかない命としてあったからこそ、好事家はそれを後腐れなく自由に扱い、繁殖させ、断種し、殺し、つまり罪悪感を抱くことなくその生命を弄ぶことができたのである。

近代の規範からみれば、こうした振るまいは非道徳的で、また無意味であるように映るかもしれない。私的な快楽のために対象をしばしば恣意的に屈服させ弄ぶこと、それは近代的な道徳に反するばかりか、成果をまるで産みださない無価値な実践のようにみえるのである。しかしそれは近代的憶断にすぎず、歴史的にみれば多くの人びとがモノや他者を支配する活動としての消費につよく惹き寄せられてきたことも事実である。実際、本書は、一八世紀から一九世紀前半の都市で、椀屋久兵衛屋や大田南畝、水野忠暁といった著名人だけではなく、身分や階層を異にした無数の匿名の人びとが、ときには人生を棒に振るような仕方で消費に飲み込まれたことを浮き彫りにしてきた。道徳や合理性に配慮せず、誰にも邪魔されず対象を私的に利用するという自由に、一八世紀から一九世紀の都市の多くの人びとは、遊廓や料理屋や路上で、しばしば魅せられてきたのである。

あきらかにされたこうした歴史は、消費が「交換」や「消尽」に回収されない特異な実践をその奥底に含んでいることを教えてくれる。外部からは、「狂気」に陥った、または「残酷」なものにみえるかもしれないが、等価性や社会的な理解可能性を超え自己の欲望に向き合うことを促すことで、消費はたしかに多くの人びとをはてしなく誘惑してきたのである。それが商品経済を、封建制度の重しなかでさえ急速に拡げる追い風にもなった。消費が、人びとをときにはその合理的判断を超えて飲み込むことをひとつの根拠として、経済活動は都市から地域社会へとますます拡大していったのである。

ただし一方からみれば、こうした消費の魅力にも限界があったことも見逃せない。一八、一九世紀の消費の歴史社会学が照らしだすのは、同時に、（β）消費が、良かれ悪しかれ一定の集団的な制約のなかでおこなわれていくことだからである。そうしてくりかえされる集団的な消費のなかで近世社会においてとくに中心的な位置を占めたのが、家である。たしかにみてきたように家を脅かす消費の展開は目立ったが、ただしそれもただ無作為に、また偶発的に進んだわけではなかった。家が活発に商品購買を後押しする領域でこそ、私的消費の発達も目立ったのであり、たとえば遊廓で萌芽的にではあれ、いち早く私的な購買活動が活発化するのも、家があくまで遊廓での消費を許容し、場合によっては後押ししたためといえる。

その後一八世紀には、たしかに遊廓の外部で酒食や園芸植物、小動物にかかわり私的な消費が展開されていく。ただしそれらも、あくまで家の目こぼしを前提として展開していくにすぎない。酒食へのこだわりは家の社交生活に役立つことをアリバイとして、さらに園芸植物や小動物は端的に意味のない些細な対象として、その享楽はある意味で放置されていたのである。

その意味では、食物や酒、また園芸植物などの対象が流行したのは、逆説的にも家が私的な感覚や知の微細な展開に脅威を感じていなかったためといえる。近代に成長する権力は、感覚的身体の些細な感受性や知の展開への関心を大きくする。行動や感覚、思考の形態の些細な変化を規制することが、人びとを主体化し、従属させるための有力な戦略とされたのである。

それとはしかし対称的に一八、一九世紀の家は、構成員の感じ方や思考それ自体に照準し、縛ることはなかった。そうした微細な逸脱を取り締まることが、技術的にむずかしかったからだけではない。個々の人びとの生死を超えた永続を究極の目的とする家にとって、個々の感覚や知の些細な変動をあえて厳密に規制する必要はなかったことが大きかった。構成員が家の定める儀礼的活動に少なくとも明示的に従い、そこでの上下の矩《のり》をあきらかに侵犯することのないかぎり、家は構成員に一定の自由を許すのであり、さらには限度を越えはみだす者を端的に排除する強制力も家は持ち合わせていたのである。

ではなぜ家は消費に対して発展の行き先を定めるほどのつよい力を発揮できたのだろうか。そのひとつの原因は当然、家が経済、政治的に貨幣を稼ぎ蓄積するほぼ唯一の主体だったからといえる。しかしそれに加えて、家が私的な消費を独占的に行使する主体になったことも見逃せない。家を維持するためには多大な金がかかったが、それを前提として家父長の座に座る男たちは、自由に構成員に指図し従属を求めることができた。この意味で金をかけつつ他者を支配する形式として、家と私的な消費は対立するだけではなく根幹において共通する部分をもっていたのである。

実際、第一章の終わりでわたしたちは、家が私的消費と共存しつつ発展していく可能性を指摘した。ひとつには、終わりのない没頭を要求する消費の要請から身を退けるアリバイとして家がますます必要とされたためだが、ただしそれだけではない。さらに家は構成員や外部の他者を支配するいわば対抗的な形式としても働いたのではないか。通常考えられるように家は、永続を求められる主体として、私的な快楽の追求を制限しただけではない。内外の人びとを支配するそれ自体、有力な「自己技術」の産物として家はこっそり多くの人びとを魅了してきたのである。

以上、まとめるならば食物や酒、また園芸植物や小動物をおもな対象とした私的な消費は洗練を深めつつも、しかし総体としては家が支配する秩序の片隅において展開されたにすぎなかったといえる。最大の問題は、性的快楽や味覚や視覚、また知的な探求にかかわる実践をそれぞれむすびつけるトータルな「共通の場」が成長しなかったことである。欲望を誘導しまとめる主体はあくまで家が担うことで、消費はあくまで家の外部で散発的におこなわれる分散した活動に留まった。その制限を超え、人生をかけ消費に没入していく者がいなかったわけではない。しかしその場合も、多くの者たちは端的に家から排除され、結果としてしばしば社会のなかで正当な行き場を失ったのである。

2　産業機構の到来

こうした歴史的事実を踏まえた上で、次に問題になるのは、家の支配のぎりぎりの外部に萌芽したこの私的な消費が、では次の時代にいかなる展開をみせるかである。それを主題的に論じることは本書の枠を超えるが、とはいえ一八、一九世紀に成長した家と私的欲望がいかなる意味をもっていたかを把握するために、その行く末だけでもここで確認しておきたい。

その前提として、すでにわたしたちは近世社会に重ねられた私的な消費が、かならずしも一九世紀後半に衰退したわけではないことを確認してきた。たとえば朝顔の流行は、明治期にも断続的にみられ、量的にはむしろ一九世紀前半を超えた大衆的な人気を拡げる。その条件になったのは、皮肉にも家が社会の支配的な単位に実質的に留まり続けたことである。朝顔の愛好を一例として私的な消費は、家をはみだす人びとの代償となることで、家の秩序を維持する疑似餌《ルアー》としてむしろ社会的に受け入れられていくのである。

とはいえその一方で、消費を取り囲み規定する政治、経済的条件が、次の時代に大きく揺るがされていくことも事実である。確認したように、一九世紀初めに西洋由来の知や舶来の品が浸透していくことで、都市のなかのモノは次第に異なる風貌をみせ始める。一九世紀後半以降には、そうしたあらたなモノが現実的に日常生活にいっそう組み込まれていくことによって、消費の技術やその社会的意味は実質的な変化を被るのである。

その最大の原因になったのが、一八八〇年代に始まる産業機構の発達である。家の代わりに商品購買を組織的に利用し、生産を拡大する企業の成長を前提として、産業機構は発達していくのであり、それによってそれまでにない新規な、また安価な商品の普及が進んでいった。繊維業を中心とした産業の発達が安価な衣類を増加させたことに加え、マッチや小物等を中心とする在来的産業が拡大的に再編されるのであり、その結果として商品を消費して暮らす生活がますます日常化していくことになる。[*2]

加えて重要になるのが、こうした産業機構の拡大が購買力をもつ人びとを都市を中心に増加させていくことである。[*3] 産業機構の発達は直接、間接的に、安定してまた継続的に賃金をもらい生活する人びとを増やすのであり、たとえば大橋隆憲の推定では、全世帯中の給与所得世帯の割合は、明治二一（一八八八）年の一一％から、明治三一（一八九八）年の二四・六％、明治四二（一九〇九）年の三三・五％へと二〇年余りのあいだに三倍以上に増大している。[*4] さらにそれに連動して、自営的な工場や中小商店を営む人びとも数を増した。とくに日清・日露戦争を契機とした景気の浮上が、自営業を活性化したのであり、明治二一（一八八八）年に全国の世帯中三・七％だった商工の自営業者層の割合も、明治三二（一八九八）年には四・九％、明治四二（一九〇九）年には六・二％と倍近くにまで増加している。

こうして産業機構の発展は、賃金労働者にしろ、自営業者にしろ、安定した貨幣のフローに依存し、廉価な生産物を買い暮らす人びとを増大させる。その結果として、都市における消費実践も刷新されることになった。できるだけ節制して家の生活を維持することや、逆に家の目を盗み微細な対象を弄ぶことが、今では消費の中心的な問題になるのではない。多様かつ安価な量産品としてつくられた商品を選別して購買すること、そしてそれによって家の生活を現実的に組み替え、あらたな暮らしを築いていくことが、消費にかかわるよりリアルな課題として浮かびあがるのである。

こうした変容の一端は、同じ時期に商品購買に対する呼び名が変化したことからも確かめられる。それ以前、商品購買は家の経済を脅かす「奢侈」や「浪費」として、否定的に評価されることが普通だった。たとえば太宰春台の『経済録』（享保一四（一七二九）年）では、「元禄以來」の「奢靡の風」に対抗する「節用」が厳しく説かれ、またおよそ一世紀後の海保青陵の『稽古談』（文化一〇（一八一三）

年）でも、「出金ノ多キコト」と定義される「奢侈」に対し「入金」を合わせることが主張されている。[*5] 両者は貨幣や商品の動きを概念化することで近世の経済学的知の発展に大きく貢献したが、それでもなお消費については、家を脅かす否定的な現象として消極的に触れられるにすぎなかったのである。

それに対して一九世紀後半には、まず「消費」というより中立的な呼び名があらたに一般化されていく。「消費」という言葉を、経済分析のために初めて用いたのは、神田孝平による『経済小学』（慶応三（一八六七）年）とされているが、[*6] ウィリアム・エリスの『Outlines of Social Economy』をオランダ語から重訳したその書では、「凡ソ物ヲ造ルノ主意ハ之ヲ消費スルニ在リ」[*7] として、「消費」には浪費や奢侈といった否定的な意味は割りあてられていなかった。こうしたあらたな呼び名の出現に並行して、商品購買は社会秩序を変えるより積極的な力としても関心を集め始める。その先駆になったのが、熊本生まれの僧侶、佐田介石である。介石は貿易によって商品購買の内容が変わり、それによって従来の伝統的な生活が壊れたことを激しく非難したことで有名だが、その裏側で介石は消費を社会生活を変える力として肯定的に評価してもいた。たとえば明治七（一八七四）年に左院に提出した「建白書」のなかで介石は、「学文」や「俳偕」など遊芸や、「雛祭」などの散財を「消費」と呼びつつ、それを以前に増して活発におこなうことが、国の力を増す有力な手段になると主張しているのである。[*8]

こうした概念的変化と実体的な変化を直接むすびつけることには、たしかに慎重でなければならない。しかし両者の変化が、産業機構の発達という実現されつつあった現実の大きな変容をともに参照していたことも見逃せない。安価な商品が大量に企業によって産みだされ、人びとの生活に行き渡っていく現実を前提として、消費の捉え方もその実体的なあり方もたしかに変わっていったのである。

では具体的には、消費はいかに変化していったのだろうか。その一端を、以下では、（a）情報・信仰的交通、（b）物資・労働的交通、（c）性的交通の面から確認していく。結論を先取りすれば、取捨選択を被りながら、それら個々の交通の場において、私的な消費がさらに進められるとともに、それを前提に、これまで社会をつよく支配した「家」の暮らしを組み替えるライフスタイルが次第に醸成されていく。産業機構の展開によって産みだされる商品をあらたな消費の対象とすることで、家の枠を越え集団が実際に生きられるようになっていくのである。

なお論じられる領域は、情報から物資、性的交通へとこれまでと逆の順序になっている。これは後に確認するように、大きくは家の秩序がその弱い部分から揺さぶられていくことのひとつの表現になっている。

（a）情報・信仰的交通にかかわる消費の変容

一九世紀後半の幕藩機構の解体と社会体制の変革は、人びとにあらたな倫理や欲望に目覚めさせる。それを手助けする大きな力になったのが、新聞や雑誌を中心としたメディアの発達である。一七世紀末以降、出版メディアは家に役に立つ知識や規範をますます提供してきた一方で、家を離れ消費することの快楽を誘惑する浮世絵や引き札や貼り紙などの印刷物をいっそう興隆させてきた。その両者に後押しされ、さらには活版印刷の導入といった技術革新を追い風として、既存の倫理や欲望の体系を上書きするあらたな教訓書や実用書が、一九世紀後半に大量出版されていくのである。

なかでも目立ったのが、『西国立志編』（明治三〜四（一八七〇〜七一）年）や『学問のすすめ』（明治五〜九（一八七二〜七六）年）を嚆矢とした、いわゆる「立身出世」を若者たちに促す書籍や雑誌の増加である。[*9] 幕藩体制の解体は、家が縛る身分秩序の内部でこれまでのように分を守りながら、正直や勤勉に努めることの意味を解体していく。たとえば竹内利美によれば、明治社会では「派閥をくむ」、「刻苦勉励し、立身出世をはかる」、「一獲千金の機会を狙う」などの特有の利己主義がつよまった。[*10]「出世」による貧富の差がそれまで以上に大きくなった明治社会において、学業を含め、あらゆる手段を用い、競争に打ち勝ち、社会的な成功を収めることが人生の主要な目標とされていったのである。[*11]

こうした「立身出世」の思想を物質的に支えたのが、書籍や雑誌の大量出版である。たとえば二〇世紀初頭には、『中学講義録』や『大学講義録』などの通信講座的出版物が人気を呼び、学校に通い、あるいは師につくことができない多忙な者や貧乏人にも成功の夢をみさせていく。[*12] この意味で立身出世主義は、書籍や雑誌、新聞などの出版市場の拡がりを根拠としたメディア論的な特徴をもっていた。誰であれ書籍や雑誌を安価に利用できるという一九世紀後半以降成長していくメディア的状況を前提に、立身出世主義は急激な興隆をみせるのである。

ただしその教説は、家の求める倫理や欲望からあくまで切り離されていたわけではない。「立身出世」は出自となる家に貢献し、または他の家を見返すことを暗黙、または明示的な目標として含んでいたのであり、こうして家を単位とした社会構造を維持する保守的な性格ゆえに立身出世主義は明治の公式の思潮になったともいえる。そもそも立身出世の思想は、明治社会に突然産まれたものではなかった。渡辺浩によれば、近世社会でもおもに商人に対して経済的に成功するという意味での立身出世を説く『立身出世鑑』、『米穀売買出世車』といった書がさかんに出版されていた。[*13] 明治の立身出世主義はそれを受け継ぎつつ、学校や官僚機構といった国家の制度の発達のなかで「出世」を再定義していった面をもつのである。

ただし一方で立身出世のように家を肯定する思想ばかりが人気を集めたわけではない。それ以上に注目されるのが、より端的に家を超え、生きることへと誘惑する倫理や欲望が、はっきりとした思想的な形態をとることはなくとも、一九世紀末に萌芽していくことである。その宿り木になったのが、出版産業の成長のなかで発展した大衆的な物語である。日清・日露戦争を機に新聞が庶民にまで及ぶ普及をみせ、さらに新劇や映画も人気を集めることで、物語を娯楽商品として安価に消費する機会がより多くの人びとにひらかれる。そのなかで、家に縛られず生きることを勇気づける物語も愛好されていくのである。

その代表となったのが、家庭小説というジャンルである。『不如帰』(明治三一～三二(一八九八～九九年)、『己が罪』(明治三二～三三(一八九九～一九〇〇)年)、『乳兄弟』(明治三四(一九〇一)年)、『女夫波《めおとなみ》』(明治三七(一九〇四)年)、『琵琶歌』(明治三八、四三(一九〇五、一〇)年)など、小規模な家族生活をおもな題材とした「家庭小説」と呼ばれる小説群が、一九〇〇年前後に新聞紙上に集中して現れ、くりかえし劇化、または映画化されていくことになった。

そこで語られる物語は、まず直接的には第三章でみた一九世紀初め以来のメロドラマ的物語を継承していたといえる。出版機構の成長に伴い、一九世紀には『朝顔日記』に代表されるように、恋愛を称揚する物語群が産まれ、それが家の枠をはみだす恋愛をそそのかしていった。家庭小説もそれを引き継ぐが、ただしそれは、第一にその恋愛の果てに結ばれた夫婦や子どもからなる小家族の営みを理想として語ることで、メロドラマの少し先を進んでいた。家庭小説は家の枠を越える恋愛を夢みさせるだけではなく、さらにその先の生活をより具体化して読者に提示する。そうすることで家庭小説は先の『朝顔日記』と較べ内容的にはよりニッチな、しかし出版機構の拡大や産業の成長に伴い、読者層としてはマス化しつつあった大衆に向けた物語を展開していくのである。

とはいえもちろん家庭小説は、たんに幸福な家庭生活を描いたわけではない。家庭小説の第二の特徴は、過去の結婚や舅姑との不和、身分のちがいといった苦難をしばしば主題化していたことである。『己が罪』や『乳兄弟』などを著した菊池幽芳は、その小説を「一家團欒のむしろの中で讀れて、誰にも解し易く、また顔を赧らめ合ふといふような事もなく、家庭の和樂に資し、趣味を助長し得るやう」[14]に書いたというが、しかしそれは立て前にすぎなかったというべきである。たとえばその『己が罪』でも、華族の櫻戸隆弘と結婚した箕輪環の「過去の恋人」と「私生児」の登場が家庭の幸福を脅かす。それを一例として、家庭小説は、最後にはハッピーエンドで終わることが多かったにしろ、品行方正な家族を描くことに少なくとも終始せず、主人公の家族に道徳的または現実的に厳しい試練や悲劇を課すことで、むしろセンセーショナルな熱狂を呼んでいくのである。

ではなぜ家庭小説は、わざわざ家庭生活の困難を描くことばかりに力を入れていったのだろうか。それについてまず注目されるのが、いわゆる小新聞と呼ばれた大衆向けの新聞を代表に、同時代に扇情的に大衆を煽るメディアが発達していったことである。出版資本主義の成長は競争を加速することでスキャンダリズムを蔓延させていくのだが、それを踏まえ家庭小説でも、新聞の販売のためにセンセーショナルな展開がますます求められていく。

そうして家庭の困難が、読者を集める武器とみなされたのは、まずそれが大衆の相対的な幸福を確認させる鏡として役立ったためといえる。牟田和恵によれば、家庭小説が描く「離縁・私生児・舅や姑による追い出し・夫の隠し子・金銭づくの結婚」などの問題の多くは、その時代には「現実にも珍しくなく」発生していた[15]。家庭小説はこの不幸をしばしば極端に描くことで、困難な現実を生きる人びとに優越感をあたえる。つまりそれは大衆に、自分の生活がよりましなものであることを確認させる歪んだ自画像になったのである

ただし家族の不幸は、たんに強調して描かれただけではない。興味深いのは、家庭小説ではその不幸がかつては家に含まれた類者によってしばしば引き起こされていることである（表4―1）。たとえば『己が罪』では私生児が不幸の源になり、『女夫波』では義姉やかつての庇護者が迫害者の側に立つ。さらに大倉桃郎の『琵琶歌』（明治三八（一九〇五）年）では嫁の被差別民という出自という社会的な問題が主題化されるが、それもあくまで悲劇は姑に離別された娘の悲話を中心として物語化されていた[*16]。それらを代表的な例として家庭小説のなかではしばしば家族に近しい者が、不幸をもたらす敵として現れてくるのである。

大切なことはこうした物語の展開が、現実の家族生活の再編を一定の仕方で表現していた可能性である。少し後のことになるが、戸田貞三は大正九（一九二〇）年の国勢調査から、東北や北陸を除けば人口一〇万人以上の都市で、伯叔父母や従兄弟姉妹等「身分上の地位の極めて複雑なる者」が、家

	家庭を脅かす原因	家庭を脅かす者	結末
『己が罪』	過去の婚姻、出産	私生児	妻の看護婦としての自立、「罪」の許し
『女夫波』	義姉の嫉妬 かつての庇護者との争い	義姉、かつての庇護者（政敵）	夫の帰還、義姉の自殺、かつての庇護者の改心
『琵琶歌』	差別という出自	婚家の姑	妻の狂気、二人だけの別家

表4-1　家庭小説の構図

族から排除される傾向がつよかったことを確認している。[*17] 後にみてくように、一九世紀末以降、家の内部で同一の生計を営んでいた人びとを切り離し、妻や子たちとだけで家族をつくるライフスタイルが一般化されていくのであり、それを前提として家庭小説では家庭の外部に追いだされつつあった人びとが、しばしば復讐者として登場してくるのである。

この意味で家庭小説は、家を置き去りにして生き始めた人びとの、かつての家の構成員に対する不安や罪悪感を核として物語を構成していたといえる。あらたにつくられた家族は、伯叔父母や従兄弟姉妹など、以前の家族の犠牲のもとに成り立っていたのであり、それらの人びとに対する罪悪感が消せなかったからこそ、家庭小説ではかつての家の構成員が現在の家庭を脅かす敵対者として回帰してくるのである。

ただし家庭小説で描かれる復讐が、最終的には失敗に終わることも見逃してはならない。大抵の場合、復讐者は罰をあたえられるか、感化されて小説から退場する。こうした「幸せな」結末は、家を離れようとする者たちの選択を正当化し、不安を和らげることに寄与していったといえよう。つまり家庭小説はその時代、家を離れ生きようとした人びとにその選択の正しさを最終的には保証し、最後には幸せになれることを勇気づけるいわば護符として「消費」されていくのである。

この家庭小説を代表として、一九世紀末以降、出版資本主義のうねりのなかで、従来の家の枠組みを外れ生きることを促す出版物や劇や映画が数多くつくりだされていく。一七世紀末以来、出版産業は一方で各種の教書や教説を産みだし、家の道徳や倫理を補強していった。そうした教説は、「立身出世」を説く多くの指南書や物語を代表として、明治でも力を失ったわけではない。しかしだからこそ一九世紀後半の家を離れた現実を生き始めた人びとは、みずからの暮らしを道義的に肯定するあらたな物語を必要としていったのである。

その代表になったのが家庭小説であり、家を離れた暮らしを正当化することで、新聞や単行本、劇や映画といったあらたなマスメディアのなかで、それを原型とする多くの物語がくりかえされていく。そこで描かれる暮らしは、たしかに多くの場合、読者より階層の高い人びとのあくまで理想的なものに留まった。しかし一方ではだからこそ多くの人びとは、その理想を夢み、いつの日にか自分と配偶者、またその子どもからなる豊かな小家族をつくることを望んで、荒唐無稽ともいえるその物語を享受していったのである。

(b) 物資・労働的交通にかかわる消費の技術の変容

前時代より引き継がれた出版市場の拡がりは、こうして一九世紀末には従来の家を単位とした暮らしを離れ生きるというあらたな理想をいっそう誘惑し始める。それは多くの人びとにとってはたしかに見果てぬ夢に留まったが、しかしそれだけではない。限界はあったとはいえ、一九世紀後半以降、安価かつ多様な商品を選んで買うことを許す商業的な市場が次第に厚みをなしていくなかで、従来の家の生活を組み替える暮らしが、まがりなりにも現実化されていくのである。

そうしたあらたな生活を実現する消費の装置として、まず大きな期待を寄せられたのが、「勧工場」である。多くの商店を一箇所に集める勧工場（大阪では「勧商場」）が、明治一〇年代より地方を含め多くの都市で建てられていく。[*18] たとえば東京では最初につくられた永楽町の勧工場（後の東京勧工場）や最大規模の帝国博品館を代表に、最盛期となる明治三五（一九〇二）年には、二七館もの勧工場が営業していたのである（図4―2）。

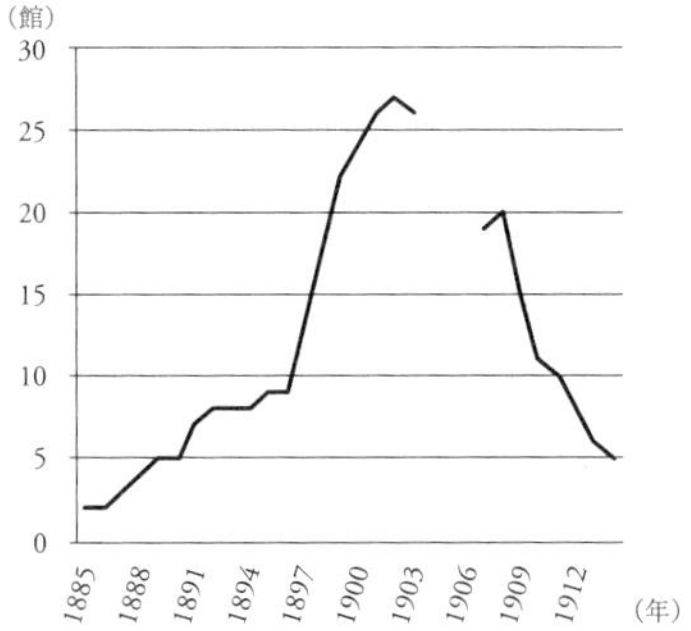

図4-2　東京市における勧工場数：東京市役所編『東京市統計年表』東京市、隔年より作成。ただし明治三四（一九〇一）年以前の数字は、田村正紀（『消費者の歴史』千早書房、二〇一一年、一三三頁）に倣い、明治三五（一九〇二）年の現存勧工場の成立年から推定した。

この勧工場は、舶来の品や動き始めた産業機構が産みだす生産物を多数集め販売することで人気を呼んだ。産業機構の発達とそれを前提とした輸入の増大によって、一九世紀後半の社会には時計や洋服など、それまでにない多数のモノがもち込まれる。西洋由来のそれら目あたらしい商品を紹介し、購買を促す拠点として、勧工場は明治都市の暮らしに欠かせない風景になった。実際、二葉亭四迷の『平凡』（明治四〇（一九〇七）年）では、田舎から出てきた主人公が、本箱を買うために勧工場に行くことをアドバイスされ、しかしそれを知らなかったために馬鹿にされている。*19勧工場はそうして田舎出身のものが、都市的暮らしを実現するためにまず訪れる新風俗とされたのである。

とはいえ勧工場で、すべての来訪者が商品を自由に買えたわけではない。大切なことは、むしろ大多数の来訪者にとって勧工場が、現実的な消費のためというよりも、舶来の品を無償で観覧するスペクタクルの場として人気を集めたことである。たとえば明治二四（一八九一）年十月八日に樋口一葉は、「日暮て後母君と共に薬師に参詣す　勧工場を見物す　植木店に菊少し見え初めぬ　露店六町目辺までたてり」*20と、母を連れ薬師の縁日や露店を見物する途中に勧工場に立ち寄ったことを記録している。他日にも一葉は母や妹を伴い、神田の東明館、小川町の洽集館、本郷の新富勧工場、下谷の杉山勧工場などの勧工場を訪れている。士族から落ちぶれた彼女らのような細民にとって勧工場は、暇をつぶす格好の見物の場になった。勧工場もそうした人びとを歓迎していく。迷宮状の道をつくり、庭園を設けるなど、勧工場もさまざまな仕掛けを施すなどして、数多く遊覧の客を呼び込んでいったのである。

　そうして勧工場は遊覧の名所になった反面、実際の買い物の場所としては成長せず、そこで商品が買われるとしてもしばしば些細な品に留まった。たとえば勧工場には、西洋小間物店や洋物店、化粧品店がおもに立ち並んでいったが、[21] 博品館にあった洋物屋の引札がよく示すように（図4―3）、それらの店ではリボンやハンカチ、帽子やステッキや靴などの小間物、また化粧品など細々とした商品が売れ筋の中心になったと考えられる。それらの商品は現実に必要とされた以上に、「まだ高価すぎる洋服を代行する部分洋装」[22] として、つまり現実には高価な西洋由来の商品を買えない人びとのいわば代用品として購買されていったのである。

図4-3　新橋、博品館の引札：増田太次郎『引札繪ビラ風俗史』青蛙房、一九八一年、二七九頁。

　この意味で勧工場は、前時代の縁日や見世物、物産会などとかたちを変えた、しかし連続する役割を都市生活のなかではたしていったといえる。縁日や見世物の出店は多数の商品を並べ、その場かぎりの出会いを強調することで、家の枠を外れた衝動的な購買を促す。ただし金額的にみれば、そこでの消費はたかが知れていたのであり、だからこそ気散じとしてそこでの購買も、家に大目にみられた。それは勧工場も同じである。勧工場は産業的産物としてのモノを集めることで新時代の息吹を伝えながらも、実際に買われるモノは意味のない些細な商品にしばしば留まる。そうして家の気晴らしになる商品をおもに売ることで、勧工場は総体としては家を中心とした旧時代の社会秩序を補う、そのいわばガス抜きための場になったのである。

しかし一九世紀末には、こうした勧工場を置き換え、人びとの生活を実際に変えるあらたな商業施設が発達をみせる。それが百貨店である。幕末維新の混乱のなかで多くの大商店は、武家や富裕な商家などの大口の客を失い低迷し、倒産していった。三井呉服店も同様の危機を迎えていたが、そのなかで明治二八（一八九五）年に理事に就任した高橋義雄は、それを抜本的な改革によって乗り越えていく。高橋は、たとえばそれまで得意客を個別に饗応した二階部分にガラス張りのショーケースを設置し、不特定多数の客の遊覧のために解放し、[*23]それによって人気を取り戻していったのである。しかしそうして業績を回復したのは、三越（明治三七（一九〇四）年に改名）だけではなかった。三越の取り組みを追いかけ、たとえば白木屋は明治三六（一九〇三）年には陳列販売を全面化し、また後の明治四〇（一九〇七）年には松屋も座売を撤廃し、またいち早く店舗を洋風化していくのである。[*24]

以上のような変革を積み重ねつつ、「百貨店」と改称した商業施設が、一九世紀末には人気を高めていった。そもそも呉服屋が採用していた座売り制では、店員の力が大きく、それゆえ馴染みのない客が気ままに買い物をすることはむずかしかった。それに対して百貨店は、多数の商品を陳列し、客に自由に買物をすることを許す。そうして百貨店は家の節制の要請をすりぬけ、好みにあった商品を客が自由に購買していくことを誘惑していったのである。

ただしそれだけでは、百貨店が革新的な商業装置として多くの人を集めた理由を充分には説明できない。多様なモノを集め自由な購買を促すことは、少なくとも一定程度、すでに勧工場で実現されていたことだからである。しかし先の**図4―2**が示すように、二〇世紀初めに丁度、この勧工場が衰退していくことに並行し、むしろ百貨店は興隆していく。勧工場から百貨店へのこうした覇権の交代を促した原因としては、まず百貨店に多数の商品のなかから厳選された商品が集められ、さらにそれが効率的に配置されていたことが大きかったと考えられる。勧工場は複数の店の寄せ集まりとして、似たような商品をいくつも別の場所に置き、それぞれ異なる値段をつけていた。それが遊覧を楽しいものにした反面、効率的な買い物をむずかしくしたのである。

それとは対照的に百貨店は多数の商品のなかから優れた（とされる）商品を戦略的に並べる。その時代、産業機構による生産が活発化し、大量のあらたな商品が生活のなかに浸入してくる。神野由紀によればその時代は、「チューブ入り歯磨き」「森永のミルクキャラメル」「レコード」、「蓄音機」、「自転車」などあらたなモノが日常生活に次々と取り入れられる「文明開化期以来の第二のピーク」としてあったのだが、*25 そうしたあらたな商品の海のなかで百貨店は、何を買うべきかを教えるいわば指南者になることで、客に商品を実際に買うことを促していったのである。

ではなぜ百貨店が商品を厳選できたかといえば、その多くが従来の呉服屋に由来することで仕入れや販売に習熟していたからだけではない。逆に百貨店が従来の伝統をいち早く否定し、あらたな統治方式《ガヴァナンス》を確立していくことが重要になる。第一章でみたように、以前の呉服屋は、取扱品目を拡げる場合、暖簾分けというかたちで別店化することを基本としていた。*26 それによって分家を基本とした拡大政策を呉服屋がとったのに対し、百貨店は商品や資金、また店員を本店の内部に留保することによって、仕入れを強化し、商品を体系的に管理する道を選ぶ。実際、松坂屋では大正二（一九一三）年、高島屋では大正一一（一九二二）年に、品目それぞれをひとつの部門（デパートメント）が責任をもって管理する部門別管理体制が確立される。*27 分業を前提とした本店への集中は、独立という夢や既得権を奪うことで旧店員の反発やサボタージュを招きもしたが[28]、それを差し引いても、資本と専門知識をもった人材を集中的に本店に配置することで、効率的な商品の仕入と管理を可能にするという利点をもっていたのである[29]。

この集中管理的な統治方式を利用して、百貨店はそれまで以上に専門的な品揃えを実現する。しかし百貨店は、実際に優れた商品を集めただけではない。加えて重要になるのが、百貨店が広告や催事を活用し、そこに優れた商品があるという「信用」をあらたにつくりだしていったことである。明治三七（一九〇四）年の三越を初めとして、百貨店は株式会社化を進めていく[30]。そうして「家」の外部から手に入れた多くの資金を元手にしつつ、百貨店は広告や催事に力を入れ始める。三越の専務取締役だった日比翁助は、「新聞でも雑誌でも、何處にか三越の二字を見る様にありたいもの[31]」と語っていたが、実際、百貨店は多数のまた斬新な広告を出稿していくことで、広告業界を先導していったのである（図4―4参照）。

そうして大規模化された広告やまたは「文化」的な催事をさかんにしていくことで百貨店は、優れた商品を集めるという評判を高めた。結果として築かれた信用こそが、極端にいえば百貨店の最大の商品になる。そもそも百貨店で売られる商品と少なくとも類似したモノを、勧工場を含む他の中小商店で買うことは不可能ではなかった。しかし広告や催事を通して、百貨店が付加する同等の「信用」を身につけた商品を、他の場所でみつけることは、よりむずかしかった。この意味で百貨店は、中小の商店や勧工場と横並びの販売所のひとつに留まらない。百貨店は広告を大規模に用いることによって、「信用」を産みだすいわば近代のあらたな生産機構として稼働していったのである。

ただしそうしたサービスのために、百貨店で売る商品はしばしば他店より高くなった。ではなぜ多くの消費者はそれでも百貨店を訪れ、その高価な商品を買っていったのだろうか。その理由としては、日清日露戦争以後の経済成長を前提とした購買力の拡大がまず考えられるが、それだけではなくその時代都市に集まり始めた人びとが、ではなぜ「信用」ある商品をわざわざ好んで購買していったかについて考慮する必要がある。

　その理由を理解するために、まず重要になるのが第三章でもみたように、一九世紀前半以降、都市の衰退や停滞が露わになったことである。地方経済の活発化や、さらに幕藩体制の解体によって、かつての大都市の力は失われた。たとえば一九世紀前半に一二〇万人を超えたといわれる江戸（＝東京）の人口も、明治五（一八七二）年に寄留者を含めても五七万八〇〇〇人と半分を割り込んだ。[32]また以前の経済的センターとしてあった大坂（＝大阪）でも、明和二（一七六五）年に四二万三〇〇〇人を数えた人口は、明治五（一八七二）年には二六万人と半分近くにまで減少しているのである。[33]

　しかし一九世紀も最後の四半世紀になると、都市は再び巨大化し始める。たとえば東京市の一五区の総人口でも、明治一九（一八八六）年には一二〇万人と以前の規模へと回復を

図 4-4　三越の広告、元禄模様をまとう女性（波々伯部金洲　一九〇七年）：『時好』臨時増刊第五巻六号、一九〇七年。

みせた。[34] 同様に大阪でも、明治二〇（一八八七）年には人口は近世の最盛期に匹敵する四二万人台に達する。[35] こうした都市の急速な人口回復を導いたのは、①松方デフレ以降加速した農村の疲弊や、②中央集権的な政治や教育システムの再編に加え、③都市における近代的産業の発達である。先にみたように一八八〇年代に始まる産業革命に後押しされ、工場で働く職工や役人、教育関係者など企業や官庁から給金を受け取る給与生活者が増加していく。

地方から流入し、企業や国に仕えることで安定した購買力を手にするそれらの人びとの生活に随伴することで、百貨店は成長していった。たんに都市であらたな暮らしを始める手助けを、百貨店がしたからだけではない。重要なことは、あらたに購買力をもち始めた都市民の生活を特別のものとみせ、また正当化する役割をそこでの購買がはたしていくことである。企業の成長や自営業層の展開によって、その時代に安定した購買力をもったいわゆる中間層が都市に増大していった。しかし一方ではその暮らしは容易に揺らぐものに留まった。景気の変動や解雇、構成員の病気によって俸給生活者は容易に職を失い、頼るものをもたない自営業者もしばしばすぐに潰れていったのである。

そうした新興の階層の不安を表現するものとして、たとえば中川清によれば都市騒擾が頻発していく。明治三八（一九〇五）年の日比谷焼打事件に始まり、明治三九（一九〇六）年の電車焼き討ち事件、大正二（一九一三）年の第一次護憲運動下の騒擾、大正七（一九一八）年の米騒動など、二〇世紀初頭の都市では大小の騒擾が頻繁にくりかえされていったのである。中川によれば、こうした騒擾は、都市を一定の豊かさで生きはじめた人びとの不安を構造的に表現していた。[36] それらの人びとが、経済不況や政治的変動によって、抜けだしたばかりの下層階層へと再び落ち込むという不安に脅かされることで、騒擾はくりかえされたというのである。[37]

こうして騒擾が新興都市民の階層的不安を暴力的に表現していたとすれば、同時期の百貨店の成長は、それをいわば文化的にあきらかにしていた。百貨店は都市で購買力をもち始めた人びとに、彼／彼女たちがそこでの商品購売に値する選ばれた者であることを保証する。百貨店が厳選し、また広告が宣伝する商品をわざわざ購買することで、消費者は特別の趣味や教養をもつものであることを村の家や都市の下層民に向かって説得していくのである。

その上で百貨店が、家を越えたあらたなモードの主体として登場してくることが重要になる。一七世紀末以降、芸道の分野で家元制度が確立されていくことを背景に、家は趣味の審判者として商品のモードを支配してきた。しかし三越が明治三八（一九〇五）年に「元禄模様」（図4—4）を大流行させたことを代表に、百貨店は広告や催事によって、商品にみずから信用をあたえる趣味の生産者として、家以上に強大な力をふるい始める。それを受け、家を離れ暮らし始めた都市の人びとは、百貨店に通い、恥ずかしくない暮らしがどんなものなのか学んでいったのである。

こうして都市にあらたに産まれた暮らしと深く絡み合い、百貨店は成長していく。先の勧工場が雑多なモノを取り集めることで家の目を盗んだ衝動買いを促すに留まったのとは異なり、百貨店は家に変わるあらたなモードの守護者として、広告や催事を利用しつつ、他の場所で買えない独自の「信用」を備えた商品を売っていく。つまり都市の百貨店は、西洋文化や産業機構の発達に深く関係する商品を揃える（と喧伝する）ことで、それを買い送られる都市の暮らしがみじめなものではなく、むしろ村の家や歳の下層民の暮らしに較べ優位なものとみせる手助けをしたのであり、それによって一七世紀なかば以降続いた家の物質的な交通に対する支配を上書きし、家をバイパスするあらたなライフスタイルをつくりだす回路を都市に引いていったのである。

（c）性的交通にかかわる消費の技術の変容

一九世紀末以降、こうして百貨店を大きな震源地としつつ、産業機構が大量に産みだす商品を選択的に消費していくことで家に対抗するライフスタイルがまがりなりにも実現されていく。そうした変容は、性的な交通の場合も大勢では同じである。家の秩序の枠を越え購買可能な性的商品が現れていくのであり、それを踏まえて一七世紀以降、およそ三〇〇年の間続いた遊廓を中心としたかつての性的消費の秩序もついに動揺をみせ始めていったのである。

ただしその変化には時間がかかった。性的交通にかかわる消費の枠組みの変動は急激には実現されず、実際、一九世紀後半以後二〇世紀初頭まで遊廓はむしろいっそうの繁栄を続けていったのである。たしかにマリア・ルス号事件に伴うペルーからの抗議を契機として、遊女屋に遊女が隷属するという形式に非難が集まったことで、遊女屋は明治初期に「貸座敷」、遊女は「娼妓」へと名が変わり、その営業形態は自由意志によって遊女が客を取るという形式へと立て前としては変換される。しかしこうした変貌は、一方では法的フィクションの水準に留まった。前貸し金の有効性を保証し、さらに娼妓の廃業に貸座敷主の同意を必要とさせる制度的な仕組みが維持されるなかで、娼妓の貸座敷への隷属は続いていったためである。[*38]

それを前提として、一九世紀終わりから二〇世紀初めにかけては、遊廓の量的な拡大さえみられた。たとえば東京における娼妓数も明治一一（一八七八）年の二六四五人から明治三〇（一八九八）年の六七二三人までに急増していく（図4―5）。[*39] 全国でも同様であり、大日向純夫によれば明治一四（一八八一）年度に遊廓は総計五八六ヵ所営業していたが、そのうち維新後の許可地が四一％（二四三ヶ所）を占めていたのである。[*40]

このような遊廓の拡大は、かつての岡場所等の非公式な売買春の場が遊廓に組み込まれたことを一因としていた。国家が管理を一元化していくなかで以前の岡場所や宿があらたに営業を認められ、遊廓に組み込まれていったのである。しかしそれだけではなく、それ以降も娼妓が増加していったことには、より構造的に近代日本が家を離れた一般人や兵士を都市に大量に集め、流動させ始めたことが大きな後押しになった。家を中心とする暮らしが根本としては継続されつつ、しかし都市や軍隊の暮らしによって多くの人びとがそれから一時的に遠ざけられることで、遊廓は家の暮らしを補うものとしていっそうの人気を集めていくのである。

図 4-5　東京における娼妓数：『明治一一年　警視庁事務年表』(大日向純夫『明治前期警視庁・大阪府・京都府警察統計　一』柏書房、一九八五年)、『警視庁統計書』各年

ただし遊廓はまったく変わらなかったわけではない。具体的な遊びの水準では、一九世紀終わりから二〇世紀初めにかけて実は実質的な変容がみられるのであり、その大きな原因になったのが、貸座敷が娼妓を支配する力を弱めていくことである。かつて遊女屋は家を擬制することで多数の遊女を家父長的に管理し、それが遊廓の遊びの具体的な土台になった。しかし近代の貸座敷は、そうした家としての役割を弱める。法律上、貸座敷に従わず娼妓が自由に営業することが保証されただけではなく、国家が直接娼妓を管理する権力をつよめていくことで、貸座敷は娼妓を支配する力を弱体化させていくのである。

その最初の契機になったのが、一九世紀後半に始まった娼妓の衛生管理の厳密化である。幕末に外国人向けの遊女に対する梅毒の検査が強行されたことを端緒として、明治初期には国内向けの娼妓にも梅毒の検査が一律に要求され始める。かつて遊女屋はまがりなりにも遊女を保護する義務を負い、まただからこそ客に遊女の身元や安全性を保証する役割を期待されていた。しかし遊女＝娼妓の健康や衛生を管理する役割は、この遊女屋＝貸座敷から国家に次第に移管される。娼妓の身体を調べ、その安全性を保証する役割を国家は専有していくのであり、そのために苛烈な衛生検査も、遊女に対しておこなわれ、それが売春以上に辛い体験となったと、しばしば語られてさえいるのである。*41

こうして遊女の――そして当然、客の――健康を「守る」役割が、遊女屋から国家に移されたことに続いて、遊女屋＝貸座敷が遊女を「保護」し、育てる力も弱められる。それを後押しする最大の契機になったのが、幼女奉公の禁止である。東京府は明治六（一八七三）年に一五歳以下の娼妓免許を禁じ、さらに明治三三（一九〇〇）年の娼妓取締規則では、一八歳未満の者の娼妓営業を禁止する。*42自由意志を確かめがたい（とされる）幼女奉公が制度的には不可能になったのであり、実際、明治中頃には、幼少の少女が禿となり遊女＝娼妓に付き添い、行儀作法や教養を仕込まれる習慣も廃れていく。*43そうした変質は、たとえば樋口一葉の『たけくらべ』（明治二八〜二九（一八九五〜九六）年）によく痕跡を留めている。後に娼妓となることを定められた美登利は、吉原の門前町で残りわずかの「子どもたちの時間」*44をすごしていくが、それがまがりなりにもできたのは、幼少からの吉原での就業を禁止する近代的法にあくまで「守られて」いたからなのである。

こうした幼女の奉公の禁止が、貸座敷での具体的な遊び方も変えた。そもそも遊廓の遊びは、幼い娘を生家から引取り、長期のあいだ教育を施すことを基本としてきた。しかし幼女奉公の禁止は、そうした遊廓での遊び方を変える。教養や性技を仕込むことが困難になっただけではない。みてきたように遊廓での遊びは客に対する「嫁入り」を偽装することで実現されるが、こうした見立てを無理なくみせていたのが、遊女屋がまがりなりにも遊女を養い保護してきたことである。幼少期からの養育をあくまで立て前として、遊女を遊女屋の娘とし、それゆえ客を婿とする遊びの規則もつくられてきた。しかし養育の放棄は、遊女屋を家としてきたこの擬制を解体する。幼女奉公の禁止は、遊女屋による統制から遊廓の遊びを次第に切り離し、それを客と娼婦の二人が相対しておこなうより単純な行為へと変える具体的な契機になったのである。

国家はこうして貸座敷から娼妓を支配する力を奪い、それによって遊びの内容を変貌させる。ただし近代国家の登場だけが、遊廓の遊びに変容を促したわけではない。家を擬制とした遊びを時代遅れのものと眺め拒否する消費者の態度こそが、一方では、遊廓の遊びを変えるより現実的な力になったからである。

それをよくあきらかにするのが、二〇世紀初頭に、遊廓による支配を免れた性的消費の舞台があらたに人気を呼び始めることである。一九一一（明治四四）年に東京・銀座に開店した「カフェー・プランタン」を嚆矢として、カフェやバーやダンスホールなどが近代都市では興隆していく。実際、それらの場で働く女給の数は一九二〇年代末に遊廓の娼妓を超え、一九三〇年代なかばまで増加を続けた（図4―6）。こうしたあらたな性的消費の場が客を奪うことで大きくみれば遊廓は、二〇世紀前半に不振に陥る。たとえば同時代に内務省警保局も、カフェやダンスホールで働く「時代と共に其の生活の移りゆく私娼」的存在が、「より多くの興味を惹」くことで、「昔ながらの經營方法を墨守してゐる貸座敷の下に在る公娼」の人気が低下したと分析しているのである。*45

もちろん歴史的にみれば、遊廓の外部でより自由な性的サービスの人気が高まったことは、これが初めてではなかった。第一章で確認したように、一七世紀末にはすでに廓外での芸妓や私娼の活動がさかんになり、それが簡易かつ自由に私的な快楽に浸ることを許すことで、遊廓の営業を脅かしたのである。

ただし制度的かつその売買春の具体的内容からみるかぎり、近世の私娼や芸者が、あくまで遊女の下位互換に留まっていたことも否定できない。最大の問題は、私娼たちが程度の差はあれ、遊女＝娼妓と同様に、擬制的な家の支配下に置かれていたことである。芸妓が典型的だが、私娼たちも多くの場合、抱え親や情夫《ヒモ》たちに保護され、その代わりに稼ぎの多くを差しだしていた。遊廓のように彼女たちを閉じ込める物理的な壁が存在しなかったことも事実だが、それはかならずしも大きなちがいにはならなかった。私娼たちが売買春をやめたとしても就ける職はかぎられていたからであり、極言すれば、私娼にとって都市そのものが逃亡を防ぐいわば「廓」として働いていたとさえいえる。

こうして私娼はある意味では遊女以上に露骨なかたちで家の支配を受けたのであり、その私娼を金の力で自由にするという意味では、私娼買いも遊廓の遊びと形式的には変わらなかった。客は金を払い、抱え親たちの代わりに、私娼を一時のあいだ自由に弄ぶのである。

それに対して、あらたに現れたカフェやダンスホールやバーの女給が、遊女とは根本的に異なる仕方で性的サービスを提供していたことが注目される。最大のちがいは、女給が遊女のように店や店主に厳しく縛られていなかったことである。女給や踊り子は、娼妓のように前貸金に縛られず、さらにはしばしば店から給与さえもらわず、むしろ客からのチップを暮らしの糧として生活していた。*46

そのため女給や踊り子は店から身体を売ることを強制されず、嫌になったその日に店を辞めることさえできた。実際、女給の流動性は高く、一九二五（大正一四）年におこなわれた調査でも、同じ店に三ヶ月を超えて勤める女給は、半数をわずかに超えるばかりだった（五一・三％）ことが確認される。[*47]

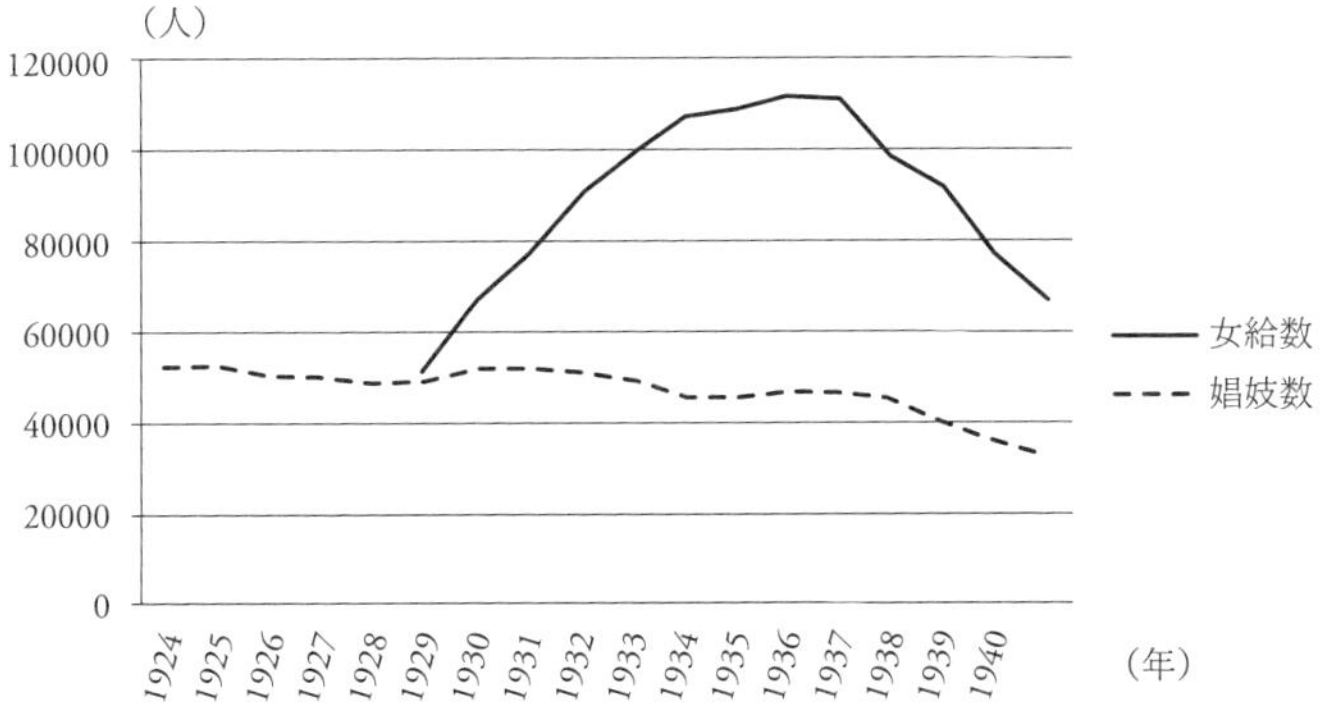

図 4-6　全国の女給数・娼妓数：『警察統計報告』各年。

そうして女給が自由に辞めることができたのは、店に前貸金で縛られていなかったことに加え、同業のカフェやダンスホールを含む多様な就労機会が、都市に拡がり始めていたためである。たとえば林芙美子の『放浪記』（昭和三（一九二八）年初出）でも主人公の若い女性はカフェだけではなく、工場労働者や女中など、複数の職業を点々としながら暮らしている。[*48] そうして店や男に頼らずとも、まがりなりにも暮らしていける生活空間が、当時の大都市には膨らみ始めていたのである。

　こうした結果としての女給の身軽さは、一方で店主を悩ませる種になったが、客にとってはあらたな魅力の源泉ともなった。第一にカフェやダンスホールでは遊廓と異なり、家とかかわりの薄い女たちと客は気軽に遊ぶことができたためである。みてきたように、遊廓の遊びは、貧家から売られてきた遊女＝娼妓を、遊女屋＝貸座敷の代わりに家父長的に弄ぶという形式をとる。それとは異なり、カフェやバーには、少なくとも表面上は家に縛られない娘たちが集まるのであり、それらの娘を相手にすることで客は家に煩わしく囚われず消費を楽しめた。遊廓のように「紋日」の縛りなどなく、客は好きなときに好きなだけカフェやダンスホールに出入りできたのであり、遊ぶ相手をその場で変えることさえ自由だった。そもそも一定の入場料や酒代を払えば、後の交渉は客に任されていた。そのため客はうまくすればほとんど余分な支払いなしに、カフェやダンスホールで遊ぶことさえできたのである。

それを前提として第二に、家の支配を免れた自由な恋愛を、擬似的にであれ経験できたことがその魅力になる。問題は、二〇世紀都市でも家に制度的、精神的に縛られない女性と出会う機会はかぎられていたことである。多くの女たちが依然として父や夫、またその代理としての兄たちの支配下にあったのであり、それを踏み越え女性に手を出した場合には、「姦通罪」を代表とした法的または社会的制裁を受ける危険さえあった。対してカフェ等の都市のさかり場は、家を離れ少なくとも表面的には自活する女性たちを数多く取り揃える。だからこそそれらの女性と後腐れなく出会い、交渉することが、カフェやダンスホールでは許されていたのである。

最後にそれらとも関連するが、より具体的には、女性たちと酒や食事やレヴューを楽しみ、ときには一緒に外出するなど、都市に溢れる娯楽をともに楽しむ機会をカフェやダンスホールが提供していたことが大切になる。そもそも私娼とは異なり、客は性的意味で女給を買えたわけではない。女給は家に縛られず、それゆえ身を売ることを強制されていなかった。客にできたのはせいぜい一緒に酒や食事を楽しみ、一時の女給の歓心を買うことだけだったのである。

こうしてみてくれれば、カフェやダンスホールでの楽しみは、遊廓の遊びを薄めたもののようにみえるかもしれない。しかし一方ではそれが、都市の消費をともにするというあらたな快楽に深くかかわっていたことが重要になる。先にみた百貨店を一例として、一九世紀末以降、家の枠を超えた消費を促すあらたな市場が都市に急速に拡がっていく。この刺激的な商品の消費を誰かとともに楽しむ貴重な機会を、カフェやダンスホールは提供する。近代都市には、それを一緒に楽しむ者をもたない独身者や、妻に不満をもつ妻帯者たちがますます数を増していくのであり、それに対してカフェやダンスホールは、百貨店にともに出かけショッピングを楽しみ、または観劇やレヴューといった都市の消費を一緒に享楽する相手を安価に、しかも後腐れなく貸しだしてくれたのである。

以上のようにカフェやダンスホールは、都市における商品市場の拡大を前提に、家の枠を外れた性的交通の場をひらくことで、遊廓の営業を徐々に圧迫する。このカフェやダンスホールに較べれば、商品購買に厳しい規則が伴う遊廓が家を前提にした古い技術論に従う場所にみえたとしても不思議ではない。[*49] 実際、一九世紀末以降、自由民権派や婦人矯風会、救世軍などによって廃娼の機運が高まる。[*50] 廃娼運動を進める具体的な理由は各団体においてさまざまだったが、そのひとつの核心には、家とむすびついた遊廓の制度的な暴力性に対する告発があった。たとえば『女学雑誌』の主催者として廃娼運動に協力した巌本善治は、すでに一九世紀末に女性を弄ぶ遊廓に対する批判をつよめている。[*51] 巌本からみれば遊廓は家の支配形式を利用し、女性を「玩具」として支配する場所としかみえなかったのである。

それを一例として、一九世紀末以降、家をモデルとする遊廓を批判する廃娼運動がさかんになる。並行して、より一般的にも遊廓に赴く人もかぎられていったのであり、それが先にみたように娼妓の数を全国的に減らしていった（図4―6）。こうした動きは、さらに民間のものにも留まらず、行政も遊廓批判の機運をやや遅れて受け入れていく。たとえば昭和五（一九三〇）年の埼玉を皮切りに、昭和一六（一九四一）年までに秋田、長崎、青森などあわせて一三県で貸座敷の廃止が実現された。[*52] 中央政府でも昭和九（一九三四）年三月には廃娼運動家、代議士、貸座敷業者の集まる「売笑問題対策協議会」で公娼制度の廃止が合意され、五月には「全国警察部長会議」で近い将来における廃娼の指針が示されさえしたのである。*[53]

こうした廃娼の動きは、たしかに戦争によって中断される。家をむりやり離された兵士が多数産まれることで、遊廓の営業も回復をみせるのである。*[54] しかしそれを強調しすぎてはならない。遊廓の衰退は、二〇世紀都市において多様な商品が展開し、それが家の枠組みを超えた消費を誘惑することを根本的な原因としていた。そうした傾向は戦争によっても断ち切られなかったのであり、だからこそ戦後も廃娼の動きは継続し、その後押しを受け、昭和三三（一九五八）年に売春防止法が施行され赤線が廃止されることで、遊廓の命運もついに尽きたのである。

以上のようにして四〇〇年近く続いた性的交通の消費は、家への従属からようやく切り離される。都市における多様な消費の場の拡大は、カフェやダンスホールなどでの遊びを活性化しつつ、家を母体にした規制の多い性的消費を時代遅れのものにみせていくのであり、そうした動きは、現在の都市のキャバクラやデリヘル、援助交際といった性風俗のモードの拡大と拡散にゆるやかにつながっているといえる。

3　家の代償

一九世紀末から二〇世紀初めにかけて、こうして（a）情報・信仰的交通、（b）物資・労働的交通、そして（c）性的交通の分野で、家と消費との密接なかかわりを断ち切る再編が進んでいく。明治初頭より、書籍や新聞、雑誌の流通を追い風として家庭小説という家を離れたあらたな家族の暮らしを持ちあげる物語が流行する。さらに一九世紀の産業機構の発展を踏まえ、縁日や勧工場での気散じな遊覧が百貨店での多数の商品からの選択を楽しむ購買に変えられる。さらに都市に多数の商品が溢れるなかで、一方でそれをともに楽しむ形式としてのカフェやダンスホールも人気を集めるのであり、それらを例として、私的な快楽のために消費する技術はひろく一般化されつつ、家の具体的な生活を組み替える役割をはたしていくのである。

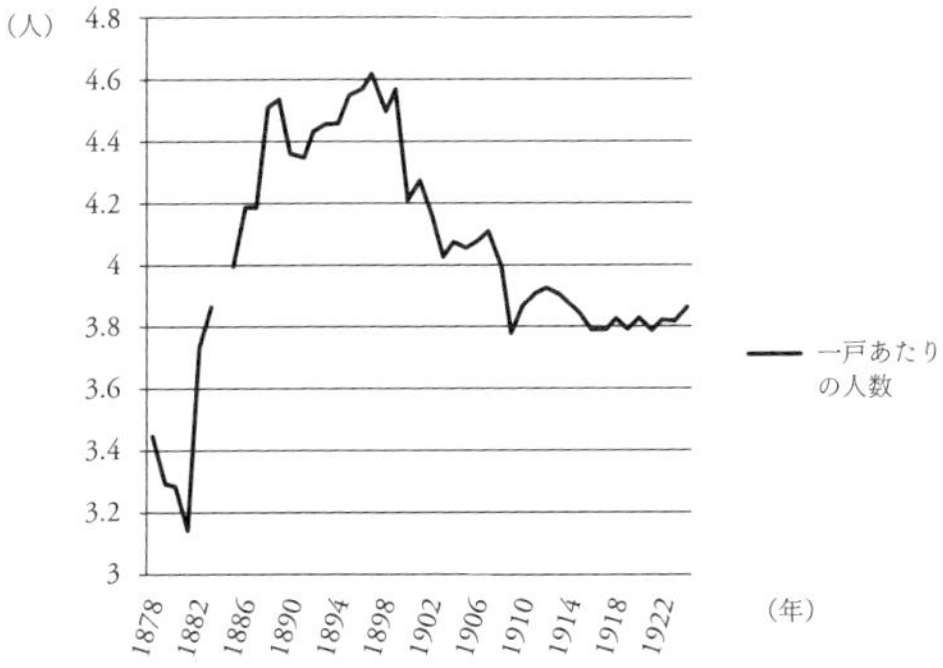

図 4-7　東京市における一戸あたりの人数：東京市役所編『東京市統計年表』東京市、各年より作成。

　結果として重要になるのが、家の倫理や欲望から切り離され生きるあらたな集団が現実化されていくことである。一九世紀末以降、活発化する消費活動を重要な根拠として、家の暮らしを相対化するとともに、より小規模で一時的な「小家族」というあらたなライフスタイルをとる集団が都市に発生し、力を増していくことになった。

　こうしたあらたな都市家族の増加をよく表現するのが、一戸あたりに暮らす人数の減少である。たとえば東京市の一戸あたりの人数は、明治一九（一八九六）年に四・六二人にまで一旦大きく上昇した後、一九〇〇年前後には逆に三・八人程度にまでに数を減らし、その後、低水準で落ち着いていく（図4—7）。

　こうした複雑な変化は、一人で暮らす単身者の流入が続き、それが小規模な家族をつくっていったことに加え、もともと都市に暮らす家族でも、①貧困からの解放に伴いそれまで離れて暮らしていた親子、兄弟または類縁の者が居候的に寄り集まった後に、②再び分離し自立へと動くことを示していたと考えられる。中川清によれば、明治一〇年代終わりから三〇年代初めにかけての細民たちの世帯規模の大きさには、地区や時期によってかなりの散らばりがみられた。[*55] それは、家族の成立基盤が弱く、「「貧民」が家族であること自体に貧し」[*56] かった結果、経済的な状況の変化に応じて生活集団がしばしば集散していたためと想定される。グラフでは頻繁な上下が通時的にはそれをよく表現するが、それに対して二〇世紀に入ると、一個あたりの人数は小規模な水準で安定していく。こうしてグラフは、居候や親族、知人たちが別居しそれぞれ離れて固有の家族として暮らし始めることによって、少人数での安定した生活を送る世帯が都市に分厚い堆積をつくっていったことをよく照らしだすのである。

こうしたあらたなライフスタイルの出現は、すでに同時代においても確認されていた。たとえば大正九（一九二〇）年の国勢調査の個票を分析した戸田貞三は、夫婦とその子供中心にした暮らしが六大都市圏で主流化したと結論している。戸田によれば六大都市圏において結婚した子どもと直系の親、またはその孫等からなる直系型同居家族が一六・九％に留まるのに対し、親と未婚の子からなる世帯は全体の六六・九％を占めていた。[*57] 主流を占めるこの家族形態を戸田は「小家族」と呼び、それを同時代の家族の典型的類型とみなしているのである。[*58]

もちろん振り返ってみれば都市の下層民や細民的人びとなど、現実に家に庇護されず生活していた人びとが、それまでまったく家族集団として暮らしていなかったわけではない。一八世紀後半以降、都市に流れ込む下層民は数を増すが、一八世紀末より流行していく落語にしばしば描かれているように、その人びとも日雇い的仕事に従事しつつ、破片的な家族をつくっていたと考えられる。[*59] 収入の不足や、親の寿命の短さから、ライフサイクルの隙間で小規模な家族として生きなければならなかった人びとがむしろ多数存在していたのである。

ただしこうした家族がきわめて安定性の低いものだったことがここでは問題になる。たとえば東京市でも、明治一一（一八六八）年には一万五九四一件の婚姻に対し、その半数以上の八〇九六件と、全国平均以上の水準で離婚がみられたことが記録されている。[*60] さらに下層民の子どもは、幼少期が過ぎるとすぐに親元を離れることが普通とされており、実際、明治中期においてさえ細民では一五歳未満の男子の五〇・四％が職を有していた。[*61] これらの数字は、それ以前の都市家族が、子どもが幼いあいだに営まれる一時的な生活過程にしばしば実質的には留まっていたことを示唆するのである。

それに対して、一九世紀末には、家族を中心としたライフスタイルが都市でより安定し始める。まず離婚率の顕著な減少がみられた。たとえば東京市でも人口一〇〇〇人あたりの離婚件数は明治一一（一八六八）年の七・四七件から、明治二三（一八八九）年には二・五四件にまで減ることで、ついに全国平均を下回った。[*62] 次に子どもの就労も、劇的に減少する。明治末には、下層民でも一五歳未満の有業率は六・九％にまで急減した。[*63] 結果として短期の離婚や、幼少期をすぎた子どもをすぐに奉公にだすことは普通ではなくなったのであり、そのおかげで都市の小規模な家族は、両親とその子どもによって長期のあいだ営まれるより持続的な単位へと変貌したのである。

一九世紀末以降、こうしてそれまでとは異なり、小規模化するとともに安定して営まれる「小家族」と呼ばれる家族集団が都市に定着していく。それを後押しする重要な力になったのが、まずみてきたように産業機構の発達がもたらす購買力の増加である。産業機構の発展は、間接的には自営業者を含めつつ、初めて定期的に貨幣を入手する暮らしを多くの人びとに解放していくことで、家族を単位とした安定した都市生活を可能にしていく。

しかしそれだけではなくそうして拡大された購売力が、質的にあらたな消費生活の展開を後押ししていったことが重要になる。一七世紀末以来、モード的な小袖の消費、屋台での食事、縁日での見世物の見物、路地における園芸植物の栽培など、家の制約を外れ都市を中心として私的な快楽を実現する消費が鍛えられていく。そうして家族が取り締まる外部にも、金や時間をかけるに値する対象が潜むことがあきらかにされることに応じて、小家族というあらたなライフスタイルも積極的な意味を担い始める。重要なことは、かつては家の外部でその目を盗み追求された孤独な私的な消費の探求が、いままでは集団生活を維持するための根拠としてむしろ利用されていくことである。先祖という崇拝の対象をもたず、また既存の地縁や血縁にも頼りにくい小家族にとって、消費をともに追求する可能性は、従来の家から離れて送られる暮らしを正当化する他に得がたい根拠になった。それは家を離れた労働や教育が普通になる都市で家族のまとまりを支えただけではなく、家に庇護されない暮らしもそれなりの幸福と快楽をもつことを教える道徳的な源泉になったのである。

ただしあらゆる消費がそのまま受け継がれていったわけではない。共同の消費になじまない対象はむしろ排斥されていくのであり、たとえば一九世紀末には禁酒運動が展開し、まずは宗教的に、それから家庭維持の観点から進められていくことになった。料理屋などで家族を離れ、一人で楽しまれる酒食が非難されたのであり、そのことは禁酒運動の担い手として、婦人矯風会が大きな役割をはたしていくことにもよく示されている。婦人矯風会は、キリスト教を母体にしつつ女性の地位向上を目指していくが、その過程で「公賣淫」や「喫煙」などに並び、飲酒の制限を求めていく。[*64]それらの活動に共通したのは、それらがしばしば女性たちを置き去りとする私的な消費活動と理解されたことである。遊廓においてそうだったように、それらの活動は以前には、家相互の交際を推進する一定の意味も割り当てられていたが、しかし今では家計を破壊する孤独な消費活動として、厳しい制限が求められていくのである。

とはいえ飲食にかんするすべての消費が禁じられたわけではない。一方で、さまざまな食材を買いつつ家で料理をし、家族揃って食事を摂ることはむしろ推奨されていく。たとえば村井弦斎は、男が家の外で芸者とともに酒を飲むことを弾劾する小説『酒道楽』（明治三五（一九〇二）年）を書き人気を呼んだ後に、妻がつくった食事を家族一緒に食べることを賞賛する『食道楽』（明治三六（一九〇三）年）を著し、再び大きな話題を集めた。そこで家族での食事が推奨されたのは、節約のためばかりではない。あたらしい器具や食材を買うなど、多くの金をかけることが『食道楽』では勧められるのであり、そうしたあらたな消費の形態として家族揃っての食事がむしろ推奨されているのである。

それを一例として、一九世紀末には一緒に揃って食べることが家族の共同性を高める一種の消費活動として注目されていく。そもそもともに食を楽しむことは、前時代の消費の習慣の積み重ねのなかで一般化されていった面がつよい。たとえばかつての家では銘々膳でそれぞれ上下の割り当てられた位置に座り、また場合によっては異なる場所や時間で、家族や奉公人がそれぞれに食べることが普通とされていた。それに対して一八世紀以降には、遊廓や料理屋を起点として、楽しみながらの共食という習慣が育っていく。それをよく示すのが、小鍋立てという習慣の拡大である。まず遊廓で小さな鍋を客と遊女でともに食べる習慣が一般化した後に、一八世紀後半には料理屋を中心に仲間内や愛人、夫婦関係でも次第にそれが流行する。*65 もともと鍋は調理器具として、それを揃ってつつくことは普通ではなかったといわれるが、都市における消費活動の興隆は、それを家族によって選択される共同の楽しみにまで高めていくのである。

この小鍋立ての習慣をよい例として、前時代の商品購買の積み重ねのなかから取捨選択しつつ、小家族はともに楽しまれるものとして消費を再編していく。だからこそ、売る側からみれば小家族は格好のターゲットになった。小家族は家とは異なり少なくとも表面的には消費に敵対せず、むしろ市場のモードを敏感に受け入れていくからであり、それをもっとも積極的に利用したのが百貨店だった。初田亨によれば、日本の百貨店は西洋の百貨店と比べ、家族全員がともに楽しめる食堂や遊技場を充実させたことで特徴的といわれる。[*66] 実際、それが功を奏し、百貨店は小家族が休日を揃って過ごすのにふさわしい場所として認められていく。たとえば生方敏郎の小説『半襟』(大正一一(一九二二)年)でも、売れない作家と結婚したためにほとんど余暇がとれない妻が、臨時収入を得たとき最初に思いついたのが、三越での買い物だったのである。[*67]

さらにかたちは異なれ、性的商品も小家族をターゲットとして成長していった。二〇世紀前半には遊廓から客を奪いつつ、カフェやダンスホールが興隆していくことを先に確認した。大切になるのは後者が、小家族に比較的適合的なサービスを提供していくことである。カフェやダンスホールは自由な恋愛的関係を餌とすることで、家の支配にもはや飽き飽きした男たちを誘惑していく。たしかに遊廓でも心中死でのように、遊女屋の支配を抜けだすというかたちで家からの離反が夢想されたことも事実である。しかしそれが現実にはあくまで実現されなかったのに対し、カフェやダンスホールは、まがりなりにも家の支配に従属しない性的交通の消費を、店に従属しない女たちを集めることで現実化していくのである。

それゆえそこでの遊びは、家の暮らしに飽き飽きした新時代の男たちに受け入れられる。もちろん一方では多額の消費を促すことで、それが小家族の脅威にもなったことも事実である。ただし考えてみれば、一緒にいるために金がかかったことは、小家族でも同じである。百貨店での購買を代表に、小家族は自分を維持するために、衣食住にかかわるより大規模な消費を日常的にくりかえしていく。それと較べれば、カフェやダンスホールでの遊びは、たかがしれたものだった。女給は酒や食事、娯楽をねだり、消費を共同することで小家族をいわば小さく模倣する。だからこそ小家族を理想とする単身者や、より望ましい小家族を求める妻帯者がそこで一瞬の夢を味わうのであり、それゆえ小家族もそれを遊廓のように道徳的に非難することはできず、せいぜいあまり好ましくない娯楽の場として遠ざけるだけに終わったのである。

このように一九世紀末以降、市場に膨らんでいく商品をともに消費することを核心に置いた小家族というライフスタイルが成長を遂げる。大切になるのは、その小家族にとって消費が、社交や生活維持のためにしぶしぶおこなわれる必要悪に留まらなかったことである。都市に頼るものなく生きはじめた小家族にとって、市場で多様な商品をともに消費していくことは、自分が家以上に「幸福」な家族としてあることを確認する大切な手段になった。だからこそ都市を席巻する消費のモードを知っておくことに、小家族はしばしば執着する。それらは、今何を買うことがすぐれた生活を実現するために必要なことを教えてくれるためであり、そうして消費をみずからの成立根拠に組み込む小家族の集積に後押しされて、百貨店や映画館、カフェなど流行の発信地が、都市では栄えていくのである。

＊

こうして本書はようやく、わたしたちの現在に辿りつく。一七世紀末より家の目を盗み積み重ねられた私的な消費は、一九世紀末以降、小家族という独特の共同性を、家の外部に張りだすことに成功した。そこでは私的な消費がそのまま、家族であることを保証する土台に地すべりしているのであり、こうした大きな地殻変動を前提として、わたしたちの現在もかたちづくられている。わたしたちは多くの場合、家を意識することなく、小家族的な生活空間を生きているのだが、そうした暮らしは一八、一九世紀社会に無数の人びとによって積み重ねられた私的な消費を欠かせない歴史的奥行きとして送られているのである。

ただし一九世紀末以降定着したこの小家族的暮らしが、そのままわたしたちの消費にかかわる現在を支配しているわけではない。まずその時代に産まれた小家族の生活が、歴史的な制約をつよく受けていたことが見逃せない。端的にいえば小家族的なライフスタイルは都市の新興の階層にあくまで担われたにすぎないのであり、その外部ではなお家が生活の実質を構造的に支配し続けたのである。

都市の小家族の暮らしが、しばしば耐え忍ぶべき一時的な生活過程とみなされたのも、そのためである。故郷に残る家に対し、小家族は一時のあいだ都市で営まれる過渡的形態と当事者たちにさえみなされる。たとえば西川祐子は戦前の文学作品を用い、都会では借家というかたちをとり暮らす家族が一般的だったことをあきらかにしている。[＊68] たんに貧しかったからだけではなく、故郷に錦を飾る可能性を捨てられなかったために、都市に流れこんだ人びとは、持ち家を買うことなく借家で暮らし続けたのであり、実際、戦前の借家率は東京で七割、大阪で九割以上だったという調査結果も残されている。*69

さらに「信仰」の面からも神島二郎は、明治以降の社会には、家からはみだす「〈独身者本位〉」の風潮が表面化しただけで、独自の「あたらしい家族生活の理想」は育たなかったとみなしている。*70 その証拠のひとつとして、明治期に二男三男それぞれによって先祖を分祀する「末広型」の祭祀が流行したことが挙げられる。*71 長子相続を神道の基本とみる神島の見方からすれば、二男三男に家の宗教的権威を分けることは異常というしかない。しかし逸脱を犯してまで出自となる家との絆を維持したという意味で、神島は小家族はあくまで「本家」に宗教的、精神的に依存した暮らしを続けたとみるのである。

小家族はそうしてライフサイクルの隙間を縫い、かぎられた階層が都市でおこなう刹那的な生活過程に留まった面を拭いがたい。小家族に比較的自由な消費が許されたのも、ひとつにそのためである。家を外れた者たちがおこなう一時的かつ代償的な実践として、都市の百貨店やカフェやダンスホールでの消費は、しばしば大目にみられたのである。

小家族をそうしてマイナーなライフスタイルに押し留めたのは、何よりも生産力の構造的限界である。急速な経済発展にもかかわらず、近代日本は産業革命の後発性と軍需産業を中心とした産業構成の偏りを克服できなかった。たとえば中岡哲郎によれば、技術の外国への依存、互換性を充分もった部品の製造の遅れ、組織的研究能力といった弱点を、日本の産業界は背負い続ける。*72 この生産力の限界が、小家族の展開を縛る鎖になった。大量生産がそもそも充分実現しなかったことに加え、軍事的部門になけなしの生産力の成長分が吸い取られることで、個人消費部門に安価かつ多様な商品が出廻ることは二重に制約されたのである。

さらに重工業が都市部に集中することで、購買力も都市を越えてなかなか成長しなかった。実際、都市部に集中した非農家の個人消費支出が一九一〇年代から成長率を高めるのに対し、農家ではさほど上昇がみられず、一九三〇年代には前者は後者の二倍以上に達している。[*73] その結果として、消費をともにおこなうことを核心とした小家族的ライフスタイルは、あくまで都市の一部の階層に留められたのである。

この意味で一九世紀末に産まれた小家族の力を過大視してはならない。それは家から外れた一部の者が、恵まれた状況下において享受したはかない夢という面を拭いがたくもつためである。ただし見方を変えれば、こうした問題は本質的なものとはいえない。実際、生産力の制約は、いずれ二〇世紀後半の高度成長のなかで取り払われる。それに応じて、都市を超え全国的にも家族の小規模化が進んでいくとともに、[*74] 小家族のライフスタイルは理想的なものとしてより積極的に選ばれることになった。その意味では一九世紀末の都市における小家族の林立は、後の時代に全国的規模で成立していくことの先駆的現象として逆に評価することさえできるのである。

小家族と現在の消費のかかわりにおいてより内在的な限界になるのが、それがむしろ家に代わり消費を制限し、方向付け、統御する主体にどこまでなれたのかという問題である。みてきたように小家族は、家の枠を超えた私的な快楽の追求を追認することを核心に置き、歴史的に築かれてきた。遊女や酒食、園芸植物や小動物を対象とした私的な消費の技術を踏まえ、さらに産業機構の産みだす大量の商品を受け入れていくことで、小家族は確立されてきたのである。

しかし問題は、こうした消費の積み重ねが、一方では小家族を分裂させるものとして働いたことである。孤独な飲酒が糾弾されたように、たしかに一定の取捨選択はおこなわれる。けれども一九世紀末以降の産業機構の拡大は、家族の構成員それぞれの私的欲望の追求を加速することで小家族のまとまりを危機にさらしてしまう。そうした小家族の難問《アポリア》を、夏目漱石の小説は具体的によく示す。二〇世紀初頭に書かれた作品群のなかで、漱石は都市とそれが促す消費を生活の根拠としながら、しかしそのために緊張や葛藤に陥る家族や一対の男女の姿をしばしば描きだしているのである。

たとえば『門』（明治四三（一九一〇）年）では、都市に依存して生きながら、都市を恐れる小家族の生活が描かれる。主人公宗助は役所に勤めることで、親族や友人の援助を受けない暮らしを妻御米とともに送る。しかしそうして都市に密接にむすびついた生活者として暮らしながらも、彼、彼女らは都市を恐れる家族でもあった。「東京の中《なか》に住《す》みながら、ついまだ東京といふものを見た事がない」[*75]といわれるように、宗助らが人ごみから離れて暮らすのは、複雑な結婚の経緯によるだけではない。たとえば宗助は一人であれば、たまの休みには「観工場《ばば》（ママ）縦覧」[*76]にでることもあったが、夫妻揃って百貨店などの繁華街へ買い物にでかけない男とされている。そうして夫婦揃っての外出が避けられるのは、何より都市の賑やかな商品の集積がたがいの見知らぬ欲望を夫婦に目覚めさせるためではなかったか。問題は、宗助と御米は過去の経緯から、親密性以外に根拠をもたない静かな結婚生活を送っていたことである。しかし勧工場や百貨店は、多様な商品を取り揃えることで異なる欲望を群衆としての人びとに芽生えさせるのであり、だからこそ宗助と御米は、ともに繁華街を訪れることを恐れたとみられるのである。

都市が目覚めさせるこうした欲望の主体たちの葛藤を『三四郎』（明治四一（一九〇八）年）はより具体的に表現していた。熊本から大学入学のために上京してきた三四郎は、銭湯に掲げられた「三越呉服店の看板」の女を、知り合いの里見美禰子とよく似ていると思う。しかしそれは両者の顔立ちが類似していたからだけではなかった。看板の女は、美禰子に特徴的な「眼付《めつき》」と「歯並《はならび》」をもたなかったといわれる。[*77] にもかかわらず三四郎が見間違えるのは、瀬崎圭二によれば、美禰子が常日頃から三越の広告に出てくる女と同様の衣装や化粧品を身につけていたためである。[*78]「着物の色は何と云ふ名か分らない[*79]」という不慣れな三四郎を語り手とするために詳細はおぼろげだが、美禰子は自分の預金口座をもち、よし子と二人で本郷の唐物屋に香水を買いにでかけるような商品購買に意識的な女である。その美禰子が、銭湯に飾られた東京勧業博覧会（明治四〇（一九〇七）年）のためとおぼしきポスター——図4—4がそれである——の女性と同様の流行の着物を纏っていたとしても不思議はない。そうした都市の浮薄さ、または自由を体現するような女だったからこそ、三四郎は美禰子に惹かれた一方で、その手に美禰子は余った。「香水の相談」を受けても「一向分《わか》らない[*80]」というように、三四郎は美禰子とともに消費を楽しむ知識やそのための財力がなかったばかりか、それをあえておこなう「度胸」をもたなかったためである。

その結果、二人には小家族をつくるという道はひらかれず、美禰子はより財力をもった兄の友人のもとへ嫁ぐことになった。しかし一旦は形成された家族にしろ、都市における消費の活性化に応じ、緊張を孕んでいくことは同じである。たとえば『行人』（大正元〜二（一九一二〜一三）年）のなかで、語り手の長井二郎とその父は上野に赴き、以下のような会話を交わしている。

食事《しょくじ》中《ちゅう》父《ちゝ》は機嫌《きげん》よく話《はな》した。然《しか》し用談《ようだん》らしい改《あらた》まつたものは、珈琲《コーヒー》を飲《の》む迄《まで》遂《つひ》に彼《かれ》の口《くち》に上《のぼ》らなかつた。表《おもて》へ出《で》た時《とき》、彼《かれ》は始《はじ》めて気《き》の付《つ》いたらしい顔《かほ》をして、向《むか》ふ側《がは》の白《しろ》い大《おほ》きな建物《たてもの》を眺《なが》めた。

「やあいつの間《ま》にか勧工場《くわんこうば》が活動《くわつどう》に変化《へんくわ》してゐるね。些《ちつ》とも知《し》らなかつた。何時《いつ》変《かは》つたんだらう」

白《しろ》い洋館《やうくわん》の正面《しやうめん》に金字《きんじ》で書《か》いてある看板《かんばん》の周囲《しうゐ》は、無数《むすう》の旗《はた》の影《かげ》で安価《あんか》に彩《いろど》られてゐた。自《じ》分《ぶん》は職業柄《しよくげふがら》、左《さ》も仰山《ぎやうさん》らしく東京《とうきやう》の真中《まんなか》に立《た》つてゐる此粗末《このそまつ》な建築《けんちく》を、情《なさけ》ない眼付《めつき》で見《み》た。

「何《ど》うも驚《おどろ》くね世《よ》の中《なか》の早《はや》く変《かは》るには。そう思《おも》ふと己《おれ》なぞも何時《いつ》死《し》ぬか分《わか》らない」

好《い》い日曜《にちえう》なのと時刻《じこく》が時刻《じこく》なので、往来《わうらい》は今《いま》が人《ひと》の出盛《でさか》りであつた。華《はな》やかな色《いろ》と、陽気《やうき》な肉《にく》と、浮《う》いた足並《あしなみ》の簇《むら》がるなかで斯《か》う云《い》つた父《ちゝ》の言葉《ことば》は、妙《めう》に周囲《しうゐ》と調和《てうわ》を欠《か》いてゐた。[*81]

物語のなかで、父は公の職業だけではなく家長の座からも退きつつあり、それが長井家に混乱をもたらしている。[*82] 年齢だけが、父に隠居を急がせたわけではない。引用のなかで父は、自分が時代から社会的に取り残されつつあるという不安に苛まれている。父は謡いや朝顔の栽培に凝るといった古い時代の消費の趣味を引きずる男であり、それゆえ勧工場にも階層を超え、一定の親しみをもっていた。しかしだからこそその勧工場の衰退が、父を「己《おれ》なぞも何時《いつ》死《し》ぬか分《わか》らない」と怯えさせる。都市のモードは人の生よりも「早《はや》く変《かは》」っていくのであり、それが語り手である二郎のような若者に力をあたえる一方で、父をいち早く時代遅れの人間とする。そうした都市の移り変わりが、若い世代に家長の役割を譲るという選択を、ひとつには父に急がせていくのである。

　こうして漱石は、都市の小家族に働く消費の遠心力のつよさを作品のなかでよく表現していった。消費が小家族の解体を導くのは、産業機構が産みだすモノが多様かつ多かれ少なかれモード的商品となることで、家族の成員それぞれに欲望の追求を促すためである。産業機構は、時代や立場に応じて異なる魅力をもつ多様な商品を増加させていくが、それが小家族をしばしば寿命や世代交代といった自然過程以上の速さで、解体に追い込んでいく。小家族とは何より世代や性差を異にした者が暮らす「共住」の場所としてあるが、商品の多様化とモード化は、世代や嗜好や性差を異にする者にそれぞれ別の仕方で消費を促すことで、この小家族のまとまりを危険にさらしてしまうためである。

この意味では近代の小家族は、解体に向かうことを宿命付けられた不安定な集団としてそもそもあったとみることができる。近代の小家族はたしかに消費を共同することでまとまりを維持するが、その消費こそが一方では小家族の構成員をつねにそれぞれ一人の男や女、または子どもや老人として生きることを促す遠心力になる。その後の経済発展も、こうした事態を改善しなかった。経済発展はたしかに小家族的ライフスタイルの拡大を後押しするが、同時に多様かつモード化された商品を多数産みだしていくことで、小家族のまとまりを揺るがす根拠にもなるためである。

こうした困難に小家族が直面するのは、ひとつにそれが家の永続を前提としたように消費を制約する原理をもっていなかったことを原因とする。自分を最先端の「豊か」なものみせるために、小家族は多様化しモード化していく商品を拒否できなかった。ただし小家族のまとまりを支える基準が他にまったくなかったわけではない。小家族を外部から守る最大の殻として、たとえば国家に期待が寄せられる。よく知られているように、教育勅語の発布（明治二三（一八九〇）年）を最初の契機として、天皇を家長として擬制する家族国家観が発達する。この家族国家観は、家の論理を延長したものとして理解されることも多いが、しかしそうとばかりはいえない。たとえば神島二郎は、家族主義的国家は、家の体制から疎外された小家族の増大によってむしろ後押しされたものとみなしている。[*83] 家を離れ、不安定なものとなった小家族の欲望こそ、家族主義的国家の成長の基礎となったというのである。

そうして小家族が国家の庇護を求めたのは、ひとつに軍事機構として肥大化していく国家が産業機構の中枢を担っていくためである。[*84] 安定した経済的な根拠をもたない小家族は、しばしば直接、または間接的に国家機構やそれが主導する軍需産業とむすびつき維持される。

しかしそれ以上に、小家族の構成員が自力では獲得しがたい生きる意味や死ぬ意味の根拠を、近代国家が保証したことが重要になる。日本にかぎらず近代のネーション・ステイツは、軍事や警察権力を再編することで、生死を管理する生権力的編成をますますつよめていくことになった。そうした生権力の主体として国家は、小家族に対して私的快楽の探究を制限しつつ、幸福に生き死ぬための道を提示する。先祖からの継承を第一の目的とした家とは異なり、構成員の現在の快楽を追求を認めるしかない小家族に対して、近代国家は「意味ある死」を保証することで、消費を抑制する外部からの重しになったのである。

国家はそうして小家族のまとまりを外部から補強したが、ただしそれがどこまで実質的な力を振るったのかについては実は疑問も残る。敗戦が小家族に対する国家の支配力を揺るがしたという意味ではそもそもその蜜月は、せいぜい二〇世紀前半というわずかな期間しか続かなかった。その後国家は経済発展を第一の目標に置いていくことで、経済活動の主体としての小家族が消費を加速させていくことを、後追いすることしかできなかったのである。[*85]

そのはてに現在、ますますあきらかになっているのが、消費を統御する主体の不在と、さらには逆説的にもこれまで消費を制御してきた家という歴史的主体の途方もない大きさである。一八世紀以降、消費の積み重ねが家の外部に生きられる価値をもった場があることを暴いていくことを踏まえ、小家族はしだいに実質的なものへ変わっていく。ただし私的消費という水準からみれば、小家族は本質的な意味で家を乗り越え、上書きする主体となったとはいいがたい。そのことは、たとえばこの章でみた小家族を活性化する消費の展開からもあきらかにされる。一九世紀後半以降、（a）情報・信仰的交通、（b）物資・労働的交通、そして（c）性的交通の領域の順番で、次々とあらたな消費がさかんになることを背景として、小家族は成長していく。しかしそれはある意味では家があえて許容する場所で、こっそりと私的消費が続けられるものでしかなかった。家の支配の及ばない知や情報の水準で、小説や映画の享受といったかたちをとりながら家の枠をはみだす消費が一九世紀後半に進んでいくのに対して、たとえば性的交通の場においては、私的な消費の展開は遅れる。家の再生産を担う性的交通の場での逸脱はなかなか許されず、その隙間を狙った別の快楽的消費として、ようやく一九二〇〜三〇年代にカフェやダンスホールでの遊びがにぎやかになったばかりとさえいえるのである。

この意味では家が近代においてマイナー化されていくとしても、それを内在的な動因に基づいたものとみなすことはむずかしい。家が黙認した場所で私的消費はせいぜい展開されるばかりで、小家族がそれをみずから責任をもって追求したとはいいがたいのである。たしかに家はその後、経済活動や政治を担う単位として実質的には退いていく。社会の複雑化は、政治的、経済的な家の役割を弱めざるをえなかったのだが、ただしそれによって、家に変わり生の経験をトータルに規定する主体が産まれたかといえば、心もとない。小家族は、私的欲望の探求を各人に任せるという意味でみずから積極的な主体を構成せず、その代わりに価値観や意識を縛る暗黙の主体として、家は日本社会に根強く残り続けるためである。

少し後のことになるが、そのことを、坂口安吾の「日本文化私観」（昭和一八（一九四三）年）はよく示している。そこで安吾は、「外で酒を飲んだり女に戯れたり」して楽しんだあとに、一人で暮らす「家」に帰ると、なぜか「変な悲しさと、うしろめたさ」がこみ上げてくるという。*86 それを物質としてあるとともに制度としてある「家」の重さと安吾は考えていくのだが、一方では安吾の産まれた新潟の旧家は政治的、経済的にすでに力を失いつつあった。しかしだからこそ「家」が具体的な姿を失ってもなお「ふりかえる魔物」として反省を迫ることが、安吾にとって脅威になる。「家」は幸福や快楽の根拠としての役割を手放すことなく、一人で暮らす安吾の私的な欲望の追求さえ、制限し続けていく。だからこそそれとの対決を避けては「文学」や「人間」の可能性の追求はできないと安吾は腹をくくるのである。

こうした安吾の見方を、一八、一九世紀の消費の歴史社会学は、一定の実証性において裏打ちする。それは歴史を貫通しつつ人びとを支配する家の強固な姿と、それに代わる主体の空白をあきらかにするためである。遊女や食物、園芸植物を対象として展開された私的な消費を吟味し、それを「ともに消費する」可能性を踏まえ、一九世紀末にはたしかに消費を根拠とした小家族という集団がかたちづくられていく。しかし私的な消費の追求は、同時にこの小家族を内部から解体していくことで、家に変わるあらたな倫理や欲望を実質的につくりだしていくことをむしろ阻むのである。

ただしそれはたんに嘆くべきこととばかりはいえない。歴史のこうした軌跡は一方では、家やさらには小家族を揺り動かしながら、数百年のあいだ執拗にくりかえされてきた私的な消費の歴史的力を鮮やかに浮きあがらせるためである。政治的、経済的な場で社会を動かす一貫した主体をいまだ産みだせていないという点で、私的な欲望にかかわる消費をたしかに無意味なものとみる者もいる。*87 しかしそうした見方は、一貫した道徳や欲望を維持することが望ましいとする秩序の側に立った思い込みにすぎない。個々の人生にかぎれば、消費は行き場のない快楽の終わりない追求にたしかにしばしば終わったとしても、しかしそうした無数の匿名の人びとの実践が、集団的にはあらたな倫理や快楽、そしてそれを生きる身体性のフロンティアをひらき、この現在を「消費社会」として具体化する良くも悪くも根拠になってきたことも事実だからである。

たとえば遊廓からカフェやダンスホールに及ぶ性的消費の場の変遷は、誰をどこまで対象として、性的快楽を引きだすかの倫理的問いの奥行きを拡げてきた。たしかにいまだとくに男性が、他者を支配する残酷な形式を性的快楽の源泉とし続けていることは否めない。しかしその傍らには、より自由な他者との駆け引きを快楽とする欲望の形式も展開されている。卑近ではあり、また多くの社会構造的な問題をはらむとはいえ、たとえば多くの素人を含む現在の性風俗の急拡大は、たがいにより自由な主体であるという幻想が現在、性的快楽のますます大きな部分を占めつつあることを教えてくれる。

あるいは近世社会に確認された白米や酒といった食に対するこだわりは、より日常的にわたしたちの社会に深く受け入れられている。家族とともに食事をするなかでも、食物の微細な差異に注目し産地や安全性に執着すること。さらにそれと並行し、こちらはしばしばいまだアングラに留まるが、多様な嗜好品への愛好やスポーツへの没頭を経つつ、より極端にはドラッグや身体加工というかたちで、自己の身体感覚に準拠した快楽を享受すること。そうした快楽を高め、再開発する膨大な技術群が、現代社会ではいっそう裾野を拡げているのである。

最後に園芸植物に注がれた欲望は、自然そのものに対する感受性を高めることで、たとえば都市の内部に人工的な自然をつくりだすことへの関心を拡大している。ただしそれ以上に興味深いのは、それを通して鍛えられてきた対象の微細な差異を認識し味わういわば知的快楽が、現代社会では性的快楽と合流しつつ、より広く一般的に「遊び」の機会を解放していることである。

その「遊び」のもっとも大規模な舞台になっているのが、現在、膨大な拡がりをみせている情報空間である。近年のテクノロジーの更新に応じて、合法、違法、または国家の境界さえ越える、情報を対象とした消費の領域が無際限にひらかれつつある。そこで人びとは、興味のある対象をみつけだし、弄ぶことであらたな快楽を探っている。大切なことは、情報財を中心に、そこに最小限、またはゼロの支払いで手に入れることが可能な「無償化された経済」の領域が現在いっそう拡大していることである。[*88]「フリーミアム」と呼ばれるこの領域は、一八世紀社会に園芸植物がそうだったように、階層や暮らす場所の差異、さらには国家が定める合法／違法の境界さえすり抜け、終わりのない「消費」をより広範な人びとに誘惑している。

もちろんそれを諸手を上げて賛美することはできない。既成の経済活動をバイパスした、オルタナティブな評価経済の確立といった夢が語られることもあるが、それは甘い見通しというほかない。園芸植物がそうだったように、情報財は資本主義的生産のロマンチックな外部にあるどころか、むしろその核心的な渦中に存在しているためである。広告の閲覧や課金システムに守られ、直接の支払いという「責任」を免除されているからこそ、逆にわたしたちはしばしば情報財を通してマネーの流動にいっそう深く巻き込まれ、資本主義的体制にますます深く従属しているのである。

しかしそれを含めてなお、現代社会に情報財の消費を媒介として、あらたな快楽の可能性を探る冒険の場がひらかれていることの意義は無視できない。膨大な情報空間の広がりは、たんに個人的な耽溺を誘惑しているだけではない。それは違法行為や詐欺にひらかれつつも、だからこそ既存の国家の法やまたはリニアな時間さえ超え、見知らぬ他者と交差し、あらたな倫理を生きるための「交通」の場をつくりだしている。常識や国家が求める／禁じるから行動を律するのではなく、何がみずからの望みであるのかを追求し、それを自己責任的に引き受けていくこと。そうした私的な冒険を促すという意味で、この膨大な情報空間は、これまでとは異なる消費の共同性を探る母体にさえなっている。何をどのように消費するのかの私的なスタイルを共有し、または競争する者は、いまでは身近な近傍でともに暮らす家族や地域、さらには既成の都市や国家を超え、その外部にしばしば探されているのである。

この情報空間の拡がりを一例として、消費はいまなお家や小家族の外部において、あらたな快楽や倫理を探し生きることを促す欠かせない契機となっている。消費はたんに使用価値を手に入れるための「交換」としてくりかえされるのでもなければ、それを無にすることでみずからの力をみせびらかす「消尽」に終始するだけでもない。性的対象や白米、酒、園芸植物や小動物といった対象をめぐり歴史的に確認してきたように、それは既存の秩序の隙間にあらたな倫理や欲望を探索し、それによって異なる自己をつくりだす技術としていっそう働いているのである。

その意味では、小家族というライフスタイルをもう一度評価することもできるかもしれない。そもそも小家族は、積み重ねられた私的消費によって家が相対化された空洞のうちに、世代や性別の異なる他者とともに快楽や欲望を探求する試みとして宿ってきた面をもつ。みてきたようにそうした試みは、たしかにその成立当初から、多様な消費の対象の拡がりとモード化によって危機にさらされてきた。とはいえそれは完全に乗り越えられたわけではない。膨大な商品が溢れる空間のなかで、たとえ一世代、またはよりかぎられた時間のあいだとしても、何かをともに消費することで他者とのかかわりをつくりだしていくこと。そうした試みはいまだ尽きない意味をもっているのであり、だからこそ小家族はいまなお多くの人を魅惑しつつ、さらには消費を共同する他者をみつけるあらたな冒険へと人びとを促す母体にもなっているのである。

それを一例として一八世紀以降、歴史を貫通し社会を変えてきた私的消費の力をいかに組み込み、あらたな生活や社会を構想していくかが現在、ますます大きな課題になっている。たとえば遊廓からカフェやダンスホールに及ぶ性的消費の変遷がよく示すように、消費はこれまで受け入れられてこなかったあらたな欲望や倫理や知を生きることを促してきた。それが後押ししているよくも悪くも貴重な可能性と比べれば、近年叫ばれているように「公共性」や共同体的な「道徳」をもう一度取り戻すことは追求すべき大きな課題とはいえない。それらは家を基盤としたかつて地域社会や国民国家といった歴史的構築物の影を追い、事後的に正当化するものでしかないのであり、その結果、既成の階層秩序やそれを守る道徳にわたしたちを縛りつける鎖にさえそれはしばしばなっているのである。

それでもなお現代社会には、公共性を志向するそうしたスローガンがますます幅を利かせているようにみえる。それはひとつに「交換」を積み重ねる「消費社会」への信憑によって後押しされているからである。その安定を信じ、それをさらに守り補うために、「公共性」といった言葉や「絆」という言葉が空虚につぶやかれているのである。

しかしだからこそ、逆に消費は現代社会では、わたしたちの欲望や倫理を更新する契機としてますます大きな意味を担っているともいえる。消費は一方では「交換」の契機としてシステムへの従属をますます求めつつも、他方では既存の道徳を表面上信じるわたしたちの意識や、法によって基礎づけられた社会的な制度をしばしばだし抜きながら、あらたな仕方で世界に向き合うことを促している。

いいかえるならば、消費はしばしばわたしたちを「他者」として生きさせる契機になるのであり、だからこそそれを利用し、既成の「消費社会」を正当化するだけには終わらない生の可能性を拡充していくことがますます大きな意味を担っているのである。

そのことを確認するために、本書は一七世紀末以降、消費にかかわり無数の他者たちがくりかえしてきた冒険の歴史を探ってきた。それはそれぞれには挫折の歴史でもあったが、総体としては、それによって人がモノや他人とふれあい、世界を知覚し、また欲望する可能性が拡大されてきたことも事実である。そうした歴史を前提として、わたしたちもひとりの歴史的な「他者」として、複雑でまた矛盾する欲望を生きることが求められている。わたしたちはしばしば現在、国家の拘束性や、「消費社会」の全体性をあまりにつよく信憑しすぎることで、その外部を思考する試みをみずから挫いている。しかし私的な消費の実践は、この世界を実践や知的な探究にひらかれた未明の場として何度もくりかえし上書きしてきたのであり、今度はそれを引き受け、現代社会をもう一度、真剣に考慮し、それゆえ生きるに値する未知の場所としてみいだしていくことを、消費はわたしたちにますます誘惑しているのである。

注

はじめに——一八、一九世紀の消費の歴史社会学

＊1 斎藤月岑、朝倉治彦校注『東都歳事記 二』平凡社、一九七二年、一四四頁。

＊2 原岡文子「歌語と心象風景——「朝顔」の花をめぐって」『國文学 解釈と教材の研究』第三七巻四号、一九九二年、九四頁。

＊3 宮崎安貞編録、土屋喬雄校『農業全書』岩波書店、一九三六年、三三九〜三四〇頁。

＊4 三村森軒著、小笠原亮編『朝顔明鑑鈔 〝影印と翻刻〟』思文閣、二〇〇六年、一三頁。

＊5 信濃教育会編『一茶全集 第一巻』信濃毎日新聞社、一九七九年、五六七頁。

＊6 飛田範夫『江戸の庭園——将軍から庶民まで』京都大学学術出版、二三二頁。

＊7 守屋毅『元禄時代』弘文堂、一九八四年、四六頁。

＊8 菊池貴一郎著、鈴木棠三編『絵本江戸風俗往来』平凡社、一九六五年、一〇六頁。

＊9 たとえば流行のなか人気を集めたはずの変化朝顔も、庶民の芸術としての浮世絵にさえほとんど記録されていない。大久保純一「浮世絵に見る朝顔」国立民俗博物館編『伝統の朝顔Ⅲ——作り手の世界』国立民俗博物館振興会、二〇〇〇年、五〇頁。

＊10 渡辺好孝『江戸の変わり咲き朝顔』平凡社、一九九六年、一〇一〜一〇二頁。

＊11 Claude Lévi-Strauss, *La Pensée sauvage*, librarie Plon, 1962. ＝大橋保夫訳『野生の思考』みすず書房、一九七六年。

＊12 この図は明治期に作成されたものだが、小林法子（「大川市立清力美術館の江戸勤番之図」『福岡大学人文論叢』第三九巻第四号、二〇〇九年）によれば、それに先行する図が江戸期に書かれており、その複写である可能性がつよい。

＊13 Karl Marx, *Grundrisse der Kritik der politischen Ökonomie (Rohentwurf) 1857-1858*, Anhang 1850-1859, besorgt vom Marx-Engels-Lenin Institut. Moskau, Diez Verlag, Berlin, 2. Auflage 1974. ＝木前利秋訳「経済学批判要綱」横張誠、今村仁司、木前利秋訳『マルクス・コレクション Ⅲ』筑摩書房、二〇〇五年、一五五頁。

＊14 ジャン・ボードリヤールの議論については、Jean Baudrillard, *La société de consommation : ses mythes, ses structures*, Denoël, 1970.

＝今村仁司・塚原史訳『消費社会の神話と構造』紀伊國屋書店、一九七九年や、Jean Baudrillard, *Pour une critique de l'économie politique du signe*, Gallimard, 1972. ＝今村仁司、宇波彰、桜井哲夫訳『記号の経済学批判』法政大学出版局、一九八二年などを参照。

＊15　もちろん「消費社会」の変化がまったく分析されないわけではない。しかし通時的な分析はしばしば家や車、漫画や衣類など商品の「内容」の微細な変動を好事家的に問うものに留まる。そうした分析に興味深いものがないわけではないとしても、多くの場合、それらはあくまで「消費社会」の内部の分析に留まることで問題をもつ。多様な変化が指摘されるとしても、だからこそ一方ではその背後で同じものとして継続される「消費社会」の形式的安定性むしろかえって強調されてしまうのである。
　それとは別の仕方で、より共時的に「消費社会」の矛盾が問われることもある。ただしこの場合も、格差や貧困によって充分な消費がおこなえないという外在的な困難が非難されることが多い。その意味でこうした批判は、その意図とはしばしば裏腹に、往々にして労働力商品のより「正常」な交換の実現を求めることで、「消費社会」を補完する論理に陥ってしまうのである。

＊16　Georges Bataille, La notion de dépense, *Œuvres complètes*, vol. I, Gallimard, 1970. ＝生田耕作訳「消費の概念」『ジョルジュ・バタイユ著作集　呪われた部分』二見書房、一九七三年、また Georges Bataille, La part maudite, *Œuvres complètes*, vol.VII, Gallimard, 1976. ＝生田耕作訳「呪われた部分」『ジョルジュ・バタイユ著作集　呪われた部分』二見書房、一九七三年参照。

＊17　Michel Foucault, *L'usage des plaisirs (Volume 2 de Histoire de la sexualité)*, Gallimard, 1984. ＝田村俶訳『性の歴史Ⅱ——快楽の活用』新潮社、一九八六年、一八頁。

＊18　そうした「自己技術」は、フーコーによればギリシャに産まれ、キリスト教における告白の一般化に伴い早くも変質していく。しかし一方でフーコーは、近代ではこの「自己技術」が、自由に考える術としての哲学に引き継がれていくともみていた。Michel Foucault, *Le gouvernement de soi et des autres: Cours au Collège de France.* 1982-1983, Seuil/Gallimard, 2003. ＝阿部崇訳『自己と他者の統治——コレージュ・ド・フランス講義 1982-1983 年度（ミシェル・フーコー講義集成Ⅻ）』筑摩書房、二〇一〇年、四二六～四三一頁参照。

＊19　吉田伸之「町人と町」『講座日本歴史5　近世1』東京大学出版会、一九八五年、一五五頁。

＊20　荻生徂徠「政談」吉川幸次郎他校注『荻生徂徠　日本思想体系三六』岩波書店、一九七三年、三〇六頁。

＊21　こうした交通の見方にかんしては、マルクス・エンゲルス（廣松渉編訳、小林真人補訳『新編輯版　ドイツ・イデオロ

ギー』岩波書店、二〇〇二年）の見方やそれを敷衍する柄谷行人（『世界史の構造』岩波書店、二〇一一年）の論を前提としている。

第一章　遊廓はなぜ興隆したのか？

＊1　室鳩巣「兼山秘策」滝本誠一編『日本経済大典　第六巻』明治文献、一九六六年、二四九〜二五〇頁。なお以下、この節は、貞包英之「金銀の位置──元禄・宝永・正徳年間の改鋳をめぐって」『ライブラリ相関社会学9〈資本〉から人間の経済へ』新世社、二〇〇四年を大幅に改稿している。

＊2　新井白石著、松村明校注『折たく柴の記』岩波書店、一九九九年、二八六頁。

＊3　近衛基熙『基熙公記』（謄写本、東京大学史料編纂所所蔵）、六十九巻、百十六丁。

＊4　名古屋市教育委員会編『名古屋叢書続編　第一二巻　鸚鵡篭中記（四）』名古屋市教育委員会、一九六六年、一九四〜一九五頁。

＊5　田中貴子『外法と愛法の中世』砂子屋書房、一九九三年。

＊6　荻生徂徠「舎利之記」平石直昭編『近世儒家文集（三）　徂徠集』ぺりかん社、一九八五年、一三〇頁。

＊7　名古屋市教育委員会編『名古屋叢書続編　第一二巻　鸚鵡篭中記（四）』名古屋市教育委員会、一九六六年、一八九頁。

＊8　実際、元禄五年七月伊賀に穀物が、宝永五年の閏正月には武蔵、相模、駿河に砂が、宝永六年二月には因幡の国に「馬の毛」らしいものが降ったことが確認される。中央気象室・海洋気象室編『日本氣象史料』中央気象室・海洋気象室、一九三九年、七六三〜七六四頁。

＊9　三井高維『新編両替年代記關鍵──巻二　考証編』岩波書店、一九三三年、一四六〜一四九頁。

＊10　ナカイ、ケイト、W、中井義幸「資料紹介　新井白石自筆「荻原重秀弾劾書」草稿」『史学雑誌』八九、一九八〇年、四四頁。

＊11　高柳眞三、石井良助編『御觸書寛保集成』岩波書店、一九七六年、九〇四〜九〇五頁。

＊12　黒板勝美、國史体系編修會編『徳川實記　第七編』吉川弘文堂、一九六五年、二四九頁。

＊13　東京都編『東京市史稿　産業編　第八巻』東京都、一九六二年、五〇五頁。

＊14　そのためか徳川家の正史というべき『徳川實記』にはこの遺書の本文は記載されていない。

＊15　新井白石著、松村明校注『折たく柴の記』岩波書店、一九九九年、二八八頁。また現在の研究も、遺書が白石の意向にしたがって書かれたものであることをほぼ認めている。たとえば Nakai, Kate Wildman, *Shogunal politics : Arai Hakuseki and the premises of Tokugawa rule*, Harvard University, 1988, pp100 参照。

＊16　Roland Barthes, *Mythologies*, Éditions du Seuil, 1957. ＝篠沢秀夫訳『神話作用』現代思潮社、一九六七年。

＊17　新井白石著、松村明校注『折たく柴の記』岩波書店、一九九九年、一四六頁。

＊18　新井白石著、松村明校注『折たく柴の記』岩波書店、一九九九年、一三七頁。

＊19　室鳩巣「兼山秘策」滝本誠一編『日本経済大典　第六巻』明治文献、一九六六年、六四一頁。

＊20　とくに銀の産出増大は顕著であり、小葉田淳の試算によれば、一七世紀初頭、日本銀の産出量は、世界の産出量の約三分の一を占めていたといわれている。小葉田淳『鉱山の歴史』至文堂、一九六二年、五六〜五九頁参照。

＊21　深坑化に伴い、一七世紀なかばには金銀の産出量は大きく低下した。たとえば元和七（一六二一）年六〇〇〇貫を越える銀の産出量を誇った佐渡銀山も、寛永二〇（一六四三）年に一三〇〇貫、寛文元（一六六一）年には八六〇貫にまで産出量を減少させる。山口啓二「金銀山の技術と社会」永原慶二・山口啓二『講座日本技術の歴史　第五巻　採鉱と冶金』日本評論社、一九八三年、一七一頁。

＊22　太田勝也『長崎貿易』同成社、二〇〇〇年参照。

＊23　鹿野嘉昭「委託研究からみた藩札の流通実体」『金融研究』一五巻五号、一九九六年、一六五頁。

＊24　作道洋太郎『近世封建社会の金融構造』塙書房、一九七一年、七九〜八六頁。

＊25　大阪市役所編『大阪市史　第三巻』大阪市、一九二七年、四七〜四八頁。

＊26　たとえば私鋳によって鋳造差益を獲得する動きに対し、幕府は「親類並所之者」にまで及ぶ厳罰を宣言している。高柳眞三、石井良助編『御觸書寛保集成』岩波書店、一九七六年、八九三頁。

＊27　桜井英治「日本中世における貨幣と信用について」『歴史学研究』七〇三号、一九九七年。

＊28　桜井英治「中世の貨幣・信用」桜井英治、中西聡編『流通経済史　新体系日本史一二』山川出版社、二〇〇二年参照。

＊29　桜井英治「中世の貨幣・信用」桜井英治、中西聡編『流通経済史　新体系日本史一二』山川出版社、二〇〇二年参照。

＊30　大石慎三郎（『享保改革の商業政策』吉川弘文館、一九九八年、二一三〜二一七頁）によれば、荻原重秀の一連の改鋳では金に対して銀の劣化が激しく、それゆえそこには金銀相場を操作し、大坂から輸入される商品を安価にするという意志がみられる。対して白石の改鋳はそれに対抗する意図があったという。辻達也『享保改革の研究』創文社、一九六三年、一九二〜一九三頁も参照。

＊31　高柳眞三、石井良助編『御觸書寛保集成』岩波書店、一九七六年、八九三頁。また、榎本宗次「近世前期領国貨幣とその停廃」『歴史教育』一七（七）、一九六九年参照。

*32 神沢杜口「翁草」日本随筆大成編輯部『日本随筆大成　第三期二二巻』吉川弘文館、一九七八年、四〇四頁。
*33 新井白石「本朝寶貨通用事略」国書刊行会編『新井白石全集第三巻』国書刊行会、一九七七年、六六九頁。
*34 新井白石「改貨議」『新井白石全集第六巻』国書刊行会、一九七七年、二二〇頁。
*35 三井高維校注『両替年代記――原編』岩波書店、一九三二年、五一頁。
*36 入江隆則『新井白石　闘いの肖像』新潮社、一九七九年、一四五頁。
*37 しかし一方ではそれが幕末期には金の流出を招き、幕府解体の一因をつくることにもなる。
*38 井原西鶴「本朝二十不孝」冨士昭男、井上敏幸、佐竹昭広校注『好色二代男　西鶴諸国ばなし　本朝二十不孝　新日本古典文学大系七六』岩波書店、一九九一年、四二〇頁。
*39 井原西鶴「本朝二十不孝」冨士昭男、井上敏幸、佐竹昭広校注『好色二代男　西鶴諸国ばなし　本朝二十不孝　新日本古典文学大系七六』岩波書店、一九九一年、四二〇頁。
*40 佐藤進一『日本の中世国家』岩波書店、二〇〇一年、四一～六二頁。
*41 海老澤早苗「鎌倉時代における夫婦観の諸相――夫婦二世観成立の一側面をめぐって」『禪學研究』八〇、二〇〇一年、一五六～一五七頁。
*42 黒田俊雄「中世における個人と「いえ」」『黒田俊雄著作集　第六巻　中世共同体論・身分制論』法蔵館、一九九五年、三〇三～三〇七頁。
*43 とくに保立道久『物語の中世』東京大学出版会、一九九八年中の『ものぐさ太郎』、『三年寝太郎』の分析を参照。
*44 室木弥太郎編『説教集』新潮社、一九七七年。
*45 竹田聴洲『民俗佛教と祖先信仰』東京大学出版会、一九七一年、六頁。
*46 大開発による社会の具体的変貌の諸相については、斎藤修「大開墾・人口・小農経済」速水融、宮本又郎編『日本経済史一　経済社会の成立』岩波書店、一九八八年、坂田聡『日本中世の氏・家・村』校倉書房、一九九七年、磯貝富士男『中世の農業と気候――水田二毛作の展開』吉川弘文館、二〇〇二年を参照。
*47 木村礎『村の語る日本の歴史　近世編一』そしえて、一九八三年。
*48 菊地利夫『新田開発　上』古今書院、一九五八年、一三八頁。
*49 坂田聡『日本中世の氏・家・村』校倉書房、一九九七年。
*50 宮崎克則『逃げる百姓、追う大名――江戸の農民獲得合戦』中央公論新社、二〇〇二年。
*51 深谷克巳『百姓成立』塙書房、一九九三年、一二六頁。

＊52　佐藤常雄、大石慎三郎『貧農史観を見直す』講談社、一九九五年。
＊53　渡辺宏（『日本政治思想史――一七〜一九世紀』東京大学出版会、二〇一〇年、四五頁）は、太平のなかで、「「武士道」は、ほとんど武士らしさを偽装する演技と化した」とみる。
＊54　たとえば速水融によれば、一七世紀には「農民の生活動機に、販売、利潤獲得という要素」が組み込まれ、合理的な「経済行動」が求められる社会が厚みを増すとさえいわれる。速水融『近世日本の経済社会』麗沢大学出版会、二〇〇三年、二一八頁。
＊55　山本英二『慶安御触書成立試論』日本エディタースクール出版部、一九九九年。
＊56　市川雄一郎『佐久地方江戸時代の農村生活』市川雄一郎先生遺稿刊行会編、一九五五年、二三頁。
＊57　市川雄一郎『佐久地方江戸時代の農村生活』市川雄一郎先生遺稿刊行会編、一九五五年、二五頁。
＊58　山本英二『慶安の触書は出されたか』山川出版社、二〇〇二年、三〇〜三五頁。
＊59　朝倉治彦校訂『長者教 古典文庫八二』古典文庫、一九五四年、二三頁。
＊60　朝倉治彦校訂『長者教 古典文庫八二』古典文庫、一九五四年、二〇頁。
＊61　守屋毅によれば、町は、①触書を伝える「触れの伝達」、②犯罪者や浪人を取り締まる「警察業務」、③住民の把握、家屋敷の売買、相続を管理する「戸籍業務」、④祭りや会などの財政を担う「会計業務」などを担った。守屋毅『京の町人』教育社、一九八〇年、七四〜七五頁。
＊62　朝倉治彦校訂『長者教 古典文庫八二』古典文庫、一九五四年、二〇〜二一頁。
＊63　今田洋三『江戸の本屋さん』平凡社、二〇〇九年。
＊64　宮本又次（「大阪町人の家訓と気質」宮本又次他編『近世大阪の商業史・経営史的研究　大阪の研究　第三巻』清文堂出版、一九六四年、四八頁）によれば、大阪町人の家訓や店則では、「相場に手を出」すことの禁止、「投機的なことをいましめる」など、節制や始末についての教えが頻繁に登場する。
＊65　鴻池新六「幸元子孫制詞条目」中村幸彦校注『近世町人思想　日本思想体系五九』岩波書店、一九七五年、三八四頁。
＊66　鴻池新六「幸元子孫制詞条目」中村幸彦校注『近世町人思想　日本思想体系五九』岩波書店、一九七五年、三八六頁。
＊67　宮本又次「大阪町人の家訓と気質」宮本又次他編『近世大阪の商業史・経営史的研究　大阪の研究　第三巻』清文堂出版、一九六四年、二二頁。
＊68　野村豊、由井喜太郎編著『近世庶民史料　元禄時代に於ける一庄屋の記録（河内屋可正旧記）』清文堂、一九五五年。
＊69　三井高房「町人考見録」中村幸彦校注『近世町人思想　日本思想体系五九』岩波書店、一九七五年、一七六頁。

＊70　有賀喜左衛門「家族と家」『有賀喜左衛門著作集　Ⅸ』未來社、一九七〇年、有賀喜左衛門「日本における先祖の観念」『有賀喜左衛門著作集　Ⅶ』未來社、一九六九年、喜多野清一「日本の家と家族」『家と同族の基礎理論』一九七六年、未來社。また有賀と喜多野の見方のちがいについては、喜多野清一「親方子方関係論の問題点（上）」『家族史研究』編集委員会『家族史研究　四』大月書店、一九八一年によくまとめられている。

＊71　喜多野清一「同族における系譜関係の意味」『家と同族の基礎理論』未來社、一九七六年、三四頁。

＊72　有賀喜左衛門「家族と家」『有賀喜左衛門著作集　Ⅸ』未來社、一九七〇年、四九頁。

＊73　柳田國男「時代と農政」『柳田國男全集　第二巻』筑摩書房、一九九七年、二六八頁。

＊74　柳田國男「先祖の話」『柳田國男全集　第五巻』筑摩書房、一九九八年。

＊75　鈴木榮太郎『日本農村社会学原理（上）　鈴木榮太郎著作集一』未來社、一九六八年、二七一～二八二頁。

＊76　Robert N. Bellah, *Tokugawa religion: the culture roots of modern Japan*, Free Press, 1985. ＝池田昭訳『徳川時代の宗教』岩波書店、一九九六年、三二三頁参照。

＊77　石田梅岩「石田先生語録［抄］」柴田実校注『石門心学』岩波書店、一九七一年、六七頁。

＊78　貝原益軒「家道訓」益軒会編『益軒全集　巻之三』益軒全集刊行部、一九一一年、四七四頁。

＊79　江東区『江東区史　上巻』江東区、一九九七年、三〇一～三〇二頁。

＊80　守屋毅『京の町人』教育社、一九八〇年、一一七～一一八頁。

＊81　在郷の材木屋の発達は、松本善治郎『江戸・東京　木場の今昔』日本林業調査会、一九八六年、江戸材木仲買史編集委員会『江戸材木仲買史』東京材木商協同組合、一九六六年参照。

＊82　三井文庫編『三井事業史　本篇一』三井文庫、一九八〇年、二四二頁。

＊83　三井文庫編『三井事業史　本篇一』三井文庫、一九八〇年、六八〇頁。

＊84　三井文庫編『三井事業史　資料編一』三井文庫、一九七三年、三六頁。

＊85　三井文庫編『三井事業史　本篇一』三井文庫、一九八〇年、二四二頁。

＊86　中田易直『三井高利』吉川弘文館、一九五九年、八五頁。

＊87　吉田伸之『巨大城下町江戸の分節構造』山川出版社、二〇〇〇年、七一頁。

＊88　吉田伸之『巨大城下町江戸の分節構造』山川出版社、二〇〇〇年、五一～六六頁

＊89　三井文庫編『三井事業史　資料編一』三井文庫、一九七三年、三六頁。

＊90　井原西鶴「日本永代蔵」野間光辰校注『西鶴集　下　日本古典文學大系四八』岩波書店、一九五七年、四九頁。

＊91　三井文庫編『三井事業史　資料編一』三井文庫、一九七三年、三六頁。
＊92　三井文庫編『三井事業史　資料編一』三井文庫、一九七三年、三六頁。
＊93　三井文庫編『三井事業史　本篇一』三井文庫、一九八〇年、二八二〜二八三頁。
＊94　守屋毅『元禄時代』弘文堂、一九八四年、一二三頁。
＊95　友禅染は、特殊な染めというより、防染糊を用いる染めの一般的な名称として定着する。その詳細は、長崎巌「初期友禅染に関する一考察——友禅染の出現とその背景」『東京国立博物館紀要』第二四号、一九九九年参照。
＊96　岡野和子「近世庶民衣料の一考察——奢侈禁止令よりみた女装」『東京家政学院大学紀要』六号、一九六七年。
＊97　たとえば享保九（一七二四）年の禁令では、縫いの小袖では三〇〇目まで購買が許されたのに対し、染めの小袖では一五〇目までしか許可されていない。そのことからも、染の小袖が縫いの小袖に対して安価なものとみなされていたことがわかる。岡野和子「近世庶民衣料の一考察——奢侈禁止令よりみた女装」『東京家政学院大学紀要』六号、一九六七年、三五頁。
＊98　森理恵（『桃山・江戸のファッションリーダー——描かれた流行の変遷』塙書房、二〇〇七年。）によれば、安土桃山期には、従者が主人のために華麗な衣服を身に着けることが目立つが、一七世紀半ば以降には新興の家の女性たちが、この広告塔としての役割を引き継ぐ。
＊99　戸田茂睡「紫の一本」鈴木淳、小高道子校注・訳『近世随想集 新編　日本古典文学全集』小学館、二〇〇〇年、一九三頁。
＊100　神沢杜口「翁草」日本随筆大成編輯部『日本随筆大成　第三期一九巻』吉川弘文館、一九七八年、一八八頁。
＊101　中井信彦「三井家の経営——使用人制度とその運営」『社會經濟史學』三一（六）、一九六六年、中井信彦「共同体的結合の契機としての「血縁」と「支配」——三井家における家法成立過程を素材として」『三井文庫論叢』四号、一九七〇年、参照。
＊102　西坂靖『三井越後屋奉公人の研究』東京大学出版会、二〇〇六年。
＊103　中野卓『商家同族団の研究——暖簾をめぐる家と家連合の研究　（上）』未來社、一九七八年、五五頁。
＊104　藤岡里圭『百貨店の生成過程』有斐閣、二〇〇六年、一四〇頁。
＊105　三井文庫編『三井事業史　本篇一』三井文庫、一九八〇年、九六頁。
＊106　三井高平「宗竺遺書」三井文庫編『三井事業史　資料編一』三井文庫、一九七三年、九〜一〇頁。
＊107　以下、遊廓にかんする議論は、貞包英之「消費の誘惑——近世初期の遊廓における消費の歴史社会学的分析」『思想』

No. 1067、二〇一三年を大幅に改稿している。
*108 豊田武『封建都市』吉川弘文館、一九八三年、三八九頁参照。
*109 村上直次郎譯註『ドン・ロドリゴ日本見聞録　ビスカイノ金銀島探検報告』奥川書房、一九四一年、一七頁。
*110 野間光辰編『完本　色道大鏡』友山文庫、一九六一年、三四一～三四四頁。
*111 小笠原恭子『都市と劇場――中近世の鎮魂・遊楽・権力』平凡社選書、一九九二年、二三頁。
*112 三浦浄心「慶長見聞集」原田伴彦他編『見聞記　日本庶民生活史料集成　第八巻』三一書房、一九六九年、五五三頁。
*113 後藤紀彦「立君・辻子君」、「遊廓の成立」、「遊女と朝廷・貴族」(『週刊朝日百科・日本の歴史　中世I―③』一九八六年)参照。
*114 宮本由紀子「遊里の成立と大衆化」竹内誠編『日本の近世　第一四巻　文化の大衆化』中央公論社、一九九三年、二一六頁。
*115 守屋毅『京の町人』教育社、一九八〇年、四〇～五二頁。
*116 北地祐幸、十代田朗「江戸期以降―戦前までの地方大都市における遊里・遊廓の空間的変遷に関する研究」『日本都市計画学会　都市計画論文集』No. 3913、二〇〇四年、八九〇頁。
*117 石井良助(『吉原――江戸の遊廓の実態』中央公論社、一九六七年)を代表に、元和三(一六一七)年に吉原が公許されたという『洞房語園異本』の説がこれまで踏襲されてきた。だが三田村鳶魚(『三田村鳶魚全集　第一一巻』中央公論社、一九七五年)の説を踏まえ、近年では宮地正人(『幕末維新期の文化と情報』名著刊行会、一九九四年)や石崎芳男(『よしわら――『洞房語園異本』をめぐって』早稲田出版、二〇〇三年)によってその説が後の時代の虚構であることが主張されている。
*118 遊女の売買がみられなかったわけではない。だがその場合でもあくまで氏的家への終身的従属への参入という形式がとられた。豊永聡美「中世における遊女の長者について」安田元久先生退任記念論集刊行委員会編『中世日本の諸相　下』吉川弘文館、一九八九年、楢原潤子「中世前期における遊女・傀儡子の『家』と長者」石崎昇子、桜井由幾編『性と身体日本女性史論集九』吉川弘文館、一九九八年、脇田晴子『日本中世被差別民の研究』岩波書店、二〇〇二年参照。
*119 もちろん貧困や死によって遊廓をでることなく一生を終える遊女も多かった。西山松之助(『くるわ』至文堂、一九六三年、二〇四～二〇六頁)によれば、浄閑寺の過去帳の遊女の死亡平均年齢は二二・七歳だった。遊女の年季はおよそ二七歳までとされていたが、それに達することなく死んだ多くの遊女もいたのである。しかしそうした自然の選別システムをも前提としつつ、遊廓は若い遊女を大量につねに取り揃えることができた。

＊120　網野善彦『中世の非人と遊女』講談社、二〇〇五年、二三七頁。
＊121　牧英正『人身売買』岩波書店、一九七一年、一五九頁。
＊122　牧英正『人身売買』岩波書店、一九七一年、一二七〜一三六頁
＊123　牧英正『人身売買』岩波書店、一九七一年、一四四頁。
＊124　中村吉治『日本の村落共同体』ジャパン・パブリッシャーズ、一九七七年。
＊125　有賀喜左衛門「本篇　日本婚姻史論」『有賀喜左衛門著作集　VI』未來社、一九六八年。
＊126　たとえば赤松啓介（『夜這いの民俗学・夜這いの性愛論』筑摩書房、二〇〇四年）は、戦前期まで夜這いが村では頻繁にみられたという。
＊127　宮下美智子「農村における家族と婚姻」女性史総合研究会編『日本女性史3　近世』東京大学出版会、一九八二年、四四頁。
＊128　有賀喜左衛門「本篇　日本婚姻史論」『有賀喜左衛門著作集　VI』未來社、一九六八年、また佐藤康行「交換理論の形態と論理　有賀喜左衛門とレヴィ＝ストロースの交換理論を比較して」『社会学評論』三四（四）、一九八四年参照。
＊129　三田村鳶魚『三田村鳶魚全集　第一一巻』中央公論社、一九七五年、一四〇頁参照。
＊130　井原西鶴「好色一代女」麻生磯次、板坂元、堤精二校注『西鶴集　上　日本古典文學大系四七』岩波書店、一九五七年。
＊131　下山弘『遊女の江戸――苦界から結婚へ』中央公論社、一九九三年参照。
＊132　売買春には、①人類学的な「女の交換」を前提として、②特別の生産や流通の機構の充分な展開を必要としないという意味で、たしかに歴史を超えた現象としての性格も認められる。Gayle Rubin, The Traffic in Women: Notes on the 'Political Economy' of Sex, Rayna R. Reiter ed., *Toward an Anthropology of Women*, Monthly Review Press, 1975. ＝長原豊訳「女たちによる交通――性の「政治経済学」についてのノート」『現代思想』二月号、二〇〇〇年参照。
＊133　大岡敏昭『江戸時代日本の家――人々はどのような家に住んでいたか』相模書房、二〇一一年、一九一頁。
＊134　新見正朝「八十翁疇昔話」日本随筆大成編輯部編『日本随筆大成　第二期　四』吉川弘文館、一九九四年、一五五〜一五六頁。
＊135　井原西鶴「椀久一世の物語」頴原退蔵他編『定本西鶴全集　第二巻』岩波書店、一九四九年、三七頁。
＊136　平山敏治郎「取越正月――文献と傳承について」『民間傳承』一三巻一一号、一九四九年。
＊137　野間光辰編『完本　色道大鏡』友山文庫、一九六一年、八六頁。
＊138　揚屋入りの形式は、たしかに吉原では太夫の消滅とともに一八世紀なかばに消滅する（宮本由紀子「遊里の成立と大衆

化」竹内誠編『日本の近世　第一四巻　文化の大衆化』中央公論社、一九九三年参照）。しかしその後も京や大坂では揚屋は維持され、また吉原でも花魁道中や茶屋遊びのなかに儀礼的にその形式が反復される。

＊139　野間光辰編『近世色道論　日本思想体系六〇』岩波書店、一九七六年、一〇〇頁。

＊140　野間光辰編『完本　色道大鏡』友山文庫、一九六一年、二〇七～二〇八頁。

＊141　野間光辰編『完本　色道大鏡』友山文庫、一九六一年、二〇七頁。

＊142　たとえば藤本箕山によれば、そもそも素人女は「肌をふれ」ることが真情のあかしとなるために心中立てを必要としない。野間光辰編『完本　色道大鏡』友山文庫、一九六一年、二〇七頁。

＊143　井原西鶴「好色一代男」麻生磯次、板坂元、堤精二校注『西鶴集　上　日本古典文學大系四七』岩波書店、一九五七年、一一二頁。

＊144　上村行彰『日本遊里史』春陽堂、一九二九年、二〇三頁。

＊145　三浦浄心「慶長見聞集」原田伴彦編『見聞記　日本庶民生活史料集成　第八巻』三一書房、一九六九年、四九九～五〇〇頁。

＊146　大島建彦校注訳『御伽草子集　日本古典文学全集三六』小学館、一九七四年、二一五～二一六頁。

＊147　実際、中世都市には、「中媒」と称して金銭を取り良家の娘（といわれる者）に会わせることを職業とした者が確認されているが、猿源氏が会ったのはそうした類の売春婦だったと考えられる。保立道久『中世の女の一生』洋泉社、一九九九年、一一〇～一一四頁。

＊148　井原西鶴「好色一代男」麻生磯次、板坂元、堤精二校注『西鶴集　上　日本古典文學大系四七』岩波書店、一九五七年、一六六頁。

＊149　江島其磧「傾城禁短気」野間光辰校注『浮世草子集　日本古典文学大系九一』岩波書店、一九六六年、三五六頁。

＊150　三田村鳶魚『三田村鳶魚全集　第一〇巻』中央公論社、一九七七年、二五五頁。

＊151　中山太郎『改訂増補　売笑三千年史』日文社、一九五六年、三九～四三頁。

＊152　折口信夫「巫女と遊女と」『折口信夫全集　第二一巻』中央公論社、一九九六年、一九〇～一九一頁。

＊153　柳田國男「明治大正史　世相編」『柳田國男全集　第五巻』筑摩書房、一九九八年、五〇四頁。

＊154　野間光辰編『完本　色道大鏡』友山文庫、一九六一年、六頁

＊155　吉原の衰退の様子は、「あづま物語」（朝倉治彦編『假名草子集成　第一巻』東京堂出版、一九八〇年、五二〇頁）参照。

＊156　山城由紀子「吉原細見の研究　元禄から寛政期まで」『駒沢史学』二四号、一九七七年。

＊157 石崎芳男『よしわら 『洞房語園異本』をめぐって』早稲田出版、二〇〇三年、一三〇頁。
＊158 太夫道中にかんしては、諏訪春雄「廓細見　廓の遊びと生活のすべて」『國文學　解釈と教材の研究』三八巻九号、一九九三年参照。
＊159 実際、斎藤修（『江戸と大阪――近代日本の都市起源』NTT出版、二〇〇二年）によれば、とくに大坂では住み込みの奉公人が多く、その堆積が都市の晩婚化と人口停滞を促したと想定されている。
＊160 山室軍平「公娼全廃論」ゆのまえ知子、秋定嘉和解説『買売春問題史料集成　第一巻』不二出版、一九九七年、三〇九頁。
＊161 渡辺憲司『江戸遊里盛衰記』講談社、一九九四年、六五～七五頁。また三都の遊廓以外における売買春の展開については、宇佐見ミサ子『宿場と飯盛女』同成社、二〇〇〇年参照。
＊162 上原栄子『辻の華――くるわのおんなたち』中央公論新社、一九八四年。
＊163 書方軒「心中大鑑」早川純三郎編『近世文芸叢書　第四』（非売品）、一九一〇年、一八一頁。
＊164 三田村鳶魚『三田村鳶魚全集　第二一巻』中央公論社、一九七七年、七六頁。
＊165 名古屋市教育委員会編『名古屋叢書続編　第一〇巻　鸚鵡篭中記（二）』名古屋市教育委員会、一九六六年、五一一頁。
＊166 井原西鶴「好色二代男」冨士昭雄他校注『好色二代男　西鶴諸国ばなし　本朝二十不孝　新日本古典文学大系七六』岩波書店、一九九一年、二三八頁。
＊167 近松門左衛門「冥途の飛脚」重友毅校注『近松浄瑠璃集上　日本古典文学大系四九』岩波書店、一九五八年、一七一頁。
＊168 野間光辰編『完本　色道大鏡』友山文庫、一九六一年、二二二頁。
＊169 柳沢淇園「ひとりね」中村幸次他編『近世随想集　日本古典文学大系　九六』岩波書店、一九六五年、九五頁。
＊170 井原西鶴「好色二代男」冨士昭雄、井上敏幸、佐竹昭広校注『好色二代男　西鶴諸国ばなし　本朝二十不幸』岩波書店、一九九一年、二二一頁。
＊171 近松門左衛門「曾根崎心中」松崎仁他校注『近松浄瑠璃集　上　新日本古典文学大系　九一』岩波書店、一九九三年、一一三頁。
＊172 書方軒「心中大鑑」早川純三郎編『近世文芸叢書　第四』（非売品）、一九一〇年、二一二頁。
＊173 近松門左衛門「心中天の網島」重友毅校注『近松浄瑠璃集　上　日本古典文学大系四九』岩波書店、一九五八年、三八四頁。
＊174 心中死のその後の流行については、田中香涯『江戸時代の男女関係』黎明社、一九二六年、上保国良「江戸時代の「心

中」に関する再認識」『日本大学文理学部研究年報』第二八集、一九八〇年参照。

＊175 近松門左衛門「曾根崎心中」松崎仁他校注『近松浄瑠璃集　上　新日本古典文学大系　九一』岩波書店、一九九三年、一三〇頁。

＊176 諏訪春雄『愛と死の伝承』角川書店、一九六八年参照。

＊177 増穂残口「艶道通鑑」『近世色道論　日本思想体系六〇』岩波書店、一九七六年、三四〇頁。

＊178 井原西鶴「日本永代蔵」野間光辰校注『西鶴集　下　日本古典文學大系　四八』岩波書店、一九五七年、八七～八八頁。

＊179 井原西鶴「日本永代蔵」野間光辰校注『西鶴集　下　日本古典文學大系　四八』岩波書店、一九五七年、四三頁。

＊180 井原西鶴「日本永代蔵」野間光辰校注『西鶴集　下　日本古典文學大系　四八』岩波書店、一九五七年、一一七頁。

＊181 三井高房「町人考見録」中村幸彦校注『近世町人思想　日本思想体系　五九』岩波書店、一九七五年、一八九頁。

＊182 具兌勲「元禄の町人社会と遊芸」熊倉功夫編『遊芸文化と伝統』吉川弘文館、二〇〇三年。

＊183 西山松之介『西山松之助著作集　第一巻　家元の研究』吉川弘文堂、一九八二年、一二二頁。

＊184 西山松之介『西山松之助著作集　第一巻　家元の研究』吉川弘文堂、一九八二年、二〇頁。

＊185 守屋毅『元禄時代』弘文堂、一九八四年、四六頁

＊186 岡田幸三編『図説　いけばな体系　第六巻いけばなの伝書』角川書店、一九七二年、一一二頁。また森谷尅久『「花」が語る日本史』河出書房新社、一九九七年、一〇二～一一二頁。

＊187 日本私学教育研究所編『女重宝記　男重宝記——飜刻 江戸時代における家庭教育資料の研究』日本私学教育研究所、一九八五年、一七頁。

＊188 守屋毅『元禄時代』弘文堂、一九八四年。

＊189 守屋毅『京の町人』教育社、一九八〇年、一五七～一六八頁。

＊190 石崎芳男『よしわら——『洞房語園異本』をめぐって』早稲田出版、二〇〇三年、二五八頁。

＊191 井原西鶴「好色一代女」麻生磯次、板坂元、堤精二校注『西鶴集　上　日本古典文學大系四七』岩波書店、一九五七年。

＊192 最終章で詳しくみるが売買春の形式としても、私娼は遊女を模倣する。問題は私娼もけっして自由に暮らしていたわけではなく、抱え親や情夫（ヒモ）に保護され、稼ぎの多くを男たちに差しだしていたことである。私娼を買うことは、あくまでそれらの抱え親や情夫の力を一時のあいだ借り受けることを意味したのであり、その意味でも私娼は、遊女屋に支配された遊女の下位の代理物に留まった。

＊193 三田村鳶魚『三田村鳶魚全集　第一〇巻』中央公論社、一九七五年、三五〇頁。

＊194 泥郎子「跖婦人伝」中野三敏、神保五彌、前田愛校注『洒落本　滑稽本　人情本　日本古典文学全集四七』小学館、一九七一年、四三頁。
＊195 白倉敬彦『江戸の吉原　廓遊び』学習研究社、二〇〇二年、二六〜三〇頁参照。
＊196 阿部次郎『徳川時代の芸術と社会』角川書店、一九七一年、九四〜九六頁。
＊197 もともと遊びの高度化が進んだのさえ、一部の遊廓にすぎない。たとえば心中立てがさかんにみられたのも京、江戸、大坂、大津、伏見、奈良、堺の遊廓にかぎられたという。その他の遊廓では早くから旅客を相手にし、いわば買い切りの私娼的売買春が早くからおこなわれていたのである。野間光辰編『完本　色道大鏡』友山文庫、一九六一年、二〇七〜二〇八頁。
＊198 宮本由紀子「遊里の成立と大衆化」竹内誠編『日本の近世　第一四巻　文化の大衆化』中央公論社、一九九三年、二一六頁。
＊199 内藤昌『江戸と江戸城』鹿島研究所出版会、一九六六年、七九〜八〇頁。
＊200 秦孝治郎、坂本武人編集『露店市・縁日市』中央公論社、一九九三年、八六〜八七頁。
＊201 白人の流行は、江島其磧「傾城禁短気」野間光辰校注『浮世草子集　日本古典文学大系九一』岩波書店、一九六六年、二三三頁参照。
＊202 江島其磧「世間娘気質」長谷川強校注『けいせい色三味線　けいせい伝受紙子　世間娘気質　新日本古典文学大系七八』岩波書店、一九八九年、三九〇頁。
＊203 遊廓での髪形や髪飾りの発達については、江馬務『江馬務著作集　第四巻』中央公論社、一九八八年、長崎巌『日本の美術　No. 396　女の装身具』至文堂、一九九九年参照。
＊204 太宰春台「春台独語」『日本随筆大成』第一期一七巻、吉川弘文館、一九九四年、二八六頁。
＊205 戸田茂睡「紫の一本」鈴木淳、小高道子校注・訳『近世随想集 新編　日本古典文学全集』小学館、二〇〇〇年、一九三頁。
＊206 森下みさ子『江戸の花嫁——婿えらびとブライダル』中央公論社、一九九二年。
＊207 丸山伸彦『江戸モードの誕生——文様の流行とスター絵師』角川学芸出版、二〇〇八年参照。
＊208 実際、振袖の丈は万治年間（一六五八〜六一年）に一尺五寸、貞享年間（一六八四〜八八年）に二尺、享保年間（一七一六〜三六）に二尺四・五寸と長大化する。谷田閲次・小池三枝『日本服飾史』光生館、一九八九年、一二七頁参照。

＊209　只野真葛著、中山栄子校注『むかしばなし――天明前後の江戸の思い出』平凡社、一九八四年、七～八頁。
＊210　井原西鶴「日本永代蔵」野間光辰校注『西鶴集　下　日本古典文學大系　四八』岩波書店、一九五七年、四七頁。

第二章　白米はなぜ好まれたのか？

＊1　石田梅岩「斉家論上」柴田実校註『日本思想大系四二　石門心学』岩波書店、一九七一年、一四頁。
＊2　石田梅岩「斉家論上」柴田実校註『日本思想大系四二　石門心学』岩波書店、一九七一年、一六頁。
＊3　高柳眞三、石井良助編『御触書天保集成下』岩波書店、一九四一年、四三四頁。
＊4　井原西鶴「本朝二十不孝」冨士昭雄、井上敏幸、佐竹昭広校注『好色二代男　西鶴諸国ばなし　本朝二十不孝』岩波書店、一九九一年、四〇四頁。
＊5　古島敏雄『産業史　Ⅲ　体系日本史叢書１２』山川出版社、一九六六年、七九～八九頁。
＊6　八木哲浩『近世の商品流通』塙書房、一九六四年。
＊7　プロト工業化の諸相については、斎藤修『プロト工業化の時代――西欧と日本の比較史』日本評論社、一九八五年、また Thomas C. Smith, *Native sources of Japanese industrialization, 1750-1920*, University of California Press, 1988. ＝大島真理夫訳『日本社会史における伝統と創造　増補版――工業化の内在的諸要因 1750-1920 年』ミネルヴァ書房、二〇〇二年。
＊8　古川貞雄『増補　村の遊び日』農山漁村文化協会、二〇〇三年。
＊9　柳田國男「都市と農村」『柳田國男全集　第四巻』筑摩書房、一九九八年、一九一頁。
＊10　柳田國男「故郷七十年」『柳田國男全集　第二一巻』筑摩書房、一九九七年、三七～三八頁。
＊11　柳田國男「故郷七十年」『柳田國男全集　第二一巻』筑摩書房、一九九七年、三五頁。
＊12　荻生徂徠「政談」吉川幸次郎他校注『荻生徂徠　日本思想体系三六』岩波書店、一九七三年、三二七～八頁。
＊13　一九六〇年代から七〇年代にかけて近世都市は、近代への変革につながる階級的運動の舞台として捉えられることが多かった。それに対し、一九八〇年代以降は多様な身分や職業をもつ人びとの暮らす空間の積層として分析され、さらに九〇年代以降にはそれを発展させた都市のより重層的な関係の文化的把握が目立つ。こうした研究史にかんしては、吉田伸之『近世都市社会の身分構造』東京大学出版会、一九九八年、塚田孝「都市における社会＝文化構造史のために」『都市文化研究』一号、二〇〇三年参照。
＊14　吉本隆明「都市はなぜ都市であるのか」『詩的乾坤』国文社、一九七四年、三一七頁。
＊15　吉本隆明「都市はなぜ都市であるのか」『詩的乾坤』国文社、一九七四年、三二一頁。

＊16　渡辺善次郎『巨大都市江戸が和食をつくった』農山漁村文化協会、一九八八年、一〇〇〜一二八頁参照。
＊17　渡辺善次郎『巨大都市江戸が和食をつくった』農山漁村文化協会、一九八八年、二一頁。
＊18　新保博『近世の物価と経済発展――前工業化社会への数量的接近』東洋経済新報社、一九七八年、二二頁。
＊19　食行身録「三十一日の御巻」村上重良、安丸良夫校注『民衆宗教の思想　日本思想大系六七』岩波書店、一九八一年、四三二頁。
＊20　安藤昌益「自然真営道」尾藤正英・島崎隆夫校注『安藤昌益・佐藤信淵　日本思想大系四五』岩波書店、一九七七年。
＊21　深谷克巳「石高制と村落」日本村落史講座編集委員会編『日本村落史講座　第一巻』雄山閣出版社、一九九一年。
＊22　安良城盛昭『太閤検地と石高制』日本放送出版協会、一九六九年、二〇一〜二一五頁。この見方を発展させ、石高制を農民を夫役に動員する基準として重視する高木昭作（『日本近世国家史の研究』岩波書店、一九九〇年）の説も参照。
＊23　脇田修『近世封建制成立史論　織豊政権の分析　2』東京大学出版会、一九七七年参照。その見方を踏まえ、石高制の形成を貫高制の普及していた中世期から連続のうちに捉えるYamamura, Kozo, "From Coins to Rice: Hypothesis on the Kandaka and Kokudaka Systems", *Journal of Japanese Studies*, 14:2, 1988も参照。
＊24　坪井洋文『イモと日本人――民俗文化論の課題』未來社、一九七九年、坪井洋文『稲を選んだ日本人――民俗的思考の世界』未來社、一九八二年、網野善彦『日本の歴史をよみなおす』筑摩書房、二〇〇五年等参照。
＊25　坪井洋文『イモと日本人――民俗文化論の課題』未來社、一九七九年、増田昭子『雑穀の社会史』吉川弘文館、二〇一一年、二〇五頁。
＊26　香月洋一郎『景観のなかの暮らし――生産領域の民俗』未來社、二〇〇〇年。
＊27　浦長瀬隆『中近世日本貨幣流通史――取引手段の変化と要因』勁草書房、二〇〇一年、一九七頁。
＊28　速水融『近世日本の経済社会』麗沢大学出版会、二〇〇三年。
＊29　菊地利夫『新田開発　上』古今書院、一九五八年、一三八頁。
＊30　木村礎『村の語る日本の歴史　近世編一』そしえて、一九八三年。
＊31　斎藤修「大開墾・人口・小農経済」速水融、宮本又郎編『日本経済史　一　経済社会の成立――一七―一八世紀』岩波書店、一九八八年。宮川修一「大唐米と低湿地開発」渡部忠世編『アジアの中の日本稲作文化――受容と成熟』小学館、一九九七年を参照。
＊32　深谷克巳「赤米排除」『史観』一〇九冊、一九八三年、一〇頁。
＊33　岩橋勝『近世日本物価史の研究――近世米価の構造と変動』大原新生社、一九八一年、二四八頁。斎藤修「大開墾・人

口・小農経済」速水融、宮本又郎編『日本経済史　一　経済社会の成立――一七―一八世紀』岩波書店、一九八八年、一八四～一八六頁も参照。
＊34　深谷克巳「赤米排除」『史観』一〇九冊、一九八三年、一一頁。
＊35　稲作における水利の重要性については、玉城哲『むら社会と現代』毎日新聞社、一九七八年参照。
＊36　佐々木潤之介『幕末社会論――「世直し状況」研究序論』塙書房、一九六九年、五八頁。
＊37　検地帳や宗門改帳で人別の把握がなされていることについては、水本邦彦「幕藩体制下の農民経済」永原慶二他編『日本経済史を学ぶ（下）』有斐閣、一九八二年参照。
＊38　坪井洋文『イモと日本人――民俗文化論の課題』未來社、一九七九年、坪井洋文『稲を選んだ日本人――民俗的思考の世界』未來社、一九八二年、網野善彦『日本の歴史をよみなおす』筑摩書房、二〇〇五年。
＊39　安室知『水田をめぐる民俗学的研究――日本稲作の展開と構造』慶友社、一九九八年。
＊40　柳田國男「食物と心臓」『柳田國男全集　第一〇巻』筑摩書房、一九九八年、三九五～三九七頁。
＊41　有賀喜左衛門「田植えと村の生活組織」『有賀喜左衛門著作集　V』未來社、一九六八年、五〇頁。
＊42　有賀喜左衛門「田植えと村の生活組織」『有賀喜左衛門著作集　V』未來社、一九六八年、一五二～一五八頁。
＊43　有賀喜左衛門「田植えと村の生活組織」『有賀喜左衛門著作集　V』未來社、一九六八年、六三～六四頁。
＊44　水本邦彦『近世の村社会と国家』東京大学出版会、一九八七年、七〇頁。
＊45　村の内部の象徴闘争については Herman Ooms, *Tokugawa village practice:class, status, power, law*, University of California Press, 1996. = 宮川康子監訳『徳川ビレッジ――近世村落における階級・身分・権力・法』ぺりかん社、二〇〇八年、二七〇頁。
＊46　安室知『餅と日本人――「餅正月」と「餅なし正月」の民俗文化論』雄山閣出版、一九九九年、四六頁。
＊47　柳田國男「海上の道」『柳田國男全集　第二一巻』筑摩書房、一九九八年。
＊48　吉本隆明「柳田国男論」『柳田国男論・丸山真男論』筑摩書房、二〇〇一年。
＊49　都丸十九一「餅なし正月と雑煮」『日本民俗学』一七四号、一九八八年。
＊50　安室知『餅と日本人――「餅正月」と「餅なし正月」の民俗文化論』雄山閣出版、一九九九年、九一頁。
＊51　柳田國男「食物と心臓」『柳田國男全集　第一〇巻』筑摩書房、一九九八年、四〇一頁。
＊52　柳田國男「食物と心臓」『柳田國男全集　第一〇巻』筑摩書房、一九九八年、四三九～四四〇頁。
＊53　有薗正一朗『近世庶民の日常食――百姓は米を食べられなかったのか』海青社、二〇〇七年。
＊54　増田昭子『雑穀の社会史』吉川弘文館、二〇一一年、四五頁。

＊55　京都町触研究会編『京都町触集成　別巻二』岩波書店、一九八九年、一九六頁。
＊56　古川貞雄『増補　村の遊び日』農山漁村文化協会、二〇〇三年、一五七頁。
＊57　京都町触研究会編『京都町触集成　別巻二』岩波書店、一九八九年、一九六～七頁。
＊58　浅井了意「浮世物語」神保五彌他校注『仮名草子集　浮世草子集　日本古典文学全集』小学館、一九七一年、二五九頁。
＊59　柳田國男「食物と心臓」『柳田國男全集　第一〇巻』筑摩書房、一九九八年、三九七～三九八頁。
＊60　深谷克巳『百姓成立』塙書房、一九九三年。
＊61　宮本常一『宮本常一著作集　第二四巻　食生活雑考』未來社、一九七七年、一〇七頁。
＊62　荻生徂徠「政談」吉川幸次郎他校注『荻生徂徠　日本思想体系三六』岩波書店、一九七三年、二七九頁。
＊63　前者に関しては鬼頭宏『文明としての江戸システム』講談社、二〇〇二年、九六～一〇四頁参照。だが斎藤修（「都市蟻地獄説の再検討―西欧の場合と日本の事例」速水融、斎藤修、杉山伸也編『徳川社会からの展望――発展・構造・国際関係』同文舘出版、一九八九年、また『江戸と大阪――近代日本の都市起源』NTT出版、二〇〇二年）は都市における死亡率の上昇を疑問視し、むしろ後者のように奉公人を中心とする婚姻の高年齢化を都市における人口停滞・減少のおもな原因としている。
＊64　「ゆひ」といった集団労働の発達も、それとまったく無関係だったわけではない。深谷克己によれば、貨幣的な雇用は近世初期の村で既に一定程度浸透していたが、「しだいに雇人・奉公人の給金が上昇し、また人で調達が困難」（深谷克巳『百姓成立』塙書房、一九九三年、一二六頁）になる結果として、逆に貨幣を節約する「ゆひ」といった集団労働の意義が強められたのである。
＊65　柴野栗山「栗山上書」滝本誠一編『日本経済叢書　巻一七』日本経済叢書刊行会、一九一五年、一一三頁。
＊66　瀬川清子『食生活の歴史』講談社、二〇〇一年、三三頁。
＊67　瀬川清子『食生活の歴史』講談社、二〇〇一年、三三頁。
＊68　本城正徳『幕藩制社会の展開と米穀市場』大阪大学出版会、一九九四年、二四二頁。ただしこれは農民米だけではなく家臣が個別に売却する領主米も含んでいる。
＊69　岩橋勝『近世日本物価史の研究――近世米価の構造と変動』大原新生社、一九八一年、四一〇～四二〇頁。また岩橋勝と山崎隆三の見解の相違については、原田敏丸・宮本又郎編著『歴史のなかの物価――前工業化社会の物価と経済発展・シンポジウム』同文館出版、一九八五年も参照。
＊70　山崎隆三『近世物価史研究』塙書房、一九八三年、七七～八三頁。

＊71　大石慎三郎『享保改革の商業政策』吉川弘文館、一九九八年、二〇五〜二一三頁。
＊72　高槻泰郎によれば、享保一六（一七三一）年、宝暦一一（一七六一）年の二度にわたって、幕府は短期の米価浮揚に成功しているのであり、それによってたしかに貢租米を高く売却できたことになる。高槻泰郎『近世米市場の形成と展開』名古屋大学出版会、二〇一二年、一八七頁。
＊73　鬼頭宏『文明としての江戸システム』講談社、二〇〇二年、六六〜八〇頁。
＊74　Thomas C. Smith, *Native sources of Japanese industrialization, 1750-1920*, University of California Press, 1988. ＝大島真理夫訳『日本社会史における伝統と創造　増補版――工業化の内在的諸要因　1750-1920年』ミネルヴァ書房、二〇〇二年、二一頁。
＊75　大石慎三郎『幕藩制の転換　日本の歴史　第二〇巻』小学館、一一〇〜一一六頁。
＊76　大野瑞男『江戸幕府財政史論』吉川弘文館、一九九六年、付表（四四〇〜四四八頁）。
＊77　佐藤常雄、大石慎三郎『貧農史観を見直す』講談社、一九九五年。農書の詳細については、筑波常治『日本の農書――農業はなぜ近世に発展したか』中央公論社、一九八四年。
＊78　宮本又郎『近世日本の市場経済――大坂米市場分析』有斐閣、一九八八年、七二頁。
＊79　矢崎武夫『日本都市の発展過程』弘文堂、一九六二年、二〇二頁。
＊80　岩橋勝『近世日本物価史の研究――近世米価の構造と変動』大原新生社、一九八一年、四五五頁。
＊81　山崎隆三『近世物価史研究』塙書房、一九八三年、一四〇〜一四一頁。
＊82　とくに田沼期以降、幕府は投機市場の安定に努めた。高槻泰郎『近世米市場の形成と展開』名古屋大学出版会、二〇一二年、二一四、二三一頁。
＊83　宮本又郎『近世日本の市場経済――大坂米市場分析』有斐閣、一九八八年、一一五〜一一八頁。
＊84　宮本又郎『近世日本の市場経済――大坂米市場分析』有斐閣、一九八八年、三六九〜三七〇頁。
＊85　西川如見「町人嚢」中村幸彦『近世町人思想　日本思想大系五九』岩波書店、一九七五年、一〇九頁。
＊86　岩田浩太郎『近世都市騒擾の研究――民衆運動史における構造と主体』吉川弘文館、二〇〇四年、二五一〜二五七頁。
＊87　山崎隆三『近世物価史研究』塙書房、一九八三年、三六四頁。
＊88　秦孝治郎著、坂本武人編集『露店市・縁日市』中央公論社、一九九三年、八六〜八七頁。
＊89　頼惟勤解説、山田忠雄監修『春風館本　諺苑』新世社、一九六六年、一四七頁。
＊90　上原無休「五穀無尽蔵」森嘉兵衛、谷川健一編『日本庶民生活史料集成　第七巻』三一書房、一九七〇年、六六〇頁。
＊91　本居宣長「秘本玉くしげ」大野晋、大久保正編集校訂『本居宣長全集　第八巻』筑摩書房、一九七二年、三五二頁。

＊92 本城正徳『幕藩制社会の展開と米穀市場』大阪大学出版会、一九九四年、二八〜三三頁。
＊93 川鍋定男「天明期の百姓一揆の特質と構造――相州津久井土平治騒動について」『関東近世史研究』第八号、一九七六年、川鍋定男「百姓一揆物語の伝承とその世界像――土平治騒動記をめぐって」『歴史評論』三三八号、一九七八年、青木美智男『体系　日本の歴史一一　近代の予兆』小学館、一九八九年、一四〜一九頁。
＊94 青木美智男『体系　日本の歴史一一　近代の予兆』小学館、一九八九年、一七頁。
＊95 武陽隠士『世事見聞録』岩波書店、一九九四年、八四頁。
＊96 古川貞雄『増補　村の遊び日』農山漁村文化協会、二〇〇三年、七六〜一〇三頁。
＊97 古川貞雄『増補　村の遊び日』農山漁村文化協会、二〇〇三年、三一三頁。
＊98 小松和彦『異人論――民俗社会の心性』筑摩書房、一九九五年。なお小松はこの「異人殺し」説話を、「江戸中期」に「町場」で語り始められたものとする（小松和彦『悪霊論――異界からのメッセージ』筑摩書房、一九九七年、五八頁）。しかしその証拠とされる『新著聞集』（寛永二（一七四九）年）中の説話が、そもそも椋梨一雪の『続著聞集』（宝永元（一七〇四）年序）中の説話にさかのぼることに加え（花田富二夫他編『假名草子集成 第四五巻（そ）』東京堂出版、二〇〇九年、二一三〜二一四頁）、また第一章でも取り上げた井原西鶴の『本朝二十不孝』（貞享四（一六八七）年）中の「旅行の暮れの僧にて候」にも地方を舞台にした同様の説話がみられる（冨士昭男他校注『好色二代男　西鶴諸国ばなし　本朝二十不孝　新日本古典文学大系七六』岩波書店、一九九一年）。それらからみても、少なくとも一七世紀末の村に「異人殺し」説話的話が起こりうる余地があると考えられていたことがわかる。
＊99 小松和彦『悪霊論――異界からのメッセージ』筑摩書房、一九九七年、六八頁。
＊100 西川如見「百姓嚢」飯島忠夫、西川忠幸校訂『町人嚢　百姓嚢　長崎夜話草』岩波書店、一九四二年、一九一頁。
＊101 武陽隠士『世事見聞録』岩波書店、一九九四年、一〇〇〜一〇一頁。
＊102 トマス・C・スミス（Thomas C. Smith, *Native sources of Japanese industrialization, 1750-1920*, University of California Press, 1988.＝大島真理夫訳『日本社会史における伝統と創造　増補版――工業化の内在的諸要因 1750-1920年』ミネルヴァ書房、二〇〇二年、一八〜五四頁）は、一八世紀から一九世紀半ばにかけて多くの旧来の都市で人口が停滞、または減少――三五都市中二四の都市が人口で一〇％以上の衰退をみせる――していることを確認している。ただしこうした停滞や減少は、都市の拡大や戸籍を持たない人びとの増加と合わせて総合的に理解しなければならない。
＊103 竹内誠『体系日本の歴史一〇　江戸と大坂』小学館、一九九三年、二五四〜二六〇頁参照。
＊104 たとえば一茶は帰村後もほぼ毎年、三分の二から半数以上の日を外泊して暮らしている。矢羽勝幸『信濃の一茶――化

政期の地方文化』中央公論社、一九九四年、一〇三頁。
＊105　信濃教育会編『一茶全集　第一巻』信濃毎日新聞社、一九七九年、三二六頁。
＊106　信濃教育会編『一茶全集　第一巻』信濃毎日新聞社、一九七九年、二二四頁。
＊107　信濃教育会編『一茶全集　第一巻』信濃毎日新聞社、一九七九年、三二六頁。
＊108　信濃教育会編『一茶全集　第一巻』信濃毎日新聞社、一九七九年、二四頁。
＊109　信濃教育会編『一茶全集　第一巻』信濃毎日新聞社、一九七九年、四八頁。
＊110　信濃教育会編『一茶全集　第一巻』信濃毎日新聞社、一九七九年、三〇六頁。
＊111　信濃教育会編『一茶全集　第一巻』信濃毎日新聞社、一九七九年、三〇六頁。
＊112　阿部昭『江戸のアウトロー――無宿と博徒』講談社、一九九九年。
＊113　Alan Macfarlane, *The savage wars of peace : England, Japan, and the Malthusian trap*, Blackwell, 1997. ＝船曳建夫監訳『イギリスと日本――マルサスの罠から近代への跳躍』新曜社、二〇〇一年、六一～八五頁。
＊114　菊池勇夫『飢饉――飢えと食の日本史』集英社、二〇〇〇年、四二頁。
＊115　一八世紀以降、人口の長期の停滞がみられるが、速水融（「徳川後期人口変動の地域的特性」『三田学会雑誌』64（8）、一九七一年、六八～七四頁）によればこの人口停滞は西日本の人口増加を東日本の飢饉を中心とした災害年での人口減少が打ち消した結果として理解される。
＊116　前島郁雄「歴史時代の気候復元　特に小氷期の気候について」『地学雑誌』九三巻七七号、一九八四年。
＊117　荒川秀俊『飢饉』教育社、一九七九年、二〇頁。
＊118　菊池勇夫『近世の飢饉』吉川弘文堂、一九九七年、五二頁。
＊119　紺野嘉左衛門「天明救荒録」森嘉兵衛、谷川健一編『日本庶民生活史料集成　第七巻』三一書房、一九七〇年、三三八頁。
＊120　菊池勇夫『飢饉の社会史』校倉書房、一九九四年参照。
＊121　難波信雄「天明の飢饉と幕藩体制の諸矛盾」『江戸時代の飢饉』雄山閣出版、一九八二年、一〇〇頁。
＊122　菊池勇夫によれば、飢饉において「富裕層の人たちは、いわば餓死とはほぼ遠いところに」いたのに対し、「下人・奉公人あるいは名子農民のような従属度の強い人たちは、その主人の経済力にもよるが、口減らしのため暇を出されたり、援助を受けられず、路頭に迷う」ことが多かったという。菊池勇夫『飢饉から読む近世社会』校倉書房、二〇〇三年、二四〇頁。

＊123 上原無休「五穀無尽蔵」森嘉兵衛、谷川健一編『日本庶民生活史料集成　第七巻』三一書房、一九七〇年、六六一頁。
＊124 片倉比佐子『天明の江戸打ちこわし』新日本出版社、二〇〇一年、一四八頁。
＊125 杉田玄白「後見草」野間光辰、朝倉治彦監修『燕石十種　第二巻』中央公論社、一九七九年、一二七頁。
＊126 杉田玄白「後見草」野間光辰、朝倉治彦監修『燕石十種　第二巻』中央公論社、一九七九年、一二七頁。
＊127 浪川健治「津軽藩政の展開と飢饉――特に元禄八年飢饉をめぐって」『歴史』五二輯、一九七九年参照。
＊128 飢饉の際には村から都市や別地方への逃散がしばしばみられた。たとえば弘前藩では松前での稼ぎを当てにして蝦夷へと渡海する人びとが相当数みられたという。浪川健治『近世北奥社会と民衆』吉川弘文堂、二〇〇五年、一三八頁。
＊129 近世史料研究会編『江戸町触集成　第八巻』塙書房、一九九七年、二九五頁。
＊130 杉田玄白「後見草」野間光辰、朝倉治彦監修『燕石十種　第二巻』中央公論社、一九七九年、一二六頁。
＊131 岩田浩太郎『近世都市騒擾の研究――民衆運動史における構造と主体』吉川弘文館、二〇〇四年、三三六頁。
＊132 岩田浩太郎『近世都市騒擾の研究――民衆運動史における構造と主体』吉川弘文館、二〇〇四年、九二頁。
＊133 菊池勇夫『飢饉から読む近世社会』校倉書房、二〇〇三年、四四頁。
＊134 藤田弘夫『都市の論理――権力はなぜ都市を必要とするか』中央公論社、一九九三年。
＊135 斎藤修『賃金と労働と生活水準――日本経済史における一八―二〇世紀』岩波書店、一九九八年、二八頁、四九頁。
＊136 竹内誠「寛政―化政期江戸における諸階層の動向」西山松之助編『江戸町人の研究　第一巻』吉川弘文館、一九七二年、三八九～三九〇頁。
＊137 高柳眞三、石井良助編『御触書寛保集成』岩波書店、一九三四年、一〇一八～一九頁。
＊138 「舊里歸農之部」東京大学史料編纂所編集『大日本近世史料　市中取締類集二十六』東京大学出版会、二〇〇四年、七八～七九頁、藤田覚「江戸庶民の暮らしと名奉行」藤田覚編『近代の胎動　日本の時代史一七』吉川弘文館、二〇〇三年、二五八頁。
＊139 「舊里歸農之部」東京大学史料編纂所編集『大日本近世史料　市中取締類集二十六』東京大学出版会、二〇〇四年、九二頁、藤田覚「江戸庶民の暮らしと名奉行」藤田覚編『近代の胎動　日本の時代史一七』吉川弘文館、二〇〇三年、二五七頁。
＊140 石毛直道「民衆と食事」坪井洋文他著『家と女性――暮らしの文化史　日本民俗文化大系第一〇巻』小学館、一九八五年、一三〇～一三二頁。
＊141 古川貞雄『増補　村の遊び日』農山漁村文化協会、二〇〇三年、一七三頁。

＊142 井本農一、堀信夫、村松友次編『日本古典文学全集四一　松尾芭蕉集』小学館、一九七二年、六八頁

＊143 山下政三『脚気の歴史――ビタミン発見以前』東京大学出版会、一九八三年、二〇一～二〇三頁。

＊144 ただし白米食の普及を、脚気の唯一の原因と速断してはならない。その時代脚気として認められた病のなかには、梅毒とみるべきものも含まれていると考えられるためである。廖育群「江戸時代の脚気について」『日本研究』一四、一九九六年。

＊145 石毛直道「民衆と食事」坪井洋文他著『家と女性――暮らしの文化史　日本民俗文化大系第一〇巻』小学館、一九八五年、一三一～一三二頁。

＊146 荻生徂徠「政談」吉川幸次郎他校注『荻生徂徠　日本思想体系三六』岩波書店、一九七三年、二九二頁。

＊147 たとえば人口二〇万人の秋田で米搗き人が二〇〇人暮らしていたという。宮本常一『宮本常一著作集　第二四巻　食生活雑考』未來社、一九七七年、一〇四～一〇七頁。

＊148 その方式は江戸と大阪でも異なり、宮本常一（『宮本常一著作集第二四巻　食生活雑考』未來社、一九七七年、一〇四～一〇七頁）によれば、江戸では米屋が直接米搗き人を雇い、大坂では米搗部屋に米屋や餅屋、酒屋が頼み精白されることが普通だったという。なお米搗きの具体的あり方については、出雲史親「米商売」『國文學　解釈と教材の研究』九月号、一九六四年参照。

＊149 高柳眞三、石井良助編『御触書寶暦集成』岩波書店、一九三五年、四三五頁。

＊150 志賀忍「三省録」日本随筆大成編輯部編『日本随筆大成　第二期一六巻』吉川弘文館、一九七四年、三五頁。

＊151 山東京伝「通言総籬」水野稔校注『黄表紙　洒落本集　日本古典文学大系三九』岩波書店、一九五八年、三五七頁。

＊152 たとえば山下政三（『脚気の歴史――ビタミン発見以前』東京大学出版会、一九八三年、二九一頁）は、白米食の一般化の前提として、「白米の美味にとうてい玄米は打ち勝ち得ない」とする。

＊153 宮田登『怖さはどこからくるのか』筑摩書房、一九九一年、一五六～一七七頁。

＊154 吉本隆明「柳田国男論」『柳田国男論・丸山真男論』筑摩書房、二〇〇一年、三七～九七頁。

＊155 Jean Baudrillard, *Pour une critique de l'économie politique du signe*, Gallimard, 1972. ＝今村仁司、宇波彰、桜井哲夫訳『記号の経済学批判』法政大学出版局、一九八二年、一七一頁。

＊156 実際、米の白さも、精白によって実現される人工的かつ社会的なものにすぎない。さらにそもそも習俗においても、白さはしばしば自然ではなく、人の手によってつくられるもっとも人工的なものを意味していたといわれる（我妻洋、米山俊直『偏見の構造――日本人の人種観』日本放送出版協会、一九六七年、一九頁）。

＊157　近世史料研究会編『江戸町触集成　第二巻』塙書房、一九九四年、三一一頁。
＊158　加藤百一『酒は諸白――日本酒を生んだ技術と文化』平凡社、一九八四年。
＊159　柳田國男「木綿以前の事」『柳田國男全集　第九巻』筑摩書房、一九九八年、五二五頁。
＊160　柳田國男「木綿以前の事」『柳田國男全集　第九巻』筑摩書房、一九九八年、五一九～五二〇頁。
＊161　それぞれ近世資料研究会編『江戸町触集成　第二巻』塙書房、一九九四年、三三九頁、京都町触研究会編『京都町触集成　二巻』岩波書店、一九八三年、四九頁。こうした触書は従来、米不足に対処するものとして解釈されてきたが、それに加えそもそも酒の商品化が大量の飲酒を引き起こすことになった影響を、そこにみる必要がある。
＊162　寺島良安「和漢三才図会」遠藤鎮雄編『日本庶民生活史料集成二九巻』三一書房、一九八〇年、九九六頁、なお柚木学『酒造りの歴史』雄山閣、二〇〇五年、三三頁も参照。
＊163　吉田元『江戸の酒――その技術・経済・文化』朝日新聞社、一九九七年。
＊164　原田某「江戸自慢」『未完随筆百種　第八巻』中央公論社、一九七七年、五三頁。
＊165　Wolfgang Schivelbusch, *Das Paradies, der Geschmack und die Vernunft:eine Geschichte der Genußmittel*, Carl Hanser Verlag,1980. ＝福本義憲訳『楽園・味覚・理性――嗜好品の歴史』法政大学出版局、一九八八年、一六三頁。
＊166　今田洋三「江戸文化人と宴遊文化」玉村豊男編『酒宴のかたち』紀伊國屋書店、一九九七年、一四四頁。
＊167　濱田義一郎編集委員代表『大田南畝全集　第二巻』岩波書店、一九八六年、二七七頁。
＊168　森銑三、野間光辰、朝倉治彦監修『燕石十種　第五巻』中央公論社、一九八〇年、三三一頁。また大久保洋子『江戸のファーストフード』講談社、一九九八年、一八一頁。
＊169　燗酒の発展と徳利の流行については、青木美智男『日本の歴史　別巻　日本文化の原型』小学館、二〇〇九年、二六六～二六七頁、また飯野亮一『居酒屋の誕生』筑摩書房、二〇一四年、二二四～二四八頁。
＊170　熊倉功夫『日本料理の歴史』吉川弘文堂、二〇〇七年、一一八頁。
＊171　調味料の発達については、日本福祉大学知多半島総合研究所、博物館「酢の里」共編著『酢・酒と日本の食文化』中央公論社、一九九八年、青木美智男『日本の歴史　別巻　日本文化の原型』小学館、二〇〇九年、二四二～二四九頁。
＊172　法制史學會編、石井良助校訂『徳川禁令考　前集　第五』創文社、一九五九年、四三二頁。
＊173　原田信男『江戸の料理史』中央公論社、一九八九年、一四五頁、二四〇頁。
＊174　飯野亮一『居酒屋の誕生』筑摩書房、二〇一四年、三〇〇頁。
＊175　原田信男『江戸の食生活』岩波書店、二〇〇九年、三八～四〇頁。

＊176 森銑三、野間光辰、朝倉治彦監修『燕石十種　第五巻』中央公論社、三二一頁。
＊177 森山孝盛「賤のをだ巻」森銑三、野間光辰、朝倉治彦監修『燕石十種　第一巻』中央公論社、一九七九年、二四七～四八頁。
＊178 青木直己『図説　和菓子の今昔』淡交社、二〇〇〇年、七四頁。
＊179 喜田川守貞著、宇佐美英機校訂『近世風俗志――守貞謾稿（一）』岩波書店、一九九六年、二〇五～六頁。
＊180 大久保洋子『江戸のファーストフード』講談社、一九九八年、三五～四四頁。
＊181 濱田義一郎編集委員代表『大田南畝全集　第五巻』岩波書店、一九八七年、一一七頁。また沓掛良彦『大田南畝　詩は詩佛書は米庵に狂歌おれ』ミネルヴァ書房、二〇〇七年、二三八～二三九頁参照。

第三章　変化朝顔はなぜ産まれたのか？

＊1 大田南畝「一話一言」日本随筆大成編輯部編『日本随筆大成　別巻3』吉川弘文館、一九七八年、一七～一八頁。
＊2 西山松之助『西山松之助著作集　第八巻』吉川弘文館、一九八五年、四四頁。
＊3 小泉和子（『道具と暮らしの江戸時代』吉川弘文館、一九九九年、一一六頁）の調査によれば、近世の家は供膳具を多く揃えており、とくに上層の家ほどそれが目立ったという。富裕層になればなるほど、近世の家は宴会、行楽、贈答などの家同士の付き合いが要請され、奢侈な食器や家具が必要とされたのであり、都市でつくられる高価な工芸品はそのために役立てられたのである。
＊4 三井文庫編『三井事業史　本篇一』三井文庫、一九八〇年、八巻俊雄著『広告』法政大学出版局、二〇〇六年参照。
＊5 増田太次郎『引札繪ビラ風俗史』青蛙房、一九八一年、二五～二八頁。
＊6 増田太次郎『引札繪ビラ風俗史』青蛙房、一九八一年、三一～三五頁。
＊7 増田太次郎『引札繪ビラ風俗史』青蛙房、一九八一年、一九八頁。
＊8 増田太次郎編著『引札絵びら錦絵広告――江戸から明治・大正へ』誠文堂新光社、一九七六年、三〇頁。
＊9 増田太次郎編著『引札絵びら錦絵広告――江戸から明治・大正へ』誠文堂新光社、一九七六年、一〇〇頁。
＊10 福沢諭吉「商人に告るの文」慶応義塾編纂『福沢諭吉全集　第九巻』岩波書店、一九六〇年、二一八頁。
＊11 それぞれ鈴木敏夫『江戸の本屋（下）』中央公論社、一九八〇年、一九四頁、鈴木敏夫『江戸の本屋（上）』中央公論社、一九八〇年、一八四頁。
＊12 佐藤至子『江戸の絵入小説――合巻の世界』ぺりかん社、二〇〇一年、二二七頁参照。

＊13　それに加え、朝顔日記の人気は、一方ではそれが古来より続く流浪の物語を母型としていたことに基づいていた。阿蘇次郎と深雪には、実在のモデルがいたといわれている。阿蘇次郎は近世前期、岡山藩に出仕した儒学者、熊沢蕃山をなぞらえ、深雪はお家騒動で高鍋を出され大坂で琴を弾き門付けとして暮らした秋月長門守の養女をモデルとしたと伝えられる。たとえば、静岡県静岡市清水区法岸寺には深雪の墓が残り、その悲恋が伝説化されている。「法岸寺　朝顔日記　深雪の墓」（二〇一二年六月二四日所得、http://www.tamagawa-rou.co.jp/shimizu61.htm 参照）こうした実在の人物との照合がどこまで可能かにはたしかに問題が残る。しかし一方ではその曖昧さゆえに朝顔日記は、流浪する芸能者たちの人気を集めた。学者や芸人などの芸能者の運命を匿名性の水準で描くことで、朝顔日記は物語を運ぶ芸人としての語り手や読本作者たちの自己投影を許したのである。

＊14　佐藤忠男『日本映画史Ⅰ』岩波書店、一九九五年、二二〜三一頁。

＊15　内山美樹子「中国戯曲から「生写朝顔話」への流れと終焉」飯島満編『「朝顔日記」の演劇史的研究――「桃花扇」から「生写朝顔話」まで』「朝顔日記」の会、二〇〇三年、一九頁。

＊16　内山美樹子「中国戯曲から「生写朝顔話」への流れと終焉」飯島満編『「朝顔日記」の演劇史的研究――「桃花扇」から「生写朝顔話」まで』「朝顔日記」の会、二〇〇三年、一六頁。またメロドラマについてはPeter Brooks, *The melodramatic imagination : Balzac, Henry James, melodrama, and the mode of excess*, Yale University Press, 1976. ＝四方田犬彦、木村慧子訳『メロドラマ的想像力』産業図書、二〇〇二年を参照。ただしピーター・ブルックスのようにメロドラマを近代の世俗化を補う宗教的規範の代理として捉えるだけではなく、それが置かれたより具体的な社会との関連において考える必要がある。

＊17　上野千鶴子『近代家族の成立と終焉』岩波書店、一九九四年、六九〜七四頁。

＊18　板坂則子「草双紙の読書――表象としての読書する女性」『国語と国文学』二〇〇六年五月、八〜一一頁。

＊19　もちろん現実には、すべての女性が、自由に都市を出歩けたわけではない。たとえば一九世紀前半の都市の盛り場を描く図像で女性や子供の姿がほとんどみられず（千葉正樹『江戸城が消えていく――『江戸名所図会』の到達点』吉川弘文堂、二〇〇七年、一六五〜一七〇頁。）、また小野はなという女性が、明治一〇年代当時を回想し、「婦人が広く路順を知っているということは、きわめて下賤と考えられていた」（遠藤武「衣服と生活」渋沢敬三編『明治文化史　第十二巻　生活編』洋々社、一九五五年、五七頁）と述べているように、一定の階層の家に育った女性たちにとってそもそも外出の機会はかぎられていた。しかしだからこそメロドラマは、相対的に不自由な女性の現実を相対化するフィクションとして人気を集めたのである。

＊20　雨香園柳浪著「朝顔日記」『朝顔日記　今昔庚申譚』絵入文庫刊行会、一九二二年、九四頁。なお物語の梗概はこの版

に準拠した。

＊21 渡辺好孝『江戸の変わり咲き朝顔』平凡社、一九九六年、二〇頁。

＊22 その錯綜については、平野恵『十九世紀日本の園芸文化——江戸と東京、植木屋の周辺』思文閣出版、二〇〇六年、一九三頁参照。

＊23 西沢一鳳「傳奇作書」国書刊行会編『新群書類従　第一』国書刊行会、一九〇六年、一七二頁。

＊24 水野元勝『花壇綱目』白井礫水写、二〇一二年六月二八日取得、http://dl.ndl.go.jp/info:ndljp/pid/2535629、八丁。なおこうした朝顔の色の増加については、渡辺好孝『江戸の変わり咲き朝顔』平凡社、一九九六年、一〇一～一〇二頁参照。

＊25 貝原益軒「大和本草」益軒会編『益軒全集　巻之六』益軒全集刊行部、一九一一年、一五六頁。

＊26 平賀源内先生顕彰會『平賀源内全集上巻』名著刊行会、一九八九年、七〇頁。

＊27 佐藤常雄、大石慎三郎『貧農史観を見直す』講談社、一九九五年、一三九頁。筑波常治著『日本の農書——農業はなぜ近世に発展したか』中央公論社、一九八七年。

＊28 宮崎安貞編録、土屋喬雄校『農業全書』岩波書店、一九三六年、八六頁。

＊29 佐藤常雄、大石慎三郎『貧農史観を見直す』講談社、一九九五年参照。

＊30 岡西為人『本草概説』創元社、一九七七年、二六六～二六七頁。

＊31 山田慶兒『本草と夢と錬金術と——物質的想像力の現象学』朝日新聞社、一九九七年、七七頁。

＊32 ただしそうした記述形式は、突然産まれたわけではない。山田慶兒（『本草と夢と錬金術と——物質的想像力の現象学』朝日新聞社、一九九七年、五一頁）によれば、『本草綱目』は先行する『本草品彙精要』に習い、その記述形式を発展させたのである。

＊33 真柳誠「『本草綱目』の日本初渡来記録と金陵本の所在」『漢方の臨床』四五巻一一号一九九八年、一四三二頁。

＊34 渡邊幸三「本草綱目とその版本」『薬用植物と生薬』三巻三～四号、一九五〇年、一〇五頁。

＊35 杉本つとむ『江戸の博物学者たち』講談社、二〇〇六年、一五頁～三三頁参照。

＊36 貝原益軒「大和本草」益軒会編『益軒全集　巻之六』益軒全集刊行部、一九一一年、凡例一二頁。

＊37 貝原益軒「筑前続風土記」益軒会編『益軒全集　巻之四』益軒全集刊行部、一九一一年、一～二頁。

＊38 盛永俊太郎、安田健編『享保元文諸国産物帳集成』（一～二一巻）科学書院、一九八五～二〇〇三年参照。

＊39 木村陽二郎『江戸期のナチュラリスト』朝日新聞社、一九八八年、七八頁。

＊40 安田健『江戸諸国産物帳——丹羽正伯の人と仕事』晶文社、一九八七年、二八頁。

＊41　貝原益軒「大和本草」益軒会編益軒会編『益軒全集　巻之六』益軒全集刊行部、一九一一年、一一頁。益軒の分類の詳細については、山田慶兒『本草と夢と錬金術と――物質的想像力の現象学』朝日新聞社、一九九七年、九二〜九七頁。
＊42　貝原益軒「大和本草」益軒会編益軒会編『益軒全集　巻之六』益軒全集刊行部、一九一一年、一八頁。
＊43　その最大の例外として、三浦梅園の『玄語』がある。梅園は陰陽から世界の事物のあり方を再構成することを企てる。『玄語』については、山田慶兒『黒い言語の空間』中央公論社、一九八八年を参照。
＊44　貝原益軒「大和本草」益軒会編『益軒全集　巻之六』益軒全集刊行部、一九一一年、一七四頁。
＊45　佐々木利和「博物館書目誌稿――帝室本之部博物書篇」『東京国立博物館紀要』二一号、一九八五年、一七四頁。
＊46　今橋理子『江戸の花鳥画――博物学をめぐる文化とその表象』スカイドア、一九九五年、四五〜五一頁。
＊47　青木美智男『日本の歴史　別巻　日本文化の原型』小学館、二〇〇九年、六八〜九六頁参照。
＊48　ただし本草学的関心が逆に絵画に影響をあたえ、それを変えていくことはみられた。伊藤若冲（正徳六〜寛政一二（一七一六〜一八〇〇）年）を代表に、本草学的図像の広がりを前提として、微細な事物に対する関心が絵画にも拡がるのである。
＊49　Agnes Robertson Arber, *Herbals : their origin and evolution erbals, a chapter in the history of botany, 1470-1670*, Hafner, 1970. ＝月川和雄訳『近代植物学の起源』八坂書房、一九九〇年、一四九頁。
＊50　これら図像の特徴については、Wilfrid Blunt, *The art of botanical illustrationhe art of botanical illustration*, Collins, 1950. ＝森村謙一訳『植物図譜の歴史――芸術と科学の出会い』八坂書房、一九八六年参照。
＊51　たとえばミシェル・フーコーは、博物学は「《言う》ことができる」可能性と「《見る》可能性」が密接にむすびつくことで成り立つという。Michel Foucault, *Les mots et les choses : une archéologie des sciences humaines*, Gallimard, 1966. ＝渡辺一民、佐々木明訳『言葉と物――人文科学の考古学』新潮社、一九七四年、一五三頁。
＊52　Charles Joseph Singer, *A history of biology to about the year 1900 : a general introduction to the study of living things*, Abelard-Schuman,1959. ＝チャールズ・シンガー、西村顯治訳『生物学の歴史』時空出版、一九九九年。
＊53　リンネの分類の特徴や、社会的な特徴については、Londa Schiebinger and Claudia Swan, eds., *Colonial Botany:Science, Commerce, and Politics in the Early Modern World*, University of Pennsylvania Press, 2005 所収の所論を参照。
＊54　木村陽二郎「ウエインマンの「花譜」」ウエインマン画、木村陽二郎解説『美花図譜――ウエインマン「植物図集選」』八坂書房、一九九一年、九五頁。
＊55　Michel Foucault, *Les mots et les choses : une archéologie des sciences humaines*, Gallimard, 1966. ＝渡辺一民、佐々木明訳『言葉と

物——人文科学の考古学』新潮社、一九七四年、一五六頁。

＊56　大場秀章「おし葉標本とハーバリウム」大場秀章編『日本植物研究の歴史——小石川植物園三〇〇年の歩み』東京大学総合研究博物館、一九九六年参照。

＊57　内藤高「写生帳の思考——江戸中期の昆虫図譜について」『比較思想雑誌』第四号、一九八一年、四七頁。

＊58　今橋理子『江戸の花鳥画——博物学をめぐる文化とその表象』スカイドア、一九九五年、一九八頁。磯野直秀「江戸時代動物図譜における転写」山田慶兒編『東アジアの本草と博物学の世界』(上) 思文閣出版、一九九五年も参照。

＊59　遠藤正治『本草学と洋学——小野蘭山学統の研究』思文閣出版、二〇〇三年、一六九頁参照。

＊60　水野忠敬「草木錦葉集」近世歴史資料研究会訳編『近世歴史資料集成 第5期第7巻 園芸』科学書院、二〇〇八年、五七八頁。

＊61　こうした解釈にかんしては、内藤高「写生帳の思考——江戸中期の昆虫図譜について」『比較思想雑誌』第四号、一九八一年参照。

＊62　遠藤正治『本草学と洋学——小野蘭山学統の研究』思文閣出版、二〇〇三年、六八頁参照。

＊63　科学朝日編『殿様生物学の系譜』朝日新聞社、一九九一年。

＊64　Lynn L. Merrill, *The romance of Victorian natural history*, Oxford Univ. Press, 1989. ＝大橋洋一、照屋由佳、原田祐貨訳『博物学のロマンス』国文社、二〇〇四年参照。

＊65　日野龍雄校注『江戸繁昌記　柳橋新誌　新日本古典文学大系一〇〇』岩波書店、一九八九年、一三二〜三三頁。

＊66　川添裕『江戸の見世物』岩波書店、二〇〇〇年、三八頁。

＊67　磯野直秀「明治前園芸植物渡来年表」『慶應義塾大学日吉紀要 自然科学(四二)』二〇〇七年、また川添裕『江戸の見世物』岩波書店、二〇〇〇年、九三頁参照。

＊68　たとえば鈴木章生は、江戸名所図会を「「他邦の人」を対象に作られている」(鈴木章生『江戸の名所と都市文化』吉川弘文館、二〇〇一年、一二〇頁) と捉えている。

＊69　千葉正樹『江戸城が消えて行く——『江戸名所図会』の到達点』吉川弘文堂、二〇〇七年、二〇八〜二一九頁。

＊70　木下直之『美術という見世物』筑摩書房、一九九九年、七八〜八三頁参照。

＊71　西山松之助「江戸の町名主斎藤月岑」『江戸町人の研究　第四巻』吉川弘文館、一九七五年。

＊72　川添登『東京の原風景　都市と田園との交流』日本放送出版協会、一九七九年。青木宏一郎『江戸の園芸——自然と行楽文化』筑摩書房、一九九八年参照。

＊73　Robert Fortune, *Yedo and Peking : a narrative of a journey to the capitals of Japan and China : with notices of the natural productions, agriculture, horticulture, and trade of those countries, and other things met with by the way*, J. Murray, 1863. ＝三宅馨訳『幕末日本探訪記——江戸と北京』講談社、一九九七年、一二二頁。

＊74　川添登『東京の原風景　都市と田園との交流』日本放送出版協会、一九七九年、一五～一七頁。

＊75　飛田範夫『江戸の庭園——将軍から庶民まで』京都大学学術出版、二三二頁。

＊76　小笠原左衛門尉亮軒『江戸の花競べ——園芸文化の到来』小学館、二〇〇八年、二一頁。

＊77　橋口定志「江戸の郊外——植木の里」江戸遺跡研究会編『甦る江戸』新人物往来社、一九九一年、一三一頁。

＊78　東京都江戸東京博物館『花開く　江戸の園芸』東京都江戸東京博物館、二〇一三年、六二頁。

＊79　水野忠敬「草木錦葉集」近世歴史資料研究会訳編『近世歴史資料集成　第5期第7巻　園芸』科学書院、二〇〇八年、七〇一頁。また浜崎大『草木奇品解題』幻冬舎ルネッサンス、二〇一二年参照。

＊80　信濃教育会編『一茶全集　第一巻』信濃毎日新聞社、一九七九年、五六七頁。

＊81　西山松之助『花——美への行動と日本文化』日本放送出版協会、一九七八年、五八～五九頁。

＊82　斎藤月岑、朝倉治彦校注『東都歳事記　二』平凡社、一九七〇年、一四四頁。

＊83　実際、平野恵（『十九世紀日本の園芸文化——江戸と東京、植木屋の周辺』思文閣出版、二〇〇六年、一五〇～一五八頁。）によれば、文化文政の時期には学者、文人を中心とする「連」が盛んに活動し、それがあらたな朝顔の鑑賞と同時に、変化朝顔を産みだす母体になった。

＊84　青木宏一郎『江戸の園芸』筑摩書房、一九九八年。

＊85　平野恵『十九世紀日本の園芸文化——江戸と東京、植木屋の周辺』思文閣出版、二〇〇六年、九四～一二四頁。

＊86　「俳諧觿　二五巻」鈴木勝忠『未刊雑俳資料』第二〇期一四巻、鈴木勝忠、一九六三年、四一頁。

＊87　渡辺好孝『江戸の変わり咲き朝顔』平凡社、一九九六年、二五～二六頁。ただし現存するこの碑には朝顔の図像を刻むことが得意であった藤原富久を記念するとのみ記されている。その意味でそれが廃棄された朝顔を追悼するものだったかにかんしてはいまだ検証の余地が残る。

＊88　菊池貴一郎著、鈴木棠三編『絵本江戸風俗往来』平凡社、一九六五年、一〇六頁。

＊89　岩淵令治「朝顔図譜の世界」国立歴史民俗博物館編『伝統の朝顔』歴史民俗博物館振興会、一九九九年。

＊90　国立歴史民俗博物館編『伝統の朝顔Ⅱ——芽生えから開花まで』国立歴史民俗博物館、二〇〇〇年、五二頁。

＊91　国立歴史民俗博物館編『伝統の朝顔Ⅱ——芽生えから開花まで』国立歴史民俗博物館、二〇〇〇年、五二頁。

＊92　三村森軒著、小笠原亮編『朝顔明録鈔（影印と翻刻）』思文閣、二〇〇六年。
＊93　米田芳秋『アサガオ　江戸の贈りもの――夢から科学へ』裳華房、一九九五年、一三九頁。
＊94　国立民俗博物館編『伝統の朝顔――Ⅲ作り手の世界』国立民俗博物館振興会、二〇〇〇年、二一頁。
＊95　近世歴史資料研究会訳編『園芸　近世歴史資料集成　第五期第八巻』科学書院、二〇〇八年、一〇九頁。
＊96　安達喜之「金魚養玩草」國書刊行會編『雑芸叢書　第一』國書刊行會、一九一五年、泉花堂三蝶「百千鳥」國書刊行會編『雑芸叢書　第二』國書刊行會、一九一五年。
＊97　水野忠敬「草木錦葉集」近世歴史資料研究会訳編『近世歴史資料集成　第5期第7巻　園芸』科学書院、二〇〇八年、五八三～五八五頁。
＊98　山田桂翁「宝暦現来集」森銑三、北川博邦編『続日本随筆大成　別巻六』吉川弘文館、一九八二年、一八三頁。
＊99　こうした消費実践のあり方について考える上で興味深いのが、ジグムント・バウマン（Zygmunt Bauman, *Work, Consumerism and the New Poor*, Open University Press, 1998. ＝伊藤茂訳『新しい貧困――労働、消費主義、ニュープア』青土社、二〇〇八年）の主張である。バウマンは、消費社会では、消費が社会を構成する実践として規範化し、だからこそ逆にそれから排除される下層階級が増加していくとみる。一八、一九世紀の都市にはこうした意味での消費社会の萌芽をみることができるが、しかし他方でその社会はたんに疎外を産みだすだけではなく、それを想像的にであれ転覆する手段をあたえていた。
＊100　秋山伸一「江戸北郊地域における花名所の創出」地方史研究協議会編『江戸・東京近郊の史的空間』雄山閣、二〇〇二年、また平野恵「一九世紀江戸・東京の植木屋の多様化――近郊農村型から都市型へ」地方史研究協議会編『江戸・東京近郊の史的空間』雄山閣、二〇〇二年参照。
＊101　「舊里歸農之部」東京大学史料編纂所編集『大日本近世史料　市中取締類集二十六』東京大学出版会、二〇〇四年、七八～七九頁、藤田覚「江戸庶民の暮らしと名奉行」藤田覚編『近代の胎動　日本の時代史一七』吉川弘文館、二〇〇三年、二五八頁。
＊102　水野忠敬「草木錦葉集」近世歴史資料研究会訳編『近世歴史資料集成 第5期第7巻　園芸』科学書院、二〇〇八年、五七五頁。また浜崎大『草木奇品解題』幻冬舎ルネッサンス、二〇一二年参照。
＊103　柳田國男「明治大正史　世相編」『柳田國男全集　第五巻』筑摩書房、一九九八年、三四九頁。
＊104　柳田國男「明治大正史　世相編」『柳田國男全集　第五巻』筑摩書房、一九九八年、三五〇～三五一頁。
＊105　喜田川守貞著、宇佐美英機校訂『近世風俗志――守貞謾稿（三）』岩波書店、一九九九年、一六九頁。

＊106 渡辺好孝『江戸の変わり咲き朝顔』平凡社、一九九六年、四三頁。
＊107 平野恵『十九世紀日本の園芸文化――江戸と東京、植木屋の周辺』思文閣出版、二〇〇六年、二四〇頁。
＊108 平凡社編『彩色江戸博物学集成』平凡社、一九九四年、科学朝日編『殿様生物学の系譜』朝日新聞社、一九九一年。
＊109 大場秀章『江戸の植物学』東京大学出版会、一九九七年、一五三頁。
＊110 Londa Schiebinger, *Plants and empire : colonial bioprospecting in the Atlantic world*, Harvard University Press, 2004. ＝小川眞里子、弓削尚子訳『植物と帝国――抹殺された中絶薬とジェンダー』工作舎、二〇〇七年、二五四頁。
＊111 Michel Foucault, *Surveiller et punir : naissance de la prison*, Éditions Gallimard, 1975. ＝田村俶訳『監獄の誕生――監視と処罰』新潮社。
＊112 明治以降以降も昭和天皇を代表に、皇族や華族たちのなかに熱心に植物や小動物への関心を示す者が陸続と現れる。それは自然を対象としたコレクションが、家の支配を相対化するためにはたしてきた意味の大きさを照らしだす。科学朝日編『殿様生物学の系譜』朝日新聞社、一九九一年参照。
＊113 藩札の展開については、檜垣紀雄「藩札の果たした役割と問題点」『金融研究』第八巻第一号、一九八九年参照。米切手の流通証券化については作道洋太郎『近世封建社会の貨幣金融構造』塙書房、一九七一年、三五五頁。
＊114 田谷博吉『近世銀座の研究』吉川弘文館、一九六三年、二九七～三一七頁。
＊115 新保博『近世の物価と経済発展――前工業化社会への数量的接近』東洋経済新報社、一九七八年、三五頁より算定（ただし数値は五カ年移動平均である）。
＊116 三井高維『新編両替年代記関鍵　巻一資料編』岩波書店、一九三三年、七八〇～七八九頁。
＊117 新保博『近世の物価と経済発展――前工業化社会への数量的接近』東洋経済新報社、一九七八年、三一八～三一九頁。
＊118 須田努『幕末の世直し　万人の戦争状態』吉川弘文館。二〇一〇年。
＊119 荻生徂徠「政談」吉川幸次郎他校注『荻生徂徠　日本思想体系三六』岩波書店、一九七三年、三一七頁。
＊120 斎藤善之「近世的物流機構の解体」歴史学研究会、日本史研究会編『日本史講座　第七巻　近世の解体』東京大学出版会、二〇〇五年。
＊121 松本四郎『日本近世都市論』東京大学出版会、一九八三年、一九八～二〇一頁。
＊122 信濃教育会編『一茶全集　第一巻』信濃毎日新聞社、一九七九年、五六七頁。
＊123 青木美智男『日本の歴史　別巻　日本文化の原型』小学館、二〇〇九年、四〇～四一頁。青木美智男『深読み　浮世風呂』小学館、二〇〇三年、二三〇～二三九頁。

＊124　松本四郎『日本近世都市論』東京大学出版会、一九八三年、二五二～二五八頁。
＊125　飯沼慾斎『近世植物・動物・鉱物図譜集成　第Ⅸ巻　新訂草木圖說　草部（解読編）』科学書院、二〇〇七年、一四六頁。
＊126　飯沼慾斎『近世植物・動物・鉱物図譜集成　第Ⅸ巻　新訂草木圖說　草部（解読編）』科学書院、二〇〇七年、四一一頁。
＊127　若名英治『牽牛子葉図譜』奨農園、一九〇五年、緒言。
＊128　夏目金之助「行人」『漱石全集　第八巻』岩波書店、一九九四年、二一六頁。

おわりに――消費は何を変えたのか？

＊1　鈴木克美『金魚と日本人――江戸の金魚ブームを探る』三一書房、一九九七年、一五二頁。
＊2　こうした在来産業の力を小さく見積もってはならない。実際、中村隆英によれば、在来産業で労働集約的につくられた製品の生産と消費が近代日本経済の構成の大きな部分を占めていた。中村隆英『戦前期日本経済成長の分析』岩波書店、一九七一年、二六～三一頁、七七～七九頁参照。
＊3　もちろん工業の発達は都市にかぎられたわけではない。日本の産業発展は繊維業を中心とし、一九三〇年代にいたるまで紡績・製糸・織物産業が、全製造業の四分の一ないし三分の一の労働者を雇用していたといわれる（Janet Hunter, *Women and the labour market in Japan's industrialising economy: the textile industry before the Pacific War*, Routledge Curzon, 2003. ＝阿部武司、谷本雅之監訳『日本の工業化と女性労働――戦前期の繊維産業』有斐閣、二〇〇八年、四四頁）が、そのうちとくに製糸産業は諏訪に集中し、織物産業は和泉や遠州などの地方で分散して発展した。さらにその場合も、雇用の中心となったのは、契約後村に帰ることを前提とした娘たちだったのであり、その意味で産業機構の発達が工場所在地の購買力を増やした効果は、割り引いて考えなければならない。
　しかし他方で、一八八〇年代に始まる産業革命や、日清日露戦争を契機とした軍工廠の発展に牽引され、重工業都市への集中が進むことも事実である。たとえば出版や軽工業中心の産業構成に留まっていた東京でも、その時期、大量の人びとを受け入れる重工業が発達していく。二〇世紀初めには、一〇〇〇人以上の労働者を雇用した石川島造船所や芝浦製作所を代表に、機械製造業、器具製造業、金属製品製造業にかかわる約八〇〇の工場が稼働していたのである（石塚裕道『東京の社会経済史』紀伊國屋書店、一九七七年、一五七頁）。
＊4　大橋隆憲『日本の階級構成』岩波書店、一九七一年、二六～二七頁。また森岡清美（『現代家族変動論』ミネルヴァ書

房、一九九三年、六二頁）によるその解釈を参照。さらに賃金労働者の数が増えただけではなく、その給与水準も上昇した。中川清（『日本の都市下層』勁草書房、一九八五年、三五、六四〜六七頁）によれば、明治中頃まで貧民と同等の日収しか得られなかった職工も、明治末には細民世帯に対し倍近い収入を稼げるようになったのである。

＊5　それぞれ太宰春台「経済録」滝本誠一『日本経済大典』第九巻、一九六七年、明治文献、五一二〜五一三頁、海保青陵「稽古談」塚谷晃弘、蔵波省自『本多利明　海保青陵　日本思想大系四四』岩波書店、一九七〇年、二八四〜二八五頁。

＊6　佐藤亨『現代に生きる幕末・明治初期漢語辞典』明治書院、二〇〇七年参照。

＊7　神田孝平訳『経済小学　下』神田氏蔵版、慶應三（一八六七）年、三九丁。

＊8　佐田介石「建白〔二十三題ノ議、扶桑論〕」牧原憲夫編『明治建白書集成　第三巻』筑摩書房、一九八六年、九六三〜九六四頁。

＊9　前田愛「明治立身出世主義の系譜」『近代読者の成立』岩波書店、一九九三年。

＊10　竹内利美「都市と村落」渋沢敬三編『明治文化史　第十二巻　生活編』洋々社、一九五五年、七〇六頁。

＊11　竹内洋『立身出世主義——近代日本のロマンと欲望』日本放送出版協会、一九九七年。

＊12　雨田英一「近代日本の青年と「成功」・学歴——雑誌『成功』の「記者と読者」欄の世界」『研究年報』（三五）、一九八九年。

＊13　渡辺浩『日本政治思想史——一七〜一九世紀』東京大学出版会、二〇一〇年、八三〜八六頁。

＊14　菊池幽芳「乳姉妹」瀬沼茂樹編『明治文學全集九三　明治家庭小説集』筑摩書房、一九六九年、八九頁。

＊15　牟田和恵『戦略としての家族——近代日本の国民国家形成と女性』新曜社、一九九六年、一七八頁。

＊16　大倉桃郎「琵琶歌」瀬沼茂樹編『明治文學全集九三　明治家庭小説集』筑摩書房、一九六九年。

＊17　戸田貞三『戸田貞三著作集』第二巻、大空社、一九九三年、三六四〜三六五頁。

＊18　以下勧工場、また百貨店にかかわる議論は貞包英之「近代における消費の変容——勧工場から百貨店へ」『山形大学紀要（人文科学）』第一七巻三号、二〇一二年を参照し、大幅に改稿した。

＊19　二葉亭四迷「平凡」『二葉亭四迷全集　第一巻』筑摩書房、一九八四年、四六九頁。

＊20　塩田良平他編『樋口一葉全集　第三巻（上）』筑摩書房、一九七六年、六二頁。

＊21　明治四〇（一九〇七）年の時点で勧工場に出店していた七一三店のうち、洋物屋と小間物・化粧品店が二二九店と全体の三割以上（三二・一%）を占めている。東京市役所編『第六回　東京市統計年表』東京市、一九〇九年。

＊22　榧野八束『近代日本のデザイン文化史　1868〜1926』フィルムアート社、一九九二年、一五六〜一五七頁。

＊23　高橋義雄『箒のあと（上）』秋豊園、一九三三年、二五九頁。
＊24　初田亨『百貨店の誕生』三省堂、一九九三年、六九頁。
＊25　神野由紀『趣味の誕生――百貨店がつくったテイスト』勁草書房、一九九四年、三頁。
＊26　たとえば藤岡里圭によれば大坂越後屋の周囲には、越後屋の屋号をもつ糸店、鼈甲店、紙店、紅白粉店、塗道具屋店など別店化された同族商店が配置されていた。藤岡里圭『百貨店の生成過程』有斐閣、二〇〇六年、一四〇頁。
＊27　藤岡里圭『百貨店の生成過程』有斐閣、二〇〇六年、一四五～一五七頁。
＊28　たとえば白木屋ではタイムレコーダーの設置を直接の契機としてサボタージュが発生し、それが後々まで経営に禍根を残す混乱を招いたといわれる。白木屋『白木屋三百年史』白木屋、一九五七年、三〇二～三〇三頁参照。
＊29　末田智樹『日本百貨店業成立史――企業家の革新と経営組織の確立』ミネルヴァ書房、二〇一〇年、五四頁。
＊30　前田和利「わが国百貨店の勃興と確立」『経済論集』第一五号、大東文化大学、一九七一年参照。
＊31　濱田四郎『百貨店一夕話』日本電報通信社、一九四八年、一五五頁。
＊32　小木新造『東京庶民生活史研究』日本放送出版協会、一九七九年、三五頁。
＊33　大阪市役所『第二十六回　大阪市統計書』大阪市、一九二七年、人口二―九。
＊34　小木新造『東京庶民生活史研究』日本放送出版協会、一九七九年、三七頁。
＊35　大阪市役所『第二十六回　大阪市統計書』大阪市、一九二七年、人口二―九。
＊36　中川清『日本の都市下層』勁草書房、一九八五年、九七～一〇二頁。
＊37　そのことは、一次大戦下の好況のなかで都市家族の生活が安定するにつれ、騒擾がしだいに収束していくことからも確かめられる。中川清『日本の都市下層』勁草書房、一九八五年、一三一頁。
＊38　その後、明治三二（一八九九）年の名古屋の娼妓佐野ふでや、翌年の函館の娼妓坂井フタの裁判を経て、娼妓の廃業に貸座敷主の同意が必要とされる制度上の不備は改正された。しかし、それ以降も前借金の法的有効性が維持されることで、娼妓の自由廃業は実質的にはほぼ不可能に留まったのである。廃娼運動の展開については、村上信彦『明治女性史（四）――愛と解放の胎動』講談社、一九七七年。
＊39　『明治一一年　警視庁事務年表』（大日向純夫『明治前期警視庁・大阪府・京都府警察統計　一』柏書房、一九八五年）、『警視庁統計書』各年、参照。
＊40　大日向純夫「日本近代国家の成立と売娼問題――東京府化の動向を中心として」『東京都立商家短期大学研究論叢』三九号、一九八九年、九九頁。

＊41　今西一『遊女の社会史——島原・吉原の歴史から植民地「公娼」制まで』有志舎、二〇〇七年、一七三〜一七九頁、藤目ゆき『性の歴史学——公娼制度・堕胎罪体制から売春防止法・優生保護法体制へ』不二出版、一九九七年、九〇〜九一頁参照。
＊42　小木新造他校注『風俗　性　日本近代思想大系二三』岩波書店、一九九〇年、一七一頁。米田富次郎『警察三大法令正解』明倫館、一九〇〇年、一四一頁。また元森絵里子『語られない「子ども」の近代——年少者保護制度の歴史社会学』勁草書房、二〇一四年参照。
＊43　藤井宗哲『花柳風俗語辞典』東京堂書店、一九八二年、三七頁。
＊44　前田愛「子どもたちの時間　「たけくらべ」」『都市空間のなかの文学』筑摩書房、一九九二年。
＊45　内務省警保局編『公娼と私娼』内務省警保局、一九三一年、二四頁。
＊46　村島歸之「歓楽の王宮カフエー」南博編者代表『近代庶民生活誌　第一〇巻　享楽・性』三一書房、一九八八年、三二七〜三三三頁。
＊47　中央職業紹介事務局編『職業婦人調査　女給』中央職業紹介事務局、一九二六年、五七〜六三頁。
＊48　林芙美子「放浪記」『林芙美子全集　第二巻』新潮社、一九五一年。
＊49　たとえば大阪では、カフェやダンスホールを模倣し、洋風に内装をあらため、バーをつくり西洋音楽を流す貸座敷さえ出現したという。それでも遊廓の人気は回復せず、むしろ徐々に社会的な影響力を失っていく。村島歸之「歓楽の王宮カフエー」南博編者代表『近代庶民生活誌　第一〇巻　享楽・性』三一書房、一九八八年、三七一頁。
＊50　それによって実際、明治三二（一八九九）年に東京で六八七一人いた娼妓も、明治三四（一九〇一）年には五一五八人にまで減少した。倉橋正直「近代日本の公娼制度」『歴史評論』五四〇号、一九九五年、六九頁。
＊51　巌本善治「吾等の姉妹ハ娼妓なり」『女學雜誌』九号、一八八五年、一六二頁。
＊52　早川紀代「日本軍従軍慰安婦制度の歴史的背景」吉見義明・林博史編著『共同研究　日本軍慰安婦』、一九九五年、一九四頁。
＊53　藤野豊『性の国家管理——買売春の近現代史』不二出版、二〇〇一年、一〇一〜一〇五頁
＊54　『警察統計報告』各年によれば、一九二〇年代に二二〇〇万人を前後していた遊客数は、一九三〇年代に上昇に転じ、昭和一二（一九三七）年には三四〇〇万人近くにまで達する。
＊55　明治二三（一八九〇）年の東京市の窮民調査でも、下谷署内の二・八人から本郷署内の六・四人まで、世帯規模は分散している。中川清『日本の都市下層』勁草書房、一九八五年、二八〜二九頁。

＊56　中川清『日本の都市下層』勁草書房、一九八五年、四七頁。
＊57　戸田貞三『家族構成』新泉社、一九七〇年、三一四頁。親と未婚の子からなる世帯は、甲類B、C、D、E、G、Hの総計、直系型同居家族は、甲・乙類F、I、J、K、L、M、N、O、P、Q、R、S、Tの総計を集計した。
＊58　戸田貞三『家族構成』新泉社、一九七〇年、三二頁。
＊59　村から流れ込んだ人口は、たとえば東京では四谷鮫ヶ橋や下谷万年町、芝新網などにスラム街的なプールを構成していく。北原糸子『都市と貧困の社会史――江戸から東京へ』吉川弘文館、一九九五年。
＊60　小木新造『東京庶民生活史研究』日本放送出版協会、一九七九年、二九〇頁。
＊61　中川清『日本の都市下層』勁草書房、一九八五年、六二頁。
＊62　小木新造『東京庶民生活史研究』日本放送出版協会、一九七九年、二九〇頁。
＊63　中川清『日本の都市下層』勁草書房、一九八五年、六二頁。
＊64　浅井作「矯風会の目的」『東京婦人矯風会雑誌』第一号、一八八八年、四頁。
＊65　飯野亮一『居酒屋の誕生』筑摩書房、二〇一四年、一四三～一五一頁。
＊66　初田亨『百貨店の誕生』三省堂、一九九三年、一一五～一二九頁。
＊67　生方敏郎「半襟」『婦人画報』一一月号、一九二二年。
＊68　西川祐子『借家と持ち家の文学史』三省堂、一九九八年。
＊69　角野幸博『郊外の二〇世紀――テーマを追い求めた住宅地』学芸出版社、二〇〇〇年、三六頁。
＊70　神島二郎『近代日本の精神構造』岩波書店、一九六一年、二六〇頁。
＊71　神島二郎『近代日本の精神構造』岩波書店、一九六一年、二六六頁。
＊72　中岡哲郎『日本近代技術の形成』朝日新聞社、二〇〇六年、四六四～四七五頁。
＊73　中川清『日本の都市下層』勁草書房、一九八五年、九三頁。
＊74　そのことをよく表現するのが、全国における出生率の減少である。戦前においても合計特殊出生率には一貫した低下がみられるが、都市とのひらきは保たれていく。それに対して戦後には、全国の合計特殊出生率の急激な減少がみられる。東京の出生率の低下を後追いし、一九五〇（昭和二五）年三・六五、一九六〇（昭和三五）年二・〇〇と、とくに五〇年代に全国の出生率は急落していくのである。中川清『日本都市の生活変動』勁草書房、二〇〇〇年、三一四頁参照。
＊75　夏目金之助「門」『漱石全集　第六巻』岩波書店、一九九四年、三五六頁。
＊76　夏目金之助「門」『漱石全集　第六巻』岩波書店、一九九四年、三五七頁。

＊77　夏目金之助「三四郎」『漱石全集　第五巻』岩波書店、一九九四年、四四三頁。
＊78　瀬崎圭二『流行と虚栄の生成――消費文化を映す日本近代文学』世界思想社、二〇〇八年、二三四頁。
＊79　夏目金之助「三四郎」『漱石全集　第五巻』岩波書店、一九九四年、三四〇頁。
＊80　夏目金之助「三四郎」『漱石全集　第五巻』岩波書店、一九九四年、五二三頁。
＊81　夏目金之助「行人」『漱石全集　第八巻』岩波書店、一九九四年、三三五頁。
＊82　木村功「『行人』論――一郎・お直の形象と二郎の〈語り〉について」『国語と国文学』七四巻二号、一九九七年。
＊83　神島二郎『近代日本の精神構造』岩波書店、一九六一年、二五八頁。
＊84　山田盛太郎『日本資本主義分析』岩波書店、一九七七年、一九九頁。
＊85　こうした国家のあり方については、貞包英之「戦後という時代の同一性　昭和天皇の像を巡って」見田宗介・内田隆三・市野川容孝編『ライブラリ相関社会学8　〈身体〉は何を語るのか？』新世社、二〇〇三年参照。
＊86　坂口安吾「日本文化私観」『坂口安吾全集　03』筑摩書房、一九九九年、三七三頁。
＊87　こうした見方の代表となるのが、丸山真男の議論である。丸山はたとえば『日本政治思想史研究』（丸山真男『日本政治思想史研究』東京大学出版会、一九八三年）のなかで、伊藤仁斎を否定しつつ、荻生徂徠を持ち上げていくが、それは私的な欲望が歴史をつくることを否定することを意味していた。こうした見方については、吉本隆明「丸山真男論」『柳田国男論・丸山真男論』筑摩書房、二〇〇一年も参照。
＊88　Chris Anderson, *Free : the future of a radical price*, Hyperion, 2009. ＝高橋則明訳『フリー――「無料」からお金を生みだす新戦略』日本放送出版協会、二〇〇九年。

文献

阿部昭『江戸のアウトロー――無宿と博徒』講談社、一九九九年。

阿部次郎『徳川時代の芸術と社会』角川書店、一九七一年。

安達喜之「金魚養玩草」國書刊行會編『雑芸叢書　第一』國書刊行會、一九一五年。

赤松啓介『夜這いの民俗学・夜這いの性愛論』筑摩書房、二〇〇四年。

秋山伸一「江戸北郊地域における花名所の創出」地方史研究協議会編『江戸・東京近郊の史的空間』雄山閣、二〇〇二年。

雨田英一「近代日本の青年と「成功」・学歴――雑誌『成功』の「記者と読者」欄の世界」『研究年報』(三五)、一九八九年。

網野善彦『中世の非人と遊女』講談社、二〇〇五年。

――『日本の歴史をよみなおす』筑摩書房、二〇〇五年。

Anderson, Chris, *Free : the future of a radical price*, Hyperion, 2009. ＝高橋則明訳『フリー――「無料」からお金を生みだす新戦略』日本放送出版協会、二〇〇九年。

安藤昌益「自然真営道」尾藤正英・島崎隆夫校注『安藤昌益・佐藤信淵　日本思想大系四五』岩波書店、一九七七年。

青木宏一郎『江戸の園芸――自然と行楽文化』筑摩書房、一九九八年。

青木美智男『体系　日本の歴史一一　近代の予兆』小学館、一九八九年。

――『深読み　浮世風呂』小学館、二〇〇三年。

――『日本の歴史　別巻　日本文化の原型』小学館、二〇〇九年。

青木直己『図説 和菓子の今昔』淡交社、二〇〇〇年。

新井白石「本朝寶貨通用事略」国書刊行会編『新井白石全集第三巻』国書刊行会、一九七七年。

――「改貨議」『新井白石全集第六巻』国書刊行会、一九七七年。

新井白石著、松村明校注『折たく柴の記』岩波書店、一九九九年。

荒川秀俊『飢饉』教育社、一九七九年。

安良城盛昭『太閤検地と石高制』日本放送出版協会、一九六九年。

Arber, Agnes Robertson, *Herbals : their origin and evolution erbals, a chapter in the history of botany, 1470-1670*, Hafner, 1970. ＝月川和雄訳『近代植物学の起源』八坂書房、一九九〇年。

有賀喜左衛門「本篇　日本婚姻史論」『有賀喜左衛門著作集　VI』未來社、一九六八年。

――「田植えと村の生活組織」『有賀喜左衛門著作集　V』未來社、一九六八年。

有賀喜左衛門「日本における先祖の観念」『有賀喜左衛門著作集　Ⅶ』未來社、一九六九年。

――「家族と家」『有賀喜左衛門著作集　Ⅸ』未來社、一九七〇年。

有薗正一朗『近世庶民の日常食――百姓は米を食べられなかったのか』海青社、二〇〇七年。

浅井柞「矯風会の目的」『東京婦人矯風会雑誌』第一号、一八八八年。

浅井了意「浮世物語」神保五彌他校注『仮名草子集　浮世草子集　日本古典文学全集』小学館、一九七一年。

朝倉治彦校訂『長者教 古典文庫八二』古典文庫、一九五四年。

朝倉治彦編『假名草子集成　第一巻』東京堂出版、一九八〇年。

我妻洋、米山俊直『偏見の構造――日本人の人種観』日本放送出版協会、一九六七年。

Barthes, Roland, *Mythologies*, Éditions du Seuil, 1957. ＝篠沢秀夫訳『神話作用』現代思潮社、一九六七年。

Bataille, Georges, *La notion de dépense, Œuvres complètes, vol. I*, Gallimard, 1970. ＝生田耕作訳「消費の概念」『ジョルジュ・バタイユ著作集　呪われた部分』二見書房、一九七三年。

――, *La part maudite, Œuvres complètes, vol. VII*, Gallimard, 1976. ＝生田耕作訳「呪われた部分」『ジョルジュ・バタイユ著作集　呪われた部分』二見書房、一九七三年。

Baudrillard, Jean, *La société de consommation:ses mythes, ses structures*, Denoël, 1970. ＝今村仁司・塚原史訳『消費社会の神話と構造』紀伊國屋書店、一九七九年。

――, *Pour une critique de l'économie politique du signe*, Gallimard, 1972. ＝今村仁司、宇波彰、桜井哲夫訳『記号の経済学批判』法政大学出版局、一九八二年。

Bauman, Zygmunt, Work, *Consumerism and the New Poor*, Open University Press, 1998. ＝伊藤茂訳『新しい貧困――労働、消費主義、ニュープア』青土社、二〇〇八年。

Bellah, Robert, N., *Tokugawa religon : the culture roots of modern Japan*, Free Press, 1985. ＝池田昭訳『徳川時代の宗教』岩波書店、一九九六年。

Blunt, Wilfrid, *The art of botanical illustrationhe art of botanical illustration*, Collins, 1950. ＝森村謙一訳『植物図譜の歴史――芸術と科学の出会い』八坂書房、一九八六年。

Brooks, Peter, *The melodramatic imagination : Balzac, Henry James, melodrama, and the mode of excess*, Yale University Press, 1976. ＝四方田犬彦、木村慧子訳『メロドラマ的想像力』産業図書、二〇〇二年。

武陽隠士『世事見聞録』岩波書店、一九九四年。

千葉正樹『江戸城が消えていく――『江戸名所図会』の到達点』吉川弘文堂、二〇〇七年。

近松門左衛門「冥途の飛脚」重友毅校注『近松浄瑠璃集上　日本古典文学大系　四九』岩波書店、一九五八年。

――「心中天の網島」重友毅校注『近松浄瑠璃集　上　日本古典文学大系　四九』岩波書店、一九五八年。

――「曾根崎心中」松崎仁他校注『近松浄瑠璃集　上　新日本古典文学大系　九一』岩波書店、一九九三年。

中央気象室・海洋気象室編『日本氣象史料』中央気象室・海洋気象室、一九三九年。

中央職業紹介事務局編『職業婦人調査　女給』中央職業紹介事務局、一九二六年。

太宰春台「経済録」滝本誠一『日本経済大典』第九巻、一九六七年、明治文献。

――「春台独語」日本随筆大成編輯部編『日本随筆大成』第一期一七巻、吉川弘文館、一九九四年。

泥郎子「跖婦人伝」中野三敏、神保五彌、前田愛校注『洒落本　滑稽本　人情本　日本古典文学全集　四七』小学館、一九七一年。

海老澤早苗「鎌倉時代における夫婦観の諸相――夫婦二世観成立の一側面をめぐって」『禪學研究』八〇、二〇〇一年。

江戸材木仲買史編集委員会『江戸材木仲買史』東京材木商協同組合、一九六六年。

江島其磧「傾城禁短気」野間光辰校注『浮世草子集　日本古典文学大系　九一』岩波書店、一九六六年。

――「世間娘気質」長谷川強校注『けいせい色三味線　けいせい伝受紙子　世間娘気質　新日本古典文学大系　七八』岩波書店、一九八九年。

江馬務『江馬務著作集　第四巻』中央公論社、一九八八年。

遠藤正治『本草学と洋学――小野蘭山学統の研究』思文閣出版、二〇〇三年。

遠藤武「衣服と生活」渋沢敬三編『明治文化史　第十二巻　生活編』洋々社、一九五五年。

榎本宗次「近世前期領国貨幣とその停廃」『歴史教育』一七（七）、一九六九年。

Fortune, Robert, *Yedo and Peking : a narrative of a journey to the capitals of Japan and China : with notices of the natural productions, agriculture, horticulture, and trade of those countries, and other things met with by the way*, J. Murray, 1863. ＝三宅馨訳『幕末日本探訪記――江戸と北京』講談社、一九九七年。

Foucault, Michel, *Les mots et les choses : une archéologie des sciences humaines*, Gallimard, 1966. ＝渡辺一民、佐々木明訳『言葉と物――人文科学の考古学』新潮社、一九七四年。

――, *Surveiller et punir : naissance de la prison*, Éditions Gallimard, 1975. ＝田村俶訳『監獄の誕生――監視と処罰』新潮社、一九七七年。

――, *L'usage des plaisirs (Volume 2 de Histoire de la sexualité)*, Gallimard, 1984. ＝田村俶訳『性の歴史II――快楽の活用』新潮社、一九八六年。

――, *Le gouvernement de soi et des autres: Cours au Collège de France. 1982-1983*, Seuil/Gallimard, 2003. ＝阿部崇訳『自己と他者の統治――コレージュ・ド・フランス講義 1982-1983 年度（ミシェル・フーコー講義集成 XII）』筑摩書房、二〇一〇年。

藤井宗哲『花柳風俗語辞典』東京堂書店、一九八二年。

藤野豊『性の国家管理――買売春の近現代史』不二出版、二〇〇一年。

藤岡里圭『百貨店の生成過程』有斐閣、二〇〇六年。

藤田弘夫『都市の論理――権力はなぜ都市を必要とするか』中央公論社、一九九三年。

藤田覚「江戸庶民の暮らしと名奉行」藤田覚編『近代の胎動　日本の時代史一七』吉川弘文館、二〇〇三年。

深谷克巳「赤米排除」『史観』一〇九冊、一九八三年。

――「石高制と村落」日本村落史講座編集委員会編『日本村落史講座　第一巻』雄山閣出版社、一九九一年。

――『百姓成立』塙書房、一九九三年。

福沢諭吉「商人に告るの文」慶応義塾編纂『福沢諭吉全集　第九巻』岩波書店、一九六〇年。

古川貞雄『増補　村の遊び日』農山漁村文化協会、二〇〇三年。

二葉亭四迷「平凡」『二葉亭四迷全集　第一巻』筑摩書房、一九八四年。

後藤紀彦「立君・辻子君」『週刊朝日百科・日本の歴史　中世I―③』一九八六年。

――「遊女と朝廷・貴族」『週刊朝日百科・日本の歴史　中世I―③』一九八六年。

――「遊廓の成立」『週刊朝日百科・日本の歴史　中世I―③』一九八六年。

具兌勲「元禄の町人社会と遊芸」熊倉功夫編『遊芸文化と伝統』吉川弘文館、二〇〇三年。

濱田義一郎編集委員代表『大田南畝全集　第二巻』岩波書店、一九八六年。

――『大田南畝全集　第五巻』岩波書店、一九八七年。

濱田四郎『百貨店一夕話』日本電報通信社、一九四八年。

浜崎大『草木奇品解題』幻冬舎ルネッサンス、二〇一二年。

花田富二夫他編『假名草子集成　第四五巻（そ）』東京堂出版、二〇〇九年。

原田某「江戸自慢」『未完随筆百種　第八巻』中央公論社、一九七七年。

原田信男『江戸の料理史』中央公論社、一九八九年。

――『江戸の食生活』岩波書店、二〇〇九年。

原田敏丸、宮本又郎編著『歴史のなかの物価――前工業化社会の物価と経済発展・シンポジウム』同文館出版、一九八五年。

原岡文子「歌語と心象風景――「朝顔」の花をめぐって」『國文学 解釈と教材の研究』第三七巻四号、一九九二年。

橋口定志「江戸の郊外――植木の里」江戸遺跡研究会編『甦る江戸』新人物往来社、一九九一年。

秦孝治郎、坂本武人編集『露店市・縁日市』中央公論社、一九九三年。

初田亨『百貨店の誕生』三省堂、一九九三年。

――『繁華街の近代――都市・東京の消費空間』東京大学出版会、二〇〇四年。

早川紀代「日本軍従軍慰安婦制度の歴史的背景」吉見義明・林博史編著『共同研究　日本軍慰安婦』大月書店、一九九五年。

速水融「徳川後期人口変動の地域的特性」『三田学会雑誌』64（8）、一九七一年
――『近世日本の経済社会』麗沢大学出版会、二〇〇三年。

林芙美子「放浪記」『林芙美子全集　第二巻』新潮社、一九五一年。

平凡社編『彩色江戸博物学集成』平凡社、一九九四年。

檜垣紀雄「藩札の果たした役割と問題点」『金融研究』第八巻第一号、一九八九年。

日野龍雄校注『江戸繁昌記　柳橋新誌　新日本古典文学大系一〇〇』岩波書店、一九八九年。

平賀源内先生顕彰會『平賀源内全集上巻』名著刊行会、一九八九年。

平野恵「一九世紀江戸・東京の植木屋の多様化──近郊農村型から都市型へ」地方史研究協議会編『江戸・東京近郊の史的空間』雄山閣、二〇〇二年。

──『十九世紀日本の園芸文化──江戸と東京、植木屋の周辺』思文閣出版、二〇〇六年
平山敏治郎「取越正月──文献と傳承について」『民間傳承』一三巻一一号、一九四九年。

廣松渉編訳、小林真人補訳『新編輯版　ドイツ・イデオロギー』岩波書店、二〇〇二年
本城正徳『幕藩制社会の展開と米穀市場』大阪大学出版会、一九九四年。

保立道久『中世の女の一生』洋泉社、一九九九年。

──『物語の中世』東京大学出版会、一九九八年。

法制史學會編、石井良助校訂『徳川禁令考　前集　第五』創文社、一九五九年。

Hunter, Janet, *Women and the labour market in Japan's industrialising economy : the textile industry before the Pacific War*, Routledge Curzon, 2003. ＝阿部武司、谷本雅之監訳『日本の工業化と女性労働──戦前期の繊維産業』有斐閣、二〇〇八年。

市川雄一郎『佐久地方江戸時代の農村生活』市川雄一郎先生遺稿刊行会編、一九五五年。

井原西鶴「椀久一世の物語」潁原退蔵他編『定本西鶴全集　第二巻』岩波書店、一九四九年。

──「好色一代女」麻生磯次、板坂元、堤精二校注『西鶴集　上　日本古典文學大系四七』岩波書店、一九五七年。

──「好色一代男」麻生磯次、板坂元、堤精二校注『西鶴集　上　日本古典文學大系四七』岩波書店、一九五七年。

──「日本永代蔵」野間光辰校注『西鶴集　下　日本古典文學大系四八』岩波書店、一九五七年。

──「本朝二十不孝」冨士昭男、井上敏幸、佐竹昭広校注『好色二代男　西鶴諸国ばなし　本朝二十不孝　新日本古典文学大系七六』岩波書店、一九九一年。

──「好色二代男」冨士昭雄、井上敏幸、佐竹昭広校注『好色二代男　西鶴諸国ばなし　本朝二十不孝　新日本古典文学大系七六』岩波書店、一九九一年。

飯野亮一『居酒屋の誕生』筑摩書房、二〇一四年。

飯沼慾斎『近世植物・動物・鉱物図譜集成　第IX巻　新訂草木圖説　草部（解読編）』科学書院、二〇〇七年。

生方敏郎「半襟」『婦人画報』一一月号、一九一二年。

今田洋三『江戸の本屋さん』平凡社、二〇〇九年。

──「江戸文化人と宴遊文化」玉村豊男編『酒宴のかたち』紀伊國屋書店、一九九七年。

今橋理子『江戸の花鳥画──博物学をめぐる文化とその表象』スカイドア、一九九五年。

今西一『遊女の社会史――島原・吉原の歴史から植民地「公娼」制まで』有志舎、二〇〇七年。

井本農一、堀信夫、村松友次編『日本古典文学全集四一　松尾芭蕉集』小学館、一九七二年。

入江隆則『新井白石　闘いの肖像』新潮社、一九七九年。

石田梅岩「斉家論上」柴田実校註『日本思想大系四二　石門心学』岩波書店、一九七一年。

――「石田先生語録［抄］」柴田実校注『石門心学』岩波書店、一九七一年。

石毛直道「民衆と食事」坪井洋文他著『家と女性――暮らしの文化史　日本民俗文化大系第一〇巻』小学館、一九八五年。

石井良助『吉原――江戸の遊廓の実態』中央公論社、一九六七年。

石川啄木『石川啄木全集　第一巻　歌集』筑摩書房、一九七八年。

石崎芳男『よしわら――『洞房語園異本』をめぐって』早稲田出版、二〇〇三年。

石塚裕道『東京の社会経済史』紀伊國屋書店、一九七七年。

磯貝富士男『中世の農業と気候――水田二毛作の展開』吉川弘文館、二〇〇二年。

磯野直秀「江戸時代動物図譜における転写」山田慶兒編『東アジアの本草と博物学の世界』（上）思文閣出版、一九九五年。

――「明治前園芸植物渡来年表」『慶應義塾大学日吉紀要　自然科学（四二）』二〇〇七年。

板坂則子「草双紙の読書――表象としての読書する女性」『国語と国文学』二〇〇六年。

岩淵令治「朝顔図譜の世界」国立民俗博物館編『伝統の朝顔』歴史民俗博物館振興会、一九九九年。

岩橋勝『近世日本物価史の研究――近世米価の構造と変動』大原新生社、一九八一年。

――「江戸前期（一七世紀）の米価動向と経済」原田敏丸・宮本又郎編著『歴史のなかの物価――前工業化社会の物価と経済発展・シンポジウム』同文館出版、一九八五年。

巖本善治「吾等の姉妹ハ娼妓なり」『女學雜誌』九号、一八八五年。

岩崎灌園『本草図譜』第七巻　山草類、同朋舎出版、一九八〇年。

――『本草図譜』第二九巻　蔓草類、同朋舎出版、一九八〇年。

――『本草図譜』第七三巻　果部、同朋舎出版、一九八〇年。

――『本草図譜』第八四巻　喬木類、同朋舎出版、一九八一年。

岩田浩太郎『近世都市騒擾の研究――民衆運動史における構造と主体』吉川弘文館、二〇〇四年。

出雲史親「米商売」『國文學　解釈と教材の研究』九月号、一九六四年。

食行身録「三十一日の御巻」村上重良、安丸良夫校注『民衆宗教の思想　日本思想大系六七』岩波書店、一九八一年。

神野由紀『趣味の誕生――百貨店がつくったテイスト』勁草書房、一九九四年。

角野幸博『郊外の二〇世紀――テーマを追い求めた住宅地』学芸出版社、二〇〇〇年。

科学朝日編『殿様生物学の系譜』朝日新聞社、一九九一年。

貝原益軒「家道訓」益軒会編『益軒全集　巻之三』益軒全集刊行部、一九一一年。

――「筑前続風土記」益軒会編益軒会編『益軒全集　巻之四』益軒全集刊行部、一九一一年。

――「大和本草」益軒会編『益軒全集　巻之六』益軒全集刊行部、一九一一年。

――「大和本草諸品圖上」益軒会編『益軒全集　巻之六』益軒全集刊行部、一九一一年。

――「贐行訓語」益軒会編『益軒資料　第六巻』九州史料刊行会、一九六〇年。

海保青陵「稽古談」塚谷晃弘、蔵波省自『本多利明　海保青陵　日本思想大系四四』岩波書店、一九七〇年。

上村行彰『日本遊里史』春陽堂、一九二九年。

神島二郎『近代日本の精神構造』岩波書店、一九六一年。

神沢杜口「翁草」日本随筆大成編輯部『日本随筆大成　第三期一九巻』吉川弘文館、一九七八年。

神田孝平訳『経済小学　下』神田氏蔵版、慶應三（一八六七）年。

柄谷行人『世界史の構造』岩波書店、二〇一一年。

狩野重賢画、高岡一弥編、狩俣公介解説『草木写生　春の巻』ピエ・ブックス、二〇一〇年。

狩野探幽画、中村渓男、北村四郎著『草木花写生』紫紅社、一九七七年。

片倉比佐子『天明の江戸打ちこわし』新日本出版社、二〇〇一年。

加藤百一『酒は諸白――日本酒を生んだ技術と文化』平凡社、一九八四年。

川鍋定男「天明期の百姓一揆の特質と構造――相州津久井土平治騒動について」『関東近世史研究』第八号、一九七六年。

――「百姓一揆物語の伝承とその世界像――土平治騒動記をめぐって」『歴史評論』三三八号、一九七八年。

川添登『東京の原風景　都市と田園との交流』日本放送出版協会、一九七九年。

川添裕『江戸の見世物』岩波書店、二〇〇〇年。

榧野八束『近代日本のデザイン文化史　1868 ~ 1926』フィルムアート社、一九九二年。

香月洋一郎『景観のなかの暮らし――生産領域の民俗』未來社、二〇〇〇年。

菊池幽芳「乳姉妹」瀬沼茂樹編『明治文學全集九三　明治家庭小説集』筑摩書房、一九六九年。

菊池勇夫『飢饉の社会史』校倉書房、一九九四年。

――『近世の飢饉』吉川弘文館、一九九七年。

――『飢饉――飢えと食の日本史』集英社、二〇〇〇年。

――『飢饉から読む近世社会』校倉書房、二〇〇三年。

菊池貴一郎著、鈴木棠三編『絵本江戸風俗往来』平凡社、一九六五年。

菊地利夫『新田開発　上』古今書院、一九五八年。

木村功「『行人』論――一郎・お直の形象と二郎の〈語り〉について」『国語と国文学』七四巻二号、一九九七年。

木村礎『村の語る日本の歴史　近世編一』そしえて、一九八三年。

木村陽二郎『江戸期のナチュラリスト』朝日新聞社、一九八八年。

――「ウエインマンの「花譜」」ウエインマン画、木村陽二郎解説『美花図譜――ウエインマン「植物図集選」』八坂書房、一九九一年。

木下直之『美術という見世物』筑摩書房、一九九九年。

近世歴史資料研究会訳編『園芸　近世歴史資料集成　第五期第八巻』科学書院、二〇〇八年。

近世史料研究会編『江戸町触集成　第二巻』塙書房、一九九四年。

――『江戸町触集成　第八巻』塙書房、一九九七年。

北地祐幸、十代田朗「江戸期以降―戦前までの地方大都市における遊里・遊廓の空間的変遷に関する研究」『日本都市計画学会　都市計画論文集』NO.39-3、二〇〇四年。

喜田川守貞著、宇佐美英機校訂『近世風俗志――守貞謾稿（一）』岩波書店、一九九六年。

――『近世風俗志――守貞謾稿（三）』岩波書店、一九九九年。

北原糸子『都市と貧困の社会史――江戸から東京へ』吉川弘文館、一九九五年。

喜多野清一「同族における系譜関係の意味」『家と同族の基礎理論』未來社、一九七六年。

――「日本の家と家族」『家と同族の基礎理論』未來社、一九七六年。

――「親方子方関係論の問題点（上）」『家族史研究』編集委員会『家族史研究　四』大月書店、一九八一年。

鬼頭宏『文明としての江戸システム』講談社、二〇〇二年。

小林法子「大川市立清力美術館の江戸勤番之図」『福岡大学人文論叢』第三九巻第四号、二〇〇九年。

小泉和子『道具と暮らしの江戸時代』吉川弘文館、一九九九年、一一六頁。

古島敏雄『産業史　Ⅲ　体系日本史叢書12』山川出版社、一九六六年。

国立歴史民俗博物館編『伝統の朝顔　Ⅱ――芽生えから開花まで』国立歴史民俗博物館、二〇〇〇年。

――『伝統の朝顔　Ⅲ――作り手の世界』国立民俗博物館振興会、二〇〇〇年。

小松和彦『異人論――民俗社会の心性』筑摩書房、一九九五年。

――『悪霊論――異界からのメッセージ』筑摩書房、一九九七年。

近衛基熙『基熙公記』（謄写本、東京大学史料編纂所所蔵）、六十九巻。

紺野嘉左衛門「天明救荒録」森嘉兵衛、谷川健一編『日本庶民生活史料集成　第七巻』三一書房、一九七〇年。

鴻池新六「幸元子孫制詞条目」中村幸彦校注『近世町人思想　日本思想体系五九』岩波書店、一九七五年。

江東区『江東区史　上巻』江東区、一九九七年。

熊倉功夫『日本料理の歴史』吉川弘文堂、二〇〇七年。

倉橋正直『従軍慰安婦問題の歴史的研究――売春婦型と性的奴隷型』共栄書房、一九九四年。

――「近代日本の公娼制度」『歴史評論』五四〇号、一九九五年。

黒田俊雄「中世における個人と「いえ」」『黒田俊雄著作集　第六巻　中世共同体論・身分制論』法藏館、一九九五年。

黒板勝美、國史体系編修會編『徳川實記　第七編』吉川弘文堂、一九六五年。

沓掛良彦『大田南畝 詩は詩佛書は米庵に狂歌おれ』ミネルヴァ書房、二〇〇七年。

京都町触研究会編『京都町触集成　二巻』岩波書店、一九八三年。

――『京都町触集成　別巻二』岩波書店、一九八九年。

Lévi-Strauss, Claude, *La Pensée sauvage*, librarie Plon, 1962. ＝大橋保夫訳『野生の思考』みすず書房、一九七六年。

Macfarlane, Alan, *The savage wars of peace : England, Japan, and the Malthusian trap*, Blackwell, 1997. ＝船曳建夫監訳『イギリスと日本――マルサスの罠から近代への跳躍』新曜社、二〇〇一年。

前田愛「子どもたちの時間　「たけくらべ」」『都市空間のなかの文学』筑摩書房、一九九二年。

――「明治立身出世主義の系譜」『近代読者の成立』岩波書店、一九九三年。

前田和利「わが国百貨店の勃興と確立」『経済論集』第一五号、大東文化大学、一九七一年。

前島郁雄「歴史時代の気候復元　特に小氷期の気候について」『地学雑誌』九三巻七七号、一九八四年。

牧英正『人身売買』岩波書店、一九七一年。

丸山真男『日本政治思想史研究』東京大学出版会、一九八三年。

丸山伸彦『江戸モードの誕生――文様の流行とスター絵師』角川学芸出版、二〇〇八年。

Marx, Karl, *Grundrisse der Kritik der politischen Ökonomie (Rohentwurf) 1857-1858, Anhang 1850-1859*, besorgt vom Marx-Engels-Lenin Institut. Moskau, Diez Verlag, Berlin, 2. Auflage 1974. ＝木前利秋訳「経済学批判要綱」横張誠、今村仁司、木前利秋訳『マルクス・コレクション　III』筑摩書房、二〇〇五年。

増田昭子『雑穀の社会史』吉川弘文館、二〇一一年。

増田太次郎編著『引札　絵びら　錦絵広告――江戸から明治・大正へ』誠文堂新光社、一九七六年。

増田太次郎『引札繪ビラ風俗史』青蛙房、一九八一年。

増穂残口「艶道通鑑」『近世色道論　日本思想体系六〇』岩波書店、一九七六年。

松本四郎『日本近世都市論』東京大学出版会、一九八三年。

松本善治郎『江戸・東京　木場の今昔』日本林業調査会、一九八六年。

真柳誠「『本草綱目』の日本初渡来記録と金陵本の所在」『漢方の臨床』四五巻一一号一九九八年。

Merrill, Lynn L., *The romance of Victorian natural history*, Oxford Univ. Press, 1989. ＝大橋洋一、照屋由佳、原田祐貨訳『博物学のロマンス』国文社、二〇〇四年。

三村森軒著、小笠原亮編『朝顔明鑑鈔（影印と翻刻）』思文閣、二〇〇六年。

源豊宗、北村四郎監修執筆、今橋理子解説『植物画の至宝　花木真寫』淡交社、二〇〇五年。

三田村鳶魚『三田村鳶魚全集　第一一巻』中央公論社、一九七五年。

――『三田村鳶魚全集　第一〇巻』中央公論社、一九七七年。

――『三田村鳶魚全集　第二一巻』中央公論社、一九七七年。

三井文庫編『三井事業史　資料編一』三井文庫、一九七三年。

――『三井事業史　本篇一』三井文庫、一九八〇年。

三井高房「町人考見録」中村幸彦校注『近世町人思想　日本思想体系　五九』岩波書店、一九七五年。

三井高平「宗竺遺書」三井文庫編『三井事業史　資料編一』三井文庫、一九七三年。

三井高維校注『両替年代記――原編』岩波書店、一九三二年。

――『新稿両替年代記関鍵――巻一　資料編』岩波書店、一九三三年。

――『新編両替年代記関鍵――巻二　考証編』岩波書店、一九三三年。

三浦浄心「慶長見聞集」原田伴彦他編『見聞記　日本庶民生活史料集成　第八巻』三一書房、一九六九年。

三浦理編『あさ顔水鏡　前編』三浦理（復刻）、一八九九年。

宮川修一「大唐米と低湿地開発」渡部忠世編『アジアの中の日本稲作文化――受容と成熟』小学館、一九九七年。

宮地正人『幕末維新期の文化と情報』名著刊行会、一九九四年。

宮本又次「大阪町人の家訓と気質」宮本又次他編『近世大阪の商業史・経営史的研究　大阪の研究　第三巻』清文堂出版、一九六四年。

宮本又郎『近世日本の市場経済――大坂米市場分析』有斐閣、一九八八年。

宮本常一『宮本常一著作集　第二四巻　食生活雑考』未來社、一九七七年。

宮本由紀子「遊里の成立と大衆化」竹内誠編『日本の近世　第一四巻　文化の大衆化』中央公論社、一九九三年。

宮下美智子「農村における家族と婚姻」女性史総合研究会編『日本女性史3　近世』東京大学出版会、一九八二年。

宮下三郎解説『本草綱目　附図　上巻』春陽堂書店、一九七九年、二四七頁。

宮田登『怖さはどこからくるのか』筑摩書房、一九九一年。

宮崎克則『逃げる百姓、追う大名――江戸の農民獲得合戦』中央公論新社、二〇〇二年。

宮崎安貞編録、土屋喬雄校『農業全書』岩波書店、一九三六年。

水本邦彦「幕藩体制下の農民経済」永原慶二他編『日本経済史を学ぶ（下）』有斐閣、一九八二年。

――『近世の村社会と国家』東京大学出版会、一九八七年。

水野忠敬「草木錦葉集」近世歴史資料研究会訳編『近世歴史資料集成　第5期第7巻　園芸』科学書院、二〇〇八年。

森銑三、野間光辰、朝倉治彦監修『燕石十種　第五巻』中央公論社、一九八〇年。

盛永俊太郎、安田健編『享保元文諸国産物帳集成』（一～二一巻）科学書院、一九八五～二〇〇三年。

森岡清美『現代家族変動論』ミネルヴァ書房、一九九三年。

森理恵『桃山・江戸のファッションリーダー――描かれた流行の変遷』塙書房、二〇〇七年。

森下みさ子『江戸の花嫁――婿えらびとブライダル』中央公論社、一九九二年。

森谷尅久『「花」が語る日本史』河出書房新社、一九九七年。

守屋毅『「かぶき」の時代――近世初期風俗画の世界』角川書店、一九七六年。

――『京の町人』教育社、一九八〇年。

――『元禄時代』弘文堂、一九八四年。

森山孝盛「賤のをだ巻」森銑三、野間光辰、朝倉治彦監修『燕石十種　第一巻』中央公論社、一九七九年。

元森絵里子『語られない「子ども」の近代――年少者保護制度の歴史社会学』勁草書房、二〇一四年。

本居宣長「秘本玉くしげ」大野晋、大久保正編集校訂『本居宣長全集　第八巻』筑摩書房、一九七二年。

村上直次郎譯註『ドン・ロドリゴ日本見聞録　ビスカイノ金銀島探検報告』奥川書房、一九四一年。

村上信彦『明治女性史（四）――愛と解放の胎動』講談社、一九七七年。

村島歸之「歓楽の王宮カフエー」南博編者代表『近代庶民生活誌　第一〇巻　享楽・性』三一書房、一九八八年。

牟田和恵『戦略としての家族――近代日本の国民国家形成と女性』新曜社、一九九六年。

室木弥太郎編『説教集』新潮社、一九七七年。

室鳩巣「兼山秘策」滝本誠一編『日本経済大典　第六巻』明治文献、一九六六年。

長崎巌「初期友禅染に関する一考察――友禅染の出現とその背景」『東京国立博物館紀要』第二四号、一九九九年。

――『女の装身具――日本の美術　No.396』至文堂、一九九九年。

――『小袖からきものへ――日本の美術　NO.435』至文堂、二〇〇二年。

――『小袖――日本の伝統の装い、その華やかな歴史をたどる』ピエ・ブックス、二〇〇六年。

名古屋市教育委員会編『名古屋叢書続編　第一〇巻　鸚鵡篭中記（二）』名古屋市教育委員会、一九六六年。

――『名古屋叢書続編　第一二巻　鸚鵡篭中記（四）』名古屋市教育委員会、一九六六年。

内務省警保局編『公娼と私娼』内務省警保局、一九三一年。

内藤昌『江戸と江戸城』鹿島研究所出版会、一九六六年。

――『角屋の研究』中央公論社、一九八三年。

内藤高「写生帳の思考――江戸中期の昆虫図譜について」『比較思想雑誌』第四号、一九八一年。

中川清『日本の都市下層』勁草書房、一九八五年。

――『日本都市の生活変動』勁草書房、二〇〇〇年。

ナカイ、ケイト、W、中井義幸「資料紹介　新井白石自筆「荻原重秀弾劾書」草稿」『史学雑誌』八九、一九八〇年。

Nakai, Kate Wildman, *Shogunal politics : Arai Hakuseki and the premises of Tokugawa rule*, Harvard University, 1988.

中井信彦「三井家の経営――使用人制度とその運営」『社會經濟史學』三一（六）、一九六六年。

――「共同体的結合の契機としての「血縁」と「支配」――三井家における家法成立過程を素材として」『三井文庫論叢』四号、一九七〇年。

中村隆英『戦前期日本経済成長の分析』岩波書店、一九七一年。

中村吉治『日本の村落共同体』ジャパン・パブリッシャーズ、一九七七年。

中野卓『商家同族団の研究――暖簾をめぐる家と家連合の研究　（上）』未來社、一九七八年。

中岡哲郎『日本近代技術の形成』朝日新聞社、二〇〇六年。

中田節子著、林美一監修『広告で見る江戸時代』角川書店、一九九九年。

中田易直『三井高利』吉川弘文館、一九五九年。

中山太郎『改訂増補　売笑三千年史』日文社、一九五六年。

浪川健治「津軽藩政の展開と飢饉――特に元禄八年飢饉をめぐって」『歴史』五二輯、一九七九年。

――『近世北奥社会と民衆』吉川弘文堂、二〇〇五年。

難波信雄「天明の飢饉と幕藩体制の諸矛盾」『江戸時代の飢饉』雄山閣出版、一九八二年。

楢原潤子「中世前期における遊女・傀儡子の『家』と長者」石崎昇子、桜井由幾編『性と身体　日本女性史論集九』吉川弘文館、一九九八年。

夏目金之助「三四郎」『漱石全集　第五巻』岩波書店、一九九四年。

――「門」『漱石全集　第六巻』岩波書店、一九九四年。

――「行人」『漱石全集　第八巻』岩波書店、一九九四年。

日本福祉大学知多半島総合研究所、博物館「酢の里」共編著『酢・酒と日本の食文化』中央公論社、一九九八年。

日本私学教育研究所編『女重宝記　男重宝記――翻刻 江戸時代における家庭教育資料の研究』日本私学教育研究所、一九八五年。

新保博『近世の物価と経済発展――前工業化社会への数量的接近』東洋経済新報社、一九七八年。

新見正朝「八十翁疇昔話」日本随筆大成編輯部編『日本随筆大成　第二期　四』吉川弘文館、一九九四年。

西川如見「百姓嚢」飯島忠夫、西川忠幸校訂『町人嚢　百姓嚢　長崎夜話草』岩波書店、一九四二年。

――「町人嚢」中村幸彦『近世町人思想　日本思想大系五九』岩波書店、一九七五年。

西川祐子『借家と持ち家の文学史』三省堂、一九九八年。

西山松之助『くるわ』至文堂、一九六三年。

――「江戸の町名主斎藤月岑」『江戸町人の研究　第四巻』吉川弘文館、一九七五年。

――『花――美への行動と日本文化』日本放送出版協会、一九七八年。

――『西山松之助著作集　第一巻　家元の研究』吉川弘文堂、一九八二年。

――『西山松之助著作集　第八巻』吉川弘文館、一九八五年。

西坂靖『三井越後屋奉公人の研究』東京大学出版会、二〇〇六年。

西沢一鳳「傳奇作書」国書刊行会編『新群書類従　第一』国書刊行会、一九〇六年。

野間光辰編『完本　色道大鏡』友山文庫、一九六一年。

――『近世色道論　日本思想体系六〇』岩波書店、一九七六年。

野村豊、由井喜太郎編著『近世庶民史料　元禄時代に於ける一庄屋の記録（河内屋可正旧記）』清文堂、一九五五年。

大場秀章「おし葉標本とハーバリウム」大場秀章編『日本植物研究の歴史――小石川植物園三〇〇年の歩み』東京大学総合研究博物館、一九九六年。

――『江戸の植物学』東京大学出版会、一九九七年。

小葉田淳『鉱山の歴史』至文堂、一九六二年。

小笠原恭子『都市と劇場――中近世の鎮魂・遊楽・権力』平凡社選書、一九九二年。

小笠原左衛門尉亮軒『江戸の花競べ――園芸文化の到来』小学館、二〇〇八年、二一頁。

小木新造『東京庶民生活史研究』日本放送出版協会、一九七九年。

小木新造他校注『風俗 性　日本近代思想大系二三』岩波書店、一九九〇年。

荻生徂徠「政談」吉川幸次郎他校注『荻生徂徠　日本思想体系三六』岩波書店、一九七三年。

――「舎利之記」平石直昭編『近世儒家文集（三）　徂徠集』ぺりかん社、一九八五年。

大橋隆憲『日本の階級構成』岩波書店、一九七一年。

大日向純夫『明治前期警視庁・大阪府・京都府警察統計　一』柏書房、一九八五年。

――「日本近代国家の成立と売娼問題――東京府化の動向を中心として」『東京都立商家短期大学研究論叢』三九号，一九八九年。

大石慎三郎『幕藩制の転換　日本の歴史　第二〇巻』小学館、一九七五年。

――『享保改革の商業政策』吉川弘文館、一九九八年。

岡田幸三編『図説　いけばな体系　第六巻いけばなの伝書』角川書店、一九七二年。

岡西為人『本草概説』創元社、一九七七年。

岡野和子「近世庶民衣料の一考察――奢侈禁止令よりみた女装」『東京家政学院大学紀要』一九六七年、六号。

大久保純一「浮世絵に見る朝顔」国立民俗博物館編『伝統の朝顔Ⅲ――作り手の世界』国立民俗博物館振興会、二〇〇〇年。

大久保洋子『江戸のファーストフード』講談社、一九九八年。

大倉桃郎「琵琶歌」瀬沼茂樹編『明治文學全集九三　明治家庭小説集』筑摩書房、一九六九年。

大岡敏昭『江戸時代日本の家――人々はどのような家に住んでいたか』相模書房、二〇一一年。

大野瑞男『江戸幕府財政史論』吉川弘文館、一九九六年。

Ooms, Herman, *Tokugawa village practice:class, status, power, law*, University of California Press, 1996. ＝宮川康子監訳『徳川ビレッジ――近世村落における階級・身分・権力・法』ぺりかん社、二〇〇八年。

折口信夫「巫女と遊女と」『折口信夫全集　第二巻』中央公論社、一九九六年。

大阪市參事會編『大阪市史　第三』大阪市參事會、一九一一年。

大阪市役所『第二十六回　大阪市統計書』大阪市、一九二七年。

大阪市役所編『大阪市史　第三巻』大阪市、一九二七年。

大島建彦校注訳『御伽草子集　日本古典文学全集三六』小学館、一九七四年。

太田勝也『長崎貿易』同成社、二〇〇〇年。

太田記念美術館編『江戸園芸花尽し』太田記念美術館、二〇〇九年。

大田南畝「一話一言」日本随筆大成編輯部編『日本随筆大成　別巻3』吉川弘文館、一九七八年。

頼惟勤解説、山田忠雄監修『春風館本　諺苑』新世社、一九六六年。

Rubin, Gayle, "The Traffic In Women: Notes on the 'Political Economy' of Sex", Rayna R. Reiter ed., *Toward an Anthropology of Women*, Monthly Review Press, 1975. ＝長原豊訳「女たちによる交通――性の「政治経済学」についてのノート」『現代思想』二月号、二〇〇〇年。

廖育群「江戸時代の脚気について」『日本研究』一四、一九九六年。

貞包英之「戦後という時代の同一性　昭和天皇の像を巡って」見田宗介・内田隆三・市野川容孝編『ライブラリ相関社会学8　〈身体〉は何を語るのか？』新世社、二〇〇三年。

――「金銀の位置　元禄・宝永・正徳年間の改鋳をめぐって」『ライブラリ相関社会学9　〈資本〉から人間の経済へ』新世社、二〇〇四年。

――「近代における消費の変容――勧工場から百貨店へ」『山形大学紀要（人文科学）』第一七巻三号、二〇一二年。

――「消費の誘惑――近世初期の遊廓における消費の歴史社会学的分析」『思想』No.1067、二〇一三年。

斎藤月岑、朝倉治彦校注『東都歳事記　二』平凡社、一九七〇年。

斎藤修『プロト工業化の時代――西欧と日本の比較史』日本評論社、一九八五年。

――「大開墾・人口・小農経済」速水融、宮本又郎編『日本経済史　一　経済社会の成立――一七―一八世紀』岩波書店、一九八八年。

――「都市蟻地獄説の再検討―西欧の場合と日本の事例」速水融、斎藤修、杉山伸也編『徳川社会からの展望――発展・構造・国際関係』同文舘出版、一九八九年。

――『賃金と労働と生活水準――日本経済史における一八―二〇世紀』岩波書店、一九九八年。

――『江戸と大阪――近代日本の都市起源』NTT出版、二〇〇二年。

斎藤善之「近世的物流機構の解体」歴史学研究会、日本史研究会編『日本史講座　第七巻　近世の解体』東京大学出版会、二〇〇五年。

坂口安吾「日本文化私観」『坂口安吾全集　03』筑摩書房、一九九九年。

坂田聡『日本中世の氏・家・村』校倉書房、一九九七年。

作道洋太郎『近世封建社会の貨幣金融構造』塙書房、一九七一年。

桜井英治「日本中世における貨幣と信用について」『歴史学研究』七〇三号、一九九七年。

――「中世の貨幣・信用」桜井英治、中西聡編『流通経済史　新体系日本史一二』山川出版社、二〇〇二年。

山東京伝「通言総籬」水野稔校注『黄表紙　洒落本集　日本古典文学大系三九』岩波書店、一九五八年。

山東京山「絵半切かくしの文月」高木元編『山東京山伝奇小説集』国書刊行会、二〇〇三年。

佐々木潤之介『幕末社会論――「世直し状況」研究序論』塙書房、一九六九年。

佐々木利和「博物館書目誌稿――帝室本之部博物書篇」『東京国立博物館紀要』二一号、一九八五年。

佐田介石「建白〔二十三題ノ議、扶桑論〕」牧原憲夫編『明治建白書集成　第三巻』筑摩書房、一九八六年。

佐藤進一『日本の中世国家』岩波書店、二〇〇一年。

佐藤忠男『日本映画史Ⅰ』岩波書店、一九九五年。

佐藤亨『現代に生きる幕末・明治初期漢語辞典』明治書院、二〇〇七年。

佐藤常雄、大石慎三郎『貧農史観を見直す』講談社、一九九五年。

佐藤康行「交換理論の形態と論理　有賀喜左衛門とレヴィ＝ストロースの交換理論を比較して」『社会学評論』三四（四）、一九八四年。

佐藤至子『江戸の絵入小説――合巻の世界』ぺりかん社、二〇〇一年。

Schiebinger, Londa, *Plants and empire : colonial bioprospecting in the Atlantic world*, Harvard University Press, 2004. ＝小川眞里子、弓削尚子訳『植物と帝国――抹殺された中絶薬とジェンダー』工作舎、二〇〇七年。

Schiebinger, Londa and Swan, Claudia, eds., *Colonial Botany: Science, Commerce, and Politics in the Early Modern World*, University of Pennsylvania Press, 2005.

Schivelbusch, Wolfgang, *Das Paradies, der Geschmack und die Vernunft:eine Geschichte der Genußmittel*, Carl Hanser Verlag, 1980. ＝福本義憲訳『楽園・味覚・理性――嗜好品の歴史』法政大学出版局、一九八八年。

瀬川清子『食生活の歴史』講談社、二〇〇一年。

泉花堂三蝶「百千鳥」國書刊行會編『雑芸叢書　第二』國書刊行會、一九一五年。

瀬崎圭二『流行と虚栄の生成――消費文化を映す日本近代文学』世界思想社、二〇〇八年。

柴野栗山「栗山上書」滝本誠一編『日本経済叢書　巻一七』日本経済叢書刊行会、一九一五年。

志賀忍「三省録」日本随筆大成編輯部編『日本随筆大成　第二期一六巻』吉川弘文館、一九七四年。

鹿野嘉昭「委託研究からみた藩札の流通実体」『金融研究』一五巻五号、一九九六年。

式亭三馬「浮世床」中野三敏・神保五彌・前田愛校注『洒落本　滑稽本　人情本　日本古典文学全集47』小学館、一九七一年。

下山弘『遊女の江戸――苦界から結婚へ』中央公論社、一九九三年。

信濃教育会編『一茶全集　第一巻』信濃毎日新聞社、一九七九年。

Singer, Charles Joseph, *A history of biology to about the year 1900 : a general introduction to the study of living things*, Abelard-Schuman, 1959. ＝チャールズ・シンガー、西村顯治訳『生物学の歴史』時空出版、一九九九年。

新修大阪市史編纂委員会編集『新修　大阪市史　第三巻』大阪市、一九八九年。

白木屋『白木屋三百年史』白木屋、一九五七年。

白倉敬彦『江戸の吉原　廓遊び』学習研究社、二〇〇二年。

塩田良平他編『樋口一葉全集　第三巻（上）』筑摩書房、一九七六年。

書方軒「心中大鑑」早川純三郎編『近世文芸叢書　第四』（非売品）、一九一〇年。

Smith, Thomas C., *Native sources of Japanese industrialization, 1750-1920*, University of California Press, 1988. ＝大島真理夫訳『日本社会史における伝統と創造　増補版――工業化の内在的諸要因　1750-1920年』ミネルヴァ書房、二〇〇二年。

柚木学『酒造りの歴史』雄山閣、二〇〇五年。

須田努『幕末の世直し　万人の戦争状態』吉川弘文館、二〇一〇年。

末田智樹『日本百貨店業成立史――企業家の革新と経営組織の確立』ミネルヴァ書房、二〇一〇年。

杉本つとむ『江戸の博物学者たち』講談社、二〇〇六年。

杉田玄白「後見草」野間光辰、朝倉治彦監修『燕石十種　第二巻』中央公論社、一九七九年。

鈴木章生『江戸の名所と都市文化』吉川弘文館、二〇〇一年。

鈴木榮太郎『日本農村社会学原理（上）　鈴木榮太郎著作集一』未來社、一九六八年。

鈴木克美『金魚と日本人――江戸の金魚ブームを探る』三一書房、一九九七年。

鈴木勝忠『未刊雑俳資料』第二〇期一四巻、鈴木勝忠、一九六三年。

鈴木敏夫『江戸の本屋（下）』中央公論社、一九八〇年。

――『江戸の本屋（上）』中央公論社、一九八〇年。

諏訪春雄『愛と死の伝承』角川書店、一九六八年。

――「廓細見　廓の遊びと生活のすべて」『國文學　解釈と教材の研究』三八巻九号、一九九三年。

只野真葛著、中山栄子校注『むかしばなし――天明前後の江戸の思い出』平凡社、一九八四年。

高木昭作『日本近世国家史の研究』岩波書店、一九九〇年。

高橋義雄『箒のあと（上）』秋豊園、一九三三年。

高槻泰郎『近世米市場の形成と展開』名古屋大学出版会、二〇一二年。

高柳眞三、石井良助編『御触書寛保集成』岩波書店、一九三四年。

――『御触書寶暦集成』岩波書店、一九三五年。

――『御触書天保集成下』岩波書店、一九四一年。

竹田聴洲『民俗佛教と祖先信仰』東京大学出版会、一九七一年。

竹内洋『立身出世主義――近代日本のロマンと欲望』日本放送出版協会、一九九七年。

竹内誠「寛政――化政期江戸における諸階層の動向」西山松之助編『江戸町人の研究　第一巻』吉川弘文館、一九七二年。

――『体系日本の歴史一〇　江戸と大坂』小学館、一九九三年。

竹内利美「都市と村落」渋沢敬三編『明治文化史　第十二巻　生活編』洋々社、一九五五年。

玉城哲『むら社会と現代』毎日新聞社、一九七八年。

田村正紀『消費者の歴史――江戸から近代まで』千早書房、二〇一一年。

田中香涯『江戸時代の男女関係』黎明社、一九二六年。

田中貴子『外法と愛法の中世』砂子屋書房、一九九三年。

谷田閲次、小池三枝『日本服飾史』光生館、一九八九年。

田谷博吉『近世銀座の研究』吉川弘文館、一九六三年。

寺島良安「和漢三才図会」遠藤鎮雄編『日本庶民生活史料集成二九巻』三一書房、一九八〇年。

飛田範夫『江戸の庭園――将軍から庶民まで』京都大学学術出版、二〇〇九年。

戸田茂睡「紫の一本」鈴木淳、小高道子校注・訳『近世随想集 新編　日本古典文学全集』小学館、二〇〇〇年。

戸田貞三『家族構成』新泉社、一九七〇年。

――『戸田貞三著作集』第二巻、大空社、一九九三年。

東京大学史料編纂所編集『大日本近世史料　市中取締類集二十六』東京大学出版会、二〇〇四年。

東京市役所編『第六回　東京市統計年表』東京市、一九〇九年。

東京都江戸東京博物館『花開く　江戸の園芸』東京都江戸東京博物館、二〇一三年。

東京都編『東京市史稿　産業編　第八巻』東京都、一九六二年。

都丸十九一「餅なし正月と雑煮」『日本民俗学』一七四号、一九八八年。

藤目ゆき『性の歴史学――公娼制度・堕胎罪体制から売春防止法・優生保護法体制へ』不二出版、一九九七年。

Tournefort, Joseph Pitton de, *A voyage into the Levant : perform'd by command of the Late French King : containing the ancient and modern state of the islands of the Archipelago*, D. Browne, 1718.

豊永聡美「中世における遊女の長者について」安田元久先生退任記念論集刊行委員会編『中世日本の諸相　下』吉川弘文館、一九八九年。

豊田武『封建都市』吉川弘文館、一九八三年。

坪井洋文『イモと日本人――民俗文化論の課題』未來社、一九七九年。

――『稲を選んだ日本人――民俗的思考の世界』未來社、一九八二年。

辻達也『享保改革の研究』創文社、一九六三年。

塚田孝「都市における社会＝文化構造史のために」『都市文化研究』一号、二〇〇三年。

筑波常治『日本の農書――農業はなぜ近世に発展したか』中央公論社、一九八七年。

内山美樹子「中国戯曲から「生写朝顔話」への流れと終焉」飯島満編『「朝顔日記」の演劇史的研究――「桃花扇」から「生写朝顔話」まで』「朝顔日記」の会、二〇〇三年。

上原栄子『辻の華――くるわのおんなたち』中央公論新社、一九八四年。

上原無休「五穀無尽蔵」森嘉兵衛、谷川健一編『日本庶民生活史料集成　第七巻』三一書房、一九七〇年。

上野千鶴子『近代家族の成立と終焉』岩波書店、一九九四年。

上保国良「江戸時代の「心中」に関する再認識」『日本大学文理学部研究年報』第二八集、一九八〇年。

雨香園柳浪著「朝顔日記」『朝顔日記　今昔庚申譚』絵入文庫刊行会、一九二二年。

浦長瀬隆『中近世日本貨幣流通史――取引手段の変化と要因』勁草書房、二〇〇一年。

宇佐見ミサ子『宿場と飯盛女』同成社、二〇〇〇年。

若名英治『牽牛子葉図譜』奨農園、一九〇五年。

脇田晴子『日本中世被差別民の研究』岩波書店、二〇〇二年。

脇田修『近世封建制成立史論　織豊政権の分析 2』東京大学出版会、一九七七年。

渡辺宏『日本政治思想史――一七～一九世紀』東京大学出版会、二〇一〇年。

渡辺憲司『江戸遊里盛衰記』講談社、一九九四年。

渡邊幸三「本草綱目とその版本」『薬用植物と生薬』三巻三～四号、一九五〇年、一〇五頁。

渡辺好孝『江戸の変わり咲き朝顔』平凡社、一九九六年。

渡辺善次郎『巨大都市江戸が和食をつくった』農山漁村文化協会、一九八八年。

矢羽勝幸『信濃の一茶――化政期の地方文化』中央公論社、一九九四年。

八木哲浩『近世の商品流通』塙書房、一九六四年。

山田慶児『黒い言語の空間』中央公論社、一九八八年。

――『本草と夢と錬金術と――物質的想像力の現象学』朝日新聞社、一九九七年。

山田桂翁「宝暦現来集」森銑三、北川博邦編『続日本随筆大成　別巻六』吉川弘文館、一九八二年。

山田盛太郎『日本資本主義分析』岩波書店、一九七七年。

山口啓二「金銀山の技術と社会」永原慶二・山口啓二『講座日本技術の歴史　第五巻　採鉱と冶金』日本評論社、一九八三年。

山本英二『慶安御触書成立試論』日本エディタースクール出版部、一九九九年。

――『慶安の触書は出されたか』山川出版社、二〇〇二年。

Yamamura, Kozo, "From Coins to Rice: Hypothesis on the Kandaka and Kokudaka Systems", *Journal of Japanese Studies*, 14:2, 1988.

山室軍平「公娼全廃論」ゆのまえ知子、秋定嘉和解説『買売春問題史料集成　第一巻』不二出版、一九九七年。

山城由紀子「吉原細見の研究　元禄から寛政期まで」『駒沢史学』二四号、一九七七年。

山下政三『脚気の歴史――ビタミン発見以前』東京大学出版会、一九八三年。

山崎隆三『近世物価史研究』塙書房、一九八三年。

柳沢淇園「ひとりね」中村幸次他編『近世随想集　日本古典文学大系　九六』岩波書店、一九六五年。

柳田國男「時代と農政」『柳田國男全集　第二巻』筑摩書房、一九九七年。

――「海上の道」『柳田國男全集　第二一巻』筑摩書房、一九九七年。

――「故郷七十年」『柳田國男全集　第二一巻』筑摩書房、一九九七年。

――「都市と農村」『柳田國男全集　第四巻』筑摩書房、一九九八年。

――「明治大正史　世相編」『柳田國男全集　第五巻』筑摩書房、一九九八年。

――「先祖の話」『柳田國男全集　第五巻』筑摩書房、一九九八年。

――「木綿以前の事」『柳田國男全集　第九巻』筑摩書房、一九九八年。

――「食物と心臓」『柳田國男全集　第一〇巻』筑摩書房、一九九八年。

安田健『江戸諸国産物帳――丹羽正伯の人と仕事』晶文社、一九八七年。

安室知『水田をめぐる民俗学的研究――日本稲作の展開と構造』慶友社、一九九八年。

――『餅と日本人――「餅正月」と「餅なし正月」の民俗文化論』雄山閣出版、一九九九年。

矢崎武夫『日本都市の発展過程』弘文堂、一九六二年。

米田富次郎『警察三大法令正解』明倫館、一九〇〇年。

米田芳秋『アサガオ　江戸の贈りもの――夢から科学へ』裳華房、一九九五年。

吉田元『江戸の酒――その技術・経済・文化』朝日新聞社、一九九七年。

吉田伸之「町人と町」『講座日本歴史5　近世1』東京大学出版会、一九八五年。

――『近世都市社会の身分構造』東京大学出版会、一九九八年。
――『巨大城下町江戸の分節構造』山川出版社、二〇〇〇年。
吉本隆明「都市はなぜ都市であるのか」『詩的乾坤』国文社、一九七四年。
――「丸山真男論」『柳田国男論・丸山真男論』筑摩書房、二〇〇一年。
――「柳田国男論」『柳田国男論・丸山真男論』筑摩書房、二〇〇一年。

あとがき

ある人によれば、「意図を宣言することは、理想の書物に対して実現された書物がいかにささやかなものであるかを証言する」いわば敗北宣言にほかならない。その意味で蛇足にはちがいないが、それでもなお本書の目論見がいかなるものであり、それがどこまで達成され、また失敗しているのかを検証していただくためにも、理論的にいかなる意図のもと本書が産まれ、書かれているのか、不十分なかたちではあれ、最後に触れておきたい。

最初に欠かせないのは、ミシェル・フーコーのとくに『言葉と物』で展開された思考である。わたしたちがしゃべり、考え、行動する背後には、他者の集団的な思考の歴史が存在していること。そうした厚みをわたしの生きるこの社会において目にみえるかたちにしようとする企てが、思い返せば、本書を書く最初の動機になっていたように思える。その痕跡は、第三章の園芸植物や小動物にかかわる論考にもっとも大きく残されている。園芸植物を愛でる人びとの欲望の背後にいかなる他者の言葉やイメージが潜んでいるのかが、その章では不十分なかたちであれ、主題的に追求されている。

ただし日本社会のエピステーメを確定したいというこの試みは、早々に放棄せざるをえなかった。ひとつにはフーコーが、西欧世界に対して鮮やかになしたその記述を日本に移入することが、少なくともわたしにとってはむずかしいものと感じられたためである。問題は、日本に展開された知を前提として全体性を確定することがかなり困難ということである。フーコーは、西欧の全体性を、フランスを中心になかばフィクションとして設定することで、エピステーメの記述をまがりなりにも実現したが、しかし日本を主題としてそれをおこなうことは、かなり危うさをもっている。日本おける知は、中華世界や、または後には西欧世界で展開される知のあくまで偏りの激しい部分や断片にすぎない可能性がつよい。近世期においてはたしかに自立をつよめるとはいえ、しかしあくまで日本を中心として、そこからエピステーメの全体性に迫ることにはそれゆえ多くの問題をはらむのである。

ただしこうした消極的な理由からだけ、日本におけるエピステーメの変容を捉えることが断念されたわけではない。日本以外にフィールドを拡大していくことでエピステーメの記述に乗りだす道もたしかにあったが、そもそも知に全体性をもとめることそのものが、アカデミックなフィクションといえる部分をもっている。知は無数の感情や感覚、人びとの実践によって蹂躙され、分散されているのであり、それはとくに消費を主題として分析を進める際には、とても大きな問題になる。たしかに消費が時代の知にかかわることは事実だが、消費はそれ自体として無数の人びとの卑近で矮小な欲望にかかわる経験としてもあり、そうした消費の分散した経験の奥行きを描くことのほうがまずは重要な作業になると考えられたのである。

こうしたわたしの考えの道筋に、ヴァルター・ベンヤミンの『パサージュ論』を中心とする諸著作の影響が及んでいた可能性を否定できない。過去の人びとの夢想や欲望の断片を、あくまで具体的に追うことから、現代の消費社会とは何であるかを確かめていくこと。たとえば、遊廓における残酷な支配の細部には、しかし後に小家族をつくりだす夢がはらまれてもいたのであり、そうした過去の世代とわたしたちをつなぐ、かすかだが「秘密の約束」(『歴史哲学テーゼ』)を探るために、ここでは歴史社会学という方法論が選択されているのである。

ただし本書には、消費社会を歴史の頽落としてと同時に解放の契機として、つまりそれをカタストロフィックな場所とみなすベンヤミンの神学的思考をうまく汲み入れることができなかった。それは本書が、消費社会の未来と現在を、悲劇的とも喜劇的ともいえないよりひらかれたアンビバレントな場とみているからである。消費社会は過去の他者たちの無数の実践によって積み上げられ、またそれによって同時に解体されている。だとすればそれを固定した場として捉え、一概に非難することや、期待を寄せることはむしろ避けられるべきことになる。

そうして消費社会を形成しつつ解体する力として、ここではとくに、私的欲望にかかわる消費の実践が注目された。たとえ不埒なものとしてであれ、人びとの欲望の追求を肯定することで、消費は社会のなかで大きな意味をもつ。こうした見方を後押ししたのが、吉本隆明の思考である。吉本隆明は戦後社会のなかで、社会を実質的に動かすとともに、まただからこそわたしたちの思考や道徳の根拠として繰り込む必要のあるものとして大衆の私的な欲望を捉えた。そうした思考は現在、ますます大きな意味を担っているようにみえる。消費社会はよくも悪くも、国家やそれが定める合法／非合法の境を横断する私的な消費をいっそう後押し、それによってあらたな欲望や倫理を産みだしているからである。

それゆえこの私的消費のあり方を繰り込むことが、知にとっては重要な課題になるが、しかし問題は、この社会では、そのことがかならずしも深く認識されているようにみえないことである。現代の社会では、戦後の苦闘のなかで吉本がみいだしていったような私的欲望の重さを再び忘れられ、むしろそれを覆い隠すために「公共性」や「道徳」、「絆」といった空言が積み重ねられているようにさえみえる。それは右でも左でも同じであるが、そのせいで知は大きな欺瞞に追い込まれている。わたしたちの社会は、私的な消費にかかわり、あらたな倫理や欲望、生き方を産みだしているのだが、多くの知はそれを正当な対象として捉えることなく、ただ後追い的にそれを批判するか、あるいは端的にそれを無視するばかりのようにみえるのである。

それに抗して、もう一度、私的欲望が保つ意味を再考すること。その足場をつくるために、本書は私的欲望の歴史的な奥行きを、通常、「消費社会」が問題とされる場合に参照されることの多い社会的時空をあえて踏み越え、探ろうとした。そうすることで、私的欲望やそれを促す消費が達成してきたことの意味を軽く見積もる現実の社会の風潮——たとえば「安保関連法」を巡る議論に現れているような——に批評的に対峙するという隠れた意図をもっていたのである。

＊

そうした意図がどこまで実現できたかは、読者に判断を委ねるしかない。もちろんここに挙げた巨人たちの思考だけが、本書を支えているのではない。現実に出会った人びとの多くの助言や指摘、また援助に助けられ本書が成り立っていることは、あらためていうまでもない。

そもそも本書がまがりなりにも書き始められたのは、今から一〇年以上前のコーネル大学の図書館で故前田愛氏の蔵書を前にしてのことである。それ以来、多くの時間を吸い込み、また多くの場所を移動し書きつがれていたことはけっして自慢ではなく、真剣な反省の材料とすべきだが、だからこそ、本書の成り立ちには制度的、または非制度的に、多くの人びととの知的、精神的、物理的な助けが欠かせなかった。

それはあまりにも多く、大きいものであるために、それを安易に数え上げることは到底できない。それゆえ失礼を承知のうえで、多くの知人、友人にここで感謝を捧げることを許していただきたい。そう認識していない方もおそらく多いだろうが、日常の些細な会話のなかでいただいた示唆や、勇気づけ、または物質的な支えが、この書を書く上で大きな助けになっている。

しかしそのなかでも例外的に、それがなければ絶対に本書が産まれなかったものとして、あえて内田隆三先生の指導と、またそのゼミにおける友人たちのアドバイスや批判を挙げさせていただきたい。本書のなかでも少しでも興味深いことが書かれているとすれば、そのほとんどは、内田隆三先生の明示的、または非明示的な教えや、友人たちの厳しい指摘や助言によるものであることは、なかば忸怩たる思いで認めなければならない。本書がかならずしもその「不良債権」を返しきれているわけではないことは充分、承知しているが、ゼミという貴重な機会をつくっていただいたことも含め、内田隆三先生には心からの感謝を申し上げたい。

加えてこれまで支えてもらった両親と、さらに本書を書く過程で恵まれた家族にも感謝したい。何かしら価値のある思考は、生活のなかで産まれるしかないものとすれば、それを妻絵美子や、長男律や次男有には数多くあたえてもらった。家や小家族の意味を再考するこの書がそれでも何かを残すことができたとしたら、そのために吸い込まれた膨大な時間も、少しは意味があったということになるのかもしれない。

最後になるが、本書は青土社の菱沼達也さんの目に留まり、力をお貸しいただけることなしでは産まれなかった。厳しい出版状勢のなかで、こうした無名の筆者に、またかならずしも時流に乗っているともいいがたい主題にかんして発表する場所をあたえていただいたことをあらためて深く感謝したい。

＊

本書はこうして現代の消費社会の奥行きを、初期近代にまで遡りつつ確かめるものである。それは現時点では精一杯の試みだが、しかし作業はこれで終わりというわけではない。こうした歴史的作業を継続し、拡充させていくことに加え、それを背景としつつ、より端的に今度は現代の消費社会のあり方を直接、確認していくことがこれから必要になる。その一端は、自殺と二〇世紀社会のかかわりを分析する論文（「贈与としての自殺――高度成長期以後の生命保険にかかわる自殺の歴史社会学」『山形大学紀要（社会科学）』第四三巻一号、二〇一三年）や、現代において活発に消費される言説としてのサブカルチャーの分析（「ジャパニーズ・カルチャーのレッスン」『映画プロデュース研究』第四号、二〇〇九年）、また地方都市をめぐる消費社会の現状分析（『地方都市を考える――消費社会の先端から』花伝社、二〇一五年）などによって、すでに開始されている。それらを推し進め、また本書とそれらとのあいだに線をむすんでいくことが、まずはこれからのわたしの課題になる。

しかしもちろん、茫漠たる現代社会を考えるためには一人の力では及ばない。現代の消費社会は歴史的、または空間的に無際限といっていいほどの奥行きをもっているのであり、それを考えるためには、ディシプリンや前提となる知識、また世代や国籍、信条を異にする多数の人びとが知的に交差していくことが必要になる。そのひとつのきっかけに本書がなるとすれば、これ以上の喜びはない。

二〇一五年九月二三日

貞包　英之

著者　貞包英之（さだかね・ひでゆき）

1973年生まれ。東京大学大学院総合文化研究科超域文化科学専攻博士課程単位取得満期退学。現在、山形大学准教授。専攻は社会学、消費社会論、歴史社会学。著書に『地方都市を考える――消費社会の先端から』（花伝社、2015年）、論考に「消費の誘惑――近世初期の遊廓における消費の歴史社会学的分析」（『思想』2013年3月号）など。

消費は誘惑する　遊廓・白米・変化朝顔
一八、一九世紀日本の消費の歴史社会学

2015年10月30日　第1刷印刷
2015年11月20日　第1刷発行

著者――貞包英之

発行人――清水一人
発行所――青土社
〒101-0051　東京都千代田区神田神保町1-29　市瀬ビル
［電話］03-3291-9831（編集）　03-3294-7829（営業）
［振替］00190-7-192955

印刷所――双文社印刷（本文）
方英社（カバー・扉・表紙）
製本所――小泉製本

装幀――戸田ツトム

ISBN978-4-7917-6890-5 C0030